KB088725

글이 만든 세계

글이 만든 세계

세계사적 텍스트들의 위대한 이야기

마틴 푸크너

최파일 옮김

까치

THE WRITTEN WORLD: The Power of Stories to Shape
People, History, Civilization

by Martin Puchner

역자 최파일
서울대학교에서 언론정보학과 서양사학을 전공했다. 역사책 읽기 모임 '헤
로도토스 클럽'에서 활동하고 있으며, 역사 분야를 중심으로 해외의 좋은
책들을 기획, 번역하고 있다. 축구와 셜록 홈스의 열렬한 팬이며, 제1차 세계
대전 문학에도 큰 관심을 가지고 있다. 옮긴 책으로 『백년전쟁 1337-1453』,
『마오의 대기근』, 『내추럴 히스토리』, 『제1차세계대전』, 『인류의 대항해』, 『시
계와 문명』, 『왜 서양이 지배하는가』, 『근대 전쟁의 탄생』, 『스파르타쿠스 전
쟁』, 『트로이 전쟁』, 『대포 범선 제국』, 『십자가 초승달 동맹』, 버트런드 러셀
의 『자유와 조직』 등이 있다.

편집 교정_ 권은희(權恩喜)

글이 만든 세계 : 세계사적 텍스트들의 위대한 이야기

저자/마틴 푸크너
역자/최파일
발행처/까치글방
발행인/박후영
주소/서울시 용산구 서빙고로 67, 파크타워 103동 1003호
전화/02 · 735 · 8998, 736 · 7768
팩시밀리/02 · 723 · 4591
홈페이지/www.kachibooks.co.kr
전자우편/kachibooks@gmail.com
등록번호/1-528
등록일/1977. 8. 5
초판 1쇄 발행일/2019. 4. 22
    4쇄 발행일/2024. 3. 5
값/뒤표지에 쓰여 있음
ISBN 978-89-7291-684-0 03900

이 도서의 국립중앙도서관 출판예정도서목록(CIP)은 서지정보유통지원시스템 홈페이지
(http://seoji.nl.go.kr)와 국가자료공동목록시스템(http://www.nl.go.kr/kolisnet)에서 이용하
실 수 있습니다. (CIP제어번호 : CIP2019009338)

어맨다 클레이보에게

차례

서론
지구돋이

가끔씩 나는 문학(시나 소설과 같은 예술작품만이 아니라 글로 된 모든 것이라는 넓은 의미이다/옮긴이)이 없는 세계를 상상해보려고 애쓴다. 나는 비행기 안에서 책이 없어 아쉬워할 것이다. 서점과 도서관들은 책장이 텅텅 비게 될 것이다(그리고 내 책장에 책들이 넘쳐나는 일도 더는 없을 것이다). 출판산업도 아마존도 지금 우리가 아는 것처럼 존재하지 않을 것이고, 잠이 오지 않는 밤에 나의 침대 옆 탁자에는 아무것도 없을 것이다.

이 모든 것은 참으로 안타까운 상황이지만 만약 문학이 결코 존재하지 않았다면, 이야기들이 오직 입으로만 전달되고 결코 글로 기록되지 않았다면 어떻게 되었을지 그 모습의 표면만 살짝 건드린 것에 불과하다. 그런 세계를 상상하기란 사실상 불가능하다. 우리의 역사의식, 다시 말해서 여러 제국과 나라들의 흥망성쇠에 대한 우리의 인식은 완전히 달라질 것이다. 대부분의 철학사상과 정치사상들도 결코 등장하지 못했을 것이다. 그것들을 낳은 문학이 결코 쓰이지 못했을 테니까 말이다. 거의 모든 종교적 믿음도 그것이 표현된 경전과 더불어 사라져버릴 것이다.

문학은 애서가들을 위한 것만이 아니다. 4,000년 전에 등장한 이래로 그것은 지구라는 행성의 대다수 인류의 삶을 빚어왔다.

아폴로 8호에 승선한 세 명의 우주 비행사들이 깨달았듯이 말이다.

"그럼, 아폴로 8호, 이제 TLI를 시도하라. 오버."
"알았다. TLI를 시도한다."
1968년 말이 되자, 지구 주위를 도는 것은 더 이상 신기한 일이 아니었다. 가장 최근에 쏘아올린 우주 비행선 아폴로 8호는 지구 궤도에서 막 2시간 27분을 보낸 참이었다. 아직까지 아무런 사고도 없었다. 하지만 프랭크 프레더릭 보먼 2세와 제임스 아서 러블 주니어, 윌리엄 앨리슨 앤더스는 신경이 조마조마했다. 우주 비행선은 이제 새로운 비행인 달 전이궤도 진입(translunar injection: TLI)을 시도할 참이었다. 그들은 지구 궤도에서 벗어나 우주 공간으로 곧장 튕겨나갈 준비를 했다. 그들의 목적지는 달이었다. 금방이라도 그들은 그때까지 어느 누가 이동한 속도보다 더 빠른 시속 24,207마일까지 가속될 터였다.

아폴로 8호의 임무는 비교적 간단했다. 그들은 달에 착륙하지는 않을 것이었다. 아폴로 8호는 착륙선을 싣지도 않았다. 그들은 향후 아폴로 우주 비행에 적절한 착륙 지점을 확인하고, 전문가들이 연구할 수 있는 사진과 영상물을 가져오고, 달이 어떻게 생겼는지 살펴볼 계획이었다.

TLI, 즉 달로 향하는 비행에 추진력을 제공할 달 전이궤도 진입은 계획대로 진행되었다. 아폴로 8호는 속도를 올려, 우주 공간으로 뛰어들었다. 멀리 갈수록 그들은 지금까지 아무도 보지 못한 것을 더 잘 볼 수 있었다. 바로 지구였다.

보먼이 궤도 진입과정 도중에 간간이 우주선 아래에서 회전하고 있는 커다란 땅덩어리들의 이름을 하나씩 불렀다. 플로리다, 케이프, 아프리카……. 그들은 그 땅들을 한꺼번에 볼 수 있었다. 그는 지구를 하나의

아폴로 8호 승무원 빌 앤
더스가 1968년 12월 24일
촬영한 달 위로 떠오르
는 지구 사진. 흔히 지구
돋이로 알려져 있다.

구(球)로 볼 수 있었던 최초의 인류였다. 앤더스는 이 새로운 광경을 포
착할 사진을, 바로 달 표면 위로 지구가 솟아오르는 모습을 찍었다.

　지구가 점점 더 작아지고, 달이 점점 더 커지면서 우주 비행사들은 모
든 것을 카메라에 담느라 애를 먹었다. 지상 관제소는 비행사들이 더 간
단한 기술에 의존하는 편이 좋다는 것을 깨달았다. 바로 말[言]이었다.
"가능하면, 자네 시인들이 최대한 상세하게 묘사해주면 좋겠다."

　시인이 되는 것은 우주 비행사 훈련이 대비시켜주지 않은 임무였고, 그
들은 그 임무에 맞는 대단한 실력을 갖추지 않았다. 그들은 나사의 가
차 없는 선별과정을 통해서 선발되었는데, 최고의 전투기 조종사였고 로
켓 과학에 관해서 어느 정도 알았기 때문이다. 앤더스는 해군 사관학교
를 다닌 다음 공군에 입대하여 캘리포니아와 아이슬란드 방공사령부에

서 전천후 요격기 조종사로 복무했다. 하지만 이제 그는 말을, 딱 맞는 말을 찾아내야 했다.

그는 "월면 일출과 일몰들"이라는 말을 골랐다. "이것들은 특히 지형의 삭막한 성격을 잘 드러낸다. 그리고 긴 그림자는 우리가 지금 바로 그 위를 지나가고 있는 여기 아주 밝은 표면에서는 보기 힘든 선명한 대비를 이끌어낸다." 앤더스는 환한 빛이 달의 단단한 표면을 때리고 선명한 그림자를 드리우는 극명한 광경을 그려내고 있었다. 어쩌면 전천후 요격기 조종사로서의 임무가 도움이 되었을지도 모르겠다. 그는 달처럼 삭막하고 빛나는 물체에 딱 어울리는 사조인 미국의 위대한 상징주의 전통을 따르는 시인이 되어가고 있었다.

러블도 해군 사관학교에 다닌 다음 해군에 입대했다. 동료 대원들과 마찬가지로 그도 인생의 대부분을 공군 기지에서 보냈다. 그는 또다른 시학 유파에 대한 애정을 과시했다. 숭고(Subline). 그는 "여기 달의 광활한 적막은 경외감을 자아낸다"는 감상을 내놓았다. 철학자들은 자연이 일으킬 수 있는 경외감에 관해서 성찰해왔다. 폭포, 폭풍우, 웅장한 것, 너무 광대하여 깔끔하게 포착되거나 틀 안에 가둘 수 없는 것은 무엇이든 좋다. 하지만 그들은 저 너머, 우주 공간에 있는 것이 어떤 느낌일지는 상상할 수 없었을 것이다. 그것은 궁극의 숭고, 그들을 틀림없이 압도하고, 위축시키고, 한없이 작아지게 만드는 경외감을 자아내는 체험이었다. 이 철학자들이 예상했던 것처럼 이 체험은 러블이 집의 안전함을 맛보게 해주었다. "저기 지구에 내가 무엇을 두고 왔는지를 깨닫게 해주죠. 여기서 보는 지구는 광막한 우주 공간의 멋진 오아시스입니다." 아폴로 8호에 장착된 로켓을 설계한 베르너 폰 브라운 박사는 이 말이 무슨 말인지 틀림없이 이해했을 것이다. 그는 "우주 과학자는 시를 좋아하는 엔지니어이다"라고 말하기를 좋아했다.

마지막으로 이 우주 비행선의 사령관 보먼이 있었다. 보먼은 웨스트 포인트 미국 육군 사관학교를 졸업하고 공군에 들어가서 전투기 조종사가 되었다. 아폴로 8호에 승선한 그는 유려한 말을 쏟아냈다. "광대하고 적막하며, 위협적인 유형의 존재, 즉 광활한 무(無)의 공간"이다. 적막한, 위협적인, 유형의 존재, 무. 마치 보먼은 장 폴 사르트르를 읽으며 파리의 센 강 좌안에서 시간을 보내는 사람 같았다.

우주의 시인이 된 세 명의 우주 비행사들은 최종 목적지에 도착했다. 그들은 달 주위를 돌고 있었다. 공전할 때마다 아폴로 8호는 그때까지 아무도 본 적 없던 달 뒤편으로 사라졌고 그때마다 지구와의 무선교신이 끊겼다. 지상 관제소가 있는 텍사스 주의 휴스턴에서는 처음 50분간의 통신 두절 동안 초조하기 그지없었다. "아폴로 8호, 휴스턴, 오버." "여기는 휴스턴, 아폴로 8호 나와라, 오버." 지상 관제소는 우주로 라디오 전파를 보내며 계속 호출했지만 응답은 들려오지 않았다. 한 번, 두 번, 세 번, 네 번, 다섯 번, 여섯 번. 분초가 흘러갔다. 그러다 일곱 번째 시도 만에 드디어 응답이 들려왔다. "계속하라, 휴스턴. 여기는 아폴로 8호. 분사 완료." 지상 관제소는 안도감이 느껴질 정도로 외쳤다. "다시 듣게 되어 반갑다!"

다음 15시간 동안 비행사들은 계속 사라졌다가 나타나면서 위치를 바꿨다가 캡슐을 이리저리 움직이기도 하고 수면을 취해보려고도 하면서 지구로의 귀환을 준비했다. 달의 인력을 벗어나고 지구 귀환을 위한 충분한 운동량(momentum)을 얻기 위해서는 무선교신이 없는 상태에서 달의 뒷면에서 로켓을 분사해야 했다. 로켓 분사는 딱 한 번만 시도할 수 있었다. 실패한다면 남은 인생 내내 달 주위를 공전해야 한다.

그런 시도를 하기 전에 그들은 지구에 특별한 메시지를 보내고 싶었다. 보먼은 미리 불연성 종이에 메시지를 적어왔고 심지어 예행연습도 했다. 모두가 이 생각에 열성적이지는 않은 듯했다. 방송 전에 앤더스는 말했다. "그 글 문구……그……그거 한번 봐도 돼?" "그 뭐? 빌?" 부먼이 다소 뚱하게 되물었다. 이것은 곧 있을 그들의 낭독 행위에 관해서 이야기할 때에 그가 원한 방식이 아니었다. "우리가 읽기로 한 거 말이야." 앤더스가 더 조심스럽게 대답했다. 보먼은 더 이상 따지지 않기로 했다. 지금 중요한 것은 낭독 그 자체였으니까.

그들은 달의 뒷면에서 돌아와 휴스턴에 알렸다. "지구에 있는 모든 분들을 위하여, 아폴로 8호의 대원들이 여러분에게 보내고 싶은 메시지가 있습니다." 그다음 그들은 메시지를 읽었다. 비록 그들은 예정보다 늦어졌고, 마지막 분사와 사람들이 크리스마스 이브를 축하하고 있는 지구로의 귀환 여정이 남아 있었지만 말이다. 우주 상징주의 시인인 앤더스가 먼저 운을 뗐다.

태초에 하느님이 천지를 창조하시니라. 땅이 혼돈하고 공허하며 흑암이 깊음 위에 있고 하느님의 영은 수면 위에 운행하시더라. 하느님이 가라사대 빛이 있으라 하매 빛이 있었고 그 빛이 하느님이 보시기에 좋았다. 하느님이 빛과 어둠을 나누사.

그 다음은 러블이 낭독했다.

빛을 낮이라 칭하시고 어두움을 밤이라 칭하시니라. 저녁이 되며 아침이 되니 이는 첫째 날이니라. 하느님이 가라사대 물 가운데 궁창이 있어 물과 물로 나뉘게 하리라 하시고 하느님이 궁창을 만드사 궁창 아래의 물과 궁창 위의 물로 나뉘게 하시매 그대로 되니라. 하느님이 궁창을 하늘이라 칭하시니라. 저녁이 되며 아침이 되니 이는 둘째 날이니라.

이제 보면의 차례였지만 그는 손에 무엇인가를 들고 있었다. "이 카메라 좀 들고 있겠어?" 그가 러블에게 물었다. 이제 손이 자유로워진 보면이 종잇조각을 잡고 읽어 내려갔다.

하느님이 가라사대 천하의 물이 한곳으로 모이고 뭍이 드러나라 하시매 그대로 되니라. 하느님이 뭍을 땅이라 칭하시고 모인 물을 바다라 칭하시니라. 하느님이 보시기에 좋았더라.

지구에서 5억 명의 청자들은 마법에 걸린 듯했다. 그것은 역사상 가장 인기 있는 생방송이었다.

사람을 굳이 달로 보낼 필요가 있는지 의심하는 목소리들이 있었다. 여러 가지 목적을 위해서 카메라와 각종 과학 장비가 장착된 무인 탐사기구만으로도 충분한 것 같았다. 아니면 나사는 이전 우주 비행들에서 그랬듯이 침팬지를 이용할 수도 있었을 것이다. 우주에 나간 최초의 미국인은 카메룬에서 붙잡혀 미합중국 공군에게 팔린 침팬지 햄이었다. 러시아와 미국 양국은 동물원 전체가 마치 무슨 불운한 노아의 방주인 양 침팬지, 개, 거북이들을 저 너머, 우주로 보냈다.

그러나 인간 아폴로 대원은 과학에는 그다지 공헌하지 않았을지 몰라도 문학에는 공헌했다. 침팬지 햄은 우주에 관한 자신의 인상을 공유하지 않았을 것이며, 시인이 되어보려고 하지도 않았을 것이다. 지구 궤도를 벗어나 우주 공간으로 곧장 발사되는 것이 어떤 느낌인지를 뜻하지 않게 드러낸, 『성서』에서 가져온 저 대목들을 낭독할 생각은 하지 않았을 것이다. 멀리서 지구돋이를 보는 것은 인간이 고안한 가장 영향력 있는 창세 신화를 낭독하기에 최상의 입장이었다.

아폴로 8호의 낭독에서 가장 감동적인 점은 그것이 문학 교육을 받지 않은 사람들에 의해서 이루어졌다는 것이다. 그들은 전대미문의 상황에 있었고 저마다의 표현과 고대의 텍스트에서 가져온 말로 그 비범한 체험을 묘사했다. 세 우주 비행사는 우리에게, 문학의 이야기에서 가장 중요한 주인공들이 반드시 전문 작가일 필요는 없다는 사실을 상기시킨다. 전문 작가들 대신 나는 메소포타미아 회계사와 문맹인 에스파냐 병사들로부터 중세 바그다드의 변호사와 남부 멕시코의 마야 반란군, 그리고 멕시코 만 바이우(bayou : 미시시피 강 하류 삼각지에 흔한 늪지대/옮긴이)에 은신처를 둔 해적들에 이르기까지 뜻밖의 등장인물들과 조우해왔다.

그러나 아폴로 8호에서 가장 중요한 교훈은 『성서』 같은 근본이 되는 텍스트, 사람들에게 그들이 어디서 왔는지 또 그들이 어떻게 살아가야 하는지를 가르쳐주면서 커다란 권력과 중요성을 쌓아가고 마침내는 여러 문화들 전체의 소스 코드(source code)가 된 텍스트들의 영향력이다. 근본 텍스트들은 흔히 사제들이 관장했고, 그들은 그 텍스트들을 제국과 국가의 중심부에 고이 모셔왔다. 왕들은 이 텍스트들을 적극 홍보해왔는데 하나의 이야기가 정복을 정당화하고 문화적 응집력을 제공할 수 있다는 것을 깨달았기 때문이다. 근본 텍스트들은 극히 소수의 장소에서 처음 생겨났지만 그 영향력이 널리 퍼져나가고 새로운 텍스트들이 부상하면서 지구는 점점 문학—특정 영역을 지배하는 근본 텍스트들—으로 조직된 지도를 닮아갔다.

근본 텍스트들의 증대하는 권력은 대다수의 종교전쟁을 비롯해서 문학을 많은 분쟁의 중심에 두었다. 심지어 현대에, 프랭크 보먼과 제임스러블, 그리고 윌리엄 앤더스가 지구로 귀환했을 때에도 그들을 맞은 것은 공공연한 무신론자인 매들린 머리 오헤어가 제기한 소송이었다. 나사가 장래에 "우주에서 그리고 향후의 모든 우주 비행 활동과 관련하여……기독교 종파의 『성서』를 낭독하지" 못하게 막아달라고 법원에 요청한 것이었다. 오헤어는 이 근본 텍스트의 힘을 알고 있었고, 그것을 좋아하지 않았다.

오헤어가 『성서』 낭독에 이의를 제기한 유일한 사람은 아니었다. 보먼이 달 주위를 돌고 있는 동안 보먼은 휴스턴의 지상 관제소로부터 새로운 소식, 그들이 부르는 이름으로는 인터스텔라 타임스를 주기적으로 업데이트 받았다. 그는 캄보디아에서 석방되고 있던 병사들, 그해 초에 북한에 억류된 미 해군 함정 푸에블로 호의 운명에 관한 최신 뉴스를 전해들었다.

푸에블로 호는 매일같이 인터스텔라 타임스의 일면 뉴스였다. 자유세계가 소련과 공산주의에 맞서 달 탐사 경쟁에서 승리하기 위해서 그가 그위에 있다는 것을 한시도 망각하지 않도록 말이다. 아폴로 8호의 우주비행은 냉전의 일환이었고, 냉전은 근본 텍스트들 간의 전쟁이기도 했다.

소련은 『성서』보다도 훨씬 더 근래의 텍스트에 표명된 사상을 기반으로 수립되었다. 마르크스와 엥겔스가 쓰고, 레닌과 마오쩌둥, 호치민, 카스트로가 열렬히 탐독한 「공산당 선언」은 120살밖에 되지 않았지만 『성서』 같이 더 오래된 근본 텍스트들과 경쟁하고자 했다. 보먼이 『성서』 낭독을 계획하면서, 그는 틀림없이 소련의 우주 비행사, 최초의 우주인 유리 가가린을 기억했을 것이다. 가가린은 「공산당 선언」을 우주로 가져갈 생각은 하지 못했지만, 그 안에 담긴 생각들에 영감을 받았고 우주 비행에 성공을 거두고 지구로 귀환했을 때, 이렇게 선언할 수 있었다. "나는 열심히 보고 또 보았지만 신을 보지 못했습니다." 저 너머 우주 공간에서 책과 사상들의 전쟁이 치열하게 전개되고 있었다. 가가린은 우주로 가는 경쟁에서 보먼을 이겼지만, 보먼은 그곳 우주에서 강력한 근본 텍스트로 우위를 점했다.

아폴로 8호의 「창세기」 낭독은 또한 문학 뒤에 자리한 창의적인 기술들, 각자 다른 지역들에서 발명되어 오로지 점진적으로 하나로 합쳐진 여러 기술들의 중요성을 거론한다. 보먼은 옛날 그리스에서 만들어진 알파벳이라는 가장 효율적인 문자 부호를 이용하여 「창세기」의 행들을 적었다. 그는 중국에서 기원하여 아라비아 세계를 거쳐 유럽과 아메리카로 온 편리한 물질인 종이 위에 그 문장들을 적었다. 그는 한 권의 책으로 제본된 『성서』에서 그 문장들을 베꼈는데, 제본은 로마 시대의 유명한 발명품이다. 각 페이지들은 인쇄되었는데, 중국에서 발명된 인쇄술은 북유럽으로 전파되어 그곳에서 더욱 발전했다.

문학은 스토리텔링(storytelling)이 글쓰기(writing)와 교차했을 때에야 비로소 탄생했다. 글쓰기가 등장하기 전에 스토리텔링은 구전 문화들에 존재했었고 상이한 규칙과 목적을 가지고 있었다. 하지만 일단 스토리텔링이 글쓰기와 연결되자 문학이 새로운 세력으로 부상했다. 뒤이어 일어난 모든 것, 문학의 전 역사는 이 교차의 순간과 함께 시작되었고, 그 말은 문학에 관해서 이야기하려면, 스토리텔링과 문자, 종이, 책, 인쇄술 같은 창의적인 기술의 진화 둘 다에 초점을 맞추어야 한다는 것이다.

스토리텔링과 글쓰기 기술은 단선적인 경로를 따르지 않았다. 문자 자체는 최소 두 번, 처음에는 메소포타미아에서 그 다음에는 아메리카 대륙에서 각각 발명되었다. 인도의 사제들은 성스러운 이야기들에 대한 지배력을 상실할까봐 그 이야기들을 문자로 적는 것을 거부했는데, 2,000년 뒤에 지구를 반 바퀴 돌아 서아프리카의 음유시인들도 똑같은 두려움을 공유했다. 이집트의 서기들은 문자를 열렬히 수용했지만 비밀로 하려고 애썼는데, 문학의 힘을 자신들만 보유하려고 했기 때문이다. 소크라테스 같은 카리스마 넘치는 교사들은 근본 텍스트들이 권위를 가지게 된다는 생각과, 그 텍스트들을 가능하게 한 글쓰기 기술에 반발하여 글쓰기를 거부했다. 아랍 학자들이 중국의 종이를 쓰면서도 또다른 중국의 발명품인 인쇄술에는 아무런 흥미를 보이지 않은 것처럼 후대의 어떤 발명들은 선별적으로만 채택되었다.

글쓰기와 관련한 발명은 흔히 뜻밖의 부수적인 효과를 낳았다. 옛 텍스트를 보존한다는 것은 그 언어들이 인위적으로 계속 살아 있게 만든다는 뜻이다. 학생들은 줄곧 사어(死語)들을 공부해왔다. 어떤 텍스트들은 결국 성스러운 경전으로 선포되어 상이한 경전들을 읽는 독자들 사이에서 치열한 경쟁관계와 전쟁까지 낳기도 했다. 새로운 기술들은 기원후 1-2세기에 기독교도들이 히브리어 두루마리에 맞서 그들의 『성서』를 들고 나왔을 때에나, 나중에 에스파냐의 모험가들이 일일이 손으로 제작한 마야의 경전에 맞서서 인쇄된 『성서』를 들고 나왔을 때처럼 전통적인 두루마리와 더 새로운 책 사이의 경쟁 같은 포맷 전쟁으로 이따금 이어지기도 했다.

나의 머릿속에서 문학에 대한 더 커다란 이야기가 점차 모습을 갖춰가면서 나는 그것이 네 단계로 펼쳐지는 것을 보았다. 첫 단계는 소수의 서기 집단들에 의해서 지배되었다. 그들만이 초창기의 어려운 문자 체계를 숙달했고, 그리하여『길가메시 서사시』나『히브리 성서』, 호메로스의『오디세이아』,『일리아스』같은 이야기꾼들로부터 취합한 텍스트들을 지배했다. 이 근본 텍스트들의 영향력이 커져가면서 제2단계에서 서기들은 부처, 소크라테스, 예수 같은 카리스마적인 교사들로부터 도전을 받았다. 그 교사들은 사제와 서기들의 영향력을 공개적으로 규탄했고 그들의 추종자들은 새로운 글쓰기 양식들을 발전시켰다. 나는 이러한 생생한 텍스트들을 교사 문학으로 생각하기 시작했다.

문학의 제3단계에서는 글쓰기에 더 쉽게 접근할 수 있게 해주는 혁신들에 의해서 뒷받침되어 개별적인 작가들이 등장하기 시작했다. 이 작가들은 처음에는 더 옛날의 텍스트들을 모방했지만, 일본의 무라사키 부인과 에스파냐의 세르반테스 같은 더 대담한 작가들은 금방 새로운 유형의 문학, 무엇보다도 소설을 창조했다. 마지막으로 제4단계에서 종이와 인쇄술의 광범위한 활용은 신문과 대형 전단지와『벤저민 프랭클린 자서전』이나「공산당 선언」같은 새로운 텍스트들을 통해서 대량생산과 대중 문자해득(literacy : 글을 읽고 이해하며 쓸 줄 아는 능력. 이하에서는 '문해'로 줄여서 옮김/옮긴이)의 시대를 열었다.

이 네 개의 단계들이, 그것들을 가능하게 한 이야기와 발명들과 함께 문학에 의해서 형성된 세계를 창조했다. 그것은 종교가 책들에 기반을 두고, 국가들이 텍스트에 토대를 두고 수립되리라고 기대하는 세계, 우리가 일상적으로 과거의 목소리들과 대화를 나누고 미래의 독자들에게 말을 걸 수 있다고 상상하는 세계이다.

보먼과 대원들은 하나의 옛 텍스트를 가지고 문학적인 냉전을 치르고 있었고 또 책, 종이, 인쇄술이라는 구식 기술을 사용하고 있었다. 그러나 그들의 원뿔형 우주선 안에는 새로운 도구, 바로 아폴로 8호의 크기에 맞게 소형화된 컴퓨터도 있었다. 곧 이 컴퓨터는 글쓰기 혁명을 가져왔으며 오늘날 우리는 그 영향 안에서 살고 있다.

이 책에서 문학의 역사는 바로 이 최신 혁명, 우리의 글쓰기 기술 혁명에 발맞춰 쓰인다. 중동과 그리스에서 시작된 알파벳 혁명은 문자를 숙달하는 것을 더 용이하게 만들고 문자해득률을 높이는 데에 도움이 되었다. 중국에서 시작되어 중동에서 계속된 종이 혁명은 문학의 생산비용을 낮추고 그럼으로써 그 성격을 변화시켰다. 종이 혁명은 또한 인쇄 혁명을 위한 무대를 마련하여, 처음에는 동아시아에서 수백 년 뒤에는 북유럽에서 인쇄 혁명이 일어나게 되었다. 소아시아에서 양피지의 발명과 로마에서 코덱스(codex)의 발명과 같은 더 작은 혁명들도 있었다. 지난 4,000년에 걸쳐 신기술이 문학을 급격하게 변모시킨 몇 안 되는 순간들이 존재했다.

지금까지는 말이다. 하지만 명백히 현재의 기술 혁명은 전자우편과 전자책부터 블로그와 트위터에 이르기까지 우리에게 해마다 새로운 글쓰기 형태를 내놓으면서, 문학이 보급되고 읽히는 방식뿐만 아니라 쓰이는 방식까지 변화시키고 있다. 그와 동시에 근래에 우리가 사용하기 시작한 일부 용어들은 문학의 아득한 역사 속에서 초창기 순간들과 비슷하게 들린다. 고대의 서기들처럼 우리는 다시금 텍스트를 스크롤하고(scroll : 원래는 두루마리를 펼친다는 뜻이다/옮긴이) 고개를 숙여 태블릿(tablet : 서판. 고대에는 주로 석판이나 점토판을 썼다/옮긴이)을 들여다보고 앉아 있다. 이 옛것과 새것의 조합을 어떻게 이해해야 할까?

문학의 이야기를 탐험하면서 나는 가만히 앉아 있을 수 없게 되었다. 문학이 우리의 역사와 우리 행성의 역사를 형성해온 방식에 관해서 생각

기원전 4세기에서 6세기 사이의 잔(盃)에 묘사된, 서판에 글을 쓰고 있는 그리스 서기. 그리스 서기들은 글을 지우고 재사용할 수 있는 밀랍 서판을 사용했다. (Photo credit : M. Tiverios, Elliniki Techni)

하는 내내 오로지 내 책상 앞에만 앉아 있는 것이 이상하게 느껴졌다. 나는 위대한 텍스트와 발명들이 처음 기원한 곳들로 가야 했다.

그래서 나는 베이루트에서 베이징으로, 자이푸르에서 북극권으로 갔다. 트로이와 치아파스의 문학의 유적들을 뒤졌고 카리브 해에서는 데릭 월컷을, 이스탄불에서는 오르한 파묵을 찾아가며, 고고학자와 번역가, 작가들에게 말을 걸었다. 나는 문학이 파묻히거나 불탄 곳들, 재발견되어 다시 소생한 곳들로 갔다. 터키 페르가몬 대도서관의 유적을 배회하며 양피지가 그곳에서 어떻게 발명되었는지를 곰곰이 생각했다. 또 문학의 경전을 영구히 보전하려고 한 옛 황제들의 노력의 결과물인 중국의 석재 도서관들을 보고 감탄했다. 나는 여행작가들의 발자취를 따라갔다. 괴테가 세계 문학을 발견하기 위해서 찾았던 시칠리아에서는 괴테의 발자취를 되짚어보았고 사파티스타 봉기의 지도자를 찾으러 멕시코 남부에도 갔는데, 그가 옛 마야의 서사시 『포폴 부』를 저항과 반란의 무기로 사용했기 때문이다.

이 여행들에서, 걸음을 뗄 때마다 어떤 형태로든 글로 쓰인 이야기를 맞닥뜨리지 않기란 거의 불가능했다. 다음에 나오는 내용에서 나는 문학의 이야기와 문학이 어떻게 우리의 행성을 글로 만들어진 세계로 탈바꿈시켰는지를 들려줌으로써 내가 겪은 경험을 전달하고자 노력했다.

1

알렉산드로스의 머리맡 책

기원전 336년, 마케도니아

마케도니아의 알렉산드로스는 대왕이라고 일컬어지는데 그가 자부심이 강한 그리스 도시국가들을 통일하고, 그리스와 이집트 사이에 있는 모든 왕국들을 정복하고, 강대한 페르시아 군대를 무찌르고, 멀리 인도까지 뻗은 제국을 건설하는 데에 성공했기 때문이다. 그것도 13년이 채 걸리지 않았다. 그후로 사람들은 그리스의 소왕국 출신의 한 지배자가 어떻게 그런 위업을 달성할 수 있었을까 줄곧 궁금해했다. 하지만 여기에는 항상 두 번째 질문, 나에게는 더 흥미로운 질문이 뒤따라오는데, 바로 애초에 알렉산드로스가 왜 아시아를 정복하고 싶어했느냐는 것이다.

이 질문을 곰곰이 생각해보다가 나는 알렉산드로스가 군사활동을 하는 내내 지니고 다녔고, 그가 매일 밤 머리맡에 두었던 세 가지 물건에 초점을 맞추게 되었다. 그 세 가지 물건이야말로 그가 자신의 원정을 어떻게 바라보았는지를 요약해준다. 첫 번째 물건은 단검이었다. 단검 옆에는 상자를 두었다. 상자 안에는 세 가지 물건 가운데 가장 귀중한 것을 두었다. 바로 그가 가장 좋아하는 책, 『일리아스(*Ilias*)』였다.

알렉산드로스는 이 세 물건을 어떻게 가지게 되었고, 그것들은 그에게

25

무엇을 의미했을까?

 알렉산드로스는 단검을 베개 아래에 깔고 잤는데, 아버지처럼 암살당하는 운명을 피하고 싶었기 때문이다. 상자는 그의 적수인 페르시아 황제 다리우스에게서 빼앗은 것이다. 그리고 『일리아스』를 아시아 원정에 가져온 이유는 알렉산드로스가 거기에 담긴 이야기를 통해서 자신의 원정과 삶을 바라보았기 때문이다. 그것은 장차 세계를 정복하게 될 한 왕자의 마음을 사로잡은 근본 텍스트였다.

 호메로스의 서사시는 대대로 그리스인들에게 근본 텍스트였다. 알렉산드로스에게 그것은 거의 성전(聖典)의 지위를 획득했고, 그래서 그가 원정에 나섰을 때에도 챙겨온 것이다. 텍스트들, 특히 근본 텍스트들은 바로 그런 일을 한다. 그것들은 우리가 세계를 보는 방식을, 또 그 세계관에 따라서 우리가 행동하는 방식을 변화시킨다. 이것은 알렉산드로스에게서는 확실히 사실이었다. 그는 이 텍스트를 읽고 연구하는 것뿐만 아니라, 그것을 재연하도록 이끌렸다. 독자인 알렉산드로스는 자신을 그 이야기의 한가운데에 놓았고, 자신의 삶과 궤적을 호메로스의 아킬레우스의 시선으로 바라보았다. 알렉산드로스 대왕은 실제를 뛰어넘은 전설적인 왕으로 잘 알려져 있었는데, 알고 보니 그는 실제를 뛰어넘은 전설적인 독자이기도 했던 것이다.

아킬레우스 같은 청년

알렉산드로스는 아직 왕자일 때, 인생의 전환점에서 단검의 교훈을 얻었다. 그의 아버지인 마케도니아의 필리포스 2세는 딸을 결혼시키려던 참이었고 누구도 그의 초대를 거절할 수 없었다. 그리스 도시국가들과 근래에 정복한 땅인 도나우 강과 흑해와 만나는 트라키아 지방에서 사절들이 파견되었을 것이다. 어쩌면 몰려든 하객들 중에는 필리포스의 군사적 성공에 이끌린 페르시아인들도 있었을 것이다. 알렉산드로스의 아버지는 대대적인 소아시아 침공에 나서기 직전이었고, 페르시아의 국왕 다리우스 3세에게 공포를 자아내고 있었다. 필리포스는 성대한 연회를 베푸는 것으로 유명했기 때문에 마케도니아의 옛 수도 아이가이의 분위기는 떠들썩했다. 모두가 행사가 시작되기를 고대하며 대극장으로 모여들었다.

알렉산드로스는 희비가 엇갈리는 복잡한 심경으로 연회가 준비되는 과정을 지켜보았을 것이다. 그는 행군을 하고, 무술을 연마하면서 일찍부터 아버지의 후계자로서 길러졌다. 그는 십대 초반에 다루기 힘든 말을 얌전하게 길들여 아버지를 깜짝 놀라게 할 만큼 기수로서 이름을 떨쳤다. 필리포스 국왕은 알렉산드로스에게 공개석상에서의 화술과, 또 마케도니아에서 사용되는 산악지방 방언만이 아니라 제대로 된 그리스어도 배우게 했다(평생토록 그는 화가 날 때면 평소에는 쓰지 않던 마케도니아 방언이 튀어나오게 된다). 그러나 알렉산드로스에게 그렇게 많은 것을 투자했던 필리포스는 이제 왕위 계승에 관한 생각을 바꾸려는 듯이 보였다. 그는 딸을 자신의 처남과 결혼시켰는데 그가 알렉산드로스의 경쟁자가 될지도 모를 일이었다. 만약 두 사람 사이에 아들이 태어난다면, 알렉산드로스는 후계자 자리에서 완전히 밀려날 수도 있었다. 필리포스는 새로운 동맹관계를 맺는 데에 선수였고 결혼을 통한 동맹을 선호했다. 알렉산드로스는 아버지가 자기 목적에 보탬이 된다면 서슴지 않고 약속을 깰 사람이라는 것을 알고 있었다.

더 이상 가만히 앉아서 고민하고 있을 때가 아니었다. 필리포스가 극장으로 들어오고 있었다. 자신감과 지배를 과시하기 위해서 왕은 평상시와 달리 근위대를 대동하지 않고 홀로 들어왔다. 마케도니아가 그보다 더 강력하고 더 존경받은 적도 없었다. 소아시아에서의 군사활동이 성공을 거둔다면, 필리포스는 페르시아 제국을 그 영토에서 공격하여 패퇴시킨 그리스 지도자로 알려지게 되리라.

갑자기 무장한 한 남자가 필리포스를 향해 달려들었다. 그가 단검을 뽑아 들었고 국왕은 바닥에 쓰러졌다. 사람들이 그를 향해 뛰어갔다. 왕을 공격한 자는 어디에 있는가? 시해자는 가까스로 도망쳤다. 몇몇 근위대원들이 극장 밖에서 그를 알아보고 뒤쫓았다. 그는 말을 향해 달려가고 있었다. 하지만 발이 덩굴에 걸리고 말았다. 그는 휘청거리며 넘어졌다. 추적자들이 그를 따라잡았고, 잠깐의 몸싸움이 벌어진 뒤에 시해자는 칼에 찔려 죽었다. 극장 안에서는 국왕이 피를 흘린 채 쓰러져 죽어 있었다. 마케도니아, 그리스 동맹, 그리고 페르시아를 치기 위해서 집결한 군대의 우두머리가 없어졌다.

여생 내내 알렉산드로스는 아버지와 같은 운명을 피하기 위해서 심지어 밤에 잠을 잘 때에도 단검으로 스스로를 지키게 되었다.

페르시아의 다리우스가 필리포스의 소아시아 침공을 막기 위해서 암살자를 보냈을까? 만약 다리우스가 국왕 시해의 배후라면, 그는 계산을 잘못한 것이다. 알렉산드로스는 아버지의 피살을 구실삼아 잠재적 경쟁자들을 제거하고, 왕위를 찬탈하고, 마케도니아의 북쪽 국경을 안정시키고, 남쪽의 그리스 도시국가들의 충성을 단단히 붙들어매기 위한 원정을 개시했다. 그런 다음 그는 다리우스를 칠 태세였다. 그는 대군을 이끌고 헬레스폰투스 해협(다르다넬스 해협/옮긴이)을 건너, 수 세대 전에 페르시아 군대가 그리스를 침공하면서 걸었던 길을 되짚어가기 시작했다. 알렉산드로스의 페르시아 정복이 시작된 것이다.

페르시아 군과 대적하기 전에 알렉산드로스는 우선 길을 돌아 트로이로 갔다. 군사적인 이유 때문은 아니었다. 트로이는 아시아와 유럽 사이의 좁은 물길 근처에 자리잡은 요충지이기는 했지만 한때 누렸던 중요성은 이미 상실했다. 다리우스를 잡으러 간 것도 아니었다. 아시아에서 첫 기착지로 트로이를 고름으로써 알렉산드로스는 자신의 아시아 정복의 또다른 동기, 그가 어디를 가든 항상 챙겨 다닌 텍스트, 바로 호메로스의 『일리아스』에서 발견할 수 있는 동기를 드러냈다.

트로이 전쟁에 대한 이야기들이 근본 텍스트가 된 이래로 호메로스는 많은 사람들이 트로이에 다가갈 때에 이용하는 통로였다. 나는 확실히 호메로스 때문에 트로이에 갔다. 나는 자라면서 어린이용 『일리아스』를 읽었고, 나중에 더 충실한 번역본들로 넘어갔다. 대학에서 그리스어를 공부할 때에는 사전의 도움을 받아가며 일부분은 고대 그리스어 원문으로 읽기도 했다. 그때 이후로 도입부를 비롯하여 이 서사시의 유명한 장면들과 등장인물들은 언제나 나의 마음 한구석을 차지해왔다. 도입부에서 그리스 군은 9년 동안 트로이 시를 포위해왔고, 아킬레우스는 아가멤논이 아킬레우스의 포로 브리세이스를 차지한 것에 불만을 품고 전투에서 발을 뺀 상태이다. 최고의 전사가 빠진 그리스 군은 트로이 군에게 압박을 받아 구석에 몰려 있다. 하지만 이후 아킬레우스가 전장에 복귀하여 트로이의 가장 중요한 전사 헥토르를 죽인 뒤에 그의 시신을 성벽 주위로 끌고 다닌다(다른 출전에 따르면 나중에 파리스는 아킬레우스의 발뒤꿈치에 화살을 쏴서 그를 죽이고 복수하는 데에 성공한다). 신들 간의 전쟁도 기억나는데 아테네 여신은 그리스 편에서, 아프로디테 여신은 트로이 편에서 싸운다. 그리고 파리스가 아프로디테를 가장 아름다운 여신으로 등극시키고 그 대가로 메넬라오스의 아내 헬레네를 얻어서 전쟁의 불을 댕겼다는 이상한 뒷이야기도 있다. 그 가운데 가장 선명하게 각인된 이미지는 물론 뱃속에 그리스 병사들을 감춘 트로이 목마였다. 물론 나중에 더 정확한 번역본들을 읽고 나서, 전쟁의 막바지 부분은 사실 『일리아스』에는 나오지도 않고, 『오디세이아(Odysseia)』에도 짤막하게만 언급된다는 사실을 알고 놀라기는 했지만 말이다.

『일리아스』에 나오는 트로이 이야기를 생각할 때면 다른 무엇보다도 나의 마음에 깊이 남아 있는 장면이 하나 있다. 헥토르가 성벽 아래에서 치열하게 전개되고 있는 전투에서 돌아와 아내 안드로마케를 찾고 있다. 집안에는 아내의 모습이 보이지 않는데 그녀가 남편의 소식을 알아보러 시내로 나가고 없기 때문이다. 헥토르는 마침내 아내를 성문 근처에서 찾아낸다. 아내는 남편에게 목숨을 위험에 빠트리지 말라고 간청하지만, 그는 그녀를 안전하게 지키기 위해서 싸워야만 한다고 설명한다. 죽느냐 사느냐 이런 대화가 오가는 동안 유모가 그들의 아들을 데리고 온다.

이렇게 말하고 영광스러운 헥토르는 아이를 향해 두 손을 내밀었다.
그러나 아이는 사랑하는 아버지의 모습에 놀라 소리 지르며
예쁜 허리띠를 맨 유모의 품속으로 파고 들었으니,
청동과 투구의 정수리에서 무시무시하게 흔들리는
말총장식을 보고 겁을 먹었던 것이다.
그러자 사랑하는 아버지와 존경스러운 어머니가 웃음을 터트렸고,
영광스러운 헥토르는 즉시 머리에서 투구를 벗어
두루 번쩍이는 투구를 땅 위에 내려놓았다.
그리고 나서 그는 사랑하는 아들에게 입을 맞추고 팔에 안아 어르며
제우스와 다른 신들에게 이렇게 기도했다.

성문 바로 바깥에서 끔찍한 전쟁이 벌어지는 와중에, 또 이 전쟁의 의미에 관해서 부부 사이에 열띤 대화가 오가는 와중에 아버지가 웃으면서 아들을 겁먹게 하는 투구를 벗는 순간 갑자기 분위기가 전환된다. 그것은 가정 내 화해의 순간이며, 투구는 헥토르의 웃는 얼굴로 바뀌고 그는 아들에게 입을 맞춘다. 하지만 투구는 아직 거기에, 아른아른 빛나며 땅에 놓여 있고 어쩌면 아이는 여전히 울고 있을지도 모른다. 이 순간은 헥토르의 죽음과 위대한 트로이 시의 파괴와 함께 끝날 전쟁으로부터의 짧막한 유예에 불과하다는 것을 상기시키려는 듯이 말이다.

　언덕 위에 높다랗게 위치한 트로이 유적에 처음 다가갈 때에도 이 모든 장면이 나의 마음속에 있었다. 성채는 한때 바다 가까이에 있었지만 기원전 1200년 무렵에 트로이가 함락된 이래로 스카만드로스 강에서 실려온 토사가 계속 쌓이면서 해안선이 바다 쪽으로 물러났다. 고대에 트로이는 아시아와 유럽 사이의 물길을 좌지우지했지만, 이제는 바다로부터 차단된 너른 평원에 서 있을 뿐, 지평선 너머로 어렴풋이 바다가 보였다.

　풍광 속에 자리한 도시의 위치보다 더 실망스러운 것은 그 크기였다. 트로이는 자그마했다. 나는 거대하고 웅장한 요새와 도시라고 상상했던 것을 5분 만에 가로지를 수 있었다. 이 초소형 요새가 막강한 그리스 군의 공격을 어떻게 그렇게 오래도록 버텼을지 도무지 알 수 없었다. 이것이 바로 서사문학(敍事文學)이 하는 일일까? 작은 요새를 가져다가 터무니없이 부풀리는 것 말이다.

　나는 실망감을 곱씹다가 갑자기 알렉산드로스는 나와 정확히 반대로 반응했다는 점을 깨달았다. 그는 트로이를 사랑했다. 나처럼 알렉산드로스도 어린 시절 호메로스의 세계에 처음 입문했을 때부터 줄곧 그 서사시를 꿈꿔왔다. 그는 호메로스를 공부함으로써 읽고 쓰는 법을 배웠다. 알렉산드로스의 성취에 흡족해진 필리포스 국왕은 당시 생존한 가장 유명한 철학자 아리스토텔레스를 찾아내서 북쪽의 마케도니아로 오도록 설득했다. 마침 아리스토텔레스는 호메로스에 대한 가장 위대한 논평가였고, 호메로스를 그리스 문화와 사상의 원천으로 생각했다. 알렉산드로스는 아리스토텔레스 밑에서 공부하면서 호메로스의 『일리아스』를 단순히 그리스 문화의 가장 중요한 이야기가 아니라 그가 도달하고자 하는 이상으로, 아시아로 건너가는 데에 중요한 동기로 삼게 되었다. 알렉산드로스가 매일 밤 머리맡에 둔 『일리아스』 판본은 그의 스승 아리스토텔레스가 주해를 단 것이었다.

알렉산드로스가 아시아에 도착하자마자 처음 한 일은 『일리아스』에서 그리스의 함선들이 상륙할 때에 가장 먼저 해변에 뛰어내렸다고 칭송되는 프로테실라오스의 무덤에 찾아가서 예를 갖춘 것이었다. 이 행위는 알렉산드로스의 호메로스풍 재연(reenactment) 행위의 시작에 불과한 것으로 드러났다. 트로이를 찾아가자마자 알렉산드로스와 그의 친구 헤파이스티온은 아킬레우스와 파트로클로스의 무덤에 헌화를 하며, 온 세상에 자신들이 저 유명한 한 쌍의 그리스 연인들이자 전사들의 발자취를 따르고 있음을 과시했다. 그들과 동행들은 호메로스풍으로 벌거벗고 성벽 주위를 달리며 경주를 했다. 파리스의 것으로 알려진 리라를 선물받았을 때, 알렉산드로스는 아킬레우스의 리라라면 더 좋겠다고 투덜거렸다. 그리고 그는 트로이 전쟁에서 보존된 무구(武具)를 가져갔다. 그는 호메로스 시대의 무구로 아시아를 정복할 것이었다.

트로이는 직접적인 전략적 중요성은 없었던 반면, 알렉산드로스의 원정의 비밀스러운 원천을 드러냈다. 알렉산드로스는 트로이 전쟁의 이야기들을 다시 체험하기 위해서 아시아로 온 것이다. 호메로스는 알렉산드로스가 세계를 바라보는 관점을 형성했고, 이제 알렉산드로스는 자신의 원정을 통해서 그 세계관을 실천했다. 트로이에 도착했을 때, 알렉산드로스는 그 서사시의 이야기를 계속해서 이어가겠다고 다짐했다. 호메로스가 상상할 수 있었을 것을 뛰어넘어서 말이다. 알렉산드로스는 아시아 정복을 더 웅대한 규모로 재연함으로써 호메로스를 더 크게 만들었다(게다가 그는 내가 좋아한 대목과는 다른 대목들을 더 좋아했던 듯하다. 내가 헥토르와 안드로마케, 그들의 아들이 나오는 가정적인 장면에 이끌린 반면에 알렉산드로스는 자신을 아킬레우스와 그의 무용[武勇]과 동일시했다).

알렉산드로스가 트로이에 있는 동안 페르시아의 다리우스는 페르시아 지휘관들과 그리스 용병들로 구성된 군대를 파견했다. 그라니쿠스 강변에서 맞닥뜨린 알렉산드로스와 페르시아 군 간의 첫 충돌에서 페르시아 군은 패배했고, 다리우스는 이 마케도니아 청년이 생각했던 것보다 더 큰 위협이라는 것을 깨달았다. 일을 직접 처리해야겠다고 생각한 다리우스는 이 골칫덩이를 끝장내기 위해서 대규모 군대를 규합하기 시작했다.

마케도니아인과 그리스인으로 이루어진 알렉산드로스의 군대는 페르시아 군보다 규모가 더 작았지만 더 잘 훈련되었고 그리스 병사들은 가공할 전술을 발전시켜왔다. 알렉산드로스의 아버지는 양손에 각각 창과 방패를 들고 서로를 보호하고 지원하는 보병들이 서로 맞물려 늘어선 그리스의 팔랑크스(pahlanx : 보병 밀집 방진) 전술을 물려받았다. 훈련을 통해서 병사들의 규율을 더 단단하게 함으로써 필리포스는 창의 길이를 늘릴 수 있었고, 줄줄이 늘어선 병사들의 행렬을 도저히 뚫을 수 없는 움직이는 철옹성으로 만들었다. 알렉산드로스는 즉위하자마자 향상된 팔랑크스 전술과 군대를 에워싸서 뒤쪽에서 공격할 수 있는 신속한 기병 전술을 결합했다. 그 자신의 전투방식은 병사들을 격려할 수 있도록 그만의 방식대로 계산된 것이었다. 그의 적수인 다리우스는 군대가 싸우는 동안 보통 후방에 머물러 있었던 반면에, 알렉산드로스는 몸소 공격을 이끌었고 할 수 있다면 언제나 싸움의 한복판에 뛰어들었다. 한번은 어느 도시를 포위 공격하면서 그 어느 병사들보다도 먼저 성벽을 타고 올라가 병사들이 아직 아무도 따라오지 않았는데도 성 안으로 뛰어내렸다가 그의 곁을 지키는 근위병 단 두 명과 함께 벌떼처럼 달려드는 방어군과 대적하게 되었다. 병사들이 마침내 그를 따라잡았을 때, 그는 사방에서 달려드는 적에게 부상을 입은 상태였지만, 여전히 힘차게 공격을 막아내고 있었다.

두 군대는 마침내 기원전 333년 늦게, 오늘날 터키와 시리아를 가르는 국경 근처, 이수스 강변에서 만났다. 이곳 해안은 금방 산악지대로 이어져서 다리우스의 대군이 기동할 공간이 상대적으로 없었다. 수적 우위에 자신감을 느낀 다리우스는, 좌익을 보호하고 있던 그리스 병사들의 팔랑크스를 대량의 병력으로 공격했다. 그러나 궁극적으로는 더 뛰어난 훈련이 우위를 점했다. 팔랑크스는 무너지지 않았고 그리스 병사들은 심지어 페르시아 병사들에게 바짝 접근하기까지 했다. 우익을 맡고 있던 알렉산드로스는 페르시아 국왕 주변을 에워싸고 있던 호위병들 사이에서 틈새를 찾아내어 곧장 목표를 향해 달려들었다. 겁에 질려 어쩔 줄 모르던 다리우스는 적수와 직접 맞붙는 대신 도망쳤고, 알렉산드로스가 바짝 그 뒤를 쫓았다.

이수스 전투는 어렸을 적, 그 전투를 묘사한 르네상스 화가 알브레히트 알트도르퍼의 그림을 접한 후부터 줄곧 나의 마음속에 크게 자리잡고 있었다. 그림에서 태양은 햇살과 구름이 덮인 극적인 하늘을 비추면서 지고 있고, 아래쪽 전장에서는 석양빛이 빽빽하게 늘어선 창과 무구, 말들의 숲에 반사된다. 이 혼란의 한가운데에는 다리우스가 세 마리 말이 끄는 전차에 타고 있고, 홀로 말을 탄 알렉산드로스가 그를 뒤쫓고 있다. 내가 이 그림에서 언제나 마음에 드는 점은 꼼꼼한 세부묘사와 그 질감이다. 나는 이 작품을 도록에서 우연히 접했는데 전투 장면이나 원경에 위치한 진지나 낡은 성의 폐허를 꼼꼼히 뜯어보며 그림을 자세히 들여다보고는 했다(마침내 이 그림을 실물로 보았을 때 이것 역시 내가 상상해왔던 것보다 훨씬 작아서 150 × 120센티미터밖에 되지 않았다).

비록 그림에서 알렉산드로스는 금방이라도 다리우스를 붙잡을 것처럼 보이지만 사실 다리우스는 다시 도망쳐 나왔다. 하지만 그밖의 측면에서는 이것은 완승이었다. 알렉산드로스는 다량의 보물과 더불어 다리우스의 어머니와 딸들, 아내까지 사로잡았다. 그는 다리우스의 아내를 트로이 전사 헥토르의 아내 안드로마케로 상상하고 있었을까?

바로 이 전투에서 알렉산드로스는 다리우스의 상자를 손에 넣었고, 자신의 상대를 아직 호메로스풍으로 제대로 무찌르지 않았음을 상기하는 차원에서 거기에 『일리아스』를 넣었다.

알렉산드로스의 아킬레우스 역할극은 아직 끝나지 않았다. 다리우스는 그에게 편지를 보내서 협박하며 가족들을 돌려보내라고 요구했지만 한동안 그는 다리우스를 무시했다. 그 대신 막강한 페르시아 해군이 바다 쪽에서 공격해올 수 없게끔 해안을 따라 진군했다. 그는 그렇게 레반트(동지중해 연안 지역/옮긴이)까지 가서 그곳의 해안 도시들에 항복을 강요하고 거부할 경우 약탈했다. 가자를 정복했을 때는 평화로운 투항 제의를 거절했던 완강한 지도자 바티스를 죽이고 아킬레우스가 헥토르의 시신을 끌고 다닌 것처럼 그의 시신을 도시 주위로 끌고 다녔다. 그는 마치 호메로스의 작품에 나오는 장면들의 충실한 재연이 승리로 가는 길이라고 결심하기라도 한 것 같았다.

그러나 호메로스풍으로 생각하는 알렉산드로스가 보기에 진짜 헥토르는 이 소소한 가자의 지휘관이 아니라 다리우스였다. 이집트를 손에 넣자마자 그는 메소포타미아로 향했고, 그곳에서 다리우스가 자신을 기다리고 있음을 알았다. 다리우스는 더 이상 알렉산드로스를 과소평가하지 않았다. 이번에 그는 페르시아 제국의 강대한 힘을 전부 끌어모았다. 양측의 군대는 메소포타미아의 심장부, 오늘날 이라크의 모술 인근에서 맞붙었다. 알렉산드로스는 처음에 팔랑크스를 페르시아 군을 향해 진군시켰지만 그 다음에는 이 정면 공격에 대담한 기동작전을 결합시켰다. 그의 기병대가 페르시아 군을 오른쪽으로 멀찍이 유인한 다음 불쑥 선회하여 중앙에 결정적 타격을 날렸다. 알렉산드로스는 목표를 달성했다. 페르시아 제국이 그의 수중에 들어온 것이다.

이 승리를 망친 유일한 흠은 다리우스가 다시 한번 빠져나갔다는 것이었다. 비록 페르시아 왕은 더 이상 위협이 될 수 없었지만 알렉산드로스는 그의 뒤를 쫓았다. 알렉산드로스는 살해된 아버지의 복수를 하고 싶었던 것일까? 그는 다리우스의 어머니와 아내, 딸들은 앙심을 품고 대하지 않았고 오히려 그들을 극진히 예우했다. 아니, 알렉산드로스는 여전히 자신의 서사시를 재연하고 있었다. 아킬레우스가 헥토르를 대적하여 무찌른 것처럼 그는 다리우스를 전통적인 전투에서 대적하여, 그를 일대일 대결에서 물리치고 싶었다. 아아, 하지만 슬프게도 그의 바람은 결코 실현되지 못했다. 다리우스는 자신의 지휘관에게 살해되었고, 알렉산드로스에게는 그의 시신만이 남겨졌다. 알렉산드로스는 자신에게 걸맞은 적수의 죽음에 깊이 상심했고 화가 나서 자신에게서 호메로스풍 승리를 앗아간 살인자를 끝까지 추적했다.

호메로스의 소리들
기원전 800년, 그리스

『일리아스』는 문학이 아니라 이야기를 들려주는 구전 전통에서 유래했다. 이야기는 대략 기원전 1200년 청동기 시대, 알렉산드로스가 구사한 현대전 이전, 그리고 그리스 문자가 등장하기 이전의 세계가 배경이다. 그리스 크레타 섬의 미노스 문명이 이집트 신성문자(神聖文字, hieroglyphic)와 유사한 초기 문자 체계를 발전시킨 것은 맞지만 이 문자는 아직 해독되지 않았다. 그리스 본토의 미케네 문명에서는 선형문자 B(Linear B)라고 하는, 그와 관련이 있는 문자 체계가 등장했지만 그것은 대체로 경제적 거래에 사용되었다. 누구도 트로이 전쟁에 관한 이야기를 받아쓰겠다는 생각은 하지 않았다. 그 이야기들은 전문 음유시인들이 크고 작은 청중에게 노래로 들려주었다.

기원전 800년 무렵에 오늘날의 레바논인 페니키아에서 온 여행자들이 다른 문자 체계들과는 근본적으로 다른, 너무 달라서 처음에는 그것이 실제로 어떻게 작동하는지 이해하기 어려운 문자 체계에 대한 소식을 가져왔다. 미케네 문명에서 사용되던 것과 같은 더 옛날의 문자 체계는 소, 가옥, 곡물 같은 특정 사물을 나타내는 기호에서 생겨났다. 시간이 흐르면서 이 기호들은 그러한 사물들의 이름을 이루는 음절들이나 심지어 개별 음운들을 나타내게 되었다. 그러나 모든 기호는 원래, 모양을 통해서 하나의 사물이나 관념과 연결됨으로써 의미를 가졌고, 그 연결 덕분에 기억하기가 더 쉬웠다.

그리스 미케네에서 출토된 선형문자 B가 새겨진 점토 서판. 선형문자 B는 아직 해독되지 않은 더 오래된 선형문자 A로부터 유래했다.

페니키아인들은 이집트에서의 초창기 실험들에 의지하는 과정에서 이러한 문자 체계들의 강점이 또한 약점이기도 하다는 것을 인식했다. 기호들이 의미를 바탕으로 하는 한 기호의 수는 끝이 없을 것이다. 이에 대한 대응으로 그들은 급진적인 해법을 들고 나왔다. 문자는 사물과 의미의 세계와 연계를 끊어야 했다. 그 대신에 문자는 언어, 더 구체적으로는 소리를 나타내게 되리라. 각 기호는 하나의 소리를 나타내고, 그 다음 기호들이 합쳐서 의미를 띤 단어를 이룰 수 있을 것이다. 사물을, 의미를 포기하는 것은 어려운 일이었지만 그것은 엄청난 이점이 하나 있었다. 기호의 숫자가 수백이나 수천 개에서 수십 개로 줄어들어, 읽고 쓰기가 훨씬 더 단순해진다는 것이었다. 글쓰기는 발화에 훨씬 더 직접적으로 결부되게 되었다(페니키아인의 아이디어는 그 지역으로 퍼져나갔다. 히브리어도 동일한 개념을 토대로 한다).

페니키아인들은 이 아이디어를 그들의 언어에 체계적으로 적용했지만 논리적 귀결에 도달할 때까지 따르지는 않았다. 페니키아 문자는 자음만 나타낸 것이었다. 마치 영어에서 rg가 러그(rug)나 리그(rig), 레이지(rage)를 의미할 수 있는 셈이었다. 독자는 모음은 자기가 덧붙이면서 그 단어가 무엇을 의미하는지 문맥으로부터 추측해야 했다. 바로 여기서 그리스인들은 문자 체계를 개선할 여지를 보았고, 모음 기호를 추가하여 페니키아 문자 체계를 완성했다. 이제 rg가 어떤 단어를 의미하는지 추측할 필요가 없었다. r-a-g-e처럼, 단어 전체, 그 온전한 음성 배열이 문자로 표시될 수 있었다.

새로운 문자 체계는 트로이 전쟁의 이야기들을 노래할 때에 구사되는 운율에 특히 잘 어울렸다. 바로 여섯 음보(각 음보는 하나의 장음절과 두 개의 단음절[장단단격] 또는 두 개의 장음절[장장격/옮긴이]로 이루어져 있다)로 이루어진 육보격(hexameter) 운율이었다. 페니키아 문자 체계로는 이 음성 패턴을 쉽게 포착할 수 없었다. 가장 중요한 부분, 음절의 핵심에 있는 길고 강세가 있는 음—rage에서 a—이 빠져 있었다. 그리스인들의 수정은 강세가 있는 장모음을 제공했다. 새로운 페니키아 알파벳은 트로이 전쟁 이야기에 안성맞춤이었다. 그리고 서기들이 새로운 알파벳으로 거의 처음에 한 일은 그 이야기를 받아쓰는 것이었다. 심지어 그리스 알파벳은 특별히 이 음유시인들의 육보격을 포착하기 위해서 처음 발명되었을 수도 있다. 어쨌거나 새로운 문자 체계는 독자들이 『일리아스』를 읽을 때, 아킬레우스의 범선의 삭구(rig)나 그가 밤에 깔고 자는 러그(rug)가 아니라, 격전 끝에 자신이 차지해야 마땅한 전리품을 아가멤논이 빼앗아갔을 때에 아킬레우스가 느낀 분노(rage)를 떠올릴 수 있게 했다.

그 서사시의 유명한 첫 행에 묘사된 것처럼 말이다. "분노 : 노래하라, 여신이여, 아킬레우스의 분노를/그리스인들에게 헤아릴 수 없는 고통을 안긴/어둡고 살인적인 분노를."

한 시인, 바로 호메로스의 이름이 유명해졌지만(물론 우리는 그런 이름의 시인이 있었는지조차 알 수 없다), 트로이 전쟁의 이야기를 받아쓴 영리한 서기의 이름은 알려져 있지 않다. 그러나 그들의 협업이 호메로스의 판본을 둘도 없는 것으로 만들었다. 무명의 서기가 아마도 한 시인의 판본을 받아쓴 덕분에, 『일리아스』가 여러 세대에 걸쳐 여러 서기들과 여러 시인들의 손으로 짜깁기되지 않은 덕분에, 그 결과, 그것은 『히브리 성서』와 다른 경전들보다 훨씬 더 일관적이었다. 의미심장하게도 『일리아스』의 세계에서 글쓰기에 대한 묘사는 (딱 한 차례를 제외하고) 전혀 없다. 그 서사시는 글보다는 노래로 표현된다. 『일리아스』와 그리스 알파벳, 순수한 소리에 바탕을 둔 알파벳은 강력한 조합이었고, 그 둘이 합쳐져서 지대한 영향을 미치게 되었다. 몇백 년 만에 그리스는 문학, 드라마, 철학 분야에서 엄청난 폭발적 성장을 목도하는 가운데 당시 세계가 알던, 최고의 문자해득 사회가 되었다.

아시아를 그리스로 만들기

그리스 알파벳과 호메로스는 알렉산드로스보다 앞서 소아시아로 건너갔지만, 일단 알렉산드로스가 그곳에 도착하자 그 두 가지는 알렉산드로스가 없었다면 갈 수 있었을 것보다 훨씬 멀리까지 뻗어나갔다. 새로운 알파벳의 힘과 그것과 함께 온 문자해득의 문화는 다시 알렉산드로스의 과업을 도왔다. 소아시아를 정복하고 메소포타미아와 페르시아에서 다리우스를 물리친 알렉산드로스는 계속 밀고 나가 힌두쿠시 산맥을 넘어 봄에 아프가니스탄에 진입했고, 그 와중에 가공할 코끼리 부대와 싸우면서 우기에 인더스 강을 건넜다. 무장한 적이든 자연이든 그를 막을 수는 없었다. 새로운 전투에서 승리하고 새로운 영토를 복속할 때마다 세상이 전에 그리스인들에게 알려져 있던 것보다 훨씬 더 넓다는 것이 분명해졌다.

왕국이 계속 커지면서 알렉산드로스는 자신이 여신의 아들인 아킬레우스처럼 반신(半神)이라고 믿기 시작했다. 그는 그리스 도시국가들에 자신에게 이러한 신적 지위를 공식적으로 부여할 것을 요구했고, 많은 도시국가들이 그의 요구에 응했다. 언제나 알렉산드로스와 거리를 둔 스파르타만이 특유의 간결한 답변을 보내왔다. 그들은 "알렉산드로스가 신이 되기를 원하니 신으로 만들어주어라"라고 대답했으니, 신성이란 온통 그의 머릿속에만 존재한다고 암시한 것이었다.

더 많은 영토를 정복할수록 알렉산드로스는 그 영토의 유지에 더 많은 애를 먹게 되었다. 그가 현지 지배자들과 통치구조를 건드리지 않았기 때문에 아나톨리아와 이집트 같은 지역처럼 페르시아 세력권의 서부와 남부 주변부는 알렉산드로스를 기꺼이 지배자로 받아들였다. 하지만 그가 일단 페르시아의 심장부를 장악하자, 점령지를 계속 유지하는 과제는 그가 그리스에서 점점 더 동쪽으로 이동할수록 어려워졌고, 머나먼 아프가니스탄과 인도로 진입하자 더욱 어려워졌다.

이 영토들을 계속 보유하기 위해서 알렉산드로스는 그가 지금까지 배워온 것, 다시 말해서 비(非) 그리스인들은 열등하다는 주장과 정면으로 배치되는 결정을 내렸다. 알렉산드로스는 외국의 복식을 착용하기 시작했다. 또 그리스 군대 안에 외국인을 받아들였다. 그는 화려한 박트리아

풍 예식을 거행하며 아프가니스탄 출신의 공주와 결혼했고, 이국의 신들에게 경의를 표했다. 그리고 동방의 봉신들이 고개를 숙이고 바닥에 납작 엎드려 자신을 섬기게 했다.

지금까지 알렉산드로스를 충성스럽게 따랐던 그의 그리스인과 마케도니아인 동료들은 경악했다. 그들은 외국 봉신들에게 밀려났다고 느꼈고 더 이상 자신들의 왕을 알아볼 수 없었다. 그들의 반감은 알렉산드로스가 오랜 동료들을 개인 연회에 초대했을 때에 만천하에 드러났다. 동료들은 동방의 의전에 따라서 왕 앞에 납작 엎드려야 했다. 그러면 보답으로 알렉산드로스가 그들에게 입을 맞춘 뒤에 그들을 일으켜세울 것이었다. 산전수전 다 겪은 전사들이 이런 관습에 혐오감을 느끼기 위해서는 굳이 아테네 민주주의자가 될 필요도 없었다. 그러나 압박을 받은 그들은 하나둘씩 내키지 않았지만 왕 앞에 엎드렸다. 딱 한 명만이 굴종을 거부했다. 그는 아리스토텔레스의 종손인 칼리스테네스로, 알렉산드로스는 칼리스테네스를 자신의 연대기 사관으로 고용해 데려왔다. 그는 "그 입맞춤에 저는 더 비천해질 것입니다"라고 공공연히 천명하여 알렉산드로스의 진노를 샀고, 앞으로 보게 되듯이 이는 지대한 결과를 낳았다. 알렉산드로스는 더 이상 자신을 마케도니아의 왕으로 생각하지 않았다. 바빌론을 손에 넣은 뒤에 그는 자신을 "아시아의 왕"으로 칭하기 시작했다.

알렉산드로스의 지휘관들이 그의 이국적 복식과 관습에만 관심을 집중하다 보니 그들은 알렉산드로스 치하에서 그의 세계 방방곡곡이 실은 점차 그리스가 되어가고 있다는 사실을 알아차리지 못했다. 알렉산드로스는 그가 지나간 곳마다 현지 통치자들을 통제하기 위해서 그리스와 마케도니아 주둔군을 남겨두고 갔다. 그의 이름을 딴 그리스인 정착지 네트워크가 제국 전역을 수놓았다. 제국은 수십 가지 언어와 문화로 이루어져 있었고, 그리스인들은 외국의 문자 체계는 고사하고 외국어를 배우기 싫어하기로 유명했다. 대다수의 비 그리스 민족들에 대한 그리스인들의 멸시는 언어와 문자와 긴밀하게 엮여 있었다. 그들은 이방인을 '바르바로이(barbaroi : 야만족)'라고 불렀는데, 그들의 언어가 자기들의 귀에는 도통 이해가 되지 않는 '바르바르바르'처럼 들렸기 때문이다. 이런 까닭에 제국 곳곳에 정착한 그리스인과 마케도니아인이 어떤 언어로 말했을지는 의심의 여지가 없었다. 당연히 그들은 그리스어로 말했다. 심지어 새로 외국 친구들과 외국 복장을 얻은 알렉산드로스도 굳이 다른 언어는 배우지 않았다.

호메로스는 이러한 언어적 정복에서 중심적 역할을 했는데 알렉산드로스가 그를 좋아했기 때문만은 아니다. 『일리아스』는 모두가 읽고 쓰는 법을 배우는 텍스트, 그리스어와 그리스 알파벳을 확산시키는 주요 도구였다. 그것은 탁월한 근본 텍스트가 되었다. 이는 또한 전문적인 해석자들, 다시 말해서 아리스토텔레스 같은 철학자들만이 아니라 이 텍스트에 광범위한 주해를 다는 비평가들을 생겨나게 했다는 뜻이다.

알렉산드로스의 그리스 병사들과 정착민들은 특수한 그리스어를 말했다. 그것은 교양 있는 아테네의 그리스어도 알렉산드로스의 마케도니아 방언도 아니었다. 공통 그리스어(koiné Greek)라고 하는 다소 단순화된 형태의 그리스 구어였다. 공통 그리스어는 앞선 시대에 그리스 무역 제국에서 유래한 언어로, 이제 알렉산드로스 제국의 공통어가 되었고, 제국의 다양한 지역들은 이 공통 그리스어로 서로 소통할 수 있었다. 현지 지배자들은 흔히 토착어를 쓰고 토착 문자 체계를 사용했지만 공통 그리스어와 그 표음문자(表音文字) 체계는 알렉산드로스의 정복이 지도상에서 지워버린 경계들을 가로지르는 의사소통 수단이었다. 그는 또한 공동 화

테트라드라큼 주화는 알렉산드로스 대왕의 모습과 그리스 문자를 제국의 변경까지 가져왔다.

폐인 아티카 주화(테트라드라큼)를 통용시켰는데, 한 면에는 그의 얼굴이, 다른 한 면에는 그리스 문자가 새겨져 있었다. 알렉산드로스는 한 텍스트의 충실한 독자에만 머물지 않았다. 그는 그 텍스트의 생존에 필수 불가결한 기반시설을 만들었다.

그리스어가 세계어가 되면서 그것을 말하는 사람들은 세계 시민처럼 느껴졌다. 알고 보니 알렉산드로스는 마케도니아와 그리스 문화의 배반자가 아니라 그리스에서 이집트까지, 메소포타미아에서 인도까지 다양한 문화와 영역들을 가로질러 뻗어나간 새로운 정체성의 구현이었다. 더 이상 특정한 한 종족이나 나라에 단단하게 매여 있지 않은 이 새로운 정체성을 표현하는 신어(新語)가 영향력을 얻어가고 있었다. 두말할 필요도 없이 그 단어 역시 그리스어, 바로 **코스모폴리턴**(cosmopolitan), 즉 "세계 시민"이었다. 알렉산드로스의 『일리아스』 수출은 근본 텍스트가 그 탄생지를 벗어나서 아주 멀리까지 이동할 수 있으며, 그러면서 그 힘을 유지한 채 진정으로 코스모폴리턴적인 텍스트가 될 수 있음을 입증했다.

그리스어는 알렉산드로스의 정복으로 덕을 보았지만 알파벳의 힘에도 덕을 보았다. 알파벳 혁명이 펼쳐지고 있었고, 그것은 곧 이집트 신성문자(그리고 더 나중에는 마야 상형문자) 같은 알파벳이 아닌 문자 체계를 몰아냈다. 그것은 여전히 진행 중인 혁명이다. 오늘날 동아시아만이 알파벳에 맞서서 버티고 있으며, 그곳에서도 표음문자 체계와 음절문자(音節文字)들이 발전해왔다.

소아시아에서 다른 문화와 언어들도 후퇴했다. 리디아어는 궁극적으로 아나톨리아에서 소멸한 한편, 파르티아(오늘날 북동부 이란)와 알렉산드로스의 아내의 고향인 박트리아(오늘날 아프가니스탄)는 그리스어에 더 친숙해졌다. 심지어 알파벳이라는 아이디어가 처음 유래한 페니키아에도 그리스어가 진출했다. 이 전례 없는 언어 수출의 효과는 멀리 인도에서까지 감지되었는데, 그곳에서도 표음 그리스 알파벳 체계는 여러 문자 체계에 영향을 미쳤다. 인도에 아소카 왕이 등극했을 때, 그는 비문들을 그리스어로 새기라고 명령했다.

그 자신만의 호메로스

알렉산드로스는 자신의 『일리아스』와 주화, 언어와 알파벳을 들고서 계속해서 동쪽으로 발길을 옮겼다. 만약 할 수만 있었다면 그는 그렇게 중국까지 갔을 것이다. 하지만 그의 병사들 사이에서 불만이 끓어오르고 있었다. 갈수록 반감을 품는 그리스인과 마케도니아인 지휘관과 잡다한 외국인 군단들 사이에서 분열된 그의 병사들은 고향으로 돌아가기를 원했다. 그의 군대는 마침내 어느 외국의 군대도 하지 못한 일을 해냈다. 알렉산드로스가 발길을 돌리게 만든 것이다. 그는 사막을 관통하여 행군시킴으로써 병사들을 응징했고, 이때의 행군으로 많은 병사들이 목숨을 잃었지만 결국 마지못해 병사들을 이끌고 이제는 그의 왕국의 중심이 된 바빌론으로 복귀했다. 하지만 바빌론은 일시적인 기착지로 여겨질 뿐이었다. 알렉산드로스는 아라비아, 심지어 아프리카 대륙 전체를 거냥한 침공계획을 세우기 시작했다. 만일 침공을 당했다면 이 문화들이 그리스의 표음문자 체계와 문화를 채택했을 것인가? 우리는 영영 알 수 없을 것이다. 어느 날 밤새도록 술을 마신 뒤 알렉산드로스는 병이 났고, 알 수 없는 사인 미상의 죽음을 맞았다. 어쩌면 아버지처럼 암살당했을 수도 있다. 당시 그는 서른두 살이었다.

알렉산드로스는 한 가지 아쉬움을 남기고 죽었다. 그의 인생 이야기가 여전히 쓰이지 않았던 것이다. 비록 전세나 후세의 어느 누구보다도 호메로스에게 커다란 기여를 했음에도 불구하고, 이 시인에 대한 그의 헌신에는 비극적인 구석이 있었다. 바로 그가 진짜로 원한 것은 호메로스의 영웅들을 뒤따르는 것이라기보다는 그만의 한 호메로스가 그를 뒤따르는 것이었기 때문이다. 그가 트로이 근처 아시아에 처음 발을 내디뎠을 때부터 이런 생각은 줄곧 그를 떠나지 않았다. 자신의 행적이 호메로스의 반신들의 행적을 능가할 것이라고 예견한 그는 자신을 기려줄 호메로스가 없다고 공공연하게 불평했다.

호메로스가 없다고 불평하면서 가만히 앉아 있을 알렉산드로스가 아니었다. 그는 칼리스테네스를 고용하여 자신의 활약상을 기록하게 했지만 이 일은 계획한 대로 돌아가지 않았다. 칼리스테네스는 알렉산드로스에게 절하기를 거부했고, 나중에 그에 대한 반란에 연루되어 감옥에서 죽었다.

자신의 연대기 기록자와 싸운 것은 알렉산드로스가 한 일들 가운데 그다지 현명한 일은 아니었다. 죽기 전에 칼리스테네스는 알렉산드로스의 위업을 기록으로 남겼다. 그 서술 자체는 소실되었지만 여기에는 알렉산드로스의 새로운 페르시아 풍습에 대한 심한 말들이 담겨 있었고, 이 말들은 이후 대다수의 알렉산드로스 전기에 등장하게 되었다. 어쨌든 칼리스테네스는 알렉산드로스가 새로운 호메로스를 부르짖었을 때에 진짜로 염두에 두고 있었던 사람은 아니었다. 그는 제대로 된 시인을 원했다. 슬프게도 그는 그런 날이 오는 것을 보지 못하고 죽었다.

칼리스테네스는 시작에 불과했다. 알렉산드로스의 생애는 너무도 굉장하고, 유례가 없어서 도저히 한 명의 작가에게만 남겨질 수 없었다. 당대의 여러 사람들이 저마다 그에 대한 기록을 남겼고 그 기록들은 다시 다른 작가들로 하여금 알렉산드로스의 생애를 서술하도록 자극했다. 작가들은 자신이 이 새로운 아킬레우스에게 제일의 호메로스가 되기를 바라며 전기를 쓸 때마다 이 굉장한 이야기를 더욱 멋지게 부풀렸다. 한 버전에서 알렉산드로스는 영생을 추구한다. 또다른 버전에서는 그는 낙원으로 간다. 그 자신에 의해서 문학적 관점으로 구상된 알렉산드로스의 생애는 문학적 이야기로 변신하고 있었다.

이러한 기록들은 하나의 이야기로 합쳐져서 『알렉산드로스 로맨스(*Alexander Romance*)』로 알려지게 되었다. 그것은 새로운 호메로스는 고사하고 유명한 어느 단일 저자와도 결부되어 있지 않았지만, 고대 후기와 중세 초기에 가장 많이 읽힌 텍스트가 되었다. 일부 작가들은 『알렉산드로스 로맨스』를 토착의 상황에 맞게 각색하기도 했다. 그리스 버전은 알렉산드로스가 필리포스가 아니라 이집트 마지막 파라오의 아들이라고 주장했다. 페르시아의 『열왕기(*Book of Kings*)』에서는 그가 그리스 공주를 아내로 맞은 페르시아의 왕 다랍의 아들이라고 나왔다. 문학은 알렉산드로스를 그가 언제나 바라왔던 인물상인, 코스모폴리턴적 동방의 왕으로 탈바꿈시켰다.

알렉산드로스의 문학적 기념비

오늘날 터키에 있는 페르가몬, 에페소스, 페르게 같은 도시들을 방문하고 알렉산드로스의 발자취를 따라 여행을 하면서 나는 그 시대의 건축물 대부분이 사라졌음을 알게 되었다. 하지만 어김없이 두 종류의 건축물 유적이 적어도 부분적으로 남아서 도시 경관을 지배하고 있었다. 바로 극장과 도서관이다. 이 유적들은 그 중요성을 증언하는 것으로서, 가장 많은 자원들이 투입된 건물들이었다. 극장과 도서관 둘 다 문학과 연결되었다. 도서관은 문학이 보존되고, 사서들이 중요한 텍스트들을 베끼고, 주석을 다는 공간이었다. 극장은 호메로스의 세계를 당대의 관객에게 가져가는 데에 바쳐진 공간이었다. 헬레니즘 시대의 극장들은 관객을 2만5,000명까지 수용했고, 관객들은 비극 배우들이 당시의 상황에 맞추어 각색한 옛날 호메로스 이야기들을 보러 극장으로 몰려들었다. 알렉산드로스는 극장에 푹 빠져서 동방 원정 동안에 자신과 병사들에게 여흥을 제공하도록 연극을 가져오게 했고, 배우들도 데려왔다.

　문학에 대한 알렉산드로스의 가장 중요한 기여는 이집트에서 이루어졌다. 원정 초반에 이집트를 정복한 알렉산드로스는 이집트 신들을 섬기고, 파라오 칭호를 받아들였다. 그리스인들은 대체적으로 이집트 문화를 숭상했고, 이해하지는 못했지만 고대의 지혜의 원천으로서 그들의 복잡한 문자 체계를 칭송했다. 하지만 아무리 이집트라고 해도 현지 문화에 대한 알렉산드로스의 관용에도 한계는 있었다. 이집트를 그리스로 만드는 데에서 그가 행한 가장 중요한 행위는 흔히 그렇듯이 호메로스에 의해서 촉발되었다. 알렉산드로스가 신도시 건립을 계획하고 있었을 때, 그는 가장 적당한 장소를 암시하는 호메로스의 한 대목에 관한 꿈을 꾸었다.

내륙에 위치한 이집트의 고도(古都)들과 대조적으로 알렉산드리아는 바다를 접하고 있으며, 항해와 무역을 위해서 설계되었다. 한쪽에는 커다란 자연 포구와 나일 강이 물을 대는 호수, 운하들이 있었고, 다른 한쪽에는 부두를 위한 부지가 풍부했다. 도시의 중심에는 그리스 문화의 이상들을 표현하는 웅장한 건물들이 서 있었다. 학교가 있어서 학생들은 거기서 호메로스를 공부함으로써 그리스어를 배웠다. 학교 옆에는 180미터가 넘었다고 하는 주랑(柱廊)이 딸린 체육관이 들어서서 대화와 운동을 위한 공간을 제공했다. 물론 대형 극장도 있었다.

알렉산드리아는 이 모든 기관들을 자랑했지만, 또다른 기관이 이집트를 그리스로 만드는 데에 중대한 역할을 했으니 바로 도서관이었다. 금방 주요 항구가 된 이 도시의 전략적 위치는 도서관의 성공에 결정적이었다. 선박들이 교역을 위해서 알렉산드리아에 도착하면 먼저 배에 싣고 있는 문헌은 무엇이든 도서관과 공유하라는 지시가 내려왔다. 도서관은 문헌을 보존할 다수의 필경사들을 고용하고 있어서, 전 세계에서 가장 방대한 두루마리들을 소장하고 있었고, 지식 저장을 위한 기존의 모든 수단들을 아우르는 것을 목표로 삼았다. 이런 야심은 최근에 전 세계의 정보를 취합하여 보편적으로 접근할 수 있게 하려는 구글의 계획으로 되살아났다. 알렉산드리아 도서관은 문헌 연구 분야를 개척한 철학자와 지식인들을 자랑했다. 도서관의 중심에는, 필사되고, 편집되고, 오로지 경전에만 해당될 정성과 공을 들여 주해를 단 호메로스의 서사시가 있었다. 알렉산드로스만이 그의 왕국 전역에 호메로스의 서사시를 수출한 것이 아니라 그의 후계자들 역시 호메로스를 미래 세대에 전달할 기관들을 건설했다.

알렉산드로스의 후계자들 아래에서 알렉산드리아는 세계 최대의 그리스 도시가 되었고 이집트의 문자 문화를 바꿔놓았다. 이집트는 어마어마한 역사적, 문화적 중요성이 결부된, 가장 초기의 문자 체계 가운데 하나인 신성문자를 발전시켰었다. 그러나 세월이 흐르면서 신성문자 체계에 표음 기호들이 점차 많이 이용되었다. 신성문자가 단순화되기는 했지만, 그 문자는 여전히 쓰기가 어려웠고, 대다수의 이집트인들은 아주 간단한 일처리에도 서기를 고용해야 했다. 그리스 표음 알파벳의 용이함은 뿌리치기 힘든 유혹이었고, 이집트인들은 결국 자신들의 언어의 소리를 포착하기 위해서 그리스 알파벳에서 영감을 받은 문자를 채택했다. 콥트 문자로 알려진 새로운 문자 체계는 곧 신성문자를 밀어냈다.

이집트 신성문자보다도 더 오래된 문자 문화가 하나 있다. 바로 수메르 쐐기문자이다. 이 문자 체계 역시 알렉산드로스의 알파벳에 밀려났고 완전히 망각되었다. 그것은 19세기에야 비로소 우연히 재발견되었다. 그 재발견의 이야기가 우리를 문자의 기원과 인류 역사 최초의 위대한 근본 텍스트로 데려간다.

2

온 세상의 왕 : 길가메시와 아슈르바니팔

기원후 1844년경, 메소포타미아

예전에 아버지는 내게 학창 시절 고고학 발굴 현장에 가서 토양을 맛봄으로써 화학 성분의 미묘한 변화를 감지하는 법을 배웠다고 말씀하신 적이 있다. 나는 죽은 사람의 뼈와 접촉한 적이 있고 벌레들이 기어다니고 있을 흙을 먹는다는 생각이 마음에 들지 않았다. 아버지는 그냥 나를 놀리려고 그런 말씀을 하신 것일까? 그 생각은 줄곧 내게 남아 있었고 여러 해 뒤에 오스틴 헨리 레이어드와 그가 오늘날 이라크의 모술 근처에서 발굴했던 흙무더기 안으로 파들어간 참호를 곰곰이 생각하고 있을 때에 다시 떠올랐다. 레이어드가 당시에는 인식하지도 못한 채 그 둔덕에서 발견한 것은 호메로스보다 더 멀리 거슬러가는 세계 문학 최초의 걸작이었다.

이탈리아와 스위스에서 자란 영국인 레이어드는 1839년에 식민지 행정관으로 부임하기 위해서 실론으로 가는 길에 중동을 가로질러 여행을 했다. 타고난 여행가인 그는 현지 음식과 관습을 채택하고 가능하다면 어디서나 우연한 만남과 모험을 추구하면서 현지에 자연스럽게 섞여드는 것을 좋아했다. 그는 콘스탄티노플로 갔고 거기서부터 레반트와 동쪽으로 멀리 페르시아까지 여러 지점들을 탐험했지만 남아시아까지는 가지 못했다. 그 대신 그는 콘스탄티노플 주재 영국 대사에게서 자리를 얻어 중동에 머물렀는데, 중동의 역사가 특히나 흥미롭다고 느꼈다. 그의 흥미는 1842년 한 프랑스 고고학자, 폴-에밀 보타가 티그리스 강둑의 모술 인근에서 고대 궁전의 유적을 발굴했을 때에 더욱 깊어졌다. 레이어드는 그곳이 『성서』에서 그 멸망이 언급된 고대 도시 니네베의 대략적 위치라는 것을 알고 있었다.

레이어드는 고고학자가 아니었고, 만약 정말로 그가 토양의 맛을 보았다고 해도 그 점을 보고하지는 않았다. 하지만 그는 그와 비슷한 일을 하고도 남을 사람이었다. 끝없는 호기심으로 넘쳐나는 그는 육체적 고생을 두려워하지 않았고 쉽게 포기하지 않았다. 1845년 그는 모술에 있는 한 둔덕 안으로 참호를 팠고 무엇인가를 찾아냈다. 그가 더 깊이 파고들어가자 벽과 방, 기단부가 드러났고, 그는 자신이 한 도시 전체를 발굴하고 있다는 사실을 깨달았다.

그것은 점토로 만들어진 도시였다. 그가 고용한 인부들의 삽은 지푸라기를 섞어서 빚은 다음 햇볕에 말리거나 가마에 구워낸 점토 벽돌로 쌓아 올린 벽을 발굴했다. 음식을 저장하는 다양한 종류의 용기, 심지어 수도관도 "두 강 사이 땅"(그리스어로는 "메소포타미아")에 풍부한 점토로 만들어져 있었는데, 여기서 두 강이란 티그리스 강과 유프라테스 강을 가리킨다. 추후 발굴작업에서 레이어드는 더 많은 경이들을, 미지의 문명을 엿보게 해주는 숨이 멎는 듯한 부조를 찾아냈다. 그것은 포위된 도시들과 군대의 충돌, 족쇄에 묶인 포로들, 날개 달린 사자와 인간의 머리를 한 황소를 묘사한 이미지였다. 위대한 왕들이 한 위대한 제국을 다스렸었던 것이 틀림없었다.

성벽과 부조, 조각상들은 돌이나 점토에 쐐기 모양을 새기거나 조각한

날개 달린 황소를 묘사한 부조의 그림. 레이어드의 니네베 발굴 현장을 함께 한 영국인 화가 프레더릭 찰스 쿠퍼의 작품이다.

쐐기문자 비문으로 뒤덮여 있었다. 개별 벽돌들은 부조와 조각상처럼 그런 식으로 비문을 새길 수 있었다. 사실, 점토로 만들어진 것이라면 무엇이든 쐐기문자 비문을 새기는 것이 가능했다.

레이어드는 곧 축축하게 젖은 점토에 대고 눌러서 서명을 남길 수 있는 자그마한 점토 인장들을 찾아냈다. 그는 심지어 벽 뒤에 감춰진 비문도 찾아냈는데, 벽이 무너졌을 때에만 비로소 보이는 이 비문은 이 궁전의 거주자들은 접근할 수 없었을 것이다. 쓰기 강박에 사로잡힌 이 도시의 지배자들은 자신들의 제국이 언젠가는 무너질 것임을 예견하고 미래에 그들의 궁전을 발굴할 레이어드 같은 누군가를 위해서 메시지를 남겼던 모양이다.

점토 도시와 도시의 비문은 레이어드에게 그들의 이야기를 들려주겠다

님루드에서 출토된 쐐기문자 비문 부조.

는 전망을 내놓았다. "그들의 의미는 그 위에 쓰여 있었다"라고 레이어드
는 말했다. 문제는 그가 다른 출전들을 통해서 알려진 몇몇 이름들을 제
외하고는 아무것도 해독할 수 없었다는 것이다. 어느 누구도 해독할 수
없었다. 쐐기문자에 대한 지식은 거의 2,000년 전에 알렉산드로스 정복의
여파 속에서 점차 사라졌고, 누구도 그것을 어떻게 읽어야 할지 더 이상
알지 못했다.

더 많은 비문들이 나타날수록 궁금증에 더 애가 탔다. 이 고대 문명은
무엇을 이야기하고 있었을까? 그다음 우연하게도 부서진 서판들이 무더
기로 쌓여 있는 새로운 내실(內室) 단지가 발견되었다.

그 발견은 이 세계에 대한 레이어드의 시각을 다시금 바꿔놓았다. 이
도시의 지배자들은 구할 수 있는 모든 점토 표면에 글을 새겼을 뿐만 아
니라 서판들을 잔뜩 모았고 그들의 귀중한 텍스트를 보관하기 위한 건

Lowering the Bull

레이어드 본인이 제작한 이 판화는 니네베에서 얕은 돋을새김 조각 발굴을 지휘하고 있는 그의 모습을 보여준다.

물도 지었던 것이다. 이 엄청난 발견으로 쐐기문자를 해독하는 일은 더욱 시급해졌다. 레이어드가 발굴 기록에 숨 가쁘게 쓴 것처럼 문자 해독은 "아시리아의 언어와 역사를 복원하고, 그 주민들의 관습과 학문, 그리고 첨언하건대 어쩌면 문학도 탐구할" 가능성을 열어줄 터였다. 레이어드가 옳았음이 드러나게 된다. 그가 이 세계에 존재했던 글을 얼마나 많이 목격했는지를 고려할 때, 이제 이 사람들이 자신들의 이름과 역사뿐만 아니라 그들의 상상의 삶과 믿음도 알 수 있게 해주는 하나의 문학을 창작했을 가능성은 커졌다.

일부 점토는 연약했고, 레이어드는 곧 이 서판들을 땅속에서 파내어 햇볕에 노출시키면 부서질 수도 있다는 사실을 알았다. 그는 이 글들을 신속하게 포착해야 했다. 그렇지 않으면 이 발굴작업으로 그는 잃어버린 한 문명을 찾아냄과 동시에 그 문명을 파괴하게 될지도 몰랐다. 레이어드는 물에 적신 갈색 종이를 이용해서 가장 상태가 위험한 비문들의 탁본을 만들었고, 더 단단한 서판들은 일부 부조들과 함께 런던으로 보냈다.

런던에서도 비문들은 그들의 비밀을 쉽사리 알려주지 않았다. 아시리아 학자들이 글을 해독하기까지는 오랜 세월이 흘렀다. 다른 출전들에서 알려진 이름들로 시작해서 그들은 서서히 이 쐐기문자 기호들의 의미를 해독해 나갔다. 니네베—그것이 레이어드가 발견한 도시였다—는 마침내 자신의 이야기를 들려줄 수 있게 되었다. 그것은 알려지지 않은 걸작, 『길가메시 서사시(*Epic of Gilgamesh*)』를 드러냈다.

한 근본 텍스트와 글쓰기의 발명

인간은 상징을 담은 소리로 의사소통을 하고, 그 소리들을 이용해서 과거와 미래, 신들과 악마들의 이야기, 공동체에 공유된 과거와 공동의 운명을 부여하는 이야기들을 들려주는 법을 터득한 이래로 줄곧 구두로 이야기를 전해왔다. 이야기들은 또한 듣는 사람들에게 어려운 상황 속에서 어떻게 행동해야 하는지, 또 흔한 난관을 어떻게 피해갈 수 있는지를 가르쳐주면서 인간의 경험을 보존했다. 세계의 창조나 도시의 건립에 관한 중요한 이야기들은 때로 이런 이야기들을 외워서 특별한 때에 암송하도록, 특별하게 지정한 시인에 의해서 노래로 불려졌다. 하지만 심지어 문자가 발명되고 한참 뒤에도 누구도 그것들을 문자로 받아쓰지는 않았다. 음유시인들은 이야기들을 정확하게 기억했고, 늙기 전에 그 이야기들을 제자와 후계자들에게 전달했다.

문자는 5,000년 전에 메소포타미아에서 경제적, 정치적 거래들처럼 다른 목적을 위해서 발명되었다. 문자의 기원에 관한 한 이야기는 우루크의 어느 왕이 위협의 메시지를 점토판에 꾹 눌러서 경쟁 상대인 왕에게 보낸다는 발상을 떠올렸다고 말한다. 우르크 왕이 한 말들이 담긴 이 이해할 수 없는 기호들과 맞닥뜨린 상대방 왕은 점토가 말을 하게 하는 이 기적과도 같은 방법에 매우 깊은 인상을 받아 충성을 선언했다고 한다. 문자는 도시들에서 권력을 중앙으로 집중시키고, 배후지를 통제하기 위해서 서기들에 의해서 사용되었다.

그러나 어느 시점에, 문자가 발명되고 수백 년 뒤에 이 고도로 훈련받은 서기들 가운데 한 명이 실무 분야에서의 자신의 능력을 이용해서 이야기들을 일련의 문자 부호들로 탈바꿈시키기 시작했다. 어쩌면 그는 음유 시인들이 들려준 한 이야기에 특별히 흥미를 느껴서 그것을 보존하고 싶었는지도 모른다. 또 어쩌면 그는 한 이야기를 다른 사람에게 물려주지 못하고 죽어서 무덤까지 가져간 어느 시인을 알고 있었는지도 모른다. 아니면 회계 장부에서 잠시 고개를 들고 오래 전에 들었던 이야기를 떠올리려다가 자신의 기억력이 떨어지고 있음을 알게 되었는지도 모른다. 아니면 이것들과는 완전히 다른 이유에서 한 서기가, 충분한 끈기와 충분한 점토만 있다면 그가 매출을 기록하고 메시지를 보내는 데에 매일 사용하는 번거로운 부호가 한 편의 이야기 전체를 받아쓰는 데에도 이용될 수 있겠다는 점을 깨달았을 것이다.

그 일이 어떤 식으로 일어났든지 간에 한 이야기를 최초로 받아쓰는 일은 기념비적인 사건이었다. 스토리텔링, 시인들의 구전 분야가 최초로 외교관과 회계사들의 영역인 글쓰기 분야와 교차한 것이다. 아주 자연스러운 결합은 아니었지만 이 어울리지 않는 듯한 제휴의 결과는 상상 이상으로 아주 생산성이 풍부한 것으로 드러났다. 그것은 인류 최초로 글로 쓰인 위대한 내러티브(narrative)를 낳았다.

『길가메시 서사시』는 기원전 1200년 무렵에 표준적 형태를 갖추었지만 그 기원은 그보다 몇백 년은 더 오래되었다. 서사시는 독자들을 그보다 훨씬 더 옛날로, 우루크의 왕 길가메시의 치세기로 데려간다. 이야기는 모든 것이 "가마에서 구워낸 벽돌"로 만들어진 우루크의 짐토 성벽, 점토 계단 그리고 점토 기단부가, 1.6제곱킬로미터에 달하는 점토 구덩이와 더불어 푸르른 정원들을 에워싸고 있었다고 자랑한다. 문자가 발명되었을지도 모르는 우루크는 독자들에게 도시 정주의 기원을 들여다볼 수 있는 창을 제공하는, 세계 최초의 도시들 가운데 한 곳이다.

그러나 길가메시의 이야기에서 모든 것이 좋지만은 않았다. 그곳의 지배자인 길가메시는 고집이 세고, 정의롭지 못하고, 고삐 풀린 성정이 다스려질 필요가 있었다. 그를 견제하기 위해서 신들은 일대를 배회하는 말썽꾼을 창조했다. 여기서 서사시는 독자를 도시 거주자들에게는 매혹적이고도 무시무시한 공간인 야생으로 데려간다. 말썽꾼 엔키두는 이상한 존재, 다른 인간들과 어울리려고 하지 않고 그 대신 동물들과 함께 있는 것을 더 좋아하는 인간이다. 엔키두는 온전한 인간이 될 필요가 있었고 그러자면 야생에서 도시로 데려와야 했다. 도시 건설자 길가메시 왕이 그 과제를 직접 떠맡아서 그 야생인간에게 몸을 바치도록 유혹적인 여성 샤마트를 보냈다. 이 전략은 통했다. 7일 동안 그녀와 함께 지낸 뒤에 야생인간은 변했고 그 결과 동물 친구들에게 거부당했다. 샤마트는 자기와 함께 가자고 엔키두를 꾀었고 그는 이제 인간들과 운명을 같이 해야 했다. 엔키두는 길가메시의 친구가 되었다. 도시가 승리한 것이다.

새로운 삶과 친구에 대한 엔키두의 충성심은 두 사람이 세상에서 가장 거친 공간, 바로 오늘날의 레바논인 머나먼 산림으로 모험에 나섰을 때에 시험에 들었다. 숲은 메소포타미아에서는 생소한 것이었는데, 그 지역에서는 최초의 도시들이 등장하기 시작한 이래로 숲이 사라졌기 때문이다. 작은 오두막은 점토만으로도 지을 수 있었지만, 궁전과 신전, 도서관 같은 커다란 건물에는 좋은 목재가 필요했고, 목재는 구하기가 어려웠다. 도시 건설자들은 나무를 얻기 위해서 점점 더 멀리까지, 궁극적으로는 레바논까지 가야 했다. 이것이 『길가메시 서사시』의 가장 위대한 모험의 바탕에 깔린 현실이었다.

숲에 도착한 두 친구는 이 야생지대의 수호자인 무시무시한 훔바바와 맞닥뜨렸다. 이 숲속 괴물을 죽임으로써 그들은 원하던 고품질의 나무를 손에 넣을 수 있었고, 신속하게 목재를 챙긴 그들은 도시 건설자들에게 불가결하지만 위험한 임무를 완수했다. 문학은 배후지에 맞선 도시의 편을 들었는데, 문자가 도시 문명과 밀접한 연관이 있었기 때문일 것이다.

이야기에서 길가메시와 엔키두는 우루크로 의기양양하게 귀환하지만 모든 것이 좋지만은 않았다. 알고 보니 괴물 훔바바는 어떤 신의 보호를 받고 있었고 신들은 다함께 길가메시의 친구 엔키두를 죽임으로써 길가메시를 벌하기로 했다. 처벌이 실행되었을 때, 길가메시는 엔키두를 잃은 것에 깊이 상심하여 엔키두의 코에서 벌레가 기어나오는 것을 볼 때까지도 친구가 정말로 죽었다는 사실을 믿지 않았다. 친구의 죽음은 너무 탐욕스럽게 도시를 건설하는 모든 왕들에게 주는 교훈이었다.

엔키두의 죽음에 슬픔을 가눌 길 없던 길가메시는 우루크 시를 떠나 야생을 떠돌며 한때 친구가 그랬던 것처럼 거의 야생인간이 되었다. 궁극적으로 그는 멀리 떨어진 어느 섬에 있는 하계(下界)를 찾아간다. 여기서 길가메시는 우트나피슈팀을 만난다. 지독하게 오래 산 우트나피슈팀과 그의 아내는 대홍수에서 살아남은 유일한 생존자들이었다. 유일하게 대홍수에 대한 경고를 미리 들은 그들은 지상의 소유물을 모두 포기하고

니네베 발굴 당시에 레이어드가 발견한 쐐기문자 서판. 『히브리 성서』에도 들어 있는 대홍수 이야기를 담고 있다.

동물들을 쌍쌍이 태울 배를 만들었다. 홍수가 났다가 비가 잦아들자 배는 어느 산 위에 얹히게 되었다. 우트나피슈팀은 비둘기 한 마리를 내보냈는데 다시 돌아왔다. 또다른 새, 이번에는 제비를 날려 보냈는데 그 새역시 돌아왔다. 까마귀를 날려 보냈을 때에 드디어 새는 부리에 작은 나뭇가지를 물고 돌아왔고 그들은 어딘가에 마른 땅이 다시 드러난 것이 틀림없다고 확신했다. 하지만 대홍수의 생존자인 우트나피슈팀도 길가메시에게 영생을 선사할 수는 없었다. 고통스럽게도 길가메시는 보통의 인간처럼 자신의 필멸성을 직시해야 했다.

아시리아 학자들이 대홍수 이야기가 담긴 점토판을 해독했을 때에 그것은 엄청난 흥분을 불러일으켰다. 빅토리아 시대의 영국인들은 『성서』의

홍수 이야기가 더 오래된 『길가메시 서사시』에서 가져온 것이거나 아니면 두 이야기 모두 심지어 그보다 더 오래된 텍스트에서 유래한 것임을 인정해야 했다.

메소포타미아인들에게, 아득한 과거를 홍수 이전의 시대로 상상하는 것은 드문 일이 아니었다. 홍수는 흔했고, 대체로 반가운 일이었다. 운하를 통해서 물이 저장되면 도시 공간의 유지에 필요한 집약 농법이 가능했다. 하지만 두 강, 즉 티그리스 강과 유프라테스 강이 동시에 범람하면, 운하가 불어나는 물을 가둘 수 없어서 모든 것이 파괴되고는 했으며, 점토는 특히나 물에 취약했다. 굽지 않은 점토는 집을 짓고 글을 쓰는 데에 안성맞춤이었지만 건조하게 유지될 때에만 그랬다. 큰 홍수가 나면 점토에 기반을 둔 이 문명을 떠받치는 모든 것들이 싹 쓸려내려갈 것이라고, 모든 것들이 "점토 단지처럼" 부서질 것이라고 서사시는 경고했다. 심지어 인간들도 흙을 빚어 만들어졌다고 여겨졌다.

『길가메시 서사시』는 독자들에게 도시 문명을 찬양하고 그 멸망에 벌벌 떨라고 요청할 뿐만 아니라 그 이야기가 쓰인 서판들을 자랑하기도 한다. 호메로스의 서사시처럼 자기들이 노래로 불린다고 가정하는 다른 많은 서사시들과 달리 『길가메시 서사시』는 글쓰기 과정을 담고 있다. 그것이 글로 쓰였다는 사실이 길가메시, 바로 영웅을 그 자신의 이야기의 작가로 만든다.

길가메시, 땅의 원천과 토대를 보았고,
모든 길들을 알았으며 모든 일에서 현명했던 자,……
그는 비밀스러운 것을 보았고 감춰진 것을 드러냈으며,
홍수 이전의 이야기들을 가져왔도다.

머나먼 여정에서 지친 몸으로 돌아와 평안을 얻은
그는 자신의 모든 역경을 기념비에 새겼네.

길가메시는 작가-왕이었고 그의 서사시는 그 문명의 가장 의미 있는
위업으로서 글로 쓰인 이야기를 자랑스럽게 내세웠다.

아슈르바니팔의 서기 교육
기원전 670년경, 메소포타미아

레이어드는 최초의 의미 있는 문학 테스트, 그것이 발굴된 니네베의 궁전
보다 훨씬 더 오래된 텍스트를 우연히 찾아냈다. 니네베는 대체 어떤 도
시였고, 왜 『길가메시 서사시』는 그곳에 보존되었을까? 더 많은 비문들
과 점토 파편들이 해독되면서 해답이 서서히 떠오르기 시작했다. 바로 아
슈르바니팔이라는 이름의 왕과 관련이 있었다.

『길가메시 서사시』가 글로 쓰이고 수백 년 뒤에 살았던 아슈르바니팔
은 그 고대 텍스트에 심취한 팬이었다. 그는 그것을 니네베로 가져오게
하여, 베끼고 자신의 대도서관에 고이 모셔두었다. 단 한 번의 발굴로 레
이어드는 세계 문학 최초의 걸작과 그 걸작의 가장 중요한 독자 둘 다를
찾아냈던 것이다.

아슈르바니팔은 니네베의 웅장한 궁전과 신전들로 둘러싸인 왕가에서
자랐다. 우뚝 솟은 건물들 사이로, 가차 없는 태양을 피해 그늘과 쉼터
를 제공하는 초록의 오아시스인 정원들이 있었다. 거리와 정원들을 거닐
며 어린 아슈르바니팔은 그 거리와 정원들을 건설한 왕들에 대해서 이야
기하는 비문들을 읽고는 했다. 글을 읽을 줄 아는 사람들에게 니네베 시

는 해독되기를 기다리는 거대한 하나의 점토 서판이었다. 어디에서나 글에 노출된 아슈르바니팔은 글자를 점토에 찍는 기술을 배워서 어떤 찬가에서는 자신이 고아였다고 주장하고, 또다른 찬가에서는 자신의 진짜 아버지가 문자의 신 나부(Nabu)라고 주장하기도 했다.

사실, 아슈르바니팔의 아버지는 막강하고 멀쩡하게 잘 살아 있었다. 그의 아버지는 그 왕조를 창건한 왕의 작은아들들 가운데 한 명인 에사르하돈이었다. 에사르하돈이 왕세자로 지명되자 사태가 복잡해졌는데 뒷전으로 밀려난 형제들이 에사르하돈을 질투하여 왕세자를 멀리 유배를 보내버렸다. 성난 형제들이 아버지를 암살했다는 소식이 전해지자 에사르하돈은 니네베로 돌아가 6주일간 지속된 내전에서 형제들을 물리쳤다. 바로 그해, 기원전 681년에 에사르하돈은 왕이 되었다.

아슈르바니팔은 인간 부모에게서 났을 뿐만 아니라 그의 아버지는 세상에서 가장 막강한 사람이었다.

니네베를 손에 넣은 아슈르바니팔의 아버지는 자신을 위해서 새로운 궁전을 건립했다. 도시는 지중해 연안에서부터 바빌론까지 뻗어 있는 넓은 영토인, 인류에게 그때까지 알려진 가장 거대한 제국의 중심이었다. 이 영토의 지배, 즉 단 하나의 궁정에 권력을 집중하는 것은 칙령들이 (점토판에 적고 점토 봉투 안에 넣어서) 사자(使者)들을 통해서 전달될 수 있다는 사실과 기록들이 보관소에 저장될 있다는 사실로 인해서 가능해졌다.

차남인 아슈르바니팔은 왕위 후계자가 아니었다. 아버지는 그를 사제로 키우기 위해서 서기 학교로 보냈다. 훗날 『길가메시 서사시』에 대한 그의 숭배의 토대는 거기서 놓인 것이다.

원래 서기들은 가족 내에서 아버지에게서 아들에게로 기술을 전수했다. 하지만 글쓰기가 중요성을 얻어가면서 이 대단히 중시되는 전문 직업인들에 대한 수요도 늘어났고 서기 학교들이 세워졌다. 학생들은 축축한 점토를 눌러서 납작하게 서판으로 만드는 법, 그 위에 선을 긋는 법, 그리고 끝이 뾰족한 갈대를 가지고 쐐기꼴 흔적을 새겨넣는 법(그리하여 쐐기문자[cuneiform writing]라는 이름이 생겼는데 "쐐기"를 가리키는 라틴어 단어가 'cuneus'이다)을 배워야 했다. 한쪽에는 교사의 단정한 필기가 다른 쪽에는 학생의 서툰 시도의 결과물이 담긴 현존하는 양면 서판들은 학생들이 이 직업에 필요한 손재간을 습득하기가 얼마나 어려웠는지를 보여준다.

레이어드가 가져온 귀중한 부조와 점토 서판이 소장된 영국박물관을 방문할 때면 나는 언제나 교사의 뛰어난 솜씨와 대칭을 이루는 필기에 감탄하게 되는데, 그 서판의 크기를 고려하면 더욱 그렇다. 굉장히 작고 흔히 5 × 7.5센티미터밖에 되지 않는 서판들에 깨알 같은 쐐기꼴 각인이 새겨진 줄이 여러 개 있다. 현존하는 한 서판의 파편에서 바빌론의 어느 수습 서기는 수메르어로 글쓰기의 어려움을 토로했다. "선생은 '너의 필기는 좋지 않아!'라고 말한 뒤 나를 때렸다." 교사들도 불평을 늘어놓았다. "너처럼 나도 어린 시절에 스승이 있었지. 스승은 내게 일을 맡겼다. 그건 어른의 일이었다. 튕겨나오는 갈대처럼 나는 뛰어들어 일에 몸을 던졌다." 무자비한 교사들과 게으른 학생들에 관한 이러한 보편적인 불평들은 인류사에서 어쩌면 최초로 여기에 기록되었다.

이 자그마한 점토 조각들을 들여다보면 이 기술을 숙달한 자들이 느낀 자부심, 이렇게 작은 무엇인가가 그렇게 커다란 힘을 가질 수 있다는 것에 대한 자부심을 상상할 수 있다. 머나먼 이집트에서 글을 쓰던 한 교사는 서기라는 드높은 지위를 칭송했다. "들판의 일꾼의 처지가 기억나지 않는가? [……] 밭에는 쥐가 천지이고 메뚜기 떼가 덮치며, 소떼가 풀을

이집트의 서기 학교. 학생들은 무자비한 교사들에 대해서, 교사들은 게으른 학생들에 대해서 불평했다.

먹는다 [······] 하지만 서기, 그는 모든 사람들의 감독이다." 서기는 동포들이 들판에서 고되게 일하는 동안 편안하게 실내에 앉아서 곡물의 양을 헤아리고, 계약을 맺고, 기록을 해두는 최초의 관료였다.

　서기들은 자신들의 모습도 남겼다. 우리는 그들이 손에는 서판을 들고 앉아 있거나 책상다리를 한 채 무릎에 서판을 놓고 글을 쓰고 있는 모습을 볼 수 있다. 그들 옆에는 점토 단지가 있을 때도 있는데, 점토는 딱딱하게 굳으면 쓸 수가 없으므로 축축해야 한다. 서기는 자신감에 차 있고, 그들의 신, 바로 문자의 신을 자랑스러워하는 듯이 보인다. 그들에게 문학적인 구석은 전혀 없었다. 그들은 커져가는 제국의 행정을 담당하고 종교적 가르침을 전달하는, 최초의 회계사이자 공무원이었다.

　왕과 왕자들은 보통은 서기 학교의 고역을 겪지 않았다. 그들은 자신들을 위해서 힘든 일을 해줄 훈련된 서기들을 고용하면 되었다. 그의 형제 중 한 명이 왕이 될 것이므로, 아슈르바니팔 본인은 서기로 먹고 살아야 할 필요가 없을 터였다. 하지만 아슈르바니팔의 아버지 에사르하돈은 그 기술이 가진 힘과 신비를 알아볼 만큼 그 자신이 읽고 쓰는 법을 알았다는 점에서 보기 드문 왕이었다(아슈르바니팔의 누이도 글을 쓰는 법을 알았고, 나중에 아슈르바니팔의 아내에게 글쓰기 연습을 게을리하지 말라고 타이르는 편지를 썼다).

검과 갈대

아슈르바니팔의 형이 죽고 갑자기 아슈르바니팔이 왕세자로 지명되면서 모든 것이 변했다. 아버지의 끊이지 않는 건강 문제를 감안할 때, 아슈르바니팔은 이제 왕에게 필요한 기술들을 연마해야 했다. 말 타기, 신체적 단련, 활쏘기로 이루어진 엄격한 훈련 체계가 세워졌다. 아직 십대였던 아슈르바니팔은 병사들을 전장으로 이끌고 나갈 수 있는 사람으로 바뀌어가는 중이었다.

무인(武人) 교육에 방점이 찍혔음에도 불구하고 아슈르바니팔은 이전의 문학 교육을 포기하지 않았다. 오히려 그는 문학 교육을 강화했다. 새 왕세자에게 고급 글쓰기 기술을 가르치기 위해서 최고의 서기 교사 발라시가 고용되었다. 그의 아버지는 기초적인 읽기와 쓰기만 숙달했지만, 아슈르바니팔은 심화 학습이, 봉신들에게 단순히 메시지를 보내거나 건축물에 새겨진 비문을 읽어내는 것보다 훨씬 더 어렵고 수준 높은 문해(文解)의 신세계를 열어줄 것임을 알고 있었다. 아슈르바니팔은 이 고급 문해 능력이 매일같이 발휘되는 것을 목격했었다. 가장 영향력이 있는 서기들은 권력의 성역에 접근할 수 있었고, 그들의 권력의 원천은 미래를 경고하는 징조와 조짐을 읽어내는 능력이었다. 서기들은 그의 아버지에게 언제 전쟁에 나가야 하고, 어느 때 건물의 토대를 놓아야 하는지 그리고 어느 때 집에 머물러 있어야 하는지를 가르쳐줄 수 있었다.

점을 치는 관행은 특수한 달력들을 해석하고, 해설을 읽어내는 능력을 요구했지만 단순히 글로 쓰인 것을 읽는 능력 이상의 기술도 필요했다. 서기의 숙련된 눈에는 니네베의 건물들뿐만 아니라 온 세상이 해독 가능한 흔적들로 가득했다. 서기는 숫양의 내장과 하늘에 쓰인 메시지—신들의 비밀 문자—를 찾아낼 수 있었다. 문자는 너무도 강력해서 사람들은 이제 이 기술이 어디에나 있다고, 그 표시들을 읽는 데에 숙련된 사람들은 알아볼 수 있다고 생각했다. 회계 기술로서 시작되었던 문자는 인간이 자신의 주변 세계를 바라보는 방식을 변화시켰다.

아슈르바니팔의 아버지에게 서기들은 그의 잦은 병환에 대한 치료법을 추천했고, 그의 행보와 결정들을 좌지우지했다. 왕에게 무슨 일이 생기면 그들의 책임이었으므로 서기들은 보통 극도로 신중하게 조언했다. 니네베에서 서기들은 왕보다, 심지어 기초적인 읽고 쓰는 법을 알고 있는 왕보다 막강할 수도 있었다.

아슈르바니팔에게 서기의 기술 사다리의 가장 높은 곳까지 오르는 것은 자신의 해석가들에게 휘둘릴 필요가 없는 최초의 왕이 된다는 뜻이었다. 그는 사제들과 대등하게 대화하고 별자리에 대한 그들의 해석을 반박할 수 있을 것이다. 권력의 소스 코드에 접근하고, 고등 서기로서 그는 자신의 운명을 지배할 수 있을 것이다.

검과 갈대를 겸비한 아슈르바니팔은 아버지가 원정에 나간 동안 군사 훈련과 서기 훈련을 십분 활용했다. 아버지가 이집트로 가는 도중에 죽었을 때, 아슈르바니팔은 아버지의 뒤를 이을 준비가 되었다. 친족들의 충성을 확보한 할머니의 도움을 받아 아슈르바니팔은 이듬해인 기원전 668년에 즉위했다. 그의 긴 칭호에는 "온 세상의 왕"도 포함되어 있었다.

집권 이후 아슈르바니팔은 아버지의 제국적 성공을 바탕으로 제국을 확대해 나갔고 마침내 이집트를 손에 넣었다(레이어드는 니네베의 유적에서 이집트인의 것으로 보이는 유물을 발견했다). 아버지와 달리 아슈르바니팔은 군대를 이끌고 전장에 나가지 않았다. 그는 멀리서 군대를 제어했다. 문자와 그것에 의해서 가능해진 관료기구 덕분에 권력은 이제 전에 없이 중앙으로 집중될 수 있었고, 왕은 그의 영역 범위를 넓혀가는 동안 고국에 머무를 수 있었다. 아슈르바니팔에게 원격 전쟁은 헌신의 결여를 의미하지 않았다. 그는 군사작전을 인정사정없이 강압적으로 수행했다. 만일 어느 도시가 항복하기를 거부하면 반란자들의 목을 베고 그들의 머리를 말뚝에 내걸었다.

아슈르바니팔은 그저 영토만 확장한 것이 아니었다. 문자의 힘을 의식하고 있었던 그는 아버지의 서기들을 고용하여 옛 텍스트들을 필사하게 함으로써 서판 수집품도 확대했다. 그 텍스트들 대부분은 니네베가 아니라 더 남쪽에 있는 우루크와 바빌론 같은 학문의 구(舊)중심지에서 찾을 수 있었다. 이 보물들을 북쪽으로 옮겨오면서 아슈르바니팔은 개인적 흥미를 마음껏 채우는 일 이상을 하고 있었다. 그는 문자란 권력을 의미한다는 것, 권력은 말뚝에 내걸린 적의 머리만이 아니라 숙련된 글쓰기 기량과 대형 쐐기문자 수집품을 통해서도 전시될 수 있다는 것을 이해했다. 문자는 이전의 어느 왕에게서보다 아슈르바니팔의 삶에서 더 큰 역할을 했는데, 어쩌면 그가 제2세대 서기 왕이었기 때문일 것이다.

바빌론에서 니네베로 글로 쓰인 지식을 이전하는 동안 아슈르바니팔은 자신의 형제를 조심히 다루어야 했다. 왕위 계승 전쟁과 경쟁 구도를 피하기 위해서 아슈르바니팔의 형제는 바빌론의 왕위 계승자로 지명되었다. 엄밀하게 따져서 그의 형제는 아슈르바니팔에게 종속된 지위였지만 대부분의 경우에는 자신의 도시 장엄한 바빌론 시를 다스릴 터였다. 바빌론과의 관계는 언제나 껄끄러웠다. 그들의 할아버지는 바빌론을 가루로 만들고 바빌론의 가장 중요한 신, 마르두크의 신상을 바빌론 신전에서 빼내서 니네베로 옮겨왔다. 하지만 그때 이후로 바빌론은 어쩔 수 없이 니네베에 의해서 통치되는 아시리아 제국의 일부가 되었고, 그 도시는 이제 아슈르바니팔의 형제가 거의 독자적으로 통치함으로써 추가적인 위신을 얻게 될 터였다.

이 계획은 한동안 잘 굴러갔다. 아슈르바니팔이 즉위했을 때, 바빌론 출신의 어머니에게서 태어난 그의 형제는 그 도시를 차지하도록 보내졌다. 그는 마르두크의 대형 신상을 바빌론으로 다시 가져가서 의기양양하게 도시에 입성했다. 쉽지 않은 여정이었지만 수 세기에 걸쳐 건설된 관개 수로와 운하라는 독보적인 기술공학의 경이 덕분에 배로 운반할 수 있었다. 마르두크 신상은 티그리스 강을 따라 배로 운반된 다음 시르투 운하를 통과하여 유프라테스 강으로 갔고, 아라투 운하를 거쳐 바빌론에 도달했다(레이어드도 그의 전리품 중 일부를 유사한 방식으로 운송했다). 아슈르바니팔의 형제는 지배자로 지명되었고, 두 왕은 화기애애한 관계를 적어도 표면적으로는 유지했다. 심지어 형제가 아슈르바니팔을 "왕"으로 부르기를 거부했을 때에도 아슈르바니팔은 그 문제를 강요하지 않았다. 그는 바빌론에 정보원들을 두었고 자신의 영향력을 이용해서 서기들이 바빌론과 인근 우루크에서 나온 고대 서판들을 옮겨적도록 시켰다.

이렇게 합의된 관계는 오래가지 못했다. 그가 기회가 있을 때마다 칭찬하고 심지어 배다른 형제임에도 불구하고 쌍둥이라고 불렸던 형제가 아시리아의 적들과 손을 잡고 니네베에 맞서 반란을 일으켰던 것이다. 그의 아버지가 끝내기를 바랐던 피비린내 나는 왕위 계승의 역사는 뒤로 미루어졌을 뿐, 이제 왕위를 둘러싼 다툼은 전례 없이 강력하게 터져 나왔다. 그들의 아버지는 6주일 안에 형제들을 처리할 수 있었던 데에 반해서 다음 세대의 거대한 내전은 4년이 걸렸다. 이제 아슈르바니팔이 "형제가 아니다"라고 부른, 반란을 일으킨 그의 형제는 그 유명한 성벽에 둘러싸인 고대 도시 바빌론에 안전하게 자리를 잡고 있었고, 아슈르바니팔은 도시를 함락하기 위해서 결연한 의지로 온 힘을 다해야 했다. 그는 여러 달 동안 도시를 체계적으로 아사지경에 빠뜨린 끝에 비로소 성공을 거두었다.

형제의 배반에도 불구하고 아슈르바니팔은 반란자들의 머리를 말뚝에 내걸어 바빌론을 응징하지 않았다. 그 대신 그는 옛 점토 서판 수집품 확대에 정복을 이용했다. 그는 형제의 점토 서판 수집품을 약탈하여 거기서 구할 수 있는 것은 전부 니네베로 챙겨왔다. 자신의 필사 능력을 확대하기 위해서 서기들도, 때로는 무력을 써서 데려왔다. 아슈르바니팔은 문자가 장거리 전쟁과 행정 또는 경제적 거래에만 유용한 것이 아니라는 점을 깨달았다. 쐐기문자 서판은 인간 정신의 인공적 연장(延長)이므로, 그에게 이전의 어느 누구보다 더 많은 지식을 축적할 기회를 제공하리라. 그를 세계 역사상 가장 많이 아는 인간으로 만들어주면서 도서관 전체가 하나의 인공 기억 같은 것이 될 터였다.

미래를 위한 도서관

도서관을 위한 공간을 얻기 위해서 아슈르바니팔은 니네베에 있는 자신의 궁전을 싹 밀어버리고 그 자리에 새 궁전을 지었다. 한 가지 이유는 기술적인 것이었다. 점토는 특히 장기간의 비나 홍수에 노출되면 오래가지 못했다. 점토 벽돌은 흔히 가마에서 굽기보다는 그냥 햇볕에 말려서 만들었기 때문에 몇십 년이 지나면 조금씩 깎여나가서 지속적인 재건과 복구가 필요했다. 또다른 이유는 위신이었다. 동생을 격퇴한 아슈르바니팔은 권력의 정점에 있었다. 또 아시리아 제국은 예나 지금이나 막강했다. 이 새로운 권력이 새롭고 더 웅장한 궁전들에 반영될 터였고, 그 궁전들의 중앙에 줄곧 늘어나는 그의 쐐기문자 서판 수집품이 자리했다. 레이어드는 19세기 중반에 바로 이곳을 발견했던 것이다.

수집품은 서기로서의 전리품을 모아놓은 것 이상이었다. 그것은 아슈르바니팔이 글쓰기에 쏟아부은 전례 없는 자원의 소산이었다. 어쩌면 회계사로서의 초창기 훈련 덕분에—그가 습득한 여러 기술들 중에는 계산도 있었다—아슈르바니팔은 서판들을 새로운 방식으로 조직했다. 서판들은 신중하게 분류되었고, 각 방에 대한 목록을 만들었다. 역사 기록들과 거래 장부들은 이곳에, 징조와 점복 문헌은 저곳에, 길일을 모아놓은 달력과 점성술에 대한 해설은 또다른 곳에 두는 식이었다. 이전의 누구보다도 더 많은 지식을 축적한 아슈르바니팔은 그의 지식 저장고가 체계적으로 조직될 때에만 유용하다는 점을 깨달았다. 이 도전에 직면하여 그는 최초의 의미 있는 정보 관리체계를 탄생시켰다.

그의 모든 텍스트 가운데 그가 가장 좋아한 것은 회계 서판이나 달력, 징조에 관한 문헌이 아니라 『길가메시 서사시』였다. 그것은 봉신과 군 지휘관들에게 보낸 작은 서신보다는 크지만 여전히 오늘날의 양장본 판형보다는 크지 않은 10여 장의 점토 서판에 쓰여 있었다.

길가메시에 관한 최초의 시들은 우르크어를 사용한 수메르 서기들에게서 나왔다. 수메르 제국은 결국 사라졌다. 『길가메시 서사시』에서 찬양된 문자의 힘과 도시의 성벽에도 불구하고 우루크와 바빌론, 여타 수메르 도시들은 셈어를 쓰는 유목민인 아카드인들에게 정복되었다. 하지만 일단 아카드인들이 제국의 영토를 차지하게 되자, 그들 역시 도시 관료제를 유지할 문자 체계가 필요함을 깨달았다. 결국 아카드인들은 자신들의 언어를 적기 위해서 수메르 쐐기문자를 채택했다. 수메르의 서기들은 그들의 문명을 구할 수는 없었지만 아카드인들에게 쓰는 법을 가르침으로써 자신들의 정복자에게 문명을 전수할 수 있었다.

『길가메시 서사시』가 그 최종적인 형태를 갖추게 된 것은 아카드어 판본이며, 아슈르바니팔도 여러 제국들을 거쳐 전해진 이 아카드어 판본을 접했다. 아슈르바니팔은 『길가메시 서사시』가 얼마나 오래되었는지, 그것이 얼마나 오랜 세월을 버텨왔는지에 매력을 느꼈다. 보기 드문 자전적인 비문에서 아슈르바니팔은 이렇게 자랑을 늘어놓는다. "나는 용맹하고, 대단히 근면했다 [……] 나는 홍수 이전 시대의 돌들에 새겨진 글을 읽는 데에 즐거움을 느끼며, 수메르의 예술적 사본과 숙달하기가 어려운, 잘 알려지지 않은 아카드어를 읽었다." 아슈르바니팔은 "홍수 이전 시대"에서 유래한다고 생각한 아주 오래된 글을 해독하기 위해서 자기 언어의 고어와 구 바빌로니아 아카드어, 심지어 더 오래된 문자 체계인 쐐기문자까지 숙달해야 했다.

입으로만 말해지는 한 언어는 그 사용자가 모두 사라지면 사멸했다. 그러나 일단 이야기들이 부호로 점토에 고정되자 옛 언어들은 존속했다. 문자는 뜻하지 않게, 누구도 더 이상 말하지 않는 언어를 계속 살아 있게 했다(그리고 아슈르바니팔 이래로 보존된 사어의 숫자는 꾸준히 증가해 왔다).

아슈르바니팔 덕분에 『길가메시 서사시』는 수차례 필사되었고, 레바논과 유다, 페르시아, 이집트처럼 먼 지방까지 전달되었는데, 영토를 공고히 하고 외국 문화들을 동화시키기 위한 방편이었다. 문자는 제국 건설을 위한 도구로 드러났는데, 통치와 경제에 미치는 효과 때문만이 아니라, 문학 때문이기도 했다. 문자와 중앙집권적인 도시 생활, 영토 제국들, 그리고 글로 쓰인 이야기들은 긴밀하게 엮여 있었고 다음 수천 년 동안 계속 그렇게 남아 있게 될 것이었다. 아슈르바니팔은 근본 텍스트를 가지는 것의 전략적 중요성을 인식했다. 그는 길가메시의 칭호, 바로 '필적할 자 없는 막강한 왕'을 취함으로써 길가메시의 정복을 자신의 정복의 본보기로 삼았다.

『길가메시 서사시』를 아낀 아슈르바니팔은 그것을 미래를 위해서 보존하려고 최선을 다했다. 그는 자신의 제국이 무너지리라는 것을 예감했던 것일까? 자신이 가장 좋아하는 텍스트가 장래에 닥칠 어떤 파국에도 살아남을 가능성을 높이고 싶어서 그는 도서관을 짓고 『길가메시 서사시』의 사본을 만들었던 것일까? 대홍수 이야기 자체가, 파멸이 얼마나 재빨리 찾아올 수 있는지를 상기해주는 것이자, 지상의 거의 모든 생명을 휩쓸어버리는 묵시록적 비전이었다. 아슈르바니팔의 도서관에서 서기들이 필사한 텍스트 가운데 일부는 미래에 대한 기도를 담고 있다. "나, 아슈르바니팔, 온 세계의 왕은……나부의 지혜를 서판에 받아썼다. ……나는 미래를 위해서 그것들을 도서관에 두었다." 문자는 독자들이 과거에 접근할 수 있게 해줄 뿐만 아니라 문학이 어떻게 세월을 견디고 미래까지 살아남아 아직 태어나지도 않은 독자들에게 영감을 줄 수 있을지 독자들이 상상할 수 있도록 해주었다.

아슈르바니팔이 죽은 직후 그의 제국은 정말로 무너졌다. 니네베는 정복되어 파괴되었고, 여러 제국과 언어들을 거치며 살아남았던 『길가메시 서사시』는 독자를 잃기 시작했다. 서사시를 망각에서 건져낼 새로운 아슈르바니팔은 나오지 않았고 사어들에 정통한 어떤 강력한 맹방도 그 임무를 떠맡지 않았다. 더 새롭고 더 간단한 문자 체계들이 고안되었지만 서사시는 그 언어들로 결코 옮겨지지 않았다. 『길가메시 서사시』의 운명은 쐐기문자의 운명과 묶여 있었다. 아슈르바니팔이 그의 도서관을 위해서 구상했던 미래는 소멸하다시피 했다. 세상은 변하고 있었고, 그것은 알렉산드로스의 알파벳 정복 때문이었으니, 이 점은 문학에 관해서 고통스러운 교훈을 암시한다. 생존을 확실하게 보장할 수 있는 유일한 수단은 지속적인 사용뿐이라는 점을 말이다. 점토나 돌에 믿음을 걸지 마라. 문학은 모든 세대에 의해서 사용되어야 한다. 세월을 견뎌내는 글의 힘에 지나치게 감명을 받아서 세상은 모든 것이, 심지어 글조차도 망각의 지배를 받는다는 점을 잊어버렸다.

세상은 『길가메시 서사시』를 잃어버릴 뻔했다. 니네베 도서관에 파멸이 찾아왔을 때, 그것은 홍수가 아니라 불로 찾아왔다. 아슈르바니팔의 도서관은 불에 탔고, 그 안에 있던 모든 것도 불에 타버렸다. 나무로 만든 책 선반들, 나무를 댄 밀랍 서판, 서판들을 담은 바구니들까지 점토를 제외한 모든 것들이 불에 타버렸다. 점토는 홍수로 파괴될 수는 있지만 불로는 파괴될 수 없다. 엄청난 고열만 아니라면 말이다. 일부 점토 서판들은 부글부글 끓고 뜨거운 유리나 마그마처럼 녹아내렸지만, 다른 서판들은 가마에서 구워지는 것처럼 딱딱하게 굳어졌다. 서판들을 보호하기 위해서 지어진 도서관 아래에 파묻힌 점토 서판들은 발견되기를 기다리며 2,000년 동안 가만히 그 자리에 있었다.

서판들은 19세기에 오스틴 헨리 레이어드와 그의 프랑스인 경쟁자인 폴에밀 보타가 니베네와 그 주변 지역을 발굴하기 시작하고, 쐐기문자 사본이 다음 수십 년에 걸쳐 힘겹게 해독될 때까지 기다렸다. 최초로 한 문학 작품이 수천 년간 기억 속에서 완전히 사라졌다가 다시 세상에 드러났다.

독자에게 과거에 다가갈 기회를 주는 것은 문자가 미치는 가장 심대한 결과였다. 이야기들이 입으로 말해지는 한, 그것들은 현재 속에서 생기를 띠고 새로운 관객과 청자들에 맞추어 변형되었다. 그러나 일단 문자로 포착되자, 과거는 세월을 버티며 지속되었다. 이 어려운 기술을 숙달한 사람들에게, 아슈르바니팔 같은 사람들에게, 그 기술은 수 세기, 심지어 수천 년 전의 목소리, 너무나도 오래되어서 대홍수 이전 시대에서 온 것이라고 해도 될 목소리를 다시 불러왔다. 문자가 역사를 창조한 것이다.

과거의 유물과 유적은 우리 선조들의 외적 관습에 다가갈 수 있게 해주는 반면, 문자로 고정되어 보존된 그들의 이야기들은 우리가 그들 내면의 삶으로 다가갈 수 있게 해준다. 이것이 레이어드가 쐐기문자를 이해할 수 없음에 그토록 좌절했던 이유이다. 그는 부조와 조각상을 보고 찬탄할 수는 있었지만, 그들의 목소리, 언어, 생각, 문학을 들을 수는 없었다. 문자의 발명은 인류의 진화과정을 우리가 거의 접근할 수 없는 시대와 우리가 타인의 마음속에 접근할 수 있는 시대로 나눈다.

3

에스라와 경전의 탄생

기원전 6세기, 바빌론

『길가메시 서사시』나 호메로스 서사시 같은 근본 텍스트들은 강력한 왕들에게 영감을 불어넣어 그들의 수명을 연장해줄 기관들을 세우게 함으로써 살아남았다. 그러나 이런 근본 텍스트들 가운데 일부는 새로운 다른 것, 성스러운 경전으로 발전했다. 이 경전들은 근본 텍스트들의 모든 특징을 공유하지만 특별한 무엇인가가 더 있었다. 그것들은 경배와 복종을 요구하며 사람들을 자신들에게 구속시켰다. 그렇게 함으로써 경전들은 아슈르바니팔과 알렉산드로스 같은 위대한 왕들의 후원으로부터 독립하여 생존 메커니즘을 확립했다.

경전의 기원을 찾아가는 탐색은 나를 바빌론과, 기원전 587년 이후 바빌론의 통치자 네부카드네자르 2세(아슈르바니팔의 계승자의 계승자)가 예루살렘을 완전히 파괴하고 약 4,000명에 달하는 그곳의 지배계급을 유배로 내몰았을 때, 바빌론으로 끌려온 한 무리의 유다 사람들(Judeans : 『성서』에 나오는 고대 유대인. 이스라엘 민족이라고도 한다/옮긴이)에게로 이끌었다. 강제 이주에 따른 힘든 시절을 보낸 뒤에 유다 사람들은 바빌론 남쪽 니푸르에 정착하도록 허락받았고, 그곳에서 공동체를 이룬 그들은 자신들의 언어와 생활방식, 그리고 옛 이스라엘 왕국과 유다 왕국의 기억을 보존할 수 있었다.

그들 가운데에는 에스라라는 서기가 있었다. 유배지에서 태어나 서기로서 능력을 갖춘 국왕들과 도서관들이 있는 문해의 중심지에서 살았던 에스라는 서기 학교에 들어가서 다양한 문자 체계를 숙달하고 서기로서 성공적인 경력을 쌓았다. 만약 그가 쐐기문자를 배웠다면 『길가메시 서사시』를 읽을 수 있었겠지만 그 대신 그는 아람어를 전문적으로 다루었고, 방대한 영역을 하나로 묶는 관료제의 일부인 제국의 회계관으로 일했다.

그러나 에스라와 그보다 앞서서 활동했던 유대인 서기들은 자신들을 정복한 자들을 위해서만 일하지는 않았다. 그들은 자신들의 이야기, 예루살렘이 왕국의 수도였고, 다윗 왕가에 의해서 다스려지던 시절에 쓰인 이야기들도 얼마간 가져왔다. 바빌론의 문해 문화에 고무된 이 유배 서기들은 고향의 텍스트를 옮겨적음으로써 그것을 보존했을 뿐만 아니라 그 텍스트들을 세상의 창조로부터 시작하는 훨씬 더 일관된 하나의 서사로 엮기까지 했다. 천지창조 이야기, 그들의 최초의 조상인 아담과 이브 이야기, 아담과 이브가 은총을 잃고 타락한 이야기, 『길가메시 서사시』에 나오는 홍수와 대단히 유사한 인류를 거의 싹 쓸어버린 홍수 이야기가 뒤따랐다. 그 다음에는 원래는 메소포타미아인인 아브라함부터, 모세의 지도하에 이집트 대탈출과 유다의 고향 땅을 되찾는 이야기까지 대홍수 이후에 나타난 세대들의 이야기가 이어졌다.

이 글들은 『길가메시 서사시』와 다른 근본 텍스트들의 성격을 보여주는 특징들을 다수 드러냈다. 그것들은 기원의 이야기를 들려주고 독자들을 이웃 민족들과 구분했다. 그리고 우뚝 솟은 예루살렘 시와 특정한 영역이 이 텍스트의 독자들에게 속한다고 주장하면서, 비록 지금은 그 땅에서 쫓겨나 바빌론에서 유배 중이지만 독자들로 하여금 그 땅을 자신들의 것으로 상상할 수 있게 해주었다.

에스라가 태어날 무렵, 이 텍스트들은 이미 유배 공동체의 중심, 그들의 신앙의 소중한 보증인이 되어 있었다. 텍스트를 적은 두루마리들은 지혜를 한데 모으고, 예배부터 음식의 준비에 이르기까지 모든 것을 망라한 규칙들을 상세히 설명하면서, 과거로부터 내려오는 의식과 관행들을 보존했다. 비록 유배지의 실향 유다 사람들은 그 지역의 공통어가 되어가고 있던 아람어를 갈수록 더 많이 쓰게 되었지만, 그 두루마리들은 유배자들의 원래 언어, 바로 히브리어의 명맥도 이어주었다.

히브리 문헌들은 『길가메시 서사시』나 호메로스의 서사시와 중요한 측면에서 달랐다. 그것들은 단일하고 일관된 하나의 텍스트가 아니라 다양한 원천들에서 긁어모은 하나의 텍스트 뭉치를 이루었다. 히브리 문헌들과 다른 서사시들과의 가장 커다란 차이는 히브리 문헌집합이 오랜 기간 유배를 견뎌온 한 민족에 의해서 구축되었다는 점이다. 근본 텍스트들이 왕들에게 중요했다면, 그것들은 왕도, 제국도 없는 한 민족에게는 훨씬 더 중요했음이 드러나게 되었다.

유배 서기들은 상이한 이야기들을 하나로 엮으면서 자신들의 입장과 가치관, 바로 서기들의 가치관에 따라서 재주조했다. 모세는 그들에게 중요했다. 그가 전통적으로 법전, 즉 「신명기」를 받아쓴 사람으로 여겨졌으므로 결국 그들과 같은 동료 서기였기 때문이다(『길가메시 서사시』가 그 주인공을 작가—왕으로 기리는 것처럼 말이다). 같은 식으로 서기들은 경전의 후반부 곳곳을 예레미야의 말을 받아쓴 바루크 같은 서기들로 가득 채우면서 각각의 경우에 그들이 보존하고 정리한 이야기들이 어떻게 문자로 옮겨졌는지 그 과정을 설명했다.

『성서』의 가장 극적인 에피소드 가운데 하나에서 유배 서기들은 심지어 그들의 하느님이 서기라고 상상했다. 하느님은 처음에 모세를 불러 자신이 선택한 민족이 어떻게 살았으면 하는지 자신이 원하는 규칙을 받아쓰게 한다. 모세는 모든 것을 성실하게 받아쓴 다음 백성들에게 그 메시지를 전달한다. 이는 서기에게 아주 친숙한 상황이다. 권위 있는 누군가가 서기에게 자신의 말을 받아쓰게 하는 상황 말이다. 그리고는 별 다른 설명 없이 하느님은 마음을 바꿔서 서기 없이 일을 계속 진행하기로 한다. 모세에게 말을 받아쓰게 하는 대신 그는 모세에게 말이 이미 다 새겨진—신 자신에 의해서 새겨진—석판을 건네준다. 번거롭게 제 손으로 기꺼이 글을 쓰고자 하는 신은 독특하지 않다. 메소포타미아인들은 그들이 섬기는 많은 신들 가운데 나부를 서기의 신으로 섬겼다. 여기서 독특한 것은 유다 사람들이 모든 신성한 능력을 단 한 명의 신에게 집중시켰고 그러고 나서도 여전히 이 신을 작가로 생각하고 싶어했다는 점이다.

그러나 그 드라마는 아직 끝나지 않았다. 유명한 장면에서 모세는 석판을 들고 산에서 내려왔다가 이스라엘의 자식들이 황금 송아지 주변에서 춤추고 있는 광경을 본다. 그는 노여움에 사로잡혀 하느님의 손가락으로 새겨진 석판들을 가져다 부숴버린다. 이제 모든 것을 다시 해야만 했다. 하느님은 다시 모세를 불러서 그가 화가 나서 부순 석판들과 유사한 석판 두 개를 준비하라고 명한다. 그, 즉 하느님이 모든 것을 다시 쓸 것이다. 앞선 장면이 반복될 것 같은 분위기이다. 하지만 그런 일은 일어나지 않는다. 하느님은 계명을 되풀이하여 말하지만 그것을 쓰지는 않는다. 이번에는 모세 본인이 받아써야 한다. 그는 40일 동안 하느님 곁에 머무르며 먹지도 마시지도 않고 일하며 하느님의 말씀을 돌에 새긴다.

"여호와께서 모세에게 이르시되 너는 이 말들을 기록하라. 내가 이 말들의 뜻대로 너와 이스라엘과 언약을 세웠음이니라 하시니라." 이 장면은 이 에피소드가 처음 시작되었던 서기적 관계—막강한 주인이 자신의 서기에게 말을 받아쓰게 시키는 관계—로의 복귀이다.

이 장면은 서기들의 최악의 악몽처럼 읽힌다. 처음에 서기는 하느님의 말씀을 받아쓰기로 되어 있었다. 그런데 이미 완성된 서판을 건네받았고, 그 다음에는 교체 서판을 받고 결국에는 자신이 다시 받아쓰기를 해야 하는 상황에 처한 것이다. 여기서 정확성은 결정적이다. 그 자신이 뛰어난 서기인 이 신의 진노를 살 테니, 그 어떤 실수도 치명적일 것이다. 이 장면을 보존하고 윤색하여 부풀린 유배 서기들은 글쓰기가, 특히 그것이 신과 소통하기 위해서 이용되는 것이라면 얼마나 복잡하고 가시밭길이 될 수 있는지를 자세히 묘사하면서 자신들의 모든 상상력을 동원하여, 글로 쓰는 행위에서 하나의 드라마를 창조했다.

서기들은 또한 『성서』에서 가장 위대하고 잘 알려진 창세 신화를 탄생시켰다. 메소포타미아의 창세 신화를 비롯해서 대부분의 그런 신화들은 신이 흙으로 세상과 그 세상에서 살아가는 사람들을 수고롭게 빚어냈다고 상상한다. 『히브리 성서』에 담긴 옛 히브리의 창세 설화들도 마찬가지로 하느님이 직접 성스러운 수작업을 했다고 설명한다. 이 창세 설화들은 손으로 하는 일에 익숙한 인간들에 의해서 상상되었다. 그러나 「창세기」의 도입부는 그렇지 않다. 하느님은 자기 손에 흙을 묻히지 않는다. 그는 손으로 작업하지 않는다. 실제로 그는 자신의 피조 세계에 전혀 손을 대지 않는다. 난데없이 그는 순전히 말의 힘으로 이 세상을 출현시킬 뿐이다. 이것은 육체노동으로부터 떨어져서 가만히 앉아 일하며, 그들의 일은 먼 거리를 가로질러 작동하며 전적으로 (구두) 언어로만 이루어지는 서기들이 상상하는 천지창조이다.

기원전 458년, 예루살렘

서기들은 갈수록 중요해진 텍스트들을 단지 관장하기만 하지는 않았다. 이 텍스트들은 그 이야기들 속에서 그토록 강력하게 환기되는 선조들의 땅으로의 귀환을 갈망하게 하면서 유배 공동체에 독특한 영향력을 발휘했다.

에스라가 앞장섰다. 기원전 458년에 그는 동포 유배자들에게 지금까지 그들이 알았던 삶을 뒤로 하고 선조들의 땅으로 돌아갈 것을 요청했다. 다양한 부족들과 다양한 직업 출신의 후손들이 에스라의 부름에 따라 바빌론 북쪽 아하바 강변에 위치한 그의 막사로 모여들었다. 귀향의 여정이 위험하리라는 데에는 의심의 여지가 없었다. 그들을 보호해줄 병사도 없으리라. 에스라는 유다 사람들이 그들의 둘도 없는 신, 야훼의 보호를 받을 것이므로 페르시아 왕에게 병사를 요청하는 일은 불경한 믿음의 결여를 보여줄 것이라고 큰소리쳤다.

에스라는 고향으로 가는 길에 그들을 보호해줄 만한 무엇인가를 지니고 있었다. 페르시아의 왕 아르타크세르크세스 1세의 편지였다. 그 편지에는 이동하는 유다 사람들이 보호를 받을 것이며 현지 통치자들은 그들의 활동을 지원할 것이라고 적혀 있었다. 강도들은 왕의 서한을 읽을 수 없었을지도 모르지만, 제국의 인장은 그들에게 대단하다는 인상을 심어주리라. 사실 에스라는 공식 자격으로 예루살렘에 가고 있었다. 그는 아르타크세르크세스로부터 요르단 강 너머의 정세를 살펴보라는 임무를 맡았다. 그는 공식 특사였다.

이스라엘 민족은 대제국의 보호를 누린 적이 별로 없었다. 예루살렘을 파괴한 바빌론의 왕 네부카드네자르의 사례가 그들에게 준 교훈대로 보통은 그들보다 세력이 더 큰 이웃 나라들이 그들에게 아무런 신경도 쓰지 않았을 때가 최상이었다. 하지만 그 이후로 그들의 옛 적은 페르시아에 무너졌고, 바빌론을 함락한 페르시아인들은 이제 영토를 이집트로까지 확장하고 있었다. 이집트와 바빌론을 잇는 결정적 고리로서 유다 땅은 갑자기 전략적 이해관계를 가지게 되었다. 에스라와 그의 무리를 조상 대대로 내려온 고향 땅으로 돌려보내면서 이 페르시아 왕은 자비심에서 우러나와 행동한 것은 아니었다. 그는 제국의 전초기지를 확보하도록 에스라를 파견했다.

에스라와 동포들은 별 탈 없이 이동하여 대략 1,300킬로미터를 간 뒤에 마침내 요르단 강을 건넜다. 난생처음으로 그들은 선조들의 전설적인 땅에 발을 내딛고 있었다.

그러나 요르단 강에서 계곡을 거슬러 산악지방으로 이동하자 그들은 실상이 기대와 다름을 발견하게 되었다. 이곳에는 더 이상 거의 아무도 살지 않는 듯이 보였다. 사람들이 버리고 떠난 흔적이 곳곳에 보였다. 요새화된 성읍이나 정주지는 보이지 않았고, 짓밟힌 농부들, 70년 전에 강제 이주를 모면할 수 있을 만큼 하찮은 이들의 후손들만이 눈에 띄었다. 남아 있는 극소수는 그 땅에 기대어 간신히 연명하고 있었고 귀환한 유배자들이 바빌론에서 알던 고도의 문명은커녕 이야기 속의 유다 왕국의 궁정과도 닮은 점이 거의 없었다. 이 조야한 농부들은 거친 방언으로 말했고 생활방식도 귀환자들과 달랐다. 일부가 야훼를 섬긴다고 주장한 것은 맞지만 그들은 다른 부족들과 나란히 살고 있었고 그들의 예배 방식도 엄밀하지 못했다. 유배자들은 안식일과 더불어 다른 정결의식과 율법을 준수하는 엄격한 규칙들을 발전시켰지만, 여기서는 그 가운데 어느 것도 딱히 역할을 하지 않는 것 같았다.

이런 광경들도 그들이 목적지인 예루살렘에 도착했을 때, 그들을 맞이한 광경에 비하면 아무것도 아니었다. 도시는 성벽과 웅장한 성문으로 유명했었지만 성벽과 성문 둘 다 폐허가 되어 있었다. 도시는 그곳을 차지할 생각이 있는 누구에게든 열려 있었다. 하지만 누가 그 도시를 원할 것인가? 성 안의 전 구역이 버려져 있었고 다른 구역들도 거의 거주가 불가능했다. 에스라와 동포들이 그렇게 많이 들어왔던 이야기와 꿈속의 도시 예루살렘은 돌무더기였다.

한 가지 위안거리가 있었다. 성벽과 성문은 폐허가 되었지만 적어도 성전(聖殿)은 먼저 귀환한 집단에 의해서 복원되어 있었다. 성전의 상실은 유다 사람들에게 특히 가슴 아픈 일이었는데, 그곳이 그들의 신이 기거하는 곳이었기 때문이다. 이 한 명의 신의 권능을 단 하나의 장소에 집중시키기 위해서 다른 제사의 장소들은, 종종 지역민들의 항의를 거슬러가며 이미 오래 전에 버려졌었다. 이 집중이 그들을 이웃 부족들과 따로 떨어지게 했다. 그들이 예루살렘을 잃었을 때, 그들은 왕의 권좌만이 아니라 신의 권좌도 상실했다.

수십 년 전에 한 무리의 사람들이 돌아와서 성전을 재건했다. 에스라와 그와 함께 온 무리는 그들보다 먼저 왔던 사람들의 재건 임무에 관해서 알고 있었고, 그들이 지은 새 성전을 고대하고 있었다. 그들이 직접 무거운 돌을 날라야 할 필요는 없으리라. 앞선 유배자 집단처럼 에스라와 그 동포들은 이제 그들의 신을 다시금 그들의 전당에서 섬길 수 있으리라. 사흘간 휴식을 취하고 나흘째 되던 날, 그들은 각자 가져온 금과 귀중품을 모으고 각각의 양을 정확히 잰 다음 기록했다. 그리고 그들은 거세하지 않은 수소와 숫양, 어린 양, 염소를 전통적인 방식으로 제물로 바치며 그들의 유배 세월 내내 고대해왔던 일을 했다.

황폐해진 것은 성벽과 건물만이 아니었다. 이곳으로 오는 길에 에스라가 목격한 난삽한 신앙 풍습들이 예루살렘 시까지 들어와 있었다. 각양각색의 사람들이 이곳에 터전을 잡았고 유다 사람들은 이 이교도 집단들과 공공연하게 통혼하고 있었다. 사람들은 유다 사람이 저지른 위반 사항, 유배 공동체를 하나로 묶어주었던 세심한 정결의식과 규칙을 위반한 사례들을 보고하기 위해서 에스라를 찾아오기 시작했다. 도시의 물리적 파멸을 감당하는 것도 힘들었지만 에스라를 절망하게 한 것은 도시의 정신적 파멸이었다. 그는 물러나서 한나절 동안 예루살렘 시와 그곳의 주민들이 어떤 상태로 전락했는지를 곰곰이 생각했다.

저녁 제사를 드릴 시간이 되자 에스라는 억지로 성전으로 발걸음을 옮겼지만 도저히 의식을 거행할 수는 없었다. 절망한 그는 자신의 옷과 외투를 쥐어뜯으며 땅바닥에 몸을 던지고 비통해하며 울부짖었다. 마침내 그는 그 땅의 족속들에 대한 고발이기도 한 기도를 외쳤다. 그는 고향으로 돌아온 유배자들에게는 너무도 기가 막힌 풍습을 따르는 고향에 남아 있었던 사람들을 그 땅의 족속들(the people of the land)이라고 불렀다.

점점 더 많은 사람들이 범상치 않은 광경을 보기 위해서 몰려들었다. 가장 최근에 귀환한 자, 아르타크세르크세스의 고위 사절로서 엄청난 부를 가져온 자가 이제 그들 앞에 땅바닥에 드러누워 그들이 그들의 신에게 끔찍한 죄를 지었다고 비난하고 있었다. 사람들은 그가 하는 말이 옳음을 느끼고 눈물을 흘렸다. 에스라는 그들이 새로운 언약을 맺어야 한다고 주장했고, 그들이 동의했을 때에야 비로소 일어나서 그들의 맹세를 받았다. 그 다음 그는 여전히 괴로워하며 물러가 금식했다.

바빌론에서 귀환한 사람들 전원에게 포고가 내려졌다. 포로로 끌려갔던 자들의 자손들이 와서 에스라가 나타나기를 기다렸다. 그들은 마치 그들의 신이 울고 있기라도 한 듯이 세차게 내리치는 빗줄기를 맞으며 덜덜 떨고 있었다. 마침내 에스라가 나타나서 엄중한 포고를 내렸다. 그들은 이방의 아내와 자식을 버려야 했다. 그들, 귀환자들은 자신들을 이 땅의 족속들로부터 분리해야 했다. 유배지로부터 더 정결하고 더 정교한 예배 형식을 가져온 자들은 단결하여 예루살렘의 정신적 재생에 나서기로 맹세했다.

그러나 이 귀환자들을 새로운 서약에 어떻게 구속해야 할까? 에스라는 하느님에 대한 그들의 믿음을 확실히 담보할 다른 무엇인가가 필요하다는 것을 깨달았다. 이를 위해서 그는 이스라엘 민족의 경전들을 가져왔었다. 하지만 그 경전들이 예루살렘에서 어떤 역할을 할 것인가? 서기인 에스라는 계획이 있었고 이제 그는 그 계획을 조심스레 실행에 옮겼다. 그는 나무로 된 단을 세웠다. 그는 그 단을 전략적으로 재건된 수문(水門)에 설치하고 열두 부족을 상징하는 열두 명의 대표들이 자신과 자리를 함께 하도록 했다. 그들은 양쪽에 여섯 명씩 대칭을 이루어 줄을 섰다. 모두가 에스라가 무엇인가 중요한 일을 하려고 한다는 이야기를 들었다.

에스라가 단 위에 올라가서 모여든 군중을 둘러보았다. 그는 두루마리를 펼쳐 그 사람들에게 내보였다. 그들은 성전에서 그들의 신이나 신의 대리인 앞에서 절을 하듯이 즉시 땅에 머리를 조아렸다. 하지만 그들은 성전에 있지 않았고, 에스라는 그들 앞에 사제로 나타난 것이 아니었다. 그는 단지 두루마리를 들고 있었을 뿐이다. 최초로 사람들은 텍스트의 형태로 그들의 신을 경배했던 것이다.

에스라는 두루마리를 읽기 시작했지만 문제가 생겼다. 모두가 그의 말을 이해하지는 못했던 것이다. 서기실에 있던 두루마리들을 세상 밖으로, 사람들에게로 가져오는 것은 힘든 일이었다. 경전의 말들은 여러 원천들에서 가져와 적당히 꿰맞춘 것이었기 때문에 일반 청중에게 단숨에 읽어줄 만한 것이 아니었다. 『성서』의 히브리어는 난해했고 청중 가운데 일부는 그 지역의 공통어인 아람어밖에 몰랐다. 청중이 애를 먹고 있음을 알아차린 에스라는 그가 읽어주고 있는 이야기와 율법들을 청중에게 번역하여 설명해줄 필요가 있음을 깨달았다. 몇 시간 동안 에스라는 이런 식으로 경전을 낭독하고, 번역하고, 풀이하여 심지어 문맹인 사람에게까지 그 텍스트를 전달했다. 낭독이 끝난 뒤에 그는 천지창조부터 아브라함과 이집트 대탈출까지, 언젠가 달에까지 도달할 장대한 서사를 요약하며 그들에게 지금껏 들려준 이야기를 되풀이하는 기도로 마무리했다.

이 장면, 백성들이 한 텍스트 앞에 절하는 장면에서 에스라는 그의 예루살렘 귀환의 진정한 의미를 드러냈다. 그는 한 페르시아 왕을 위해서 제국의 전초기지를 손에 넣거나 물리적 도시를 재건하는 것 이상을 하고 싶었다. 에스라는 예루살렘과 성전으로 이끌렸는데 이스라엘 사람들이 그들의 신을 경배하는 방식을 변화시키고 싶었기 때문이다. 유배지에서 경전들은 엄밀히 말하자면 대체물이었다. 예루살렘에서만 그 경전들은 성전에 버금가는 성스러운 대상이 될 수 있었다.

히브리 문헌들은 오래 전에 하나의 근본 텍스트, 한 집단을 그 이웃 집단들과 분리시키고, 그 집단적 경험을 포착하고, 강력한 기원의 이야기를 들려주고, 세월의 흐름을 견디고, 학교와 서기들을 비롯하여 그 유지 보존을 위한 상당한 자원들을 동원하는 하나의 텍스트 뭉치가 되었다. 그러나 이제 에스라의 손에서 또다른 특징이 추가되었다. 근본 텍스트가 성스러운 것으로, 그 자체로 경배의 대상으로 선언되었던 것이다.

두루마리의 민족

에스라의 낭독은 서기들과 사제들—제사를 주관할 배타적 권리를 전통적으로 부여받은 사제들—간의 대결을 촉발했다. 에스라 본인은 사제였지만 그는 자신의 종교를 변모시켰다. 서기가 되기 위하여 반드시 사제일 필요는 없었기 때문이다. 에스라의 낭독은 이스라엘 민족의 가장 강력한 계급을 권좌에서 몰아내려고 위협하는 쿠데타였다.

사제와 서기 간의 투쟁은 다음 두 세기에 걸쳐 전개되었는데, 그 기간 동안 이스라엘 민족은 예루살렘에서 점점 많은 자치를 누리며 살아갈 수 있었고, 페르시아 제국이 다른 곳에 정신이 팔려 있던 시기들에는 특히 그랬다. 예루살렘이 강해질수록 사제들과 그들의 거룩한 전당, 그 도시에서 가장 조심스럽게 지켜지는 장소인 성전에는 더 좋았다. 성전은 여전히 중요했지만 에스라의 텍스트도 신성해지면서, 그는 성전과 경쟁하는 세력을 불러들인 셈이었다.

에스라가 다루고 있던 히브리 문헌들은 개별적으로 전달되고, 『히브리 성서』의 많은 부분들과 마찬가지로 다양한 시점에 쓰여서 켜켜이 쌓인 다양한 층위의 텍스트를 담고 있었다. 에스라 시대 이후 비교적 평온한 시대에 살았던 서기들은 예루살렘 시의 물리적, 정신적 재건을 담고 있는 그 이야기들을 정리하여 하나의 통합된 서사, 오늘날 우리가 「에스라」와 「느헤미야」로 알고 있는, 별개이지만 서로 연결된 두 서(書)를 내놓았다(에스라의 귀환에 대한 나의 재구성은 대체로 그 두 서와 역사적 연구를 바탕으로 한 것이다).

이스라엘 민족이 예루살렘에서 살아가도록 허용되는 한, 도시 내부의 권력은 총독과 사제, 서기들 사이에 나뉘어 있었고, 그들 모두는 갈수록 자신들을 유대인(Jews)이라는 하나의 종족 집단으로 간주하게 된 주민들을 다스렸다. 하지만 이 상대적 평화의 시기는 오래가지 않았고 예루살렘은 알렉산드로스 대왕에게 정복당하고, 서로 다투는 그의 후계자들의 손아귀에 놓이게 되었다.

그 다음 예루살렘은 부상하는 로마 제국의 관심을 끌었다. 기원후 70년 로마의 공격으로 예루살렘이 함락되었고, 그토록 고생스레 재건한 성전은 다시금 파괴되었다. 더 이상 성전에서 예배가 불가능했기 때문에 지성소(至聖所)를 관리하는 세습적 규칙들, 레위인들에게 특권을 부여하는 규칙들은 실질적인 의의를 잃었다.

이런 상황에서 휴대가 가능한 경전을 그들의 신을 경배하는 수단으로 정한 에스라의 결정은 결정적인 것으로 드러났다. 바빌론 유수의 경험에서 나온 이 발상은 새로운 유수에도 똑같이 잘 어울렸다. 다시금 성전이 사라지자 유대인들은 시나고그(synagogue : 유대교 회당/옮긴이)에서 신을 섬겼고, 그들의 예배를 사제가 아니라 랍비들, 경전을 읽고 해석할 줄 아는 서기들이 주관하게 되었다.

두루마리를 쥔 랍비가 회중에게 성스러운 텍스트를 낭독하는 모습보다 우리에게 더 친숙한 광경도 없다. 하지만 모든 것들과 마찬가지로 이 친숙한 관습은 발명되어야 했고, 그것은 서기 에스라가 예루살렘으로 귀환하여 발명한 것이었다. 에스라의 경전 낭독은 우리가 지금 아는 유대교를 창조했다. 자신들을 그 땅의 족속들과 분리시킴으로써 하나의 종족 정체성을 구성하던 순간, 유대인들은 책의 민족(a people of the book), 아니 그보다는 에스라의 경전들이 제시된 형태를 고려할 때, 두루마리의 민족(a people of the scroll)이 되어가고 있었다.

하나의 근본 텍스트에서 경전으로, 그리고 특정 영역에 뿌리를 둔 한 텍스트에서 유배지에서도 기능할 수 있는 텍스트로서의 『히브리 성서』의 이행은, 『길가메시 서사시』가 묻혀버린 데에 반해서 『히브리 성서』가 살아남을 수 있게 만든 요인이기도 했다. 『히브리 성서』는 땅과 왕, 제국에 의존하지 않았기 때문에 살아남았다. 그것은 영토와 왕, 제국들이 없어도 살아갈 수 있었고 그들이 있는 곳은 어디든 기꺼이 그것을 가져갈 자체의 경배자들을 만들 수 있었다.

이 새로운 생존 메커니즘은 오스틴 헨리 레이어드가 니네베를 발굴할 당시 그가 『길가메시 서사시』의 시선이 아니라 『성서』의 시선으로, 그 도시에 대한 『성서』의 시각을 통해서 니네베를 바라보았다는 뜻이다. 니네베는 『히브리 성서』에서 악평을 들은 한편, 이따금 로마 문헌들에서 전설적인 사르다나팔로스와 동일시되기도 하는 아슈르바니팔은 무능하고 퇴폐적인 왕으로 묘사되었다. 두 근본 텍스트 간의 대결에서 『히브리 성서』가 한동안은 승리했다. 쐐기문자가 해독되었을 때에야 비로소 니네베와 아슈르바니팔의 영웅주의에 대한, 『성서』와는 다른 이야기가 등장했다.

돌이켜보았을 때, 에스라의 경전 낭독이 너무도 결정적이었기 때문에 그는 히브리 경전들을 보존하고 편집하고 풀이했을 뿐만 아니라 심지어 그것들을 집필한 사람으로 여겨졌다. 그런 이야기들의 요지는 확실히 옳았다. 성스러운 텍스트라는 관념을 확립한 사람은 경전을 가지고 작업한 다른 유배 서기들과 더불어 에스라였다. 전부 다 서기들인 다른 주석가들은 에스라의 작업의 기술적 측면들에 더 관심이 많았다. 그들은 에스라가 신식 문자 체계를 도입했다고, 옛 히브리 문자를 아람어에서 가져온 더 단순한 정사각형 글자들, 오늘날에도 여전히 쓰이는 히브리 문자

1155년과 1225년 사이의 것인 가장 오래된 『토라(Torah)』의 사본들 가운데 하나. 바빌론 필기 전통의 영향을 받아 사각형 문자로 쓰인 이 사본은 잘못 분류되어 있다가 2013년에야 재발견되었다. (Photo credit : University of Bologna)

들로 대체한 업적을 남겼다고 생각했다. 에스라는 심지어 일반 유다 사람들에게는 점점 더 이해가 힘겨워지던 히브리 경전을 근동의 공통어인 아람어로 번역했다고 간주되기도 했다.

에스라의 명성이 커지면서 그를 비방하는 작지만 목소리가 큰 집단도 점차 늘어났다. 일부 유대인 작가들은 에스라가 성스러운 텍스트에 오류와 변경을 가져왔다고 비난했다. 훗날 기독교도와 무슬림 작가들은 이 내용을 이어받아 『히브리 성서』에서 그들이 찾아낸 일체의 결함을 에스라 탓으로 돌렸다. 예수나 무함마드는 왜 명쾌하게 예언하지 않았나? 잘은 모르지만 에스라가 『히브리 성서』에서 오류를 저질렀거나 심지어 자신의 목적에 맞게 고의적으로 텍스트를 변조한 것이 틀림없다. 이러한 비난들에는 일말의 진실이 있었다. 에스라와 그리고 『성서』에서 이 부분을 편집한 나중의 주석가들은 유배지에서 돌아온 귀환자 공동체를 더 긴밀하게 결합시키려는 특정한 목적을 염두에 두고 경전을 만들었다. 그것은 한 문화의 중심에 하나의 텍스트를 확립하기 위해서 계산된 행동이었다. 그리고 그 계산은 통했다. 그 지속적인 사용 덕분에 『히브리 성서』는 자신의 생존을 보장하면서 이산(離散) 공동체들을 하나로 묶을 수 있었다.

성전(聖典)이라는 발상은 유대교뿐 아니라 기독교와 이슬람교, 오늘날 우리가 경전의 종교라고 부르는 종교들에서 중심이 되었다. 글로 쓰인 것을 큰소리로 읽으며 해석하는 일은 종교를 문학의 사안으로 만들면서 중요한 신앙 활동이 되었다. 하느님께는 항상 감춰지고 알 수 없는 어떤 것이 있기 때문에 경전에 실린 거룩한 말씀은 액면 그대로 받아들여져서는 안 된다. 행간을 읽고서 감춰진 진리를 드러낼지도 모르는 기발한 해석을 들고 나오는 것이 필수적이 되었다. 이내 서로 경쟁하는 해석학파들이 문학에 기반을 둔 종교들을 분기(分岐)하는 경로들에 세우게 되었다. 아슈르바니팔은 점술을 배웠고 대홍수 이전 시대의 이해하기 힘든 텍스트들을 안다고 자랑했었다. 에스라의 여파로, 난해한 대목들을 열심히 들여다보며, 멀리 떨어진 대목들을 연결하고, 경전의 해석에서 독창성을 발휘는 것은 예배에 버금가는 것이 되었다.

예루살렘—경전의 도시

에스라와 경전의 탄생을 숙고하다가 나는 이 탄생이 이루어진 도시를 방문하기로 했다. 예루살렘은 수직적 도시인데, 도시가 언덕 위에 세워졌기 때문만은 아니다. 거기에는 사람과 종교, 기억, 역사들이, 그 모든 것이 켜켜이 쌓여 있다. 그러나 니네베와 다른 고대의 도시 유적들과는 대조적으로 이곳의 켜켜이 쌓인 그 층들은 모두 생생하게 살아 있었다. 구시가지로 다가가면서 내 눈에 처음 들어온 것은 도시를 에워싸고 있는 웅장한 성벽이었다. 성 안으로 들어가기 위해서 나는 요새화된 커다란 성문들 가운데 하나를 통과해야 했다. 일단 안쪽으로 들어오자 미로처럼 얽힌 좁은 골목들과 직면했다. 널찍하게 조망할 수 있는 드문 장소에서는 높은 건물들에서 휘날리는 다양한 깃발들이 눈에 들어오고는 했다. 높이 내걸린 깃발들은 다양한 집단들이 각자의 존재를 드러내고 영역을 표시하는 수단인 셈이었다. 나는 이곳에 자리를 잡았던 낯설고 오래된 기독교 종파들의 여러 교회들 곁을 지나쳤다. 예루살렘 시내를 통과하여 골고다 언덕까지 예수가 걸어간 길인 십자가의 길(Via Dolorosa)은 그의 다른 수난 지점들과 마찬가지로 표시가 되어 있었다. 도시에는 로마 시대의 유적들이 풍부했다. 하지만 단 하나의 장소에 상이한 종교들이 쏟아부은 관심의 초점은 성전산(聖殿山)으로, 윗부분은 이슬람이, 아랫부분인 통곡의 벽은 유대교가 차지하고 있다.

도시는 위를 향해서만 건설된 것이 아니라 땅속으로도 깊숙하게 지어졌다. 지하실과 그 아래의 또다른 지하실, 터널이 층층이 쌓여 있었다. 내가 방문한 7월에는 바깥 공기는 뜨겁고 건조했지만 지하로 내려갈수록 점점 추워졌고 심지어 공기가 습해져서 결국에는 계단과 터널을 따라 한 층을 더 내려가자 물방울이 똑똑 떨어지는 소리가 들렸고 어느 새인가 나는 물웅덩이를 들여다보고 있었다.

물의 존재는 예루살렘이 그 도시의 역사 내내 왜 그토록 많은 사람들이 그 땅을 두고 다투었는지를 설명해주는 한 가지 확실한 이유이다. 이 척박한 땅에서 물은 귀중한 필수품이었다. 툭하면 범람하는 거대한 두 강 사이에서 살았던 메소포타미아인들에게 공통적인 경험인 대홍수 이야기가 마침내 건조한 예루살렘까지 찾아왔을 때에 그것은 틀림없이 매우 이질적이고, 이상하고, 거의 생각할 수 없는 일이었을 것이다.

이 한 장소에 여러 종교와 민족들이 치열하게 집중되는 이유를 물에 대한 필요만으로는 설명할 수 없다. 예루살렘의 역사를 성찰하다가 나는 이 도시가 성스러운 경전이라는 아이디어가 생겨난 곳일 뿐만 아니라 성스러운 경전이 줄곧 그 영향력을 가장 철저하게 발휘해온 곳이라는 점을 깨달았다. 모든 사람들을 바로 이 한 장소에 데려온 것, 이 언덕들에 그토록 많은 의미들을 부여한 것은 단일한 위치에 『히브리 성서』에 이어 「신약성서」, 마지막으로 『코란』까지 성스러운 경전들의 집중이었다.

예루살렘은 성스러운 텍스트들의 효과를 연구하기에 최적의 장소이겠지만, 경전들에 영향을 받은 유일한 장소는 결코 아니다. 에스라 이후로 우리는 줄곧 성스러운 경전들이 지배하는 세계를 살고 있다. 경전들은 근본 텍스트들의 부분집합이며 그 모두는 문화적 응집성을 창조하고, 기원과 운명의 이야기를 들려주며, 문화들을 아득한 과거와 연결한다. 근본 텍스트들의 더 일반적인 이런 특성에 덧붙여 경전들은 경배와 복종의 관념을 불어넣는다. 이것은 이른바 경전의 종교들—유대교, 기독교, 이슬람—뿐만 아니라, 다른 문화의 종교들, 예를 들면 신전에 모신 경전을 숭배하는 시크교와 불상에 신성한 경문을 모시는 불교에도 해당된다.

때로 이렇게 경배되는 텍스트는 문화들을 엄격하게 과거에, 텍스트의 자구(字句)에 매어두며 고대의 관념들에 문화를 볼모로 잡기도 했다. 이런 효과를 **텍스트 근본주의**(textual fundamentalism)라고 부를 수도 있을 것이다. 경전의 종교들인 유대교, 기독교, 이슬람은 아마도 텍스트 근본주의에 가장 빠지기 쉬운 종교이겠지만 성스러운 경전에 바탕을 둔 모든 종교들은 저마다의 역사에서 어느 시점에 텍스트 근본주의의 물결을 경험해왔다. 텍스트 근본주의는 종교 텍스트에만 국한되지도 않는다. 성스러운 함축성을 띠는 근대의 근본 텍스트인 미합중국 헌법은 (헌법을 그 문자적 의미와 그 입안자들의 원래 의도에 따라서 독해하기를 원하는) 근본주의적 해석가들을 거느리고 있으며, 또다른 근대의 근본 텍스트인 「공산당 선언」도 마찬가지이다. 우리가 어떤 신성한 텍스트와 함께 있음을 보여주는 좋은 지표는 종교 당국부터 미연방 대법원에 이르기까지 그것을 해석하는 일을 맡은 배타적인 독자(reader) 집단의 존재이다(때로 나는 나의 직업인 문학 연구가 이러한 공식 해석자들에서 파생된 것이 아닌가 생각한다. 물론 우리 문학 연구자들의 권위는 그들보다 훨씬 더 약하지만 말이다).

텍스트 근본주의는 두 가지 모순적인 가정에 기댄다. 첫째는 텍스트는 변화하지 않으며 고정되어 있다는 가정이다. 두 번째 가정은 텍스트가 해석되어야 함을 인정하지만 해석의 권위를 배타적인 한 집단으로만 제한한다. 거의 모든 문해 문화에서 텍스트 근본주의가 어느 정도까지 부상해왔는지를 보면서 나는 그것이 문학의 불가피한 부작용, 그 어두운 면이라고 생각하게 되었다. 우리는 그것을 어떻게 경계할 수 있을까?

활기찬 해석의 문화를 통해서 독자들은 어김없이 저마다의 관념들과 가치들 그리고 문화를 하나의 텍스트에 가져올 것이고, 100년이나 1,000년, 아니면 3,000년 동안 존재해온 똑같은 말들을 새로운 방식으로 이해할 것이다. 우리는 이러한 과정을 억제하거나 제한하려고 해서는 안 된다. 우리는 텍스트, 그들의 이야기와 지혜, 그 엄청난 나이를 우러러볼 수 있다. 근본적이고 성스러운 텍스트들은 문화의 경탄할 만한 기념비, 우리 인류 공통의 유산이다. 그러나 정확히 바로 이 이유 때문에 우리는 각 세대의 독자들이 이러한 텍스트들을 자신들의 것으로 만드는 것을 허용해야 한다.

오늘날, 압도적으로 많은 수의 사람들이 모종의 성스러운 경전을 추종한다고 주장한다. 이러한 텍스트들을 어떻게 해석할 것인지는 우리 시대의 중대한 문제들 가운데 하나가 되었다.

4

부처와 공자, 소크라테스, 예수의 가르침

나는 결코 선생님들이 총애하는 학생은 아니었지만 내가 동경한 선생님들은 나의 인생에서 중요한 인물들, 나의 정신적 내러티브에서 줄곧 주인공들이었다. 대체로 그들은 멀찍이 떨어진 인물들이었는데 어쩌면 나는 그들을 얼마간 거리를 두고 먼발치에서 우러러보는 것을 좋아했던 모양이다. 그럼에도 불구하고 나는 그들이 하는 모든 말과 행동, 그들의 옷차림새, 그리고 그들의 삶에 관해서 내가 아는 얼마 안 되는 사실들, 그모든 것들에 매혹되었다. 이제 나 자신이 선생이 되고 보니 의식적으로든 무의식적으로든 인물 숭배를 낳는 일, 교사라는 역할에 맞추어 연기하는 일에 조심스러워진다.

이런 것들이 내가 고전 세계의 위대한 스승들과 결부된 철학적이거나 종교적인 텍스트 가운데 하나를 집어들 때마다 내 마음을 스쳐가는 생각들이다. 추종자들과 대화하고 있는 부처를 보여주는 경문들, 공자가 어떻게 살았고 가르쳤는지를 묘사하는 문헌들, 소크라테스와 그의 제자들 사이의 대화들, 그리고 예수의 복음들 말이다. 나는 이런 텍스트들을 가르치는 것을 좋아하는데, 그 텍스트들은 내가 학생들과 함께 이 카리스마적인 교사들을 우러러볼 수 있게 해주면서 나를 다시금 학생으로 돌아가게 만들기 때문이다.

이 텍스트들을 읽고 가르치는 일은 우리와는 생판 다른 왕과 황제들의 삶을 묘사한 『길가메시 서사시』나 호메로스, 『히브리 성서』를 가르치는 일보다 훨씬 더 개인적인 경험이다. 교사와 학생을 중심으로 이야기가 돌아가는 텍스트들은 거의 모두가 공유할 수 있는 경험에 다가간다. 우리는 모두 한때 학생이었고 그 기억을 여생 동안 간직한다.

문학의 이야기를 이해하려고 노력하는 와중에야 비로소 나는 부처와 공자, 소크라테스, 예수의 가르침에서 두드러진 패턴을 발견하게 되었다. 그들의 활동 시기는 수백 년의 기간 안에 서로 겹치지만, 서로를 몰랐던 이 교사들은 사상의 세계를 혁명적으로 변화시켰다. 오늘날 철학과 종교 유파들 가운데 다수—인도 철학, 중국 철학, 서양 철학, 기독교—는 이 카리스마적인 교사들에 의해서 모양이 잡혔다. 서력기원 이전 5세기 동안에 마치 세계는 새로운 사고와 존재 방식을 배우기를 열렬히 바라며, 가르침을 받기를 기다리고 있었던 것 같다. 하지만 어째서? 그리고 무엇이 이 교사들의 등장을 설명해줄까?

이 교사들은 중국과 중동, 그리스의 문해 문화들에서 등장했다(인도는 문자가 아예 없거나 거의 없었을지도 모르지만 무시하지 못할 이야기 전통이 있었다). 그래서 나는 글쓰기의 역사에서 한 가지 해답을 얻었다. 이 문해의 중심지들에서 서기와 국왕, 사제들은 관료제를 창출했고, 학교와 도서관을 만들었으며, 이야기를 수집하여 이 이야기들을 근본 텍스트들로 또 심지어 거룩한 경전으로 모시기까지 했다. 하지만 이 새로운 교사들의 공통점은 그들이 글을 쓰지 않았다는 사실이다. 글을 남기는 대신에 그들은 학생들을 주변으로 모으고 얼굴을 맞대고 대화를 함으로써 가르치기를 고집했다.

문자를 활용하지 않기로 한—문학을 생산하지 않기로 한—결정은 문학의 역사에서 흥미로운 전개이다. 그 결정은 문자가 점점 더 널리 이용 가능해진 정확히 그 시점에 일어났다. 마치 이 문화들이 점차 자리를 잡아가던 한 기술의 효과를 갑자기 걱정하기 시작하면서 그 쓰임을 의문시하기로 한 듯했다.

그러나 그 다음에 다른 어떤 일이, 심지어 그보다 더 흥미로운 무엇인가가 일어났다. 글쓰기 대한 회피, 이 개인적이고 살아 있는 가르침을 고수하는 태도가 다시금 문학으로 채널이 돌려진 것이다. 스승들의 말은 텍스트, 우리가 이제 읽을 수 있고, 우리를 이 스승들 주변에 모여든 학생들의 무리 안으로 끌어들이는 텍스트가 되었다. 그들은 시공을 가로질러 우리에게도, 아주 개인적으로 말을 걸고 있는 듯하다. 이것은 새로운 형식의 문학, 즉 **교사 문학**(teachers' literature)의 탄생이었다.

이 스승들은 누구였고, 그들의 말은 어떻게 문학의 이야기에서, 이전의 근본 텍스트와 경전들과는 매우 다른 새로운 종류의 텍스트들의 토대가 되었을까?

부처
기원전 5세기, 인도 북동부

가장 이른 시기의 스승 가운데 한 명은 인도 북동부에서 살고 있던 한 왕자였다. 그의 생몰 연대에는 논란이 있지만 그의 생애는 전설이 되었고, 하나의 전설로서 그 생애는 강력한 한 운동의 근원이 되었다.

그의 각성은 그가 아버지의 궁전 근처에 있는 숲에 관해서 멋진 이야기를 들었을 때에 시작되었다. 끝도 없이 늘어선 나무들은 햇볕을 피할 그늘을 제공하며, 예쁜 연꽃들로 뒤덮인 연못은 보드라운 풀밭에 둘러싸여 있다는 이야기를 들었다. 그는 그런 경이적인 광경을 거의 상상할 수 없었다. 정교하게 장식된 그의 방들은 사방으로 뻗어 있는 왕궁의 내부에 감춰져 있었다. 그가 필요로 하는 것은 무엇이든 무수한 시종들이나 그의 사랑하는 아내가 그 앞에 대령했다. 이제는 왕자가 어느 것도 자신 앞에 대령되기를 바라지 않는다는 점만 빼면 말이다. 그는 누군가가 숲으로 가서 연못에 핀 연꽃 한 송이를 따서 자신에게 가져다 바치기를 요구하는 것이 아니었다. 그는 자신이 직접 가서 보고 싶었다.

바깥세상과의 접촉으로부터 왕자를 보호해왔던 왕은 걱정이 들었고, 아주 세심한 주의를 기울여 바깥 행차를 준비시켰다. 어느 것도 그의 아들의 섬세한 감수성을 해쳐서는 안 되었다. 불구자들, 거지들, 아프거나 보기 흉한 사람은 누구나 그의 시야에서 철저하게 제거되었다. 왕자와 그의 마차를 모는 마부가 왕궁의 성문을 나설 때쯤 거리는 화환과 깃발로 장식되었고 꽃들이 어디에나 흩뿌려져 있었다.

왕자는 소풍이 마음에 들었고, 사람들과 꽃, 도시, 그를 떠받드는 군중 그 모든 것을 마음에 담았다. 하지만 그때 이상한 광경이 눈길을 끌었다. 별안간 한 생명체가 제대로 걷지도 못한 채 비틀비틀 그를 향해 기어오고 있었다. 제대로 걷지도 못하는 그것의 얼굴은 쭈글쭈글한 주름으로 보기가 흉했다. 이것은 잔인한 장난인가? 왕자는 마부에게 고개를 돌리고 대답을 요구했다. 마부는 왕에게 왕자의 마음을 어지럽게 할 수도 있는 모든 것들로부터 그를 보호하라는 지시를 받았지만 무엇인가가 마부로 하여금 끔찍한 진실을 고하게 만들었다. "늙으면 그렇게 됩니다." 이 "늙음"이란 무엇인가? 왕자는 알고 싶었다. 그것은 그에게도 영향을 미칠 수 있는가? 그럴 수도 있다고, 왕자를 속일 수 없었던 마부는 대답했다. 사실, 늙음은 틀림없이 왕자에게도 영향을 미치리라. 혼란스러워진 왕자는 이 경험을 이해하려고 필사적으로 애쓰면서 궁으로 돌아왔다.

질병과 죽음을 직시하는, 이와 유사한 경험을 두 차례 더 한 뒤에 왕자는 자신이 가짜 인생이라고 느끼는 것과 그와 결부된 모든 것과 절연하기로 결심했다. 그는 사람들이 내어주는 것에 의지해서 살아가는 떠돌이 탁발승이 되었다. 사람들은 엄청난 부를 소유한 젊은이가 궁핍의 삶을 선택한 것을 보고 놀랐지만, 고행자들은 인도에서 낯설지 않았다(알렉산드로스는 그가 벌거벗은 철학자들이라고 부른 이런 고행자들을 인도 원정 동안 마주쳤다). 왕자는 정해진 길을 따라서 다섯 명의 다른 탁발승에 합류했고 그들은 다 함께 혹독한 고행의 삶에 몸을 맡겼다. 그는 몇 안 되는 남은 소유물과 필요한 것들을 모두 내버렸고, 점점 더 식음을 폐하고 목숨만 간신히 이어갔다. 하루는 어느 여인이 앙상하게 뼈만 남고 열에 들뜬 탁발승을 보고 우유를 내주었다. 그는 우유를 고맙게 받아 마셨다. 몸에 얼마간 기운을 되찾고 마음의 평정도 얻은 그는 오래된 보리수나무 아래에 앉아 자신의 체험에 관한 명상에 잠겼다. 과연 극단적 고행은 해답일까? 아니면 그저 자신의 충격과 분노에 대한 반응, 순진무구한 상태로부터의 타락에 대한 반응에 불과할까? 극한 고행은 그의 마음에 평정을 가져오기는커녕 오히려 정신을 혼미하게 만들었을 뿐이다. 이 세상에 대한 그의 실망에 다른 해답이 틀림없이 있을 것이다.

보리수나무 아래에 앉아 있는 동안 왕자는 생로병사와의 조우가 그에게 미친 영향들이 점차 사라짐을 느꼈다. 처음에는 어렴풋하게, 그는 자신의 삶, 세상과 격리된 왕궁에서 거친 바깥세상으로, 그후 극단적인 고통과 궁핍으로 이어진 그 삶이 자신의 유일한 인생이 아님을 깨닫게 되었다. 그는 이미 전에 여러 번의 삶을 살았고, 이제 그 전생들이, 동물과 인간으로서의 낯선 인생들이, 수천, 수만 심지어 수십만 번의 인생들이 그의 의식 속으로 흘러들어왔다. 그의 인생들만 늘어난 것이 아니었다. 그를 그토록 충격에 빠뜨린 이 세상도 유일한 세상이 아니라, 그가 이제 바라볼 수 있게 된 여러 세상들 가운데 하나일 뿐이었다. 경이로운 이 무수한 삶과 세상들을 성찰하면서 그는 자신이 6년간의 긴 고행 동안 결코 얻을 수 없었던 것, 깨달음을 마침내 얻었음을 알았다. 그는 깨달은 자, 즉 부처가 되었다.

이제 속세의 집착들에서 자유로워진 부처에게는 추종자들이 생겨났다. 그를 처음으로 따른 사람들은 그의 동료 금욕 수행자들로, 원래 그들은 왕자가 그들만의 엄격한 고행의 길에서 벗어나자 실망했었다. 하지만 나중에 왕자를 다시 만났을 때, 그들은 잘못된 길을 택한 자들은 자신들임을 깨달았다. 고행자들과 비(非)고행자들, 브라만(사제 계급)과 브라만이 아닌 자들을 가리지 않고, 점점 더 많은 사람들이 그를 찾아와 그의 곁을 지키며 그에게 가르침을 받고 그를 통해서 깨달음을 얻기를 원했다.

부처는 계속해서, 이곳저곳을 떠돌며, 매일 동냥을 하고, 간소한 양식을 먹고, 발을 씻고, 자리를 마련한 다음 마침내는 자리에 앉아 사람들을 가르치는 자신의 삶을 살아갔다. 그는 강의를 하지는 않았다. 그 대신 그는 제자들에게 질문을 던지라고 한 다음 때로는 짧은 문장이나 이미지로, 때로는 설명이 필요한 수수께끼나 우화로 참을성 있게 질문들에 답했다. 그것은 가르침이라기보다는 안 가르침(un-teaching), 그들의 정신과 삶의 이전 습관들에서 벗어나게 하는 일에 가까웠다. 그는 제자들에게 사람들과 세상만사, 심지어 그들 자신에 대한 세속적인 집착마저 버리라고 타일렀다. 속세로부터 초연함이 우리에게 얼마나 좋은지에 대한 이 가르침은 어렵고, 때로는 역설적이었다. 제자들이 세상으로부터 물러나면서, 자기 자신이 아니라면 대체 어디로 물러나야 한다는 말인가? 일부 가르침들은 슈라바스티에서 설법을 행한 뒤, 부처가 이 특정한 가르침을 뭐라고 불러야 하느냐는 질문을 받고서 대답했을 때처럼 유명해졌다. 그는 거짓된 관념들을 금강석처럼 쪼개기 때문에 그 가르침을 금강반야(金剛般若, 다이아몬드 같은 최고무상의 지혜라는 뜻/옮긴이)라고 불러야 한다고 대답했다.

부처의 가르침은 역설과 선문답으로 감춰져 있음에도, 왜 그렇게 사람들은 눈과 귀를 뗄 수 없었을까? 한 가지 이유는 그 가르침들의 보편적인 매력이었다. 여기 예전에는 왕자였지만 이 세상에서 가장 낮은 자가 되어, 그들에게 말을 걸고, 그들에서 설법을 베풀고 그들에게 완전히 다른 무엇인가를 약속하는 사람이 있었다. 이것은 특권 계급에게 말하는 메시지가 아니라 그들 각자에게 말하는 메시지였다. 모두가 감히 그렇게 하려고 나서기만 한다면 그를 좇아서 깨달음을 구할 수 있고, 모두가 그와 토론을 할 수 있으리라. 이것은 부처가 비판한 브라만 계급의 배타적 가르침과는 매우 달랐다. 브라만 계급의 가르침은 브라만과 군주들에 의해서 통제되었지만 부처는 각각의 사람들에게 개별적으로 말을 걸었고, 강력하게 호소했으며, 그들의 삶을 바꾸라고 간곡히 타일렀다.

부처는 늙어가면서 여러 제자들 가운데 한 명을 지목하여 높은 지위로 승격시키는 것은 현명하지 못하다고 생각했고 따라서 후계자를 지목하려고 하지 않았다. 그토록 많은 제자들이 깨달음을 추구하는 과정에서 발전했으니 그들은 모두 지금까지 그렇게 해온 대로 서로를 지지해줌으로써 가르칠 수 있을 터였다. 이러한 격려에도 불구하고 스승이 죽었을 때, 제자들은 깊은 슬픔에 빠지고 혼란스러웠다. 자신들이 설법에서, 또 수행에서 잘못을 저지르지 않았다고 어떻게 확신할 수 있다는 말인가? 여태까지 그들은 잘못을 바로잡으려고 할 때면 부처에게 의지할 수 있었고, 부처는 그때마다 거짓 신념들에 집착하는 이들을 꾸짖고 심지어는 창피를 주면서까지 기꺼이 잘못을 바로잡아주었다. 그들은 이제 누구에게 눈길을 돌려야 하는가?

단일한 지도자가 있어서는 안 된다는 스승의 유지를 받들어 그들은 서로에게 의지하며 모든 제자들을 한자리에 불러들였다. 한자리에 모여 그들은 다함께 수행과 믿음의 규칙들을 기억하고 정할 것이며, 이후에 부처를 따르는 자란 어떤 사람이어야 할지에 대해서 뜻을 하나로 모을 것이었다. 이 제자들의 집단적 기억은 깨달음을 얻은 자의 귀중한 말들을 보존하고 금강반야 같은 귀중한 가르침들에 잘못된 내용이 들어가는 것을 막고, 올바른 설법들이 대대로 전해지게 하리라. 만일 의견 차이가 생긴다면 오류와 의심을 없애기 위하여 제자들만의 다른 대회를 또 소집하면 될 터였다.

만약 부처의 말을 올바르게 기억하는 일이 그렇게 중요했다면, 생전에는 왜 누구도 부처의 말을 받아쓸 생각을 하지 못했는가? 부처의 시대에 인도에는 모종의 문자가 존재했을지도 모른다(이른바 인더스 문자는 온전한 문자 체계가 아니었을 수도 있으며, 아직 미해독 상태이다). 무엇보다도 중요한 것은 아주 오래된 찬가와 이야기집인 『베다(Veda)』로서, 『베다』는 그것을 기억하는 것이 의무이자 특권인 특별히 지명된 브라만들에 의해서 입에서 입으로 전승되었다. 이 사제 계급은 방대한 분량의 찬가와 이야기를 보존하기 위해서 정교한 분업체계를 만들었다. 시편과 교리들은 더 작은 단위로 나뉘어 다양한 집단들에게 분배되었다. 교리를 통째로 기억할 수 있는 사람은 없었지만, 집단적으로 브라만 계급은 『베다』

기원전 제3000년기의 것으로, 논란의 대상인 인더스 문자.

를 정확하게 보존했고 대대로 전수되게 했다.

　이 체제가 워낙 잘 작동하고, 사회의 조직에 너무도 잘 엮여 있어서 종교 지도자들은 이 성스러운 찬가들을 받아쓸 필요가 없었고, 이 찬가들은 인도에 문자가 도입되기 전에 유래했다. 그러나 문자가 도입된 후에도 그들은 일단 성스러운 말들이 문자에 자리를 내어주면 모든 것이 바뀔 것이라고 두려워하며 찬가를 받아쓰기를 꺼렸다. 문자는 말들을 기억하는 오랜 방법들에 대한 하나의 대안에 그치지 않았다. 그것은 전적으로 새로운 것, 예측하기 어려운 심대한 변화들을 가져올 기술이었다.

　사제들이 제대로 예측할 수 있는 것이 하나 있었다. 만약 그들이 성스러운 말들을 받아쓰도록 허락한다면 그 말들은 그 새로운 기술을 좌지우지하는 자들의 수중에 놓이게 되리라는 것이었다. 그리고 그 수중이란 브라만과 사제들이 아니라, 미천한 상인들과 회계사들의 수중이었다. 그들이 찬가에 어떤 변질을 가져올지 누가 안다는 말인가? 소수의 특권층과 세심하게 비법을 전수받은 자들에 의한 구전 전승을 계속 고집하는 편이 낫다. 인도 최고(最古)의 서사시 『라마야나(Ramayana)』도 호메로스 서사시처럼 입으로 읊어지며 지어졌고, 나중에 가서야 글로 옮겨졌다.

부처의 추종자들은 많은 점들에 관하여 브라만들과 생각이 달랐지만 그럼에도 불구하고 구전 전승의 관행은 공유했다. 수 세기가 지난 뒤에야 그들은 문자에 의존하게 되었지만, 그래도 브라만 계급보다는 문자의 도입이 일렀다. 그들은 가르침에 대한 기득권을 가진 소수의 특권층이 아니었기 때문이다. 문자는 불교도들이 부처의 가르침을 멀리까지 전파하는 데에 도움이 될 터였다.

불교도 서기들은 마침내 글쓰기라는 기술을 앞세워 부처의 일생을 최대한 생생하게 포착한 텍스트들을 내놓았다. 흔히 그들은 부처가 제자들이나 반대자들과 대화하면서, 수행에 대한 규칙과 세상에 관해서 관찰한 바를 설명하는 순간을 묘사했다. 오늘날 우리가 알고 있는 부처에 관한 모든 설명은 그의 사후 수백 년이 지나서야 쓰인 텍스트들, 궁극적으로 성스러운 경전의 지위를 획득하게 되는 텍스트들에 바탕을 둔다(그리고 일단 불교 경전이 확립되자 시인들은 부처의 일생을 상상하여 그려냈는데, 여기서 내가 간략히 소개한 부처의 생애는 기원후 2세기 초에 살았던 시인 아슈바고샤의 설명을 토대로 한 것이다). 부처의 카리스마, 청중에게 끼친 그의 영향, 그의 모든 말과 행동 하나하나가 새로운 유형의 문학, 교사 문학의 산물이었다. 그것은 오래 전에 죽었지만 그 삶과 가르침이 마침내는 글쓰기 기술과 교차하게 된 한 카리스마적인 스승의 매력을 포착한 문학이었다.

공자
기원전 5세기, 중국 북부

기원전 500년 무렵, 예사롭지 않은 한 교사에 대한 소식이 중국 북부 평원의 태산이 우뚝 솟아 있는 지역에서 퍼져나가고 있었다. 숲의 나무들이 베어져 너른 들판들이 생겨났고, 이 들판들 위로 북풍이 몰아쳤다. 웅장한 태산의 봉우리 아래로 서로 경쟁하는 국가들과 씨족 지도자들은 끊임없는 내전에서 승리하기 위해서 희생제물을 바쳤다. 비록 그 나라(노나라/옮긴이)는 한 공작이 다스리게 되었지만, 실제로는 서로를 무너트리려고 아등바등하는 세 권문세가가 좌지우지했다.

공자는 이 권세가 중 한 곳을 위해서 일하다가 분란에 휘말리게 되었다. 그는 더 젊은 관리들에게 이 까다로운 형세를 어떻게 헤쳐나가야 하는지를 조언하다가 결국에는 자신이 종사하는 공직과 양심을 더 이상 조화시킬 수 없다고 느끼고는 관직에서 물러나 고향을 떠나 세상을 주유했다. 거기서 그의 가르침은 더 보편적인 성격을 띠고 더 많은 제자들을 끌어모으게 되어 마침내 서양 세계에는 라틴어 이름 Confucius로 알려지는 유명한 스승이 되었다.

공자의 제자들은 보통 그의 주변으로 몰려들어 그 발치에 앉아 꼼짝 않고 그의 말을 경청했다. 그의 말은 알아듣기가 어렵지 않았지만—그는 복잡한 구문을 좋아하지 않았다—그의 단순한 말들이 마음속에서 충분히 이해되기까지는 흔히 시간이 걸렸다. 한번은 유라는 한 제자가 그에게 단도직입적으로 앎이란 무엇이냐고 물었다. 공자는 침착하게 대답했다. "유야, 내가 너에게 앎이 무엇인지 가르쳐주랴? 네가 아는 것을 안다고 하고 모르는 것을 모른다고 시인하는 것이 곧 앎이다." 간단하게 들리지만 이런 개념은 생각과 숙고를 요구했다. 공자는 주제넘은 질문들에도 성을 내지 않았는데 제자들에게 깊은 애정을 품었기 때문이다. 여행을 할 때면 그는 제자들을 열심히 찾아갔다. 그는 예전 제자들 가운데 몇몇은 더욱 아꼈는데, 안회에 대한 애정은 각별했다. 공자는 안회가 가장 뛰어나다고 말한 적이 있었다. 하지만 안회는 죽었고 스승이 그를 얼마나 그리워했는지를 알고 나면 가슴이 뭉클해진다.

유명한 사람들이 공자와 이야기를 나누러 찾아왔을 때, 제자들은 보통 스승과 손님 간의 대화를 듣는 것이 허락되었다. 많은 제후들이 찾아왔고 한 지방의 군주와 음악의 명인도 찾아왔다. 공자는 더 평범한 사람들과도 대화를 나누었다. 한번은 한 국경 관리인이 그와 이야기를 나누고 싶어하여 스승은 선뜻 응했다. 그 다음은 어느 심부름꾼 소년에게 관심을 두어, 소년도 그의 일반 제자들만큼 진지하게 대했다.

제자들은 공자의 말에 귀를 기울이기만 한 것이 아니었다. 그의 행적 하나하나, 그가 살아가는 방식 모두가 그들의 마음을 사로잡았다. 그는 절제하여 먹었지만 특히 생강을 좋아했다고 제자들은 말한다. 그는 항상 자신의 대나무 돗자리가 아주 반듯하게 펼쳐지게 했다. 그는 만사에서 질서정연함을 좋아했다. 비록 그 자신은 관직에서 물러났지만 그는 안정성과 훌륭한 통치가 중심적이라고 생각했고, 이러한 가치들을 제자들에게 각인시켰다.

공자가 가장 관심을 두었던 것은 과거였다. 그들 주변의 세상이 격렬한 혼돈에 빠져 있었으니 이는 놀랄 일이 아니었다. 그는 언어 구사력과 표현력을 향상시켜주기 때문에 제자들에게 옛 시가집인 『시경(詩經)』을 읽도록 했다. 하지만 몇몇 제자들이 늘 『시경』을 인용하자, 공자는 『시경』을 인용하는 것만으로는 충분하지 않다고 경고했다. 그들의 삶 전체가 바뀌어야 했다. 그러나 정치권력이 중앙에 더 집중되어 있고, 국가가 더 질서 잡혀 있던 과거가 더 좋았다는 그의 요지는 변함이 없었다. 공자는 이렇게 말했다. "나는 앎을 타고난 사람이 아니다. 나는 옛것을 좋아하고, 옛것에서 앎을 진지하게 구하는 사람이다."

공자의 시각에서, 현재의 혼돈은 심지어 말의 의미조차 오염시켰다.

이름이 올바르지 않으면, 말이 이치에 맞게 들리지 않을 것이다. 말이 이치에 맞게 들리지 않으면 일이 제대로 이루어지지 않을 것이다. 일이 제대로 이루어지지 않으면 예악(禮樂)도 융성하지 못할 것이다. 예악이 융성하지 못하면 형벌이 알맞지 못할 것이다. 형벌이 알맞지 못하면 백성은 손과 발을 둘 곳을 모르게 될 것이다.

올바른 이름(정명)과 말을 찾는 것은 중요했다. 중국은 위대한 초기 문자 문화들 가운데 하나였으며 그 가운데 우리 시대까지 존속하는 몇 안 되는 문화이기 때문이다. 최소 기원전 1200년으로 거슬러가는 가장 초기의 중국 문자는 이른바 점복 뼈라고 하는 거북이 등껍질과 동물 뼈에 새긴 것으로, 점을 치는 데에 사용되었다(아슈르바니팔이 메소포타미아에서 배운 점복 관행과 매우 비슷하게 말이다). 비록 궁극적으로 입증되지는 않았지만 중국이 메소포타미아와 이집트와는 독자적으로 문자를 발명했을 가능성이 있다. 물론 언어를 포착하기 위한 부호를 고안한다는 발상 자체는 메소포타미아에서 빌려왔을 수는 있다. 중국의 문자

거북이 등껍질의 평평한 안쪽 면이나 소의 뼈 조각에 쓰인 가장 초기의 갑골문(甲骨文). 기원전 1600년에서 1050년의 것이다.

체계 자체는 확실히 유례가 없다. 단어들은 알파벳 문자 체계와 달리 각각의 소리들로 나뉘지 않는다. 그보다는 개념과 사물들이 각자의 기호를 부여받아서 기호들이 점차 복잡해지고 그 수도 크게 늘어났다. 오늘날 중국의 문자는 이 고대의 기원에서 직접적으로 유래하며, 오늘날까지도 알파벳 문자 체계의 확산에 저항하고 있다.

공자의 시대에 이르자, 문자는 종교적 점복부터 국가 관료제와 시가집 『시경』을 비롯한 문학 경전의 탄생에 이르기까지 삶의 여러 측면을 건드려왔다. 세계에서 가장 위대한 문필 문화들 가운데 하나에서 살던 공자라면 글쓰기에 의존하고도 남았을 것이다(부처보다도 훨씬 더 쉽게 말이다). 하지만 그는 그러지 않았다. 그는 자신의 가르침을 전혀 글로 적지 않고 죽었다.

그러나 그가 죽은 다음, 곧 제자들은 대화와 가르침의 장면, 문답들을 포착하며 그가 했던 말을 글로 적기 시작했고 그로부터 지금 우리가 유가사상(儒家思想)이라고 부르는 것이 등장했다. 『논어(論語)』로 알려지게 되는 한 담화집은 그의 발언들은 전혀 없이, 오직 그가 다양한 상황들에서 어떻게 처신했는지, 그가 어떤 의례들을 따랐는지, 그리고 그가 어떤 의전들을 준수했는지를 묘사할 뿐이다. 『논어』는 스승을 가장 기억되는 순간들 속에서 그려내고 있으며, 사람들이 삶을 어떻게 살아야 하는지를 보여주는 지침이 되었다.

부처의 경우처럼, 이러한 텍스트들은 대단한 영향력을 발휘하게 되었다. 그것들은 모방자도 무더기로 배출했다. 다음 세대들에 걸쳐 일부 제자들은 명성을 누리게 되었고, 저마다 추종자들로 하여금 새로운 사상을 글로 옮기게 영감을 불어넣었다. 다양한 교사들이 한 말들이 워낙 인기를 누려서 이 새로운 장르에 **스승 문학**(masters' literature)이라는 이름이 필요할 정도였다. 그러나 어떤 측면에서 이것은 잘못된 명칭인데 이 스승들은 결코 스스로 텍스트를 쓰지 않았기 때문이다. 그들의 제자들이 그렇게 했다. 이 텍스트들은 제자들이 돌아가신 스승을 기리기 위해서 쓴 **제자 문학**(students' literature)이라고 부를 수도 있을 것이다.

공자의 가르침은 아주 많은 부분이 과거를 중심으로 하고, 또 그가 오래된 시가와 의례를 공부할 것을 권했기 때문에 유가사상은 중국의 가장 중요한 근본 텍스트들과 결부되게 되었다. 독특하게도 이 텍스트들은 길가메시나 아킬레우스, 모세 같은 신과 영웅들에 대한 긴 서사가 아니라 언뜻 보기에는 단순해 보이는, 흔히 짧고 느슨하게만 연결되어 있을 뿐인 노래들을 모은 시가집이다. 세상은 혼돈에 빠져들었지만 문자로 적힌 덕분에 이 고대 텍스트들은 살아남았다. 이제 그 텍스트들은 그것들이 살아남지 못했다면 망실되었을 더 좋았던 과거에 독자를 조응시켜줄 수 있었다. 서정적 노래들만 집성된 것이 아니라 의례와 역사적 연대기, 여타 고대 텍스트 선집들이 있었고, 그것들 역시 아득한 과거의 생존자들이었기 때문에 공자의 작품으로 돌려졌다.

그러므로 자신의 가르침을 전혀 글로 남기지 않았음에도, 공자는 이제 유가 고전으로 알려진 중국 문학 경전 전체의 권위자가 되었다.

소크라테스
기원전 399년, 아테네

부처와 공자의 죽음은 제자들에게 깊은 정신적 상처를 남겼다. 소크라테스와 예수, 이 교사들의 죽음은 그들을 순교자로 탈바꿈시켰다.

소크라테스의 가장 강렬한 가르침의 순간은 그가 죽기 직전인 기원전 399년 감옥에서 그가 제자들에게 철학이란 죽음을 준비하는 것에 불과하다고 말했을 때에 찾아왔다. 돌이켜보면 그가 비명에 죽으리라는 것은 어쩌면 놀라운 일이 아니었을 것이다. 그는 통념을 거스르고, 아테네 시의 귀찮은 잔소리꾼으로 자처하고, 민주적인 투표와 제비뽑기를 통한 공직 임명부터 극장 축제에 이르기까지 도시의 가장 인기 있는 제도들을 의문시함으로써 명성을 얻었다. 그의 성가신 질문들은 헌신적인 소규모의 추종자 무리를 낳았지만 적도 많이 만들었다. 조만간 누군가 그를 법정으로 끌고 나올 수밖에 없었다. 그리고 법정으로 끌려 나왔을 때, 소크라테스는 자신이 하고 있는 일을 도저히 그만둘 수 없다고, 자기 내면의 목소리가 그로 하여금 그렇게 하게 만든다고 떳떳하게 밝힘으로써 적들의 장단에 맞춰주었다. 모두가 이것이 그의 최후의, 그의 가장 공개적인 도발이 될 것임을 이해했고 이는 피할 수 없는 결과로 이어졌다. 바로 사형 선고였다.

그러나 그의 제자들은 스승이 그렇게 죽게 내버려둘 생각이 없었다. 각자 재산을 내놓아 그들은 간수에게 뇌물을 주고 소크라테스를 안전하게 피신시킬 방도를 마련했다. 그가 은신하고 심지어 잘 살아갈 수 있는 그리스어 사용 식민지와 도시들이 많았다. 제자들이 계획을 밝혔을 때, 어쩌면 일말의 자긍심에서 소크라테스는 그들의 뜻을 순순히 따르지 않겠다고 하여 제자들을 깜짝 놀라게 했다. 도발자이자, 사회와 불화하는 자, 사회에 거슬리는 자인 그는 법을 준수할 작정이었다. 비록 재판이 사기극에 불과하다고 해도 그는 그 평결에 복종하리라.

그것은 단순한 고집이 아니었다. 소크라테스는 이유가 있었고―그는 모든 일에 이유가 있었다―자신의 전제들로부터 제자들이 예상하지 못했지만 결코 논박할 수 없는 결론으로 그들을 차근차근 이끌었다. 그는 이 과정을 철학적으로 생각하기(philosophizing)라고 불렀는데, 이것은 그가 지금 틀림없는 죽음에 직면하여 감옥 안에서 하고 있는 일이었다. 제자들은 도망을 거부하는 스승에게 여전히 아연실색하여 스승의 불가피한 죽음을 생각하지 않으려고 애썼지만, 소크라테스는 그저 말을 이어갈 뿐이었다. 얼마 지나지 않아 그는 죽음이 그에게 일어날 수 있는 최고의 일임을 제자들에게 납득시키려고 애쓰면서 임박한 죽음에 관해서 철학적으로 설명하려고 했다. 그에 따르면 철학은 육체의 족쇄로부터 자신을 자유롭게 하는 것이므로, 죽음은 궁극적 해방이 아니겠는가? 그리고 그가 제자들에게 세상은 그림자놀이에 불과하다고 가르쳐왔으니, 이 그림자로부터의 해방은 진리를 추구하는 철학자라면 모름지기 바라야 할 것이 아닌가? 논증이 꼬리에 꼬리를 물고 계속되었고 제자들은 죽음에 관해서, 그의 죽음에 관해서 생각하지 않을 수 없었다.

그러나 그들의 스승은 그 이상을 원했다. 그는 제자들이 그의 죽음이 사실은 그에게 일어날 수 있는 최선이라는 점을 인정하기를 원했다. 일부 제자들은 그와 논쟁하려고 했지만 그들은 그리 멀리 나가지 못했다. 생각을 온전히 논쟁에 쏟을 때조차도 제자들은 보통 소크라테스와의 논쟁에서 졌다. 스승은 감옥에 있고 그들의 마음은 비탄에 잠긴 마당에 제자들이 스승과의 논쟁에서 이길 가망은 없었다. 그는 다방면에서 논쟁을 이어갔다. 자네들은 죽기 직전에 가장 아름답게 노래를 부른다는 백조의 노래에 관해서 알고 있겠지? 백조가 노래를 부르는 까닭은 그것들이 죽음을 기대하고 있어서, 죽음을 축하하고 있어서라네. 제자들은 백조가 그다지 축하조로 울지 않는다는 생각을 했을 테지만—심지어 어쩌면 자신들이 바로 스승 자신의 백조의 노래를 듣고 있음을 깨달았을지도 모른다—소크라테스가 자신의 죽음에 대해서 제자들이 기뻐하기를 바란다는 것을 알고 있었으므로 애써 눈물을 감추려고 했고, 또 스승이 자신들을 자랑스러워하고 동료 철학자로 인정해주기를 바랐다.

제자들이 괴로워하고 있음을 감지한 소크라테스는 분위기를 바꿨다. 거의 친근한 농담조로 그는 말했다.

자네들은 영혼이 육체에서 빠져나갈 때 바람이 정말로 영혼을 멀리 날려버리고 흩어지게 할 거라고, 특히나 사람이 날이 잔잔할 때가 아니라 바람이 세차게 불 때 죽으면 영혼이 산산이 흩어져버릴 거라는 어린애 같은 두려움을 갖고 있군. 그러자 케베스[제자들 중 한 명]가 웃음을 터트리며 말했다. "소크라테스여, 우리가 그런 두려움을 품고 있다고 가정하고 한번 우리를 납득시켜보세요. 아니 그보다는 우리가 두려워한다고 생각하지 말고, 어쩌면 우리 안에 한 어린애가 있어서 그 애가 그런 두려움을 품고 있다고 생각해보죠. 이제, 죽음이 마치 도깨비라도 되는 양 두려워하지 말라고 그 애를 설득해봅시다." "아," 소크라테스가 대답했다. "자넨 매일같이 그 애한테 주문을 불러주어야 하네. 주문으로 그 애한테서 두려움을 몰아낼 때까지 말이야."

그런 다음 갑작스럽게 때가 오기도 전에 그는 간수를 불러서 독을 가져오라고 부탁했다. 간수가 독이 든 잔을 가져와서 소크라테스에게 건넸다. 그는 침착하게 잔을 받아들고 한입에 다 마셨다. 그는 더 이상 아무런 말도 할 수 없는 제자들에게 계속해서 말을 하며 독이 자신의 신체로 어떻게 퍼져나갈 것인지를 설명했다. 먼저 다리가 마비되자 그는 드러누워야 했다. 그 다음 독이 서서히 위쪽으로 퍼졌다. 그의 몸은 점점 더 마비되었지만 그는 말을 멈추지 않았다. 독이 끝내 그의 머리에까지 이르자 소크라테스는 마침내 조용해졌다. 한순간이 지나자 그는 꼼짝도 하지 않았다. 그들의 사랑하는 스승 소크라테스가 세상을 떠났다.

소크라테스가 남긴 유산은 무엇일까? 문제는 그 역시 무엇도 글로 남기려고 하지 않았다는 점이다. 그가 문맹이어서 그런 것은 아니었다. 조각가와 산파의 자식으로서 그는 가장 높은 시민 계급에 속하지 않았다. 다른 어느 곳에서든 글쓰기는 그보다 지위가 훨씬 높은 소수의 특권 전문가 계층의 전유물이었을 것이다. 하지만 지구상에서 가장 문해력이 발달한 곳 중의 한 곳인 기원전 5세기 후반의 아테네에서는 그렇지 않았다. 알파벳 덕분에 그리스 문자는 다른 많은 문자 체계보다 배우기가 훨씬 쉬웠다. 24개의 그리스 알파벳은 소리에 깔끔하게 대응했고, 이는 그리스 문어가 그리스 구어에 가까웠다는 뜻이다. 히브리어나 고(古)아카드어처럼 어떤 고대 문헌어를 배워야 할 필요가 없었다. 그리고 그리스의 정치 체제는 한 시민이 심지어 매우 미천한 신분, 어쩌면 노예나, 이민자, 여성일지라도 읽고 쓰는 법을 배울 수 있게 해주었다. 해외에서 수입해야 하는 파피루스 비용만이 문해력 발달에 걸림돌일 뿐이었다.

그리스에는 읽을거리가 많았다. 이미 수백 년 전에 트로이 전쟁은 『일리아스』와 『오디세이아』의 형태로 문자로 적혔다. 대부분의 사람들은 여전히, 특별히 훈련을 받은 음유시인이 대규모 청중에게 읊어주는 것을 청취함으로써 이 서사시들이 현재를 살아가는 것을 체험했다. 하지만 학교에서도 서사시들을 가르쳤고, 따라서 문자를 아는 사람들은 자랑스럽게 호메로스를 암송할 수 있었다. 더 근래에는 글이 폭발적으로 급증했는데, 무엇보다도 호메로스의 신화적 세계에서 이야기를 가져와 축제 기간 동안 대형 야외극장에서 상연할 수 있게 연극으로 각색한 극작가들 덕분이었고, 활발해진 파피루스 두루마리 거래 덕분이기도 했다.

소크라테스 자신은 호메로스를 공부했지만 그는 글을 자신의 교수법에는 사용하지 않았다. 그 대신 그는 체육관이나 시장에서 사람들을 대화로 끌어들임으로써 잠재적 학생들을 찾았다. 언제나 성공을 거두었던 것은 아니었는데, 그가 워낙 특이했기 때문이다. 이마가 넓고 넓적코인 그는 못생긴 데다가 용모도 단정하지 못했다. 그는 공중목욕탕에 가는 적이 별로 없었고 몸을 씻거나 머리를 감지 않았으며 보통 향수도 뿌리지 않았다. 때로는 샌들을 신는 것도 깜빡했다. 그러나 꾀죄죄한 외양에도 불구하고 그는 아테네 시의 귀족 젊은이들 사이에서 번번이 추종자를 얻었다. 소크라테스가 그들에게 제공한 것은 새롭게 생각하는 방식, 모든 것이 질문에 열려 있는, 심지어 호메로스에게도 의문을 제기하는 사고 방식이었다.

사실, 소크라테스는 호메로스와 호메로스의 이야기들을 각색한 극작가들에 관해서 많은 질문들을 제기했다. 호메로스는 전쟁이나 전차 경주에 대해서 대체 무엇을 알고 있었을까? 소크라테스 자신은 유명한 그리스 팔랑크스에서 보병으로 싸운 바 있었다. 호메로스는 과연 전쟁에서 싸워봤을까? 전차는 만들어봤을까? 아니면 밭을 갈아봤을까? 모두가 이런 주제들에 관하여 마치 호메로스가 만능의 전문가이기라도 한 듯이 그를 인용했지만, 소크라테스는 그렇게까지 믿음이 가지 않았다. 어떤 구절들은 앞뒤가 맞지 않았고, 또 어떤 구절은 완전히 잘못된 것 같았다.

글을 반박하는 소크라테스의 논증은 호메로스의 권위와 전문성에 관한 불평에 그치지 않고 더 깊이 들어갔다. 어느날 소크라테스는 벗 파이드로스와 함께, 언젠가 바람의 신 보레알리스가 젊은 아가씨를 납치한 적 있는 아테네 외곽의 큰단풍나무 아래에 앉아 있었다. 파이드로스는 아테네의 유명한 지식인 가운데 한 명인 리시아스의 연설문을 가져왔고, 소크라테스의 요청에 따라서 연설문을 소리 내어 읽었다. 한낮의 그늘 아래에서 이따금 소크라테스는 파이드로스의 낭독을 끊고 질문을 던졌다. 소크라테스는 온화하게 대화를 글이라는 주제로 이끌어갔다. 요즘 글이 아테네에서 엄청나게 유행하고 있다고 소크라테스는 평가한다. 가장 야심만만한 시민과 정치가들 사이에서 특히 그렇다. 그러니 그도 이 강력한 기술을 채택해야 할까?

소크라테스의 답변은 '아니오'였고, 그는 문자의 기원으로 되돌아감으로써 자신의 입장을 설명했다. 그리스인들에게 이것은 필연적으로 이집트, 그리스보다 더 오래된 문화이자 아름답고도 배우기가 불가능한 문자 체계를 가진 문화를 뜻했다. 사실 이 문자 체계의 영어 단어는, 그리스식 이름, 히에로글리프(hieroglyph)에서 왔다. 그 단어는 "성스러운 글자"라는 뜻이고 또한 수수께끼 같고 종교적이고 신비로운 글자, 해독하기 어렵지만 그 비법을 전수받은 자들에게는 비밀스러운 의미를 드러낼 수도 있는 문자를 말할 수도 있었다. 그러므로 소크라테스가 파이드로스에게 문자의 기원에 관한 이집트의 전설을 들려준 것도 놀라운 일은 아니다. 어느 신이 이집트 왕에게 문자를 가져다주면서 말들을 기적과도 같이 영원히 붙잡아줄 새로운 신기술의 이점들을 칭송한다. 문자는 기억을 향상시키고 지식과 지혜를 가져다주리라. 하지만 이집트 왕은 신의 제안을 거절하는데 그 정반대의 일이 일어나리라는 것을 깨달았기 때문이다. 사람들은 더 이상 무엇인가를 기억하려고 노력하지 않고 대신 신기술에 의존하여 생각하는 능력이 감퇴할 것이었다.

소크라테스답게 그는 거기서 멈추지 않았다. 그는 이 일화를 이용하여 문자의 효과는 이 이집트의 이야기에서보다 훨씬 더 나쁠 것이라고 주장했다. 문자는 담화의 말없는 그림자, 단어들은 포착하지만 그 소리와 숨결, 영혼은 포착하지 못하는 기술에 불과하다. 그것은 엄청난 단점들을 가진 기계적 장치, 하나의 기술에 불과하다. 우리는 글쪼가리에 후속 질문을 물어볼 수 없다. 단어들은 그것들이 말해진 맥락에서 벗어나게 되고, 맥락에서 벗어난 단어들은 분명 원래의 화자의 통제에서 벗어나 오해를 낳을 수밖에 없다. 단어들은 화자의 사후에도 남겠지만 그는 나중에 생겨날 수도 있는 잘못된 해석을 반박할 수 없을 것이다.

글을 거부한 모든 위대한 교사들 가운데에서 소크라테스가 글을 가장 노골적으로 거부한 사람이었다. 이 거부는 글이 어느 정도까지 문화적 세력이 되었는지를 보여준다. 소크라테스는 바로 그 자신이 당대에 가장 문해력이 발전한 사회에서 살았기 때문에 이를 인식하기에 가장 좋은 위치였다. 하나의 기술이 언어에 알맞게 맞춰지면서 글은 인간이 의사소통을 하고 심지어 생각하는 방식까지 확장하고 변모시켰다. 이 승승장구하는 글의 부상은 소크라테스 같은 카리스마적인 교사들이 앞장선 역풍을 불러일으키고 있었다.

감옥에서 죽어가던 소크라테스가 글의 폐단을 고발한 탓에 정작 제자들은 바로 눈앞에서 막 세상을 떠난 스승이 남긴 말을 글로 보존할 수 없었다. 단 한 명의 제자만이 계획을 가지고 있었다. 바로 플라톤이었다. 그는 소크라테스의 최후의 순간에 스승의 곁을 지키지 않았다. 소크라테스가 감옥에서 죽어간다는 생각을 도저히 견딜 수 없었던 것일까? 소크라테스가 불법적인 탈옥 계획을 따르지 않으리라는 것을 알았던 것일까? 그가 우리에게 말해주는 것은 당시 그가 아팠다는 것뿐이다.

플라톤은 어쨌거나 자기만의 계획을 발전시켰다. 글에 대한 스승의 논박에도 불구하고 플라톤은 글로 적은 말을 통해서 스승의 유산을 안전하게 확보하고 있었다. 그가 소크라테스의 말을 발언 그대로 받아쓴 것은 아니었다. 그랬다면 그것은 커다란 배신이 되었을 것이다. 그 대신 그는 모든 것을 대화체로 씀으로써 스승의 문답법을 기렸다. 소크라테스는 글이 답변을 하지 못한다고 비판했으므로, 플라톤은 글이 실제 대화의 오고감에 호응하게 하려고 최선을 다했다. 그리고 소크라테스가 글이 단어들을 원래의 맥락에서 탈각시킨다고 비판했으므로 플라톤은 마치 독자들이 이 대화들을 무대에서 재연할 수 있을 만큼 각각의 대화의 배경과 화자들의 변화하는 상호작용들을 보여주려고 신경을 썼다. 플라톤은 생각들로 이루어진 한 편의 드라마를 창조하고 있었다.

산 자들의 기억 속에서 소크라테스가 점차 희미해지면서 이 글로 쓰인 대화들은 그의 기벽과 이상한 태도, 카리스마까지 고스란히 그를 보존했다. 사실, 우리가 소크라테스에 관해서 아는 것들—좌중을 압도하는 그의 주량, 그의 추레한 외양, 그가 제자들의 마음속에 불러일으킨 애정—은 전부 플라톤의 대화편을 통해서 우리에게 온 것이다. 또다른 저자 크세노폰도 소크라테스의 대화편을 저술했지만 그의 작품은 의미가 덜하다. 우리가 아는 소크라테스는 플라톤의 소크라테스, 글로 쓰인 말로 전해진 소크라테스이다.

예수
기원후 몇십 년간, 이스라엘 갈릴리 호

소크라테스 이후 400년 뒤에 또다른 교사가 이번에는 중동에서 등장했다. 그가 『히브리 성서』를 아주 잘 알았던 것은 참 다행스러운 일이었다. 그가 광야에서 40일 동안 금식한 뒤에 마귀가 찾아와 그를 유혹했다. "이 돌들더러 빵이 되라고 해보라"고 마귀가 말했다. "네가 하느님의 아들이라면 여기서 뛰어내려보시오. 성서에 하느님이 천사들을 시켜 너를 시중 들게 하리라고 쓰여 있으니까 말이오."

예수는 배가 고팠고 심신 미약 상태였지만 이 시험의 순간에 그는 『성서』에 의지하여, 마귀가 귓가에 속삭이는 교활한 유혹으로부터 자신을 지켜줄 시구를 암송할 수 있었다. 그는 "사람은 빵으로만 사는 것이 아니오"라는 격언을 읽은 것을 기억했다. 그리고 "네 하느님을 시험하지 마라"는 말씀도 기억했다. 무엇을 시도하든 마귀는 『성서』에 대한 예수의 지식과 맞닥뜨렸다. 하느님이 서기 에스라의 도움을 받아 거룩한 텍스트를, 마귀를 적어도 당분간은 꼼짝 못하게 만드는 무기를 내놓은 것은 참으로 좋은 일이었다. 예수가 이 텍스트를 읽는 법을 배운 것도 참으로 좋은 일이었다.

금식과 유혹을 겪은 뒤에 예수는 새 사람이 되어 광야를 나왔고, 복음을 설파하기 시작했다. 처음에 그는 주변으로 몇몇 제자들만 끌어모았다. 그는 그들이 알고 소중히 아끼던 모든 것을 버리고 집과 가족을 떠나 자신을 따라나서도록 설득했다. 그렇게 처음에는 소수만이 그를 따라나섰지만 갈릴리 호 근방을 떠도는 한 교사에 대한 이야기가 퍼져나가면서 더 많은 이들이 그를 따라왔다. 시나고그와 안뜰에서 그는 질문을 던지고 답변을 하며 설교했으며, 그의 문답은 때로 간단명료했지만 흔히는 불가사의한 우화와 수수께끼였다.

이내 예수의 설교에 이끌린 군중이 시나고그와 안뜰로는 감당이 되지 않을 정도로 크게 불어나자, 예수는 그들을 갈릴리 호가 내려다보이는 어느 산으로 이끌고 갔다. 바로 거기서 그는 가장 유명한 설교(산상수훈/옮긴이), 사람들이 이해할 수 있는 말로 그들에게 직접 말하는 설교를, 빈곤과 무력함, 박해 그러나 또한 새로운 삶의 방식에 관해서도 말하는 설교를 했다. 그는 그들이 아는 세상은 끝나가고 있으며, 그들이 아는 삶도 마찬가지로 끝날 것이라고 말했다. 또 저마다 그때를 대비하며, 변화하고 자신을 따르라고도 말했다. 그는 모두에게, 심지어 가장 비천한 사람에게도 말을 걸었다.

예수가 좋아하지 않은 집단이 있었으니 바로 『성서』의 수호자들이었다. 그는 그들을 정면 공격했다. 이 서기들은 그들의 문화의 그 근본 텍스트, 에스라가 바빌론 유수에서 귀환하면서 경전으로 세웠던 텍스트를 해석하는 임무를 떠맡아왔다. 그러나 예수는 이 서기들의 권위를 수용하지 않았다. 앞서 공자와 소크라테스처럼(그리고 어쩌면 부처도), 근본 텍스트들에 맞선 다른 반란자들처럼 예수는 자신의 말을 글로 적을 수도 있었을 것이다. 하지만 이 교사들처럼 그도 글로 쓰지 않기로 했다. 그는 광야에서 마귀와 싸울 때에 과시한 것처럼 신성한 텍스트에 정초한 서기 문화 안에서 자랐다. 하지만 그는 자신의 글을 쓰는 것은 거부했다.

딱 한 번 예수는 실제로 글을 썼다. 그가 성전 앞마당에 앉아서 주변의 사람들을 가르치고 있는데, 한 무리의 사제와 서기들이 간통을 저지른 한 여인을 끌고 왔다. 『히브리 성서』에 적힌 율법에 따르면 그녀를 돌로 쳐죽여야 한다. 서기들은 예수가 그러한 처벌에 공개적으로 반대하고 나올 것이며 따라서 율법에 반대하는 그를 공격할 수 있으리라고 기대했다. 하지만 예수는 미끼를 물지 않았다. 그는 『성서』에 규정된 율법을 알고 있었지만 그것이 그릇되었다고 말하지 않았다. 대신 그는 그 가운데 죄 없는 자가 먼저 그녀를 돌로 치라고 말하여 그들을 부끄럽게 했다. 그리고 사람들이 하나둘 자리를 뜨고 마침내 그 여인과 단둘이 남아 그녀에게 말을 걸 수 있을 때까지 기다렸다. 하지만 그렇게 기다리는 동안 그는 손가락으로 땅바닥에 무엇인가를 썼다. 복음서는 그가 뭐라고 썼는지를 기록하지 않는다. 하지만 사제들이 경전을 들이대며 그에게 따지던 바로 그 순간에 그가 무엇인가를 썼다는 사실을 아는 것만으로 충분할 것이다. 그는 파피루스가 아니라, 바람이 불면 흩어질 모래 위에 썼다. 예수의 글은, 만약 그것이 글이었다고 해도, 영구적으로 남기기 위한 것이 아니었다.

그는 경전과 관련하여 다른 계획이 있었다. 새로운 경전을 내놓는 것은 전대미문의 불경이 되었을 것이다. 그는 "내가 율법이나 예언서의 말씀을 없애러 온 줄로 생각하지 마라. 없애러 온 것이 아니라 오히려 완성하러 왔다"고 선언하며 기존의 경전을 기꺼이 인정했다. 경전을 완성하러 왔다니 이 말은 무슨 뜻일까? 이는 예수 자신을 그 경전들 안에 위치시킨다는 뜻이었다. 이런 생각을 처음으로 표명한 사람은 세례자 요한이었다. "그가 바로 예언자 이사야가 말한 사람이니, 그가 말하되 '광야에서 외치는 이의 소리가 들린다.' '너희는 주의 길을 닦고 그의 길을 고르게 하여라.'" 예수는 자신을 경전에서 예언된 자로 내세웠다. 그는 눈앞의 군중에게 자신이 새로운 경전을 썼다고 말하지 않았다. 대신 그는 이렇게 말했다. "쓰인 말씀이 나에게서 다 이루어져야 한다." 그가 **바로** 경전, 그 살아 있는 현현이었다. "말씀이 육신이 되었다."

예루살렘의 관계당국은 그들의 텍스트가 육신이 된다는 생각을 싫어했다. 문학이 권력과 권위의 문제가 된 것은 오래였다. 로마의 황제와 총독들도 그런 생각을 싫어했다. 그들은 경전에는 신경을 쓰지 않았지만, 예수가 하는 말에서 반란의 기운을 감지했다. 그 결과는 또 하나의 재판 사기극과 사형선고였다. 소크라테스는 제자들에게 둘러싸인 채 고통 없이 죽음을 맞이하는 것이 허락되었으니 운이 좋은 편이었다. 예수는 공개적으로 조롱을 당했고, 머리에는 가시관이 씌워졌으며, 무거운 나무 십자가를 지고 예루살렘 시내를 거쳐 처형인의 언덕까지 걸어가야 했다. 그는 십자가에 못 박혔고, 그 무거운 인간 짐을 매단 십자가가 세워지자, 숨이 막혀 죽을 때까지 거기에 매달려 있어야 했다. 육신은 죽었다.

그로부터 어떤 유산이 남을 것인가? 다른 교사들의 제자들이 직면했던 것과 동일한 딜레마를 이제 예수의 제자들도 직면했다. 처음에는 절박한 그들에게 예수가 도우러 왔다. 그의 시신은 사라졌다가 나중에 다시 추종자들 앞에 나타나서 그의 가르침을 말로써 전하라고 한 것이다. 이 복음 전파 노력을 돕기 위해서 그는 두 번째 기적을, 바로 성령강림이라는 말씀의 기적을 보내주었다. 불꽃 모양의 혀들이 나타났고, 그들의 제자들은 인간의 모든 언어를 이해할 수 있게 되었으니, 복음 전파에 완벽한 조건이었던 셈이다.

이러한 기적들은 그의 유산이 제기한 딜레마를 뒤로 미룰 뿐이었고 궁극적으로 그 해법은 역시 글이었다. 예수 사후 1세기가 지나지 않아 제자들의 구전에 바탕을 둔 예수의 행적에 대한 기록들이 나타났다. 나중에 복음서(Gospel)라고 불리게 된 이 기록들은 예수의 언행을 마치 목격자들이 보고하는 것 같은 형태로 보존했다. 복음서는 강력했는데 단지 예수의 말이 강력했기 때문만은 아니었다. 스승의 수난과 죽음에 초점을 맞춤으로써 복음서의 저자들은 독특한 유형의 영웅, 반란자이면서 동시에 희생자인 영웅을 탄생시켰다. 원래 영웅이 재현되어야 하는 방식은 그렇지 않지만, 그 저자들은 예수의 특이한 호소력 가운데 일부는 그가 평범한 인간으로 왔다는 사실이라는 점을 깨달았다. 그들은 스승의 수난을 상세히 그렸는데 그렇게 함으로써 그들과 또 독자들이 스승의 고난에 동일시할 수 있었기 때문이다.

복음서는 유포되고 있던 예수에 관한 유일한 텍스트가 아니었다. 가장 열성적인 저자들 가운데 일부는 그들의 스승 사후에 생존했던 제자들 무리와 멀리 떨어져 살고 있었고, 심지어 목격자의 증언을 적고 있다는 행세도 하지 않았다.

유대인이자 로마 제국의 시민인 바울은 예수의 추종자들을 박해하는 일에 관여하고 있었지만, 다마스쿠스로 가는 길에 부활한 예수가 자신 앞에 나타나는 개종의 체험을 겪었다. 이 개종 이후 그는 설교자로 일하기 시작하여 소아시아의 기독교 공동체들을 방문하러 널리 여행했다. 그는 예수의 언행을 해석하고 그 내용들을 기독교라고 하는 신앙 체계로 만들었다(플라톤이 소크라테스를 가지고 플라톤주의라는 체계를, 그리고 나중에 레닌이 마르크스를 가지고 마르크스주의라는 체계를 만들게 되는 것처럼 말이다).

이런 노력에서 바울은 글의 힘을 잘 인식하고 있었다. 그는 또한 대중 연설에도 탁월했는데, 가장 유명한 연설은 헬레니즘 양식의 에페소스 대극장에서 한 것으로, 그 지역의 신성들에 대한 그의 공격은 폭동을 촉발했다. 그러나 그의 가장 영향력 있는 활동 양식은 공개서한을 작성하는 것으로서, 이는 그의 편력(遍歷)하는 삶에 잘 맞았다. 로마인과 고린도인, 갈라디아인과 에베소인, 빌립보인, 골로새인, 데살로니가인 기독교 공동체들 앞으로 쓴 이 편지들은 뿔뿔이 흩어져 있던 예수의 추종자들을 조직된 집단 네트워크로 탈바꿈하는 데에 기여했다.

예수 사후 몇 세기에 걸쳐 기독교 서기들은 여러 복음서들 가운데 가장 정확해 보이는 네 편을 선정했다. 그들은 여기에 현재 사도의 편지(Epistle)로 알려진 바울과 여타 사도들의 편지들과 역시 바울과 여타 사도들의 행적을 기록한 「사도행전」, 마지막으로 세상의 종말을 다룬 묵시록적 이야기를 추가했다. 다시 한번, 자신은 (모래에 쓴 것만 제외하면) 단 한 줄도 쓰지 않았던 카리스마적인 교사는 새로운 유형의 문학 선집의 주인공이자 그것을 하나로 묶어주는 지주가 되었다. 자신을 『히브리 성서』의 살아 있는 완성으로 제시함으로써 예수는 마침내 그 자신의 경전을 획득했던 것이다.

번역과 포맷 전쟁

제자들은 부처와 공자, 소크라테스, 예수 이 네 교사들의 말을 독자에게 개별적으로 말하는 텍스트로 전환시킴으로써 그들에게 직접 말을 걸고 싫어했던 그 교사들의 소망을 문학의 경로로 돌렸다. 이러한 가르침들이 일단 글이 되자, 글은 양피지, 책, 종이, 인쇄 같은 기술적 혁신으로 널리 유포되었다. 이러한 기술적 혁신의 효과를 가늠하기 위해서 나는 다시 여행을, 이번에는 오늘날 터키에 위치한 페르가몬으로 떠났다.

페르가몬 도서관은 고대 세계 최대의 문학 기관 가운데 하나였고, 알렉산드리아 도서관처럼 알렉산드로스의 후계자들 가운데 한 명이 설립했다. 고전기의 어느 출전에 따르면, 페르가몬 도서관은 텍스트를 체계적으로 수집한 최초의 그리스인 아리스토텔레스가 모은 두루마리 수집품에서 유래한다고 한다.

거듭된 정복의 물결 속에 전소(全燒)되어서 자취가 남아 있지 않은 알렉산드리아 도서관과 달리 페르가몬 도서관은 부분적으로 오늘날에도 여전히 볼 수 있다. 내가 페르가몬을 방문했을 때, 이 도시의 유적은 멀리서도 보였다. 나는 구불구불한 길을 따라가다가 한 극장을 지나서 성읍의 요새화된 일부 구역으로 들어섰다. 페르가몬은 바다와 배후지가 훤히 내려다보이는 위치에 자리를 잡은 덕분에 전략적 요충지가 되었다. 도서관의 기단부와 일부 벽들은 성채 중심부를 차지하고 있었다. 여기서 사서들은 방대한 양의 두루마리를 축적했을 뿐만 아니라 뛰어난 학자들도 끌어당겨서 유력한 학파들을 탄생시켰다. 페르가몬과 알렉산드리아 도서관 같은 도서관들은 호메로스와 더불어 플라톤의 저작들을 소장했고, 알렉산드로스의 영토에 걸친 그리스 문화 수출의 일환이었다.

비록 페르가몬은 그리스 조각상과 극장, 유명한 도서관 유적을 갖춘 전형적인 헬레니즘 도시처럼 보이지만, 그리스어 기반 문필 문화가 예수의 신봉자들과 교차한 여러 곳들 가운데 하나이기도 하다. 『히브리 성서』에 정통하기는 했어도 예수는 당시 중동의 공용어였던 아람어로 말했다.

하지만 그의 말을 글로 옮길 때, 제자들은 그 지역에서 가장 위신이 있는 언어, 바로 알렉산드로스가 그 지역에 가져온 공통 그리스어로 적었다.

그리스어를 선택한 이유는 단지 편리해서만이 아니었다. 초기 기독교도들(그리고 자신들의 전통적인 경전들을 고수하던 유대인들)은 언어와 더불어 그리스 문자와 플라톤의 대화편을 비롯해서 그리스식 사고를 흡수했다. 이 그리스 문학의 영향은 기독교의 하느님을 특징 짓기 위해서 그리스 단어 로고스(logos), 바로 "이성"—소크라테스에게 아주 소중했던 단어—를 사용한 「요한복음」에서 절정에 달했다. 유대교에서 자라나온 초기 기독교는 그리스의 가장 중요한 교사인 소크라테스의 가르침들을 흡수했다.

이제 예수의 가르침들이 글로 옮겨지자, 새로운 문제가 떠올랐다. 이 텍스트들은 히브리 경전들과 어떻게 연관될 것인가? 예수는 자신을 히브리 경전들의 완성으로 내세웠었다. 처음에 예수의 추종자들은 그들의 스승을 중심으로 등장한 텍스트들이 『히브리 성서』와는 다른 독자적인 것이라고 생각했다. 예수에 대한 이 글들은 훨씬 더 근래에, 아직 그 체험에 대한 기억이 생생할 때에 생겨났고, 바울에 의해서 교조적 형태의 유대교에 대한 거부로서 매우 공격적으로 내세워졌기 때문에, 이 새로운 텍스트들은 자체의 동학(dynamic)을 발전시켰다. 궁극적으로 이것들은 『히브리 성서』를 더 옛날 텍스트라는 지위로, 진짜로 중요한 것, 다시 말해서 예수의 텍스트에 의해서 그 완성에 앞서 나오는 서문의 지위로 밀어냈다.

그리하여 『히브리 성서』는 「신약성서」로 이어지며, 또 그에 의해서 완결되는 「구약성서」로 일컬어지게 되었다. 이런 식으로 예수를 중심으로 하는 교사 문학은 성스러운 경전이라는 지위와 함께 따라오는 찬란한 영광과 더불어 성전이 되었다. 이 텍스트들을 관리하는 것은 종교적인 의

무, 종교적 사역의 형태로 아름다운 판본들을 만들어내는 수도사들의 지도 원리가 되었다.

다른 성스러운 텍스트들과 마찬가지로 「신약성서」는, 신실한 추종자들이 변화무쌍한 세상 속에서 인생에 대한 불변의 지침을 이 텍스트에서 구하면서, 자체의 텍스트 근본주의 전통을 발전시킬 것이었다.

『히브리 성서』를 예수 문학의 새로운 경전으로 동화시키는 일은 이것이 이미 그리스어로 번역되어 있었다는 사실로 인해서 쉬워졌다. 이 번역은 다른 이집트 지역으로 그리스 문화를 전파하는 중심지인 알렉산드리아에서 이루어졌다. 반복되는 유배와 이산과 동란의 결과로 그곳에는 상당 규모의 유대인 공동체가 형성되어 있었고, 이들은 에스라가 수립한 『히브리 성서』를 통해서 하나로 뭉쳐 있었다. 공동체 성원 대다수는 알렉산드로스의 공통 그리스어를 채택하면서 경전의 언어인 히브리어는 물론이고 근동의 공용어인 아람어를 잊었다. 이로써 사람들이 경전에 접근하는 길이 막힐 위협이 제기되었다. 여기에는 한 가지 해법밖에 없었다. 『히브리 성서』를 그리스어로 번역하는 것이었다.

알렉산드리아의 유명한 도서관에서 이루어진 번역 작업은 『성서』가 성스러운 경전이자 히브리어와 밀접하게 얽혀 있었기 때문에 까다로운 과정이었다. 야훼가 이교도의 언어인 그리스어로 세계를 창조해도 될까? 그가 호메로스의 육보격을 포착하기 위해서 고안된 문자를 이용하여 십계명을 새겨도 될까? 어쩌면 이러한 충격을 완화하기 위해서 알렉산드리아의 사서들이 그곳의 유대인 72명을 불러 모아 『히브리 성서』를 번역시켰더니 72인 각각이 동일한 번역문을 들고 나왔다는 전설이 등장했다. 그 결과 탄생한 그리스어 『성서』는 번역자들의 숫자를 따서 72인역본(the Septuagint)으로 불렸다. 처음에는 그리스어를 구사하는 유대인만이 72인역본을 사용했지만, 곧 다른 사람들도 그 『성서』를 채택하게 되었다.

그리스어로 번역된 『성서』는 이제 그리스어 사용 기독교도들에게 복음 사가들이 전해준 예수에 대한 기록의 전편 역할을 할 수 있었다. 모두가 이 『히브리 성서』 번역본의 새로운 쓰임을 마음에 들어하지는 않았는데, 특히 다양한 유대인 공동체들이 그러했다. 그들에게 그들의 『성서』란 히브리어로 쓰였든 그리스어로 쓰였든, 그저 오래된 것이 아니라 시간을 초월하여 변함없고, 추가나 완결이 필요하지 않은 것이었다.

이후 기독교도와 유대인 사이에 『히브리 성서』를 둘러싸고 벌어진 대결은 상이한 글쓰기 포맷을 둘러싼 대결이었다. 유대인들은 예루살렘에서 에스라가 높이 들어올려 사람들이 경배할 수 있게 한 것과 같은 전통적인 파피루스 두루마리를 고집했다. 반대로 기독교도들은 두 가지 보완적인 발명품을 활용했다. 하나는 페르가몬과 알렉산드리아 도서관 사이의 경쟁구도에서 탄생한 것이었다. 비록 페르가몬이 더 세력을 얻어가고 있었지만, 알렉산드리아는 여전히 한 가지 커다란 이점이 있었다. 바로 대부분의 두루마리를 만드는 데에 쓰이며, 헬레니즘 세계의 문자 문화를 뒷받침하는 특정 식물을 쉽게 구할 수 있다는 점이었다. 두루마리는 나일 강 삼각주에서 자생하는 파피루스 잎사귀를 압착하여 만들었다. 그리고 나일 강 삼각주는 알렉산드리아의 코앞이었지만 페르가몬에서는 수백 킬로미터나 떨어져 있었다. 파피루스 수입은 돈이 많이 들고 안정적이지 못했다. 페르가몬의 사서들이 이집트로부터 독립하고자 한다면 다른 재료를 들고 나와야 했다.

파피루스 대용으로 양가죽을 이용하는 기법이 존재했다. 가축 사육은 비용이 많이 들고 양가죽을 처리하는 과정은 품이 아주 많이 들었지만, 페르가몬의 사서들은 그 공정을 완벽하게 갈고닦아 중요한 기술적 발명, 오늘날에도 여전히 그들의 이름을 따서 부르는 발명인 페르가멘툼(pergamentum), 바로 양피지를 내놓았다. 양피지를 만들기 위해서는 우선 양가죽을 물에 담가 오물을 제거한 다음 나무틀에 널어 건조시킨다. 그 결과 얇게 펴지고 질겨진 가죽은 표면을 부드럽게 하고 잉크를 더 잘 흡수할 수 있도록 가루를 뿌려 처리한다. 페르가몬 사서들은 이 필기 표면을 완벽하게 다듬는 데에 커다란 성공을 거둬서 아예 수출하기 시작했는데, 특히 그들의 동맹이자 지배자이기도 한 로마에 많이 수출했다.

기독교도들은 양피지를 사용했고, 그들은 이 새로운 필기 표면에 유리한 로마의 발명품을 결합했다. 필기 면들을 한 장씩 차곡차곡 쌓아서 한 쪽 면을 묶은 다음 두 장의 덮개 사이에 끼우는 새로운 방식이었다. 로마인들은 이것을 코덱스(codex)라고 불렀고, 우리는 책이라고 부른다. 여기에는 여러 가지 이점들이 있었다. 공간을 덜 차지하고, 덮개는 안쪽에 끼운 것들을 보호해주었다. 또 쉽게 펼쳐서 볼 수 있었고, 특정 대목을 찾기도 더 쉬웠다. 코덱스는 양피지로 만들 때에 효과가 더 좋았는데 양피지가 파피루스보다 더 튼튼했기 때문이다(원래 코덱스에는 밀랍을 칠한 나무판이 사용되었다). 결국 새로운 포맷, 양피지 코덱스가 탄생했다.

원래 양피지 코덱스는 파피루스 두루마리만큼 위신이 있는 물건이 아니었고, 주로 그 순간에 간단한 내용을 적기 위해서 사용되었다. 이런 측면에서 양피지 코덱스는 『히브리 성서』에 결부된 경전에 대한 경배와 영구성을 피하고 싶어한 예수의 추종자들에게 안성맞춤이었다. 그들은 스승의 가르침들에서 즉석에서 말하는 듯한 구어적인 느낌을 보존하고 싶었다. 이내 유대인과 기독교도들 사이에서 포맷 전쟁이 치열하게 전개되었다. 『히브리 성서』에 충성스러운 유대교도들은 오늘날까지도 유대교 예배 의식에서 사용되는 파피루스 두루마리를 고수한 반면, 기독교도들은 양피지 코덱스를 채택했다. 바울은 이 새로운 형태의 초기 채택자였다.

장기적으로는 코덱스가 지배적인 포맷이 되었다. 작고, 다루기 쉽고, 운반하기에 편한 코덱스는 독자들이 페이지를 넘겨가며 훑어보기에도 좋았다. 두 포맷은 하나의 근본 텍스트에 기반을 둔 더 오랜 유형의 경전과, 한 카리스마적인 교사의 근래의 가르침들에 토대를 둔 더 새로운 유형의 경전 사이의 전쟁에 끌려들었다.

중국의 두 발명품 : 종이와 인쇄

기독교도들이 양파지 코덱스를 채택하는 사이에 동양의 두 교사인 부처와 공자의 추종자들은 글쓰기 기술에서 더 흥미진진한 발전을 향유했다. 이 혁신들의 주요 증거물들을 살펴보기 위해서 나는 다시 한번 영국도서관으로 발길을 향했다. 영국도서관은 글로 옮겨진 부처의 설법 가운데 하나로, 인도에서 중국으로 건너가 중국어로 번역된 『금강경(金剛經)』을 소장하고 있다. 이 『금강경』은 『히브리 성서』처럼 두루마리 형태이며, 금방이라도 바스라질 것처럼 보인다. 한쪽은 손때가 타고 곰팡이가 슬어 많이 변색된, 밝은 회색 표면 위에 빛바랜 가지런한 검은 글자들이 뒤덮고 있다. 다른 한쪽 면은 부처가 제자들과 이야기하고 있는 모습을 보여주는 흑백 그림이 자리하고 있다.

영국도서관으로 오기까지 이 두루마리의 여정은 19세기 후반, 왕위안루라는 한 떠돌이 설교자가 옛 불교 경전과 벽화들을 담고 있는 동굴들을 우연히 발견하면서 시작되었다. 본인은 불교도가 아니었지만 왕위안루는 까마득한 과거에서 유래한 이 유물들에 마음을 빼앗겼고, 여생을 이것들을 건져내는 데에 바치기로 결심했다.

이런 동굴들 가운데 하나에서 작업하던 중 왕위안루는 동굴 벽에서 갈라진 틈새를 발견했고, 이 틈새로부터 청동 조각상과 회화, 그리고 5만 점 이상의 문서들이 가득한 숨은 저장소가 드러났다. 유물들은 건조한 사막 기후와 14세기의 어느 시점에 동굴이 봉인되면서, 침입자와 햇빛, 습기로부터 차단되어 완벽한 환경이 조성된 덕분에 기적적으로 보존되었다. 이곳에서 나온 문서들은 세계에서 가장 놀라운 문헌적 보물 가운데 하나이다. 동굴에는 무려 500권이 넘는 『금강경』이 있었는데, 그중 다수는 닳고 해져서 거의 읽을 수 없을 정도였다. 대단히 손때가 탄 이 경전들은 성스러운 경전으로 여겨졌고, 따라서 내버리거나 파기할 수 없었기 때문에 대신 동굴에 모셔진 것이었다.

『금강경』은 글의 지위에 관해서도 명시적이었다. 비록 부처는 글을 좋아하지 않았지만 후대의 제자들은 부처가 그답지 않게 글의 중요성을 강조하는 발언을 하게 만들었다. 갠지스 강에 보석을 내던짐으로써 사람의 영혼이 얼마나 윤택해질 수 있겠냐는 질문을 받았을 때, 부처는 자신의 경문을 가르치는 것이 더 좋을 것이라고 대답했다. 『금강경』은 심지어 그 경배자들에게 그것을 베끼고 옮겨 적으라고 말한다. 글에 대한 이러한 강조는 "이 경문이 있는 곳마다 부처와 부처를 따르는 제자들도 그곳에 있는 셈"이라는 선언에서 절정에 달한다. 부처와 글로 쓰인 텍스트는 하나가 되었다. 자기 복제를 추구하는 유기적 생명체처럼 『금강경』은 다양한 판본들을 낳으면서, 에스라가 창조했던 것과 유사한 무엇인가, 바로 성스러운 경전이 되어가고 있었다.

동굴에는 산스크리트어로 쓰여서 인도의 불교 중심지에서 중국으로 건너온 불교 경문들도 있었지만, 대부분의 두루마리와 접책(摺冊)은 중국어로 쓰여 있었다. 이것은 놀랄 일이 아닌데, 동굴들이 대체로, 중국을 북인

도와 페르시아와 잇는 비단길의 기착지인 타클라마칸 사막과 고비 사막 사이, 중국 둔황 지방에 있었기 때문이다. 불교는 그 경문이 어느 특정한 문화를 대상으로 하지 않은 덕분에, 또 『길가메시 서사시』나 호메로스 서사시, 『히브리 성서』 같은 더 오래된 텍스트들처럼 특정한 영토에 매여 있지 않았으므로 중국에도 영향력을 행사할 수 있었다. 이러한 불교 경문들의 보편적 매력과 많은 불교도들의 열성적 전도 덕분에, 이 텍스트들은 인도 바깥 멀리에서까지 지위 고하를 막론하고 모든 계층에서 신도들을 찾을 수 있었다.

중국에서 불교 경문은 두 가지 결정적인 혁신과 조우했다. 둔황 천불동에서 발견된 산스크리트어 경문은 종려나무 잎에 쓰인 반면 대부분의 중국어 경문들은 새로운 필기 표면에 쓰여 있었다. 문학 세계를 변신시킬 그것은 바로 종이였다.

종이는 식물 섬유, 흔히 풍부한 뽕나무로 만들었는데, 나무를 수차례 두들겨서 잘게 찢은 다음 물에 담가 섬유질을 분리해낸 뒤에 풀이나 여타 접착제를 쓰지 않고 다시금 섬유질을 밀착시켜 만들었다. 나는 타이완의 제지 작업장에서 직접 이 공정을 관찰했다. 식물 섬유를 잘게 찢은 것인 펄프는 물기를 빼고, 평평하게 펴서 건조시킨 다음 압착되었다. 그러면 매끄럽고 가볍고 접거나 말 수 있는 필기 표면이 탄생했다. 종이의 발명자로 알려진 한 왕조(기원전 206년-기원후 220년) 시대에 활동한 채윤은 오늘날에도 크게 숭앙을 받는다.

종이는 커다란 변화를 가져왔다. 이전에 중국에서 텍스트는 뼈나 대나무 줄기, 비단에 쓰였는데, 모두 다루기 번거롭거나 비싼 재료였다. 반대로 종이는 저렴하면서 내구성이 뛰어나서 글로 쓰인 내용이 효과적으로 저장, 보존될 수 있었다. 표면이 매끄럽고 두께가 얇아서 작은 공간 안에 훨씬 더 많은 정보를 집적할 수 있었다. 따라서 광범위한 기록 보관이 가능해지면서 정교한 관료제의 주춧돌을 놓았다. 종이는 또 운반이 용이했다. 실제로 둔황 석굴의 일부 중국어 문헌들은 수천 킬로미터 떨어진 곳에서 온 것이었다.

한 『금강경』 사본은 달랐다. 그것 역시 두루마리 형태의 종이 판본으로, 짤막한 설명이 달려 있었다. "선통 9년 음력 4월 13일[868년 5월 11일]에 왕걸이 부모님을 위하여 아낌없이 널리 배포하고자 공경하는 마음으로 만들다." 부유한 불교도들이 자신이나 사랑하는 이들을 대신하여 경문 복사를 후원하는 일은 흔했다. 아무래도 이 경문 복사는 왕걸이 부모님을 대신하여 한 일이었던 듯하다.

물론 왕걸이 손수 경문들을 베끼지는 않았다. 부유한 불교도들은 보통은 서기를 고용하여 경문을 베끼도록 시켰다. 하지만 이 『금강경』 사본은 인간의 손으로 쓰이지 않았다. 그것은 인쇄되었다. 현존하는 가장 이른 인쇄본인 것이다.

인쇄술은 단단한 나뭇조각, 즉 목판에 의존했다. 우선 서기가 텍스트를 정서하면, 그 텍스트를 목판 위에 부조로 새기고, 먹물을 묻힌 다음 종이에 눌러 찍는 방식이었다. 인쇄는 처음에 행정 기록에 사용되었지만 공덕을 쌓고 싶어하던 불교도들은 재빨리 이 신기술을 새로운 용도에 응용했다. 한장 한장 목판을 새기는 데에 들어가는 노동을 고려할 때, 인쇄술은 특별한 텍스트에 이용할 때에만 말이 되었다. 그러나 일단 목판 조각이 완성되면 인쇄자는 단 하루 만에 수천 부를 찍어낼 수 있었고, 이는 가능한 신속하게 스승의 말을 전파하고 그 과정에서 공덕을 쌓고 싶어하던 부처의 추종자들에게는 안성맞춤이었다. 그러므로 불교는 중국과 곧 한국에서도 인쇄술의 초기 채택자가 되었고, 한국에서 인쇄는

종이에 목판 인쇄한 이 『금강경』 사본은 현존하는 세계에서 가장 오래된 인쇄본으로 기원후 868년의 것이다. 역시 인쇄된 판화는 제자들에게 둘러싸인 부처를 보여준다.

천불동의 비밀 저장실에서 사본을 살펴보고 있는, 오렐 스타인의 프랑스인 경쟁자 폴 펠리오. (Photo credit : RMN-Grand Palais/Art Resource, NY)

궁극적으로 사기나 금속으로 만들어진 가동(可動) 활자로 이루어지게 되었다.

세계를 변화시킨 네 가지 발명은 흔히 중국의 것으로 돌려졌다. 나침반, 화약, 종이, 인쇄술. 이 네 가지 발명 가운데 둘은 글쓰기 기술이었다. 종이와 인쇄술이 중국 시 문학의 황금기인 당대(唐代, 618-907년)의 문학 융성을 비롯하여 중국에서 문학을 전례 없이 발전시킨 것도 당연했다. 나중에 목판 인쇄는 중국 소설의 부흥을 위한 무대도 마련하게 된다.

『금강경』의 인쇄본과 둔황 석굴의 여타 많은 텍스트들에는 아직 여정이 남아 있었다. 왕위안루의 발견이 주목을 받기 시작하자 여러 서양 모험가들이 원정대를 조직했다. 헝가리 출생의 영국 탐험가 오렐 스타인이 가장 먼저 동굴에 도착했다. 알렉산드로스 대왕을 우러러본 스타인은 자신의 영웅처럼 문학에 관심이 많았고 턱없이 적은 금액만 지불하고 다수의 사본을 가로챌 수 있었다. 그는 불경 사본들을 몰래 나무 상자에 담아 낙타 등에 실은 다음 비단길을 따라서 서쪽으로 길을 떠났다. 스타인은 타클라마칸 사막을 무사히 가로질렀고 힌두쿠시 산맥을 건넌 다음,이란으로 발길을 재촉하여 바그다드를 거쳐 오늘날 시리아에 위치한 지중해 연안 안티오크에 다다랐다. 거기서 배를 타고 지브롤터를 거쳐 영국에 도착하여, 100년도 더 뒤에 내가 영국에서 그 두루마리들을 볼 수 있게 된 것이다.

서양인과 중국인을 가리지 않고 다른 이들이 동굴을 털었고 지금까지 발견된 역사상 가장 중요한 텍스트 소장품 가운데 하나는 뿔뿔이 흩어지게 되었다. 최근에야 비로소 이 두루마리들은 다시금 한자리에 모일 수 있게 되었는데, 글쓰기 기술의 또다른 혁명 덕분이다. 종이와 인쇄술의 초기 수혜자였던 『금강경』은 다수의 동료 텍스트들과 더불어 디지털 형태로 재통합되었다.

불과 돌

중국 불교도들은 발 빠르게 종이와 인쇄술은 이용했지만 유가 신봉자들은 이 기술들을 어떻게 이용했을까? 공자에 대한 글로 쓰인 설명과 그가 편찬했다고 여겨지는 고전들은 종이와 인쇄 시대보다 훨씬 전에 등장했다. 이 텍스트들은 신기술들을 누릴 수 있을 만큼 오래 살아남지 못할 뻔했다.

기원전 213년 승상(丞相) 이사는 중국의 초대 황제인 진시황에게 고전들에 대한 상이한 해설들이 이전 시대와 결부되는 혼돈에 일조했다고 언급했다. 진시황은 중국을 통일하려고 애쓰고 있었기 때문에 이 경전들을 통제하는 것이 편리한 방책일 듯했다. 그 결과 분서(焚書)가 일어났다. 황제는 문학 권력을 중앙집권화하기 위한 방편으로서 자신의 도서관에만 사본들을 보유했다.

분서로 얼마나 많은 문헌적 지식과 문화가 사라졌는지는 불분명하지만 한 가지만은 확실하다. 공자의 말씀과 그와 결부된 고전들은 너무 널리 유포되었고, 너무 많은 독자들에게 영감을 주었기 때문에 책을 태운다고 그렇게 쉽게 억누를 수 없었다는 것이다. 비록 공자의 추종자들은 경문을 복사함으로써 불교도들이 쌓는 종교적 혜택과 같은 종류의 혜택을 기대하지는 않았지만, 분서는 나중의 유학자들에게 폭넓은 유통을 보장함으로써 그 텍스트의 생존을 가능하게 하는 종이와 인쇄술의 장점을 가르쳐주었다.

공자는 국가의 관리였고, 공공질서 유지의 중요성을 가르쳤기 때문에 그의 가르침들은 통치자와 관료들에게 특별한 관심 대상이 되었다. 분서가 일어나고 100년도 지나지 않아 유가 경전은 국가 공인 텍스트의 지위로 승격되었다. 국자감이 설립되어 가장 초기 형태의 과거제의 토대를 놓았으니, 과거제는 다양한 형태로 1905년까지 지속될 제도였다.

과거는 국가 공무원, 즉 방대한 중국 제국을 운영하는 임무를 맡은 관료 계급을 선발하는 주요 도구였다. 과거 시험 응시생들은 여러 경전들, 특히 유가 경전을 잘 알아야 했고 사흘에 걸친 시험으로 경전 지식을 심사받았다. 중국 제국의 남쪽 수도였던 난징으로 가는 길에 나는 옛날의 과거 시험장을 방문했다. 응시생들은 가족들이 마련한 음식으로 끼니를 때우며, 대략 1.2 × 1.5미터 면적에 불과한 석실(石室)에서 지냈을 것이다. 그날은 기온이 간신히 영상을 넘긴 12월의 추운 날이었다. 줄줄이 배치되어 커다란 사분면을 이루는 석실들은 한 면이 뚫려 있어서 응시생들은 삭풍에 고스란히 노출되었다. 나무판 하나는 책상, 다른 하나는 의자 역할을 했고, 만약 응시생이 그냥 잠을 자며 시간을 보내기로 한다면 긴 의자 위에 몸을 가능한 잘 웅크려야 했을 것이다. 만약 그들이 시험을 잘 치르면 다음 단계 시험에 진출하고 그렇게 차례차례 위로 올라가 마침내 수도에서 치러지는 가장 위신 높은 최종 시험까지 진출할 수 있었다. 합격의 보상은 커다란 부와 명예가 따라오는 정부 관직이었다. 세계에서 유례없는 이 시험 제도는 문학 공부를 중국 정치체제의 중심에 위치시켰다(그리고 간접적으로 미국의 수학능력 시험제도를 탄생시키는 자극제도 되었다). 정부 최고위직에서 군벌들을 배제하기 위해서 설계된 과거제는 문학 교육에 전례 없는 권력을 부여했다. 2,000년 동안 중국은 주로 문학에 정통한 엘리트 계층이 다스렸다.

방대한 과거제가 유지되려면 응시생들이 고전에 쉽게 접근할 수 있어야 했고, 이는 종이와 인쇄로 용이해졌다. 10세기부터 국가는 종이에 목판 인쇄를 통해서 유가 경전들을 복사하게 함으로써 늘어가는 수요에 대응했다.

유가 문학의 경전을 창조하려는 동일한 열망은 또다른 더 독특한 현상, 종이와 목판 인쇄의 신세계와 어긋나 보이는 현상을 낳았다. 기원후 2세기에 경전들을 돌에 새기라는 명령이 내려져서 그러한 여러 시도들 가운데 최초인 희평석경(熹平石經)이 탄생했다(불교 경문들도 돌에 새겨졌다). 이 석재 서재는 더 이전 시대, 즉 종이와 인쇄의 발명 이전 시대로 퇴화한 것일까? 그보다는 종이가 가져온 초창기 효과들, 즉 이 중요한 텍스트들의 신뢰할 수 없는 판본들이 범람하게 된 현상에 대한 반응이었을 것이다.

나는 중국 베이징 국자감에 소장된 석재 서재를 방문했다. 텍스트들은 2.5미터나 2.7미터에 달하며, 행렬을 지어 세심하게 배치된 비석들에 새겨져 있었다. 줄줄이 배치된 비석들 사이를 거닐고 있자니 말들의 미궁 속을 산책하는 기분이었다. 자잘한 글자들은 앙증맞다시피 했지만 누구도 그 영구성을 의심할 수는 없었다. 거기에 수정이나 변경을 가하거나 주석을 달 여지는 없었고, 그 순서를 재배열하기는 어려웠을 것이다. 공자의 입상이 그의 이름을 걸고 새겨진 석재 서재를 자랑스러워하며, 평온해 보였던 것도 당연했다.

5

무라사키와 『겐지 이야기』 :
세계사 최초의 위대한 소설

기원후 1000년, 교토

나는 세계 문학사 최초의 위대한 소설을 기원후 1000년경 일본 궁중의 어느 시녀가 썼다는 것을 처음 배웠을 때에 느꼈던 놀라움을 여전히 기억한다. 우리는 저자의 본명도 모른다. 그녀는 작품의 잊을 수 없는 여주인공의 이름, 무라사키라고 알려지게 되었다. 이 익명의 궁중 여인은 전에 쓰인 어떤 것과도 다른, 병풍과 부채, 시로 이루어진 문학적 세계를 창조했다. 이 작품은 평민의 지위로 전락한 한 황자와 시골에 숨겨져 있던 귀족 여성 사이의 로맨스를 중심으로 돌아간다. 이야기를 전개해가면서 무라사키 시키부는 독자들로 하여금 엄격한 궁중 예법과 성역할에 제약된 삶을 살아가는 등장인물들의 생각과 욕망에 유례없이 접근할 수 있게 해준다. 하지만 그들에게 부과된 제약에도 불구하고 이 등장인물들은 이야기가 진행될수록 성장하며, 무라사키의 궁정 독자들에게 즐거움을 선사한다. 『겐지 이야기(源氏物語)』가 완결될 쯤이 되면, 이 작품은 굉장한 깊이와 우아함을 갖춘 정교하게 짜인 서사가 된다.

작가는 일본 궁정 여인들의 제약된 삶을 직접 체험하여 잘 알고 있었다. 지방 관료의 딸로서 그녀는 책 속 주인공들의 영역보다 신분이 한 단계 낮았지만 그래도 자신이 묘사하는 세계의 일부였다. 그 세계 속에서 활동할 수 있기 위해서 무라사키 시키부는 짤막한 일본어 시(단가)를 짓는 법을 배웠다. 그러나 그녀는 자신과 같은 신분의 여성에게 적당하다고 여겨지는 시와 서예에 만족하지 않았다. 무엇보다도 그녀는 일본에서 크게 숭상받던 중국의 고대 문학 전통에 접근할 수 있게 해주는, 신비롭고 어려운 중국의 문자 체계를 배우고 싶었다. 하지만 중국 문학은 전통적으로 남자들의 몫이었다.

뜻을 이루려고 작정한 그녀는 남자 형제가 중국어 교습을 받을 때에 몰래 엿듣고, 아무도 보고 있지 않을 때면 혼자서 연습해서 한문을 익혔다. 곧 그녀는 한문 실력에서 형제를 능가하게 되었다. 아버지가 딸의 뛰어난 소양을 알게 되었을 때, 그는 "운도 없지. 그 애가 사내로 태어나지 못해 안타깝구나!"라고 한탄했다. 혼인할 나이가 되자 무라사키 시키부는 전형적인 중매결혼 절차에 따라서 더 나이 많은 남자와 결혼했다. 그녀는 남편이 문학서적을 갖춘 서재를 가지고 있었던 점에서 운이 좋았고, 이 서재 덕분에 공부를 계속해나갈 수 있었으니, 그녀의 어린 주인공이 나중에 그런 것처럼 중매결혼으로 이득을 보기도 했다.

무라사키 시키부의 비밀스러운 중국 문학 공부는 일본 문학에 대한 철저한 교육에 덧붙여져 이루어졌다. 이 점에서 그녀는 딱 맞는 집안에서 태어났다. 그녀의 증조부는 일본어로 쓰인 최초의 시선집 가운데 하나에 시가 수록된 사람이었다. 일본의 많은 것들과 마찬가지로 이 시선집도 중국식 모델에 빚을 지고 있었다. 대부분의 문화권이 그들 문화의 토대로서 『길가메시 서사시』나 『오디세이아』처럼 장편 서사시를 떠받들어온 데에 반하여 중국에서 가장 많이 연구되는 텍스트로 기능한 것은 세심하게 편집된 시가집 이른바 『시경』이었다(나중에 『시경』은 유가 경전들의 일부로서 공자가 편집했다고 여겨졌다). 그러므로 시선집을 통해서 일본 문학을 확립한다는 생각 자체가 중국의 전통을 따른 것이었다. 그와 동시에 일본 작가들은 커져가는 문화적 독립성의 신호로서 역사 기록들을 집필하기 시작했는데 무라사키 시키부는 이런 기록들 역시 열심히 공부했다.

한문과 일본 역사 기록을 공부하는 것은 위험 부담이 있는 일이었다. 무라사키 시키부는 물론 자신의 지식을 감추려고 애썼지만 무심결에 자신의 지식을 슬쩍 흘리고는 했다. 천황도 한번은 반쯤은 찬탄하듯이, 무라사키 시키부는 일본 역사를 깊이 공부한 것이 틀림없다고 언급하여 그녀가 자신의 지식을 과시한다는 풍문을 불러일으켰다. 그녀는 앞으로는 더 조심해야 한다는 것을 알았다. 여자로서 한문과 일본 역사를 공부하는 것은 적절한 처신이 아니었다. 수군거림과 정치가 분간할 수 없게 얽혀 있는 세계에서 잘못된 종류의 주목을 끌거나 충분히 여자답지 않아 보이는 것은 위험천만한 결과를 가져올 수도 있었다. 자신을 보호하기 위해서 그녀는 병풍에 쓰인 가장 일반적인 한문 문장도 못 읽는 척했다.

남편이 죽자, 무라사키 시키부는 갑작스레, 그동안 힘들게 쌓아온 문학 지식을 활용할 충분한 자유를 얻게 되었고 궁극적으로 『겐지 이야기』가 되는 이야기를 한 장씩 써내려가기 시작했다. 이 작품은 "이야기"라고 불렸지만 곧 단순한 이야기의 범위를 벗어나 헤이안 시대의 궁정에 대한 세심한 묘사로 확대되었다. 중국 문학에 대한 무라사키 시키부의 비밀스러운 지식은 중국 시에 대한 여러 암시들을 통해서 빛이 났지만, 최종적인 결과물은 중국 문학과 별로 닮은 구석이 없었다. 새로운 문학 형식으로서 그것은 일본의 커져가는 문화적 독립 의식을 알렸다.

이런 유형의 문학은 중국의 문학 전통에 깊은 빠져 있던 남성 학자라면 집필을 꿈도 꾸지 못했을 그런 것이었다. 여성에 대한 차별로 인해서 여성들은 역설적이게도 전통과 한문에 고착되어 있던 더 특권적인 남성 동료들보다 혁신을 감행하기에 더 좋은 처지에 있었던 것이다.

종이와 병풍의 세계

일본 궁정의 내부가 돌아가는 모습을 그리면서 무라사키 시키부는 자신이 대담한 일을 하고 있음을 알고 있었다. 그녀는 자신이 속한 막강한 후지와라 일족의 감정을 상하게 하지 않기 위해서 이야기의 배경을 100년 전 과거로 잡았다. 후지와라 일족은 신중한 중매결혼 정치를 통해서 천황을 좌지우지했는데, 이는 『겐지 이야기』가 세심한 관심을 쏟은 주제이다. 일족의 수장—무라사키 시키부의 후원자—은 권력의 행사 수단들에 대한 가감 없는 묘사를 좋아하지 않을 터였다(익명으로 집필된 후지와라 가문에 대한 역사서도 때로는 무라사키가 썼다고 여겨진다).

궁정은 오늘날의 교토, 중국의 건축과 성곽 양식을 따라서 돌담으로 둘러싸인 5.5 × 4킬로미터 면적의 사각형 땅에 자리잡고 있었다. 교토의 인구는 대략 10만 명에 달했고 일본 전체 인구는 약 500만 명이었지만, 소설은 이런 다수를 위해서나 또는 그들에 관해서 쓰이지 않았다. 그것은 궁정 가까이에 살고, 상류사회의 제한된 세계를 조금이나마 알고 있는 수천 명을 염두에 둔 것이었다. 천황과의 근접성이 가장 중요했다.

궁정인들은 절이나 숨겨둔 미인들 아니면 그 둘 다를 찾아서 수도 밖으로 나갈 수도 있었지만 그들의 서식지라고 할 수 있는 성곽 도시로 재빨리 돌아왔다. 도시 바깥을 벗어나면 집들은 칙칙하고 방언은 낯설었으며, 시는 밋밋했고, 서예는 형편없이 조야했다.

『겐지 이야기』에서 그런 수도 바깥으로의 외출이 중심 플롯을 촉발했다. 외딴 절을 찾아가던 겐지는 거처에 내려진 발 사이로 한 소녀를 언뜻 보지만 그녀는 하녀들에게 둘러싸여 규방 안쪽으로 재빨리 물러가버린다. 지체 높은 여성들은 외부인이 보기가 어렵고 거의 접근이 불가능했다. 여성과 남성을 분리하는 차단막들은 여러 겹으로 이루어져 있었다. 돌담, 나무 울타리, 대나무 발, 천으로 된 휘장, 그리고 병풍이 있었다. 가벼운 여섯 장짜리 접이식 병풍은 선지(宣紙)로 만들어졌다. 다른 병풍들은 더 무겁고, 화려하게 장식된 옻칠을 한 틀에 끼워져 있었지만, 그것들 역시 흔히 종이로 만들었다. 만약 남자가 너무 가까이 다가가면 종이로 만든 부채가 여성을 그의 시선으로부터 보호했다. 심지어 아들이나 남자 형제, 남자 친척들도 그들의 여자 친척들과 서로 얼굴을 맞대고 보지 못할 수도 있었다. 혼기가 찬 여자는 아버지를 제외한 남자의 시선에서 일체 차단된 채 살아갈 수도 있었다.

여자들은 철저하게 보호되었지만 그 보호란 흔히 문자 그대로 종잇장처럼 얇디얇았다. 그것은 시선을 차단하지만 소리는 막을 수 없었다. 황자 히카루 겐지는 소녀의 거처 바깥을 서성거리다가 안쪽의 누군가가 그 소녀를 봄에 움트는 눈에 비유하는 즉흥시를 짓는 것을 들었다. 이제는 그가 그 주제를 이어받아 그에 답하는 짤막한 시를 지어 옆의 수행원들에게 들려주었다. 그는 소녀가 자신이 하는 말을 엿듣고 반응하리라고 기대했다. 궁정 사회의 일원은 전부, 특별한 종이에 쓰인 짤막한 시—사실은 우아한 단문들—를 지을 줄 알았다. 종이로 된 모든 것들 가운데 시가 가장 중요했다. 훌륭한 시란 자연 세계에서 어떤 것—하나의 풀이나 꽃, 동물—을 소재로 취하여 시가 지어지고 있던 그 순간에 관해서 이야기하는 것이었다. 모든 시에는 답가가 있어야 했다. 심지어 일상 업무도 때로는 이런 짧막한 시의 교환을 통해서 이루어져서, 사람들이 자신들의 진짜 의도를 낱낱이 설명할 필요 없이 암시할 수 있게 해주었다.

암시와 인유(引喩)에 많은 것을 기대는 사회에서 시는 의사소통의 결정적 수단이었다. 궁정에서는 하루 동안 일상적으로 그런 시들이 수백 편씩 교환되고는 했다. 한 편의 시가 섬세하고 간접적일수록, 그리고 다른 시들과 공명할수록 더욱 좋았다. 하지만 만약 누군가가 즉석에서 좋은 시를 떠올릴 수 없다면 직접적으로 말해서는 안 되는 것을 암시를 통해서 의사소통하는 목적을 달성하는 한 변변찮은 시라도 괜찮았다.

소녀가 응답하지 않고 그녀의 후견인이 그의 접근을 거부하자 히카루 겐지는 수도로 돌아왔다. 하지만 겐지는 포기하지 않았다. 그는 병풍 너머로 그녀를 언뜻 보았다는 사실을 암시하는 또다른 시를 짓고는 필체를 신경써서 썼다. 그는 시를 쓴 종이를 접어서 매듭으로 짓고 딱히 신경을 쓰지 않은 것처럼 보이도록 대충 포장했다. 종이를 다루는 법을 안다는 것은 심지어 모자와 옷, 각종 가재도구, 무기까지 이 기적의 재료로 제조하는, 종이로 만들어진 이 세계에서 가장 중요했다. 모든 지면은 시작(詩作)을 요청하는 것이나 마찬가지였다. 귀족의 거처의 실내장식을 지배하는 종이 병풍들 위에도 시가 지어졌다. 『겐지 이야기』에서 황자는 귀부인의 부채 위에 시를 짓거나 이미 그 위에 시가 적힌 부채를 서로 교환할 수도 있었을 것이다. 하지만 겐지의 현 상황에서는 특별한 종이에 시를 짓고, 또다른 종이로 감싼 다음 심부름꾼을 보내는 일반적인 방법이 가장 나았다.

이번에는 답변이 왔지만 그가 기대하던 답변은 아니었다. 소녀를 수행하는 비구니는 자신이 돌보는 소녀가 사랑의 장난을 하기에는 너무 어리다고 말했다. 히카루 겐지는 자신의 애정의 대상이 열 살에 불과하다는 사실을 알았다. 확실히 어리기는 했지만 그렇다고 듣도 보도 못한 일은 아니었다. 본인도 열두 살에 장가를 갔고 일부 여성들은 그보다 더 어린 나이에도 시집을 갔다. 이런 종류의 중매결혼은 정교한 궁정 사회 체제의 일환으로서, 서로 경쟁하는 일족들은 저마다 집안의 딸들을 권력의 중심에 가까이 두려고, 이상적으로 천황의 제1부인으로 만들려고 갖은 애를 썼다. 천황의 후궁의 자식들은 히카루 겐지가 너무도 잘 알고 있었던 것처럼 앞날이 더 불확실했다. 황자의 아버지는 천황이었지만 그의 어머니는 후궁에 불과하여 더 유력한 후원자들을 등에 업은 천황의 다른 아내들에게 업신여김을 당했다.

아주 막강한 일족들에 직면해서는 천황도 힘이 없었다. 총애하는 아들의 미약한 입지를 인정할 수밖에 없었던 천황은 히카루 겐지를 평민으로 강하시켜 권력 다툼의 바깥으로 몰아내기로 했다. 이렇게 해서 히카루 겐지는 그의 새로운 신분을 알려주는 겐지라는 이름을 얻게 되었다. 물론 사람들은 존중의 의미에서 예의상 여전히 그를 히카루 황자라고 부르기는 했지만.

겐지는 소녀와 소녀 주변의 완고한 수행원들을 어떻게 해야 할까? 비록 이른 나이에 혼인이 이루어지기는 했지만, 이 열 살짜리 소녀는 그 나이치고 아직 미성숙하다고 그녀의 수행원들은 주장했다. 그들은 그가 요구한 대로 시를 그녀에게 건네주기는 했지만 아무 소용이 없었다. 그녀가 아직 시를 짓는 법을 배우지 못했던 것이다. 이 점은 나이에 비해 그녀가 정말로 아직 미성숙하다는 표식임을 겐지도 인정할 수밖에 없었다. 시를 지을 줄 모르는 소녀는 사랑을 하기에는 너무 어렸다.

그 직후 오랫동안 딸을 방치해온 소녀의 아버지가 소녀를 겐지가 손을 뻗을 수 없는 곳으로 데려가려고 한다는 소식을 듣고, 겐지는 지금은 발

빠르게 대처할 때라는 것을 알았다. 어떤 구실을 들어서 그는 소녀의 거처로 달려갔다. 이번에는 모든 관습과 예법을 팽개쳐버리고, 경악한 소녀의 수행원들의 비명 따위는 무시한 채로 발과 장막, 병풍을 밀어제치고 규방으로 쳐들어갔다. 소녀는 잠을 자고 있었지만 겐지는 소녀를 품에 안은 다음 소녀가 잠에서 깨는 기척을 보이자 가만히 어르고는 자신의 마차에 태워 가버렸다. 그가 보기에는 이 모든 일은 그녀가 잘 되라고 하는 것이었다. 그는 자신의 집에서 소녀를 보살피고 그녀에게 걸맞은 수행원들과 앞날을 제공할 수 있으리라. 또 명백히 방치되어온 그녀의 교육을 겐지가 직접 책임질 수도 있을 터이니 교육을 통해서 소녀는 제대로 된 숙녀가 될 수 있으리라.

(나를 포함한) 많은 독자들에게 이 도입부는 굉장히 불편하다. 그녀의 아버지의 뜻에 반하여 열 살짜리 소녀를 납치하는 설정은 건전한 관계를 위한 훌륭한 처방으로 보이지 않는다. 그러나 무라사키 시키부의 초기 독자들은 다르게 반응했다. 그들은 남자 연인이 열 살짜리 소녀를 납치한 데에 살짝 충격을 받았을 수는 있지만 그러한 행위를 가능하게 했던 더 넓은 차원의 혼인제도에 관해서는 비난하지 않았다. 그리고 그들은 여러 가지 결점들에도 불구하고 히카루 겐지에게 감탄하며 그가 성숙해가는 과정을 칭찬했다.

무엇보다도 그들은 겐지가 소녀에게 시를 쓰는 법을 가르친 데에 찬사를 보내며, 『겐지 이야기』가 문학 교육 이야기가 되어가는 과정을 지켜보았다. 시에는 자연의 이미지와 은근한 암시 말고도 더 많은 것이 담겨 있었다. 가장 중요한 것은 단어들이 쓰이는 방식이었다. 고급 종이를 제조하는 능력은 궁정에서 성공을 꿈꾸는 남녀들에게 요구되는 예술인 서예의 황금기를 불러왔다. 시가 의사소통의 중심 형식이었기 때문에 다양한 종류의 붓으로 써낸 한 사람의 필체로부터 그의 기질과 그가 갖춘 교양을 짐작할 수 있었다. 수도와 그 궁정 사회의 바깥에서 살아가는 불운을 타고난 사람이라면 유행이 지난 필체를 구사할지도 모른다(아니면 상상도 하지 못할 일이지만, 아예 서예를 못 할지도 모른다). 겐지는 이제 자기가 돌보게 된 소녀에게 이런 일이 일어나는 것을 원하지 않았다. 그는 자신이 직접 나서서 소녀가 연습할 때에 본보기로 삼을 수 있는 글씨들을 써주었다.

일단 소녀가 겐지의 집과 이것저것 간섭하는 성가신 친척들 사이에 자리를 잡자, 겐지는 또다른 시를 썼다. 그는 색깔과 유형, 품질이 다양한 여러 종류의 종이 중에서 골라서 쓸 수 있었다. 그는 특별한 식물, 즉 지치의 뿌리로 물을 들여 얻을 수 있는 짙은 보라색 종이를 골랐다. 이 시와 그것이 암시하는 그 식물은 소녀에게 '무라사키(紫)'라는 이름을 부여했다. 이 시를 통해서 겐지는 자신의 크나큰 사랑의 대상을 일컫는다. "지치의 보랏빛 뿌리를 아직 보지 못했네. 등나무의 어린 친척을 어서 보고 싶구나."

소설은 계속 이어진다.

"너도 무엇인가를 좀 써보련?" 겐지는 그녀를 격려했……그녀는 그를 올려다보며 "하지만 저는 잘 쓰지 못하는 걸요"라고 대꾸했다. 그는 사랑스러운 그녀의 모습에 저절로 미소가 지어졌다. "잘 못 쓴다고 해도 노력은 해봐야지. 아무것도 쓰지 않으면 실력이 늘지 않아요. 자 내가 가르쳐주지." 그는 붓을 든 그녀의 모습과 글을 쓸 때 그한테 몸을 돌리는 모습에 매료되었……그녀의 글씨는 퍽 미숙했지만 작문에 갈고닦을 만한 재능이 있음을 알아볼 수 있었다. 그녀의 붓놀림이 그려내는 선은 풍부하고 부드러우며, 돌아가신 그녀의 조모의 손을 닮았다. 그녀가 더 요즘의 필체를 연습한다면 글을 잘 쓰게 되리라는 것을 알 수 있었다.

이런 재능의 싹에 고무되어 겐지는 계속해서 소녀에게 아름답게 글을 쓰는 기법을 가르쳤다. 그는 그녀의 붓놀림을 향상시켰고 또 알맞은 종이를 고르는 법, 시를 적은 종이를 올바르게 싸는 법을 보여주었다. 그는 소녀를 제대로 된 궁정 여인으로 변모시키고 있었다.

한자와 필담, 그리고 일본 문학

헤이안 궁정의 종이 문화는 중국에서 유래했다. 수백 년간 일본은 중국의 문명과 학문을 채택해왔는데, 한 문화가 다른 문화의 산물 대부분을 수용한 극단적인 경우이다. 보통 그러한 전면적인 문화 이전은 군사적 점령의 결과인 반면에, 일본은 중국 문화를 순전히 자발적으로 채택했다 (로마가 유사하게 그리스 문화를 흡수했다).

중국 문화와의 접촉을 지속적으로 유지하기 위해서 일본은 대륙 본토와 일본을 가르는 좁은 대한해협을 넘어 공식 사절단을 파견했다. 일본 사절단과 그들을 맞아들이는 중국인들이 사용하는 언어는 서로 이해가 불가능했지만, 그들은 한자를 써서 의사소통을 할 수 있었다. 한자는 표음적이지 않기 때문에 일본인들은 한자의 음을 일본식대로 읽으면서, 자신들의 언어에 맞춰 이용할 수 있었다. 이는 상이한 언어의 사용자들이 종이에 숫자를 적어서 구매 상품의 가격을 흥정하는 것과 비슷했다. 비록 양측은 숫자 기호를 각자의 언어에 따라서 다르게 발음할 수도 있지만, 모두가 종이에 쓰인 숫자의 의미는 이해할 수 있었다. 같은 방식으로 중국인과 일본인 사절단은 공유하는 기호들을 적어서 의사소통을 할 수 있었다. 비표음적 문자 체계의 커다란 장점을 보여주며, 언어의 차이를 뛰어넘는 이런 형태의 문자 기반 의사소통을 **필담**(筆談)이라고 했다.

일본으로 수입된 중국의 문화 산물들 중에는 유가 고전들을 비롯하여 한문으로 쓰인 문학 작품들이 있었다. 이런 작품들은 따로 번역할 필요가 없었는데, 교육을 받은 엘리트 계층은 일본식으로 음을 달아가며 한자를 즉석에서 읽어 내려가는 법을 배웠기 때문이다. 겐지의 헤이안 궁정에서 주고받는 시가들은 더 근래의 문학과 더불어 중국 고전들을 미묘하게 암시했고, 중국의 경전들을 토대로 삼아 중국의 국자감과 유사한 기관(다이가쿠료[大学寮]를 말한다/옮긴이)이 학문과 교육의 중심지로서 수도에 설립되었다.

중국에서 유가 고전들은 제국 전체를 아우르는 과거제를 낳았고, 급제한 응시생들에게 부와 영예를 누리는 정부 관직과 각종 명예직을 보장해주었다. 과거제는 일본에는 결코 제대로 정착하지 못했다. 일본의 막강한 가문과 일족들은 과거제가 아니라 혼인 정치를 통해서 권력에 접근하는 길을 통제하고자 했기 때문이다. 과거시험의 결과는 자신들이 마음대로 좌지우지하지 못할 수도 있으니까.

그러므로 무라사키의 이야기에서 겐지가 아들을 중국식 국자감에 보내기로 결정했을 때에 아들은 그다지 설레지 않는다. 그는 신분이 훨씬 더 낮은 학생들과 나란히 대학에서 열심히 공부하기보다는 당시의 관례대로 가문의 인맥을 통해서 정부 고위직에 임명되는 편을 선호했을 것이다.

그러나 겐지가 무라사키를 대학에 보낸다거나 그녀에게 중국의 한자를 가르친다는 것은 애초에 불가능한 일이었다. 한자 문해 능력이란 공식적으로 남자에게만 해당되는 것이었고, 공직에 출사하는 데(그리고 과거를 숭상하는 데) 초점이 맞춰졌다. 어쩌면, 수천 자의 한자를 익혀야 하는 어려운 중국의 문자 체계는 여성의 능력을 벗어나는 것으로 여겨졌거나 아니면 여성을 이러한 문화 소스 코드로부터 떼어놓는 것은, 저자인 무라사키가 너무도 잘 알고 있었듯이, 남성의 특권을 유지하는 방법에 불과했을지도 모른다. 여성들은 가나(仮名)라고 알려진 다른 문자 체계를 사용해야 했고, 『겐지 이야기』도 이 가나로 쓰인 것이다.

가나는 원래 또다른 중국 수입품인 불교에 기여하기 위해서 발명되었다. 불교는 세상으로부터의 초연함과 찰나의 아름다움에 대한 인식을 강조했다. 헤이안 궁정에서 주고받은 많은 시들은 이런 덧없는 세계관을 포착하기 위해서 쓰였다. 불교는 종이와 인쇄 혁명의 덕도 보았는데 어쩌면 유가보다 더 큰 혜택을 누렸을 수도 있었다. 중국과 한국, 일본에서 현존하는 가장 이른 시기의 인쇄 사례들은 모두 불교 경문이었다. 현존하는 세계 최고(最古)의 인쇄본인 『금강경』과 『묘법연화경(妙法蓮華經)』은 특히 일본에서 막강한 영향력을 떨쳐서 두 경전은 수시로 복사되고 암송되었다. 겐지도 불공을 드리기 위해서 수도 바깥의 어느 절을 찾았다가 어린 무라사키를 처음 발견했고, 소설에서 무라사키는 나중에 『금강경』을 비롯한 대규모 불경 복사와 독경을 후원했다.

불교는 하나의 문자 체계 전체를 같이 들여왔다. 일본의 승려들은 원문을 찾아서 멀리 인도까지 갔다. 거기서 그들은 다수의 불교 경문 원전이 작성되었던 산스크리트어와 산스크리트 문자를 접했다. 일본 승려들은 불교 전파에 아주 열성적이었기 때문에 수천 자에 달하는 한자로 이루어진 중국의 문자 체계에 비하여 표음적인 산스크리트어 문자 체계의 이점들을 알아차렸다. 그들은 일본어에도 그와 비슷한 것을 시도해보기로 하고 결국 가나 문자를 만들었다.

새로운 문자 체계는 일본 구어에서 사용되는 47가지 서로 구분되는 음을 포착하여 47가지 기호로 표현했다. 일부 기호들은 개별 음 대신에 음절을 포착하여, 이 표음문자 체계는 **음절문자 체계**(syllabary)라고 알려지게 되었다.

가나 음절문자 체계는 표음 알파벳보다 다소 더 복잡했는데, 구어들에는 개별 음보다 음절의 수가 더 많았기 때문이다. 그래도 가나는 비표음적인 중국의 문자 체계에 비하면 훨씬 더 단순했다. 일본의 새로운 문자 체계의 또 하나 이점은 애초에 일본어가 아닌 중국어를 적기 위해서 만들어진 중국어 기호(한자)를 일본어에 맞춰 변형하는 대신 일본어의 특정 음을 나타낸다는 점이었다. 새로운 문자 체계의 불교적 기원과 발맞춰 젊은 학생들은 47개의 음을 정확히 한 번씩 말하게 되는 불교 시를 암송함으로써 47개의 기호를 외웠다.

처음에 가나 문자는 전통적인 한자보다 일본에서 지체가 낮았지만, 작가인 무라사키 같은 여성들에게는 충분한 것으로 여겨졌다. 『겐지 이야기』에서 황자는 어린 무라사키가 가나로 글을 쓰게 교육시켰고, 궁정인들이 여성들과 짤막한 시로 의사소통할 때면 써야 했던 것도 바로 이 가나였다. 가나 문자는 궁정 사회에서 발판을 마련했다. 그것은 이 사회가 가장 중요한 의사소통을 위해서 의지하는 일상의 시를 가능하게 했다.

『겐지 이야기』에서 겐지는 소녀에게 서예와 시, 가나를 성공적으로 가르치자 그녀를 아내로 삼았다. 그때 그녀는 그가 처음 혼인했을 때와 같은 나이인 열두 살이었다. 겐지가 그녀에게 쏟아부은 보살핌에도 불구하고 그녀는 예기치 못한 결혼에 놀랐다. 결혼 다음날 아침, 겐지는 관례대로 그녀에게 시 한 수를 남겼다. 두 사람 간의 관계의 갑작스러운 변화에 어쩔 줄 모르던 그녀는 응답하지 않았다. 결혼 다음날 아침의 시에 그녀가 답시를 남기기로 되어 있는 상자 안을 겐지가 들여다보았을 때 안은 비어 있었다. 그래도 결혼은 어쨌든 이루어졌다. 그것은 겐지가 첫날밤을 치렀음을 알리는 관례적인 표식인 떡을 내오라고 시켰을 때에 확인되었다. 얼마 지나지 않아 그의 어린 아내는 새로운 관계에 익숙해졌고, 겐지가 먼저 시를 지어 시를 주고받는 의례를 시작하면 답례로 시를 지어 자신이 교육받은 바를 더 잘 활용하게 되었다. 세계 문학의 가장 위대한 사랑 이야기 가운데 하나가 시작되었다.

궁정의 삶에 대한 안내서

작가 무라사키가 그려내는 세계에서 삶은 수도와 궁정에 극단적으로 맞춰져 있어서 유배란 견딜 수 없는 고난, 거의 죽음에 가까운 형벌이다. 『겐지 이야기』에서 황자인 히카루 겐지는 천황의 후궁들 가운데 한 명과 도가 지나친 관계를 맺어 궁정에서 쫓겨났을 때에 이런 형태의 고난을 경험한다. 그와 같은 관계는 조심스럽게 처신하면 별 문제가 되지 않을 수도 있지만 이 경우에 겐지는 궁정 내 그의 적, 다시 말해서 경쟁 일족의 일원의 누이에게 관심을 집중하는 실수를 저질렀다. 관계가 들통나자, 유배만이 답이었다.

그는 아내 무라사키를 함께 데려갈 수 없다고 결심했다. 이별의 시간이 다가오자, 두 연인은 거울에 비친 자신들의 모습을 바라보고는 역시나 시가의 형태로 작별했다.

내 몸은 유배를 떠나야 하지만
나의 모습은 거울에 비친 당신 곁의 모습처럼

결코 멀리 가지 않으리.

무라사키는 답한다.

우리가 헤어질지라도, 이 거울을 바라보면서
거기에 머물러 있는 당신의 모습에서
나는 위안을 얻겠지요.

그리하여 두 유명한 연인의 마음속에 머무는 잔상은 두 사람이 재회할 때까지 계속 남아 있게 된다.

겐지에게 궁정에서 멀리 떠나 살아가는 것은 찰나적 세계의 덧없음에 대한 불교적 명상을 깊이 요구하는 고난이었다. 궁극적으로 그는 2년 뒤에 유배에서 귀환이 허락되었다. 중단되었던 예전의 삶을 재개하여 관직에서 승진을 경험하고, 새로운 영예들을 누리지만 유배의 체험은 사라지지 않았다. 그는 다른 사람이 되어서 돌아왔다. 궁정에서의 삶만이 살 만한 가치가 있는 삶이라는 생각이 깊어졌다. 지방 태수가 되는 것조차도 유배로 느껴졌다. 그리고 평민들로 말하자면, 그들은 명백히 사회적인 경계 바깥의 집단이었으며, 도시보다 시골의 평민이라면 더욱 그러했다.

오직 궁정에서 살아본 적이 있는 사람만이 무라사키 시키부가 소설에서 포착한 세세한 세부사항과 규칙들이 정말로 얼마나 중요한지를 제대로 인식할 수 있었다. 그런 규칙들이란 여성들은 부채를 어떻게 쥐고 있어야 하는지, 어떤 종류의 향기가 남자들에게 가장 매력적으로 느껴지는지(겐지는 가장 독특한 향수를 배합하기 위해서 오랜 시간을 들이고 그로 인해서 널리 칭송받는다), 어떤 상황에서 여자를 가리고 있는 병풍으로 더 가까이 다가갈 수 있는지, 그는 실제로 언제 병풍 너머로 손을 뻗어 여성의 소매를 잡아도 되는지, 그리고 언제쯤 병풍을 젖히고, 내켜하지 않은 여인에게 아무런 물의를 일으키지 않고 그냥 밀고 들어갈 수 있는지였다. 이보다 더 철저하게 제약된 세계, 특히 규방에 갇혀 있으면서 시녀들 말고는 누구와도 말을 하는 것이 금지된 궁정 여인들의 세계는 더욱 상상하기 힘들다. 적어도 궁정의 남성들은 이따금 수도 밖으로 나가고 또 친척이나 친구를 방문할 수도 있었지만, 그들도 역시 어디서나 규칙과 관습의 제약을 받았다.

작가가 의전과 예법에 쏟는 관심은 어떤 효과, 다시 말해서 독자들을 그 사회로 안내하는 효과가 있다. 『겐지 이야기』를 수천 페이지 읽고 나서 나는 이 낯선 세계에서 활동에 나설 수 있을 것만 같은, 그 가장 기본적인 규칙과 의례들을 익히는 단기 집중 과정을 통과한 것 같은 느낌이 들었다. 겐지가 무라사키를 교육시키는 과정에서 저자는 나를 그리고 그녀의 다른 독자들 역시 교육하고 있었다.

무라사키 시키부는 남성들이 어린 여성들을 납치하여 자신들의 방에 가두는 것을 허락하는 궁정 사회를 공격하지 않은 반면, 규칙들로 이루어진 그 사회가 그 안에서 살아가는 사람들의 욕망과 두려움, 판타지들을 통제하는 데에 거의 아무것도 하지 못한다는 점을 독자들에게 보여주었다. 새 천황이 겐지가 자신의 진짜 아버지라는 사실(겐지의 가장 신중하지 못했던 행위인, 아버지의 후궁과 정을 통한 행위의 결과)을 알았을 때, 그는 궁정 의전에 너무도 제약을 받아서 좀처럼 겐지에게 말을 걸거나 사람들의 의심을 불러올까봐 겐지를 방문하지도 못했다. 그는 자신이 아는 바를 직접적으로 드러낼 수 없다고 느꼈다. 그 대신 천황은 겐지의 마흔 살 생일에 그에게 그림과 서예를 선물하여 아버지와 연락을 주고받았다.

시는 예법과 원초적인 감정이 만나는 곳이었다. 무라사키 시키부는 이 소설을 위해서 800편에 가까운 시를 지었다. 책에서 이 시들은 친구와 궁정인들 사이에서, 아버지와 아들 사이에서, 무엇보다도 연인들 사이에서 오고간다. 그녀의 시들이 전부 완벽하지는 않았다. 그리고 그녀가 완벽을 의도한 것도 아니었다. 즉석에서 시를 지어야 하는 상황에서 어떤 등장인물들은 겐지처럼 처음부터 시작(詩作) 능력이 탁월했지만, 어린 무라사키 같은 일부 인물들은 수준 높은 시를 지을 수 있으려면 먼저 배워야 했다. 하지만 전체적으로 시는 소설의 중심을 이루었다. 시는 등장인물들이 소통하는 주요 방식이었다. 무라사키 시키부에게 시는 그녀의 이야기를 진지한 문학으로 세우는 방편이기도 했다. 시가집—중국의 시가집과 그녀의 증조부의 시가 수록된 것과 같은 일본의 가나 시가집—에 기반을 둔 문화에서 그녀가 쓰고 있던 장편의 산문 이야기는 최대한 시를 많이 담아서 정당성과 권위를 얻을 수 있었다.

나는 무라사키 시키부의 시대에 『겐지 이야기』가 독자들에게 적절하게 처신하는 법을 워낙 잘 가르쳐주어서 궁정 예법의 교본으로 쓰일 정도였다는 것을 알고 나서도 놀라지 않았다. 남녀를 가리지 않고 독자들은 더 훌륭한 시를 쓰기 위해서, 더 인상적인 자세를 취하기 위해서, 구애자가 원치 않게 접근해올 때에 언제 몸을 빼야 할지(그리고 언제 굴복해야 할지)를 배우기 위해서 『겐지 이야기』를 읽고는 했다. 물론 이 작품은 독자들이 실제 삶이 제공하는 것보다 더 우아하고 빛나는 인물들을 만날 수 있게 해주었다. 『겐지 이야기』로부터 독자들은 궁정인이 어느 여성을 사흘 밤 연달아 방문하면 이로써 혼인이 성립된다는 (그리고 그 연인에게 떡을 대접함으로써 혼인 사실이 공표된다는) 점을 알게 되었을 것이다.

독자는 아마도 달을 어떻게 또 누구(세심하게 고른 동반자)와 완상(玩賞)해야 하는지를 배웠을 것이다. 그와 동시에 헤이안 궁정의 제약된 세계 안에서 살아가는 독자들은 이러한 관습들 저변에 깔린 감정들, 소설의 페이지마다 그토록 절절하게 표현된 규칙과 욕망 간의 몸부림치는 대립을 알아볼 수 있었으리라.

『겐지 이야기』가 애초에 단 한 명의 독자를 위해서 쓰였을 가능성도 있다. 무라사키 시키부는 먼저 집필된 초반부를 가지고 황비(皇妃)인 쇼시의 주목을 끌었고 황비의 딸의 시녀 자리를 제의받았다. 이 자리는 무라사키 시키부가 천황을 비롯하여 내밀한 권력 내부에 접근할 수 있게 해주는 등 여러 가지 이점이 있었다. 이 위치 덕분에 그녀는 어쩌면 자신의 새로운 후원자의 요구와 선호에 따르면서, 이야기의 초창기 판본을 더욱 확장할 수 있었다. 황비는 더 많은 장(章)들을 요구했고, 무라사키 시키부는 계속 이야기를 써내려가 결국 『겐지 이야기』는 여주인공의 생애도 뛰어넘어, 소설 중반쯤에 그녀가 비구니가 되었다가 죽은 뒤에도 이어지게 되었다. 무라사키 시키부는 이야기를 다음 세대로, 또 그 다음 세대로 이어가서 결국 진정으로 여러 세대에 걸친 대하소설을 창조했다. 젊은 세대의 등장인물들 가운데 누구도 겐지와 무라사키의 영롱하고 우아한 아름다움에 범접하지는 못했고, 이는 심지어 젊은 세대들이 그 두 사람의 패턴을 반복해야 할 때에도 마찬가지였다. 겐지가 수도 바깥에서 세간의 눈에 띄지 않은 채 살아가는 한 여자와 사랑에 빠지는 것처럼 그의 손자도 그렇다. 어린 무라사키가 겐지가 일생토록 사랑했던 계모를 연상시키기 때문에 그가 그녀에 대한 크나큰 사랑으로 이끌린 것처럼, 그의 손자도 규방에 감춰진 여인과 사랑에 빠지는데 그 여인이 그가 부질없이 사랑했던 누군가를 연상시켰기 때문이다(두 닮은꼴 여성은 모두 친척관계였다). 이런 식으로 무라사키 시키부는 점점 확장되는 작품의 범위를 이용하여 그녀의 소설에 특징적인 형태를 제공하는 반복과 변형의 복잡한 패턴을 엮어나갔다. 궁극적으로 『겐지 이야기』는 유럽 문학 전통에서 최초의 중요한 소설로 평가받는, 500년 뒤에 쓰인 『돈키호테』보다 두 배나 길어졌다.

작품의 방대한 분량과 그 한 줌의 독자는 중국에서 일본으로 진즉에 유입되었던 인쇄술을 활용할 가능성이 애초에 없었다는 뜻이다. 목판 인쇄는 극소수의 독자층을 대상으로 쓰인 방대한 작품이 아니라 불교 경문처럼 수천 부씩 찍어낼 짧은 작품들의 경우에만 말이 되었다. 『겐지 이야기』는 여전히 고가품이었던, 종이에 손으로 쓴 필사본 형태로 유통되었고, 이 특권적 독자층에게도 줄곧 값비싼 물건으로 남았다. 『겐지 이야기』 전집은 대단히 귀중한 애장품이었다. 1051년경 한 젊은 궁정 여인은 그녀가 지금까지 받은 최고의 선물이었다고 기록한다. "권당 상자까지 갖춘 50권가량의 『겐지 이야기』 전집." 그녀는 "병풍 뒤에 혼자 엎드려 그것을 꺼내 읽을 때면 나는 황비 자리를 준다고 해도 싫다고 했을 것이다. 온종일 밤늦도록 눈이 감기지 않을 때까지 등잔 옆에서 이 책을 읽었다." 자신의 부(富)나 『겐지 이야기』에 대한 헌신적인 애정을 과시하고 싶은 이들은 특별한 종이로 제작되거나 삽화가 들어 있는 호화 장정본을 구입하기도 했다(그런 고급본과 삽화본들이 많이 남아 있다). 개인 소장본은 엄두를 낼 수 없는 독자들은 낱권으로 유통되던 개별 장들을 입수하거나 여러 사람들 앞에서 큰 소리로 낭독되는 낱권의 내용을 청취할 수 있었을 것이다.

수백 년 뒤인 16세기 초에야 성장하는 상인계급과 높아지는 문해율에 의해서 주도되는 새로운 독서 시장을 충족하기 위해서 인쇄본이 등장했다. 그 무렵에는 일본의 궁정 생활도 크게 바뀌어서 소설은 더 이상 교본이 아니라 오늘날 우리가 읽는 것과 같은 (그리고 아슈르바니팔이 『길가메시 서사시』를 이용했던 것과 같은) 식으로, 즉 머나먼 과거를 들여다보는 창으로서 읽혔다. 그 소설이 궁정 안에서의 행동을 다스리던 규칙들에 친숙한 소수의 독자를 대상으로 쓰였기 때문에, 이제는 후대 독자들을 위한 설명이 필요했으므로 텍스트에 광범위한 주해가 달리게 되었다. 심지어 오늘날에도 우리는 비할 데 없는 『겐지 이야기』 덕분에 중세 지구상의 다른 어느 곳보다 헤이안 궁정의 삶에 관해서 훨씬 더 많이 알고 있다.

문학의 가장 마법적인 능력은 언제나 그것이 독자들에게 오래 전에 죽은 사람을 비롯해서 다른 사람들의 마음을 들여다볼 수 있는 기회를 제공한다는 것이다. 무라사키의 손에서 그 능력은 이전 시대의 작품들에 비해서 엄청나게 증대되었다. 앞선 어느 누구와도 다르게 그녀는 독자들이 그녀의 인물들의 사고과정을 관찰하고, 그들의 눈을 통해서 그들만의 독특한 세계를 바라볼 수 있게 해주었다.

처음에는 필사본, 나중에는 인쇄본을 통한 그 소설의 성공은 시기를 자아냈다. 비록 『겐지 이야기』는 일본 문화의 두 가지 문학의 원천들인 불교 경문과 유가 고전들에 빚을 지고 있었지만 소설 자체는 그 어느 쪽과도 매우 달랐으며, 유학자들과 불교도들은 문학 현장에 새롭고 강력한 문학 유형이 등장했음을 감지했다. 얼마 지나지 않아, 유학자들은 『겐지 이야기』를 멀리할 것을 경고했고, 불교도들은 그 저자가 자신의 죄악 때문에 지옥에서 고통받고 있다고 묘사했다. 그러한 강력한 폄하의 목소리에도 불구하고 『겐지 이야기』는 도저히 막을 수 없는 것으로 드러났다. 수백 편의 시가 담긴 이 방대한 소설은 이전의 문학 고전에 버금가는 지식과 인용구를 제공하는 문화적 전거가 되면서 일본의 문화적 정체

『겐지 이야기』의 장면들을 묘사한 6첩 병풍. 카노 츠네노부 작(1636-1713). (Image credit : Isabella Stewart Gardner Museum, Boston, MA, USA/Bridgeman Images)

성과 중국으로부터의 독립을 공고히 했다.

수백 년간 『겐지 이야기』는 처음에는 교본으로, 나중에는 역사적 한 장면으로, 마지막으로는 하나의 고전으로서 일본을 지배해왔지만 여전히 그 섬나라 안에 국한되어 있었다. 1853년 일본이 서양에 강제로 무역을 개방한 뒤에야 비로소 나머지 세계도 이 텍스트를 최초로 엿볼 수 있게 되었다. 그 소설에 걸맞게 겐지 병풍의 형태로 말이다. 이 소설은 일본에 매우 중요해졌기 때문에 소설의 특정 장면들이 병풍에 묘사되었고, 이런 병풍 가운데 일부가 새로운 무역 기회를 통해서 온갖 일본풍 유행이 불어닥친 유럽으로 흘러들어갔다. 무라사키의 서예로 아름답게 장식된 부채들도 유럽에 도착했다. 무라사키가 묘사했던 종이 문화가 이제는 그녀의 작품을 유럽으로 보냈고, 유럽에서 다시 나머지 세계로 퍼져나갔다.

서양 수집가들은 종이 병풍과 부채에 눈부시게 묘사된 그 장면들이 어디에서 나온 것인지 궁금해했고, 19세기 후반에 일부 번역문을 통해서 처음으로 텍스트를 엿볼 수 있었다. 그러나 『겐지 이야기』 전체가 서양의 의식 세계에 들이닥친 것은 이 텍스트가 처음 집필된 지 거의 1,000년 뒤인 20세기 초 아서 웨일리의 완역을 통해서였다. 서양 세계는, 많은 사람들이 문학에 대한 유럽만의 독특한 기여라고 생각해온 소설 쓰기가 그 이름을 알 수 없는 한 일본 여성에 의해서 1,000년 전에 발명되었다는 사실을 알고 깜짝 놀랐다.

한 작가가 과거를 되돌아보다

우리가 무라사키 시키부로 알고 있는 여성이 더 이상 『겐지 이야기』를 작업하고 있지 않던 어느 하루, 그녀는 물새들이 하루가 다르게 늘어가고 있던 바깥의 호수를 내다보았다. 그녀의 자택의 방들은 그녀에게 익숙했던 화려한 궁궐보다 훨씬 더 소박했다. 그녀는 그동안 자신이 꽃과 새소리, 철마다 바뀌는 하늘과 달, 서리, 눈에 어떻게 관심을 기울여왔는지를 상기했다. 하지만 칩거한 이래로 그녀는 바뀌는 계절을 무심히 지켜보면서 남편이 죽은 뒤로 줄곧 느껴온 고독을 뼈저리게 인식하고 있었다. 그 이후로 많은 것이 변했다. 그녀는 궁정 시녀가 되고 또 작가가 되었다. 이 새로운 삶을 거치면서 그녀는 시를 교환하고는 했던 몇몇 옛 벗들과 연락이 끊겼다. 이제 그녀가 이 고독과 씁쓸한 기분을 떨쳐내기 위해서 무엇을 할 수 있었을까?

이런 씁쓸한 심사에 젖을 때면 그녀는 이제는 방치되어 좀먹은 종이들이 널려 있는 자신의 서재로 눈길을 돌려 옛 일본 이야기나 심지어 한문 두루마리를 집어들곤 했다. 그녀는 자신이 시중을 든 황비가 그녀에게 중국 시를 읽어달라고 부탁했던 일이 새어나가 그녀의 범상치 않은 학식에 관한 풍문이 떠돌아 자신이 얼마나 후회했는지를 떠올리곤 했다. 하지만 오늘 그녀는 자신의 책 『겐지 이야기』를 집어들었다. 앞서 그녀의 일족의 수장이자 일본에서 가장 막강한 권력자가 그녀의 『겐지 이야기』 정서본을 가져가 자신의 둘째딸에게 주었다. 하지만 이런 성공을 즐기는 대신 그녀는 책의 어느 부분이 궁정에서 자신의 평판을 해칠까봐 걱정했다. 어쩌면, 그렇게나 분량이 늘어난 자신의 이야기를 읽으면 외로움을 떨쳐버릴 수도 있으리라. 하지만 이 방법은 통하지 않았다. 『겐지 이야기』는 예전과 같은 즐거움을 가져다주지 않았고 무라사키 시키부는 깊이 상심했다. 결국 그녀는 이제 자신의 막역한 친구들은 궁중에서 같이 일했던 동료 시녀들뿐임을 깨닫고, 붓을 들어 그중 한 명에게 시를 썼다. 친구가 답장을 써보내자 무라사키 시키부는 친구의 서예에 감탄하며 기분이 더 나아지기 시작했다.

1,000년이 지난 뒤 우리는 이 수수께끼 같은 작가가 바로 그날 어떤 생각을 했는지 어떻게 아는 것일까? 무라사키 시키부는 독자와 청자들이 그녀가 만들어낸 허구적인 피조물들의 야망과 상심에 관심을 가질 것이라고 기대하며, 그녀의 인물들의 내밀한 생각과 감상들에 우리가 다가갈 수 있게 해주었다. 하지만 그녀는 그와는 다른 무엇인가를, 역시나 근대적인 어떤 일을 했다. 바로 일기의 형태로 자신의 생각과 감상들을 기록했던 것이다.

그녀의 일기는 그녀의 비밀스러운 중국 문학 교육에서부터 궁정에서의 그녀의 역할에 이르기까지 우리가 오늘날 무라사키 시키부에 관해서 아는 내용의 원천이다. 일기는 고작 2년에 걸쳐 있지만 그녀의 소설에서 나타나는 허구적인 그림을 보완하면서 우리에게 궁정에서 그녀의 삶의 단편들을 제공하기에 충분하다. 일기에서 무라사키 시키부는 예법, 병풍과 부채, 시와 날염된 휘장들에 대한 눈썰미를 보여준다. 그녀는 자신의 한문 지식이 수군거림의 소재가 되자, 그 지식을 어떻게 감추었는지를 묘사했다. 일기는 소설보다 한층 더 소수의 친밀한 대상을 위해서 쓰였다. 그것 역시 단 한 명의 독자를 위해서 쓰였을지도 모른다. 그것은 무라사키 시키부의 딸일 수도 있는, 이름을 밝히지 않은 한 젊은 여성 앞으로 쓰였다. 무라사키 시키부는 겐지가 허구 속 같은 이름의 등장인물에게 가르쳤던 것을 자신의 딸에게 가르치려고 했던 것일까?

무라사키 시키부가 일기를 적었던 유일한 궁정 여인은 아니었다. 가나 문자의 도입 이후 궁정 여인들 사이에서 일기가 성행하여 일기 속에 정사(情事), 시 교환, 여타 일상적 소재들을 우아하고 재치 있게 기록했다. 때때로 이런 일기들은 거의 가십성 이야기에 가까워 보였지만 더 야심 찬 일기 작가들의 예리한 펜을 통해서 하나의 예술 형식이 되었다. 무라사키 시키부와 동시대 사람이자 경쟁 상대인 명민한 세이 쇼나곤은 『베갯머리 서책(枕草子)』이라는 솔직하고 음탕한 일기로 성공을 누렸다. 마찬가지로 『겐지 이야기』를 선물로 받은 젊은 여성의 일기는 헤이안 시대 후기의 고전이 되었다. 무라사키 시키부처럼 이 여성들 대다수는 지방 태수의 딸, 궁정 사회에 대해서 잘 알 만큼 그곳과 가깝지만 정치적 영향력을 행사할 만한 실제적 위치에 있지는 않았던 사람이었고, 그런 처지가 그들이 어엿한 작가가 되는 것을 막았을 것이다. 이 새로운 형식의 문학이 여성과 워낙 분명하게 결부되어 있다 보니, 한 남성 작가는 자기 일기를 출간하면서 『도사 닛키(土佐日記)』를 허구의 여성 작가의 작품으로 소개했다.

고백적인 일기를 쓰는 작가, 이보다 오늘날 우리에게 더 친숙한 것도 없으리라. 우리는 일기, 회고록, 블로그의 시대에 산다. 문예 창작 프로그램의 첫 번째 규칙은 "자신이 아는 것을 써라"이다. 하지만 문학의 역사는 자전적 글쓰기가 얼마나 독특한 것이었는지를 보여준다. 모든 것처럼 그것도 발명되어야 했다. 자전적 글쓰기는 자신의 기독교로의 개종을 설명하기 위해서 고대 후기에 글을 썼던 성 아우구스티누스가 발명했다고 널리 알려져 있다. 그러나 자신에 대한 글쓰기는 헤이안 궁정에서 고도로 문학적 소양이 풍부한 여성들에 의해서 독자적으로 수행되고 있었다. 제한된 궁정 세계 내에 격리되어 있다는 것 자체가 그들이 이런 형식의 문학을 내놓는 데에 기여한 것이 틀림없다. 돌담과 발, 병풍, 부채로 차단된 이 여성들은 자기 자신에게 내던져졌고, 그들 주변의 삶은 물론이고 그들 자신의 관찰자가 되었다. 무라사키 시키부에게 소설과 일기라는 두 가지 문학 형식은 실제든 허구든 간에 인간 존재의 내면의 삶을 얼핏 들여다볼 수 있게 하려는 유사한 욕망으로 추동되었다. 실제로 그녀는 우리에게 두 번째 일기를 선사하는데, 전적으로 시적이고 따라서 고도로 암시적인 이 일기는 시간 순서로 배치된 개인적인 시들로 구성되어 있어서 마치 병풍 너머로 몰래 엿보듯이, 그 손에 붙잡히지 않는 작가에 대한 간접적인 암시들을 제공한다.

자신의 산문 일기 마지막에 가서 무라사키 시키부는 다시 우울한 심사에 빠진다. 그녀는 더 이상 『겐지 이야기』를 작업하거나 시를 통해서 절친한 친구들과 편지를 주고받지 않았다. 그녀가 신경을 쓰는 것은 이제 일기뿐이었다. 일기는 특별한 종이나 심지어 깨끗한 새 종이에 쓰이지도 않았다. 화려한 종이 부채와 종이 병풍의 세계, 종이 등과 종이에 쓰인 시, 서예와 종이 염색의 세계를 묘사한 무라사키 시키부는 낡은 헌 종이에 일기를 썼다. 그녀는 일기에 이렇게 적었다.

최근에 나는 나의 옛 편지와 문서 대부분을 찢어서 태워버렸다. 나머지는 이번 봄에 인형의 집을 만드는 데 썼고, 그 이후로 나는 이렇다 할 편지를 쓰지 않았다. 새 종이는 써서는 안 된다는 생각이 든다. 그래서 이것이 매우 추레해 보일까봐 걱정이지만 내가 예의 없이 굴려고 하는 것은 아니다. 다 이유가 있단다.

네가 이것을 읽자마자 돌려주렴. 읽기가 어려운 부분과 내가 한두 마디 말을 빠트린 대목들도 있을지 모르지만 그것들을 그냥 무시하고 죽 읽어 보거라. 그러니 너도 알겠지, 나는 여전히 다른 사람들이 나를 어떻게 생각하는지 전전긍긍하고 만약 내가 지금 나의 입장을 한마디로 요약해야 한다면, 나는 아직도 속세에 대한 강한 집착을 버리지 못하고 있다는 것을 시인해야겠지. 하지만 그 집착에 대해서 난들 어쩌겠니?

비록 무라사키 시키부는 낙담했고, 『겐지 이야기』에 대한 믿음을 잃었지만, 그녀는 여전히 자신의 글에 마음을 썼다. 연상의 남자의 아내가 되고, 공주의 시녀가 된 뒤에 그녀가 유지하기로 한 정체성은 그녀 자신의 주도로 획득한 정체성, 바로 작가라는 정체성이었다.

6

『천일야화』와 셰에라자드

기원후 1000년, 바그다드

당신은 『천일야화(Alf laylah wa laylah)』를 언제 처음 접했는가? 나는 언제였는지 기억나지 않는다. 『천일야화』의 몇몇 이야기들은 항상 알고 있었던 것 같은 느낌이 든다. 어쩌면 알리바바를 만난 뽀빠이였나? 아니면 동화책 속의 뱃사람 신드바드 이야기? 아니면 누군가 "열려라 참깨"라고 말했을 때가 처음이었을까? 『천일야화』는 어디에나 있다. 램프의 요정 지니처럼 이 모음집의 이야기들은 형태를 바꿔가며 어떤 모습으로든 책과 극장, 만화책, 애니메이션에서 잘 나가고 있다. 새로운 유형의 오락거리가 발명되기만 하면, 『천일야화』는 곧장 다시금 새로운 관객들에게 경이와 서스펜스, 즐거움과 공포를 유발할 준비를 한 채 고개를 내민다.

그 이야기가 『천일야화』 중의 하나라는 것을 언제나 알지는 못한 채 내가 한평생 『천일야화』에서 나온 이야기들에 노출되었음을 깨닫고, 나는 그 이야기들이 어디에서 왔는지 알고 싶어졌다.

가장 이른 시기의 원천은 기원후 9세기 것인 작은 단편이다. 그 단편의 한 면에는 변호사가 의뢰인을 위해서 쓴 법적 동의안의 초안이 담겨 있지만, 닳아빠진 반대면은 『천일야화』 표제지이다. 이 작은 한 조각의 증거로부터 우리는 그 이야기들의 기원에 관해서 무엇을 알아낼 수 있을까?

우리가 알아낼 수 있는 첫 번째 사실은 그 변호사가 이 이야기 모음집을 그다지 좋아하지 않았던 것 같다는 점이다. 그렇지 않다면 그것을 메모지로 쓰지는 않았을 테니까. 어쩌면 요란한 도둑들과 정열이 넘치는 연인들이 넘쳐나는 이 이야기들의 음란한 성격이 그의 법적인 마음가짐에는 적합하지 않았을지도 모를 일이다. 그렇다면 이 이야기 모음집에서 나온 종잇조각이 애초에 왜 이 변호사의 사무실에 굴러다니고 있었을까? 변호사가 이 이야기들로 무엇을 하고 있었든 간에, 그 이야기들이 9세기에는 이미 책으로 쓰여서 판매되고 마침내는 놀라울 만큼 아무렇지도 않게 이면지로 재활용될 정도로 대중적이었음에는 의심의 여지가 없다. 『천일야화』의 기원을 찾기 위해서 나는 더 멀리 거슬러올라야 했다.

나의 연구는 이븐 이샤크 알-나딤이라는 바그다드의 한 서적상으로 이어졌다. 그는 그 변호사보다 100년 뒤에 살았지만 다행스럽게도 아랍 문학 목록 작성의 일환으로, 이 이야기 모음집의 역사를 조사했다. 이 엄청난 작업을 수행하는 과정에서 알-나딤은 내가 제기한 것과 동일한 질문, 바로 이 이야기들은 원래 어디에서 왔을까라는 질문을 제기했다. 그는 그것들이 원래는 페르시아어로는 『하자르 아프산(*Hazar Afsan*)』이라고 하는 페르시아의 이야기 모음집 『천 가지 이야기』에서 왔다고 추정했다. 아랍 이야기 모음집 『알프 레일라(*Alf Layla*)』가 "천일 밤"이라는 뜻인 만큼 그것은 『천 가지 이야기』의 아랍어 번역본으로 시작되었을 것이다. 일단 그 모음집이 아랍어로 입수가 가능해지자, 거기에 더 많은 이야기들이 추가되었음이 분명하다. 많은 이야기들이 아랍적 주제와 인물들을 담고 있으며, 가장 뛰어난 몇몇 이야기들은 위대한 이슬람 칼리프 하룬 알-라시드 치세의 바그다드를 배경으로 하기 때문이다. 하룬 알-라시드는 종종이 이야기들에서 평민들에 대해서 알아보려고 변장을 하고 돌아다닌다.

『천일야화』를 구성하는 이야기 모음집 가운데 내가 가장 좋아하는 바그다드에 대한 묘사는 "짐꾼과 바그다드의 세 아씨" 이야기의 도입부이다.

옛날 옛적에 바그다드에 한 짐꾼이 살고 있었는데, 그는 미혼이었고 영영 결혼도 하지 못할 터였다. 하루는 그가 바구니에 기대고 서서 거리에서 하릴없이 빈둥거리고 있는데, 갑자기 그의 눈앞에 금실로 수를 놓고 가장자리는 양단(洋緞)을 댄 모술 비단 베일을 걸친 귀부인이 나타났다. 그녀의 신발도 가장자리가 금으로 장식되어 있었고, 길게 가닥가닥 땋은 머리가 하늘거렸다. 그녀가 얼굴을 가린 베일을 걷자 검은 두 개의 눈동자와 가장자리의 칠흑 같은 속눈썹이 드러났다. 부드럽고 나른한 눈길과 천하제일의 미모가 사람을 홀리는 듯했다. 그녀는 짐꾼에게 다가가 참으로 상냥한 말투로 딱 이렇게만 말했다. "네 바구니를 들고 날 따라와라."

짐꾼은 여인의 눈부신 자태에 아찔해져 그녀가 하는 말을 제대로 들은 것인지 귀를 믿을 수 없을 정도였지만 바구니를 어깨에 지고 서둘러 뒤를 따라가며 외쳤다. "이야말로 횡재, 알라의 은총이로구나!" 그녀를 따라 걷다 보니 어느 집 문 앞에 다다랐다. 그녀가 문을 두드리자 나자렌이라는 노인이 금방 나타났다. 여인은 금화를 건네고 올리브 기름처럼 맑게 거른 포도주를 받았다. 여인은 포도주를 안전하게 바구니에 넣은 다음 짐꾼에게 말했다. "들고 따라와라." 짐꾼이 말하기를, "알라의 이름을 걸고, 오늘은 정말이지 길한 날, 모든 소원이 이루어지는 징조가 좋은 날이로세." 그는 다시금 바구니를 짊어지고 여인을 따라갔다. 이윽고 여인은 과일장수 가게 앞에 멈춰서 샤미(이란 서남부/옮긴이) 사과와 오스마니(남아시아/옮긴이) 모과와 오만 복숭아, 나일 강 오이, 이집트 라임, 술탄국 오렌지와 시트

론을 샀다. 거기다 알레포 재스민, 향기로운 은매화 열매, 다마스쿠스 수련, 쥐똥나무와 카모마일 꽃, 새빨간 아네모네, 제비꽃, 석류꽃, 들장미와 수선화를 산 다음 전부 다 짐꾼의 바구니 안에 넣고 말했다. "들어라."

그래서 그는 바구니를 지고 그녀를 따라갔다. 여인은 이번에는 푸주한의 좌판 앞에 멈춰 서서 말했다. "양고기를 10근만 잘라주게." 그녀는 값을 치른 다음 푸주한이 바나나 잎에 싸서 건네준 고기를 바구니 안에 넣고 말했다. "짐꾼아, 들어라." 그는 분부대로 바구니를 들고 다시 여인의 뒤를 따랐다. 이번에 여인은 잡화상 앞에 멈춰서 말린 과일과 피스타치오 씨앗, 티아마(아라비아 반도 홍해 연안/옮긴이) 건포도, 껍질을 벗긴 아몬드와 디저트로 필요한 모든 것을 산 다음 짐꾼에게 "짐을 들고 날 따라와라"라고 말했다. 그래서 그는 짐을 들고 여인을 따라 다음에는 과자점 앞까지 갔다. 여인은 거기서 토기 접시를 산 다음 그 위에 가게에 있던 온갖 설탕절임을 올렸다. 위에는 반죽을 씌우지 않고 구운 타르트와 사향을 첨가한 "형형색색의 케이크"와 레몬을 넣은 빵, 멜론 설탕절임, "자이나브 빗"과 "아가씨 손가락(가는 막대기 모양 과자/옮긴이)"와 "카지의 한입거리"와 갖가지 과자들을 접시에 담아 바구니 안에 넣었다. 그러자 (명랑한 사람인) 짐꾼은 이렇게 말했다. "아씨께서 미리 말씀하셨다면 장 본 물건을 모두 실어가게 제가 조랑말이나 암낙타를 데려왔을 텐데요." 그녀는 미소를 지으며, 짐꾼의 목덜미를 찰싹 때리며 나무랐다. "어서 걸어라. 입을 함부로 놀리지 말고. (만사가 순조로우면) 품삯은 넉넉히 줄 테니."

그들의 쇼핑은 아직도 끝나지 않았다.

이 이야기는 멀리 티베트와 발칸 반도, 이집트에서까지 상품을 가져오던 무역제국의 중심에 자리한 바그다드의 시장을 상찬한다. 우리는 이

카이로의 시장. 『천일야화』의 한 19세기 판본에 실린 삽화.

상품들을, 주눅이 든 것 같지만 머리가 잘 돌아가는 짐꾼의 눈을 통해서
보며, 그의 모험은 이제 막 시작되었다. 『천일야화』는 시장 풍경을 즐겨
묘사하는데, 시장은 이 이야기 모음집이 진가를 발휘하는 환경이기 때문
이다. 궁정 문학보다 더 폭넓은 독자층을 의도한 이 책은 시장에서 판매
용으로 탄생했고, 상인들의 총아였다.

만약 이 이야기 모음집이 먹음직스러운 이 음식들을 바그다드 시장까
지 가져온 동일한 무역 네트워크를 따라서 페르시아에서 아라비아까지

왔다면 다음 질문이 자연스레 이어진다. 누가 이 이야기들을 취합했을까? 서적상 이븐 이샤크 알-나딤은 놀라운 답변을 들고 나왔다. 바로 알렉산드로스 대왕이라는 답변을. 알-나딤은 알렉산드로스 대왕이 밤이면 막사에서 친구들과 지인들에게 둘러싸인 채 그런 이야기를 듣는 것을 좋아했다고 밝힌다.

그러나, 잠깐! 알렉산드로스는 이미 잠자리에서 읽을거리가 충분하지 않았나? 따지고 보면 그는 전 세계로 뻗어가는 원정길에 아리스토텔레스 판본의 『일리아스』를 함께 가져와 밤마다 머리맡에 두지 않았나? 아무래도 밤에 잠이 오지 않을 때, 위대한 마케도니아 왕에게 호메로스가 항상 입맛 당기는 읽을거리는 아니었던 모양이다. 호메로스가 내키지 않을 때에 그는 다른 종류의 이야기, 셰에라자드가 들려준 것과 같은 이야기들을 좋아했다. 알렉산드로스답게 그는 이런 이야기들을 즐기기만 한 것이 아니었다. 그는 또한 그 이야기들을 수집하여 후세에 남도록 글로 적게 했다. 물론 이 이야기들이 호메로스의 중심적 지위를 넘보지는 못할 것이었다. 어쩌면 알렉산드리아 도서관 안으로 들어가지도 못했을 것이다. 그럼에도 불구하고 알렉산드로스는 그 이야기들이 길이길이 남기를 바랐고, 보존하기 위해서 필요한 조치를 취했다.

알렉산드로스를 『천일야화』의 수집가로 지목하는 것은 억측이기는 하지만, 알-나딤은 무엇인가를 알아차리기는 했다. 결국 알렉산드로스 본인의 생애 자체가 이런 모음집에 포함될 만큼 기상천외하지 않은가?

『천일야화』에서 464번째 날 밤, 우리는 알렉산드로스가 아무것도 소유하지 않는 부족(다른 출전에 따르면 알렉산드로스가 조우했던 인도의 현자들과 똑같다)과 조우한 이야기를 듣게 된다. 알렉산드로스는 그 부족의 왕을 소환했지만 그는 나타나기를 거부했다. 평소와 다름없이 마음먹은 바는 반드시 이루는 알렉산드로스는 그를 찾아내어 질문을 던지고 마침내 지혜로운 금언을 듣는다. "당신이 부유하기 때문에 모두가 당신의 적인 반면, 나는 아무것도 소유하지 않았기에 모두가 나의 친구다."

그러나 알렉산드로스가 단지 『천일야화』에 등장한다고 해서 그가 그 이야기 모음을 취합했다고 할 수는 없다. 사실, 많은 이야기들이 그 마케도니아 왕보다 훨씬 더 오래된 원천들에서 나왔다. 강도질에 성공한 다음에 서로를 죽일 계획을 세운 두 도둑 이야기를 보자. 강도질이 끝난 뒤에 두 도둑이 저녁을 먹으려고 식탁에 앉았을 때, 한 사람이 다른 사람을 칼로 찔러 죽였다. 자신의 소행에 만족한 그는 음식을 먹다가 이내 숨이 막히기 시작하고, 죽은 동료가 음식에 독을 타서 자신을 죽이려고 했음을 깨닫게 된다. 이 이야기는 인도의 불교 승려가 모아서 펴낸, 현존하는 가장 이른 시기의 이야기 모음집 가운데 하나인 『자타카 이야기(*Jataka Tales*)』에서 왔다(나중에 존 휴스턴은 이 이야기를 차용하여 영화 「시에라 마드레의 황금」을 제작한다). 또다른 이야기인 공중을 날아다닐 수 있는 새까만 말[馬] 이야기 역시 인도에서 왔고, 다른 이야기들은 지중해 세계나 페르시아에서 왔다.

이 원천들을 숙고하면서 나는 알-나딤이 알렉산드로스 대왕이 이런 이야기를 수집하기에 안성맞춤인 위치였기 때문에 그 위대한 정복자를 편찬자로 생각했던 것은 아닐까 궁금했다. 확실히 그는 호메로스에 대한 헌신이 보여주듯이, 확고부동한 문학 진흥자였다. 게다가 그의 제국은 인도부터 그리스까지, 이야기 모음집에 매우 밀접하게 결부된 일부 지역들에 지속적인 교류를 가져왔다. 알렉산드로스의 제국 전역에 걸쳐 사람들은 이야기를 빌려오고, 교환하고, 자기 것으로 만들었다. 알렉산드로스는 실제 편찬자는 아닐지 몰라도 그의 단명한 제국의 영역은 『천일야화』의 바탕에 깔린 이야기들의 네트워크를 뒷받침하는 유라시아 땅덩어리의 상당 부분을 아울렀다.

그러나 이 이야기들의 기원에 관한 나의 질문에 대한 해답은 여전히 얻지 못한 채, 나는 다시금 가장 초기 증거물인 법적 동의서의 뒷면으로 돌아갔다. 그것을 찬찬히 조사하다가 전에는 대수롭지 않게 생각했던 무엇인가가 눈에 들어왔다. 바로 셰에라자드이다. 이 종잇조각에는 표제지만이 아니라 도입부도 담겨 있는데, 그 말은 셰에라자드와 그녀의 여동생, 그리고 왕에 관한 유명한 액자 이야기도 담겨 있다는 뜻이었다. 『천일야화』의 핵심은 이런저런 이야기들의 기원이 아니라, 그 모든 이야기들을 하나로 묶어주는 것, 즉 그 잊을 수 없는 내레이터(narrator)이다. 나는 새로운 흥미를 느끼며 액자 이야기를 읽기 시작했다.

셰에라자드는 왜 그렇게 많은 이야기를 알고 있었을까?

이 이야기는 셰에라자드의 아버지에게서 시작하는 도발적이고 이상한 이야기이다. 왕국에서 가장 중요한 대신인 그는 딸이 왕의 다음 아내가 되겠다고 했을 때, 도저히 자신의 귀를 믿을 수가 없었다. 셰에라자드는 왕이 왕비가 다른 남자, 바로 검은 피부의 노예의 품 안에 있는 모습을 발견하고 미쳐버렸음을 너무도 잘 알고 있었다. 치욕과 괴로움에 왕은 어찌할 바를 몰랐고, 결국 도망쳐 동생의 곁에서 위로를 구하고자 했지만, 그의 동생도 자기 아내가 연인과 함께 있는 현장을 발각하고 둘 다 죽이면서 유사한 정신 상태에 빠지게 되었다. 동생과 함께 왕은 일대를 정처 없이 떠돌다가 왕궁으로 돌아와서 여자들에게 복수하겠다고 공언했다. 그는 매일 밤 자기 앞으로 신부를 대령하라고 시켰다. 그가 신부와 하룻밤을 즐기고 나면, 신부는 이튿날 처형을 당할 것이었다. 셰에라자드의 아버지는 밤마다 왕의 침소에 들어갈 여자들을 조달하고 나중에 죽이는 일을 책임지고 있었다. 이제 자신의 딸이 다음 희생자가 되겠다고 자원하고 나선 것이었다.

셰에라자드의 아버지는 딸의 생각을 돌리려고 갖은 애를 썼다. 그는 애원도 하고 협박도 했지만 무엇도 통하지 않았다. 절박해진 그는 딸에게 그녀에게 일어날 일에 대한 경고로, 어리석은 고집불통에 관한 이야기들을 들려주었지만 그녀는 뜻을 굽히지 않았다. 결국 그는 이야기가 바닥났고, 깜짝 놀란 왕에게 그날 밤 셰에라자드가 그의 침소에 들 것이라고 알릴 수밖에 없었다.

셰에라자드는 고집불통이었지만 죽고 싶어서 그러는 것은 아니었다. 그녀는 한 가지 계획이 있었는데, 여기에는 조수가 필요했으므로 조수로 자신의 여동생을 골랐다. 여동생은 왕의 침소에 함께 들어가 두 사람의 정사가 끝나기를 조심스레 기다렸다가 셰에라자드에게 이야기를 들려달라고 부탁할 터였다. 이 계획은 잘 통해서 왕은 여동생의 요청을 들어주었고, 셰에라자드는 이야기를 들려주기 시작했다. 위대한 왕과 영리한 평민들, 재치 있는 경구를 쏟아내는 동물과 무시무시한 마귀들, 캄캄한 통로와 기상천외한 모험의 이야기들, 마법과 도덕적 교훈, 지혜가 담긴 이야기들이었다. 셰에라자드는 동이 틀 무렵, 이야기를 중간에서 끊어버렸다. 이런 식으로 그녀는 왕이 이야기의 결말을 들을 수 있도록 하루씩 목숨을 연장할 수 있었다.

왕은 이야기를 듣고 푹 빠졌다. 밤마다 그는 궁금증을 유발하는 흥미진진한 대목에서 흥미진진한 대목으로 넘어가면서 앞 이야기의 결말과 다음 새 이야기의 도입부를 계속 듣기를 원했다. 정사 다음에 이야기가

19세기 페르시아 화가 알리 칸의 석판화는 『천일야화』의 액자 이야기에 언급된 간통 장면을 묘사한다. (Image credit : Ulrich Marzolph)

이어지면서 이런 식으로 점점 더 많은 밤이 흘렀고, 이야기는 끝날 기미가 보이지 않았다. 다음날 밤까지 이어지는 이야기들을 계속 들려주는 한 셰에라자드는 무사했다. 지금부터 그녀의 운명과 왕국에 남아 있는 모든 여자들의 운명은 한 여인의 스토리텔링 능력에 달려 있었다.

그러나 셰에라자드는 그 모든 이야기들을 어떻게 생각해냈을까? 분명히 즉석에서 지어낼 수는 없었을 것이다. 그보다 그녀는 인류가 그동안 서로에게 들려주었던 사랑과 모험, 범죄의 이야기들의 바다를 활용하고 있었다. 그것은 환상적인 동화, 유명한 왕들의 이야기, 딸의 마음을 돌리기 위해서 셰에라자드의 아버지가 시도했지만 성공을 거두지는 못했던 것과 같은 지혜와 교훈이 담긴 이야기들이었다.

이야기를 들려주고자 하는 충동, 여러 사건들을 하나의 순서대로 배열하고, 플롯을 구성하고, 그 사건들을 결말로 매듭짓고 싶어하는 충동은 매우 근원적이어서 마치 이 충동이 우리 인간 종에게 생물학적으로 뿌리

박혀 있는 것이 아닐까 싶을 정도이다. 우리는 A로부터 B로, 그리고 B로부터 C까지, 연결을 지으려는 충동이 있다. 이 과정에서 우리는 한 지점에서 다음 지점으로 어떻게 넘어갈 수 있는지에 관한 아이디어들을 발전시킨다. 그 해답이 우주적인 운명이든, 우연이든, 아니면 사회적 힘들이나 주인공의 의지든, 그것이 이야기를 앞으로 나아가게 하는 것이다. 흔히 등장인물들은 어떤 비밀을 품고 있으며, 우리는 그 비밀을 캐내고 싶어한다. 스토리텔링의 법칙에 따라서 그들의 비밀은 『천일야화』의 왕이나 우리의 호기심을 충족시키기 위해서라도 밖으로 드러날 수밖에 없다. 어떤 힘들이 이 주인공들을 몰아가든지 간에, 우리는 그들이 적대적이거나 우호적인 상황을 헤쳐나가는 모습을 지켜보며, 우리가 알기도 전에 이야기꾼은 하나의 세계 전체를 창조한다.

우리의 이야기 속 세계들은 흔히 서로 다른 법칙들을 따르기 때문에, 어떤 이야기는 환상적이고, 다른 어떤 것은 차분하고, 또다른 어떤 것은 까마득한 과거나 머나먼 곳이 배경이며, 어떤 것은 더 친숙하고 우리 마음에 더 와닿는다. 이것은 상상력과 언어가 우리에게 허락해준 것이다. 상상력과 언어를 통해서 우리는 우리 눈앞에서 보는 것과 다른 장면들을 그려내고, 말을 가지고 여러 세계들을 구성한다. 셰에라자드는 여동생과 왕을 플롯에서 플롯으로, 주인공에서 주인공으로, 세계에서 세계로 데리고 다니는 이런 일에 탁월했다. 이 스토리텔링의 우주에서는 당신이 길에서 마주치는 사람은 누구든 저마다 이야기를, 흔히 경이와 우연으로 가득한 이야기를 가지고 있다. 거지는 알고 보면 왕으로 태어났을지도 모르며, 그냥 짐꾼도 무엇인가 들려줄 이야기가 있을 수도 있다. 모두가 각자 하나의 이야기이다.

아주 오랫동안 스토리텔링은 문학 이전부터 존재해왔고 그 이후에도 문학의 레이더망 바깥에 존재해왔다. 이야기들은 전문 이야기꾼이나 아마추어에 의해서 입으로 전해졌고, 드문 경우에만 문학의 배타적인 세계 안으로 간신히 진입할 수 있었다. 하지만 궁극적으로 점점 더 많은 인기 있는 이야기들이 그 이야기들을 기꺼이 보존하려는 서기의 눈에 들면서 더 큰 이야기 모음집을 이루게 되었다. 성스러운 경전보다는 위신이 떨어지고, 무라사키의 『겐지 이야기』만큼 극히 일부 독자층에게만 해당되지 않는, 이 이야기들은 시장 판매용이었다. 그런 이야기집은 때때로 도서관에 수집되기도 했지만, 주요 대상은 상인들이었다(이들은 "짐꾼과 바그다드의 세 아씨" 이야기에 나오는 바그다드 시장의 상품 목록을 이해할 수 있었을 것이다).

일단 셰에라자드와 왕의 액자 이야기를 다시 읽고 나자, 나는 기발한 이야기꾼에 관한 이야기처럼 보였던 것이 사실은 열렬한 독자에 관한 이야기였다는 점을 깨달았다. 셰에라자드의 아버지가 그녀에게 자신의 서재를 마음대로 이용하게 허락했을 때, 그는 자신도 모르게 딸을 이 임무를 위해서 준비시켰던 것이다. 어린 시절과 사춘기 내내 셰에라자드는 문학에서부터 역사, 철학까지 서재 안의 모든 것을 닥치는 대로 읽으며 시간을 보냈고, 심지어 의술 논고도 그녀의 눈길을 피해가지 못했다. 그녀는 독자이자 학자라는 명성을 얻었으니, 이 책벌레 여주인공의 자연스러운 거처는 서재이지 왕의 침소가 아니었지만, 결국 왕의 침소를 스토리텔링의 공간으로 탈바꿈시키면서 그 둘을 하나로 합치게 되었다.

『천일야화』의 기원을 찾기 위해서 나는 누가 셰에라자드를 발명했는지 알아내야 했다. 해답은 그녀의 기능, 즉 그녀가 이야기 모음집을 위해서 한 역할에 감춰져 있었다. 셰에라자드는 이야기를 들려주기만 한 것이 아니라 이야기를 선별하고, 배치하고, 미쳐버린 왕과 마주한 자신의 상황에 맞게 각색했다. 이 점에서 그녀는 자신들이 세계 곳곳에서 들은 이야기를 선별하고, 배치하고, 각색하고, 그것을 글로 적고, 이런저런 이야기 모음집에 넣은 서기들을 닮았다. 나는 셰에라자드를 이런 서기들의 화신, 그들이 자신들을 이야기 속에 써넣은 방식에 대한 체현이라고 생각하기 시작했다. 셰에라자드는 이야기를 제어하는 자, 서기들의 여왕이었다.

우리에게 『천일야화』를 남겨준 서기들은 자신들의 더 매력적인 버전으로 셰에라자드를 발명하여, 오늘날 우리가 **액자식 이야기 서술**(frame-tale narrative)이라고 부르는 강력한 도구를 발견했다. 액자 이야기란 셰에라자드가 자기 목숨을 구하기 위해서 이야기를 들고 나올 수밖에 없었다는 이야기와 같은 것이다. 이런 액자들은 드라마를 제공하고, 각 이야기에 정서적인 몰입을 강화한다. 또 시간을 버는 것을 필연적으로 만듦으로써 서스펜스를 창조한다. 액자는 또한 이야기에 새로운 목적을 부여한다. 많은 밤에 걸쳐 셰에라자드는 마치 배우자의 부정(不貞)이 삶의 일부라는 것을 왕에게 말하려는 듯이 남녀를 불문하고 부부 간의 배신과 부정의 이야기를 들려준다. 또다른 이야기들은 부부 간의 정절이 가능하다는 것을 상기시키려는 듯이 변치 않은 지조의 사례를 보여준다. 또 많은 이야기들이 성군, 누구보다도 바그다드의 유명한 칼리프 하룬 알-라시드를 중심으로 돌아가는데 마치 왕에게 다시 훌륭한 통치자가 되라고 간청하는 듯하다.

결국 셰에라자드는 성공을 거두었다. 그녀의 이야기는 어떻게 하면 다시 좋은 남편이자 왕이 될 수 있을지를 가르쳐주면서 왕이 모든 여자들에 대한 살인적인 증오에서 벗어나게 해주었다. 이것은 『천일야화』의 몇몇 버전들의 잊을 수 없는 액자 이야기의 해피엔딩이다. 왕은 치유되었다. 그는 복수를 단념하고 셰에라자드와 결혼하며, 셰에라자드는 왕궁으로 서재를 통째로 옮겨왔다. 밤마다 이야기를 더 들려달라고 끈기 있게 요청했던 그녀의 여동생은 왕의 동생과 혼인하게 되었다.

이야기의 액자를 짜는 법

시간이 흐르면서 액자식 이야기는 특정 이야기들은 걸러내는 반면, 특정 이야기는 끌어당기는 자석이 되었다. 셰에라자드를 주요 이야기꾼으로 삼는 『천일야화』는 사랑과 왕위에 대한 이야기들, 왕을 변화시킬 가능성이 있는 이야기들을 끌어당겼다. 이런 과제에 부적합한 이야기들은 도외시되기 더 쉬웠다. 액자가 언제나 그 안의 모든 이야기들을 통제하지는 않았지만, 시간이 흐르면서 액자는 이야기 모음집 전체에 형태와 정체성을 부여하면서 정리 메커니즘으로 작동하게 되었다.

　『천일야화』가 액자 이야기를 갖춘 유일하거나 최초의 이야기 모음집은 아니다. 유명한 액자 이야기의 하나는 인도 이야기 모음집 『자타카 이야기』(『천일야화』는 여기서 여러 이야기들을 빌려왔다)에 나오는데, 이것은 동물 우화 모음집이지만 여기에 딸린 액자는 이야기들 전체에 완전히 다른 시각을 제공한다. 그 이야기들은 바로 부처가 들려주는 것이다. 부처는 우화들을 이용해서 제자들을 가르치고, 교훈을 일깨워주고, 자신을 그 우화들 안에 위치시킴으로써 설법의 중요 요점들을 기억할 수 있게 돕는다. 예를 들면, 황금 깃털을 달고 있었지만 모조리 뜯기고 만 오리 이야기를 들려준 다음에 부처는 그것이 바로 전생의 자신이었다고 밝힌다. 탐욕스럽게 혹사당한 아낌없이 주는 오리가 바로 부처였던 것이다. 이 모음집을 편집한 서기들은 부처의 설법을 전파하기 위한 수단으로 동물 우화를 이용했다. 『자타카 이야기』는 (불교 경문과 더불어) 부처에 대한 글로 된 기록들 가운데 하나로, 특정한 액자 틀이 그 틀이 없었다면 또 하나의 동물 우화집에 그치고 말았을 것에 뚜렷한 방향과 목적을 부여할 수 있음을 보여준다.

만약 부처가 셰에라자드와 동떨어져 보인다고 해도, 그녀는 인도에 정말로 친척이 있었는데, 거기서 또다른 서기는 앵무새가 들려주는 이야기 모음집을 만들어냈다. 비록 목적은 다르지만 셰에라자드처럼 앵무새는 밤마다 자신의 스토리텔링 재능으로 주인의 관심을 다른 데로 돌릴 필요가 있었다. 앵무새의 주인이기도 한 여성이 남편이 집을 떠나 있는 동안 다른 남자들에게 눈길을 주기 시작하자 충실한 앵무새는 그녀가 부정을 저지르지 못하게 막고 싶었던 것이다.

가장 섬뜩한 액자 이야기 역시 인도에서 나왔다. 그것은 어느 왕이 그를 찾아온 은자의 말에 넘어가 무시무시한 공동묘지로 들어가 근처 나무에 걸려 있는 송장을 가져오는 것으로 시작한다. 왕이 송장을 건드렸을 때, 소름 끼치는 웃음소리가 송장 안에서 터져 나오자 왕은 이 송장 안에 흡혈귀가 살고 있음을 깨달았다. 그러나 용감무쌍한 왕은 시신과 그 안에 살고 있는 흡혈귀까지 나무에서 떼어내어 어깨에 짊어지고 출발했다. 흡혈귀는 딱히 불만이 없는 듯했고, 시간을 보내려고 이야기를 들려준 다음 왕에게 그 교훈에 관해서 물었다. 왕이 만족스러운 답변을 내놓지 못하면 흡혈귀는 나무로 다시 날아가버렸고 모든 것이 처음부터 다시 시작되었다.

이 액자식 이야기 모음집은 11세기에 카슈미르 출신으로 소마데바라는 한 브라만 서기가 펴낸, 『카타 사리트 사가라(Katha Sarit Sagara)』(이야기 시냇물들의 바다라는 뜻)에 수록되어 있었다. 넘쳐나는 이야기 모음집들에 직면하여 소마데바는 유일하게 현명한 결론을 이끌어냈다. 많은 경우에 자체의 액자 틀을 갖춘 개별적인 이야기 모음집들을 집대성한 18권짜리 모음집의 모음집(supercollection)을 창조한 것이다. 그는 이야기 모음집들을 한데 모아서 하나의 액자 이야기 안에 집어넣었다.

이야기들의 숫자는, 시냇물 속의 물방울처럼 헤아릴 수 없고 그 시냇물 줄기들이 모여 존재하는 모든 이야기들을 품은 바다를 이룬다. 서기들은 이러한 이야기들을 이야기의 바다에서 건져내고 다양한 방식으로 배열하여 그것들을 포착하기 위해서 액자 틀을 창조해왔다. 서기들은 이야기들을 화자의 입에서 흘러나오게 함으로써 이야기들을 보존하고, 화자들은 청자를 설득하고, 그들을 즐겁게 해주고, 그들의 주의를 딴 데로 돌리려고, 그들을 교육시키려고, 아니면 그저 시간을 보내려고, 그렇게 저마다의 목적에 따라 이야기를 들려준다. 현명한 남자들이 나오든, 용감한 여자들이 나오든, 주제넘은 앵무새가 나오든, 가르치려 드는 흡혈귀가 나오든 영리한 액자 틀은 가능한 많은 이야기들을 취합하면서도 거기에 구조와 목적, 의미를 부여하고, 이야기들 전체를 관통하여 공명을 일으키는 하나의 수단이 되었다. 이 액자 장치는 너무도 강력해서 후대의 작가들은 그것을 마음껏 빌려왔고 기존의 이야기들을 취합하는 정도가 아니라, 아예 자체적으로 이야기들과 액자 틀을 창조하여 자신들만의 이야기 모음집을 지어냈다. 문학의 역사는 초서에서부터 보카치오까지, 이런 근대적인 이야기 모음집으로 넘쳐나며, 액자식 이야기 모음집은 고전고대부터 현재까지 죽 이어지는 세계 문학의 위대한 형식 가운데 하나이다.

이 모든 것은 물론 대단히 흥미롭지만 나는 아직도 『천일야화』의 기원에 관한 나의 질문에 대한 답을 얻지 못했다. 이 문제를 곰곰이 생각하는 동안 나는 꿈을 꾸었다. 꿈에서 나는 세에라자드가 들려주는 다음과 같은 이야기를 어깨 너머로 들었다. 세에라자드가 말하기를, 하룬 알-라시드 치세에 바그다드 시에 한 서기가 살았습니다. 그는 각종 문서와 계약서를 필사하는 사람이었지요. 아내도 자식도 없었던 그는 책과 장부들 틈에서 지냈어요. 어느 날 밤 문을 두드리는 소리가 들렸습니다. 그를 찾아올 사람이 딱히 없었지만 문 두드리는 소리가 친근하게 느껴져서 서기는 문을 열었습니다. 들고 있던 촛불의 깜빡이는 불빛 사이로 이국적인 옷을 걸친 낯선 생명체가 보였습니다. 처음에 서기는 그것이 변장을 하고 시내를 돌아다닌다고 알려진 바그다드의 칼리프일지도 모른다고 생각했답니다. 확신이 서지 않은 그는 이름이 뭐냐고 물었지만, 그것은 페르시아 말로 "천 가지 이야기"라는 뜻인 "하자르 아프산"처럼 들리는 말로 대답할 뿐이었지요. 낯선 방문객에게 돌아갈 집이 없다는 것을 알고 서기는 그것을 자기 집안으로 들였습니다. 알고 보니 그것은 함께 지내기에 참으로 즐거운 동반자였고 서기는 계속 자기 집에 머물러도 좋다고 했습니다. 서기는 그것한테 아랍어와 아랍 풍습을 가르치고 제대로 된 아랍 이름도 지어주었지요. 알프 레일라라고 말이에요. 수더분한 태도 덕분에 알프는 상인들 사이에서 귀염둥이가 되었습니다. 그들은 알프가 시장의 좌판에 언제든 머물러도 좋다고 했고 알프는 흔히 낮 동안에는 시장에서 잠을 잤습니다. 하지만 해가 지면 활기를 되찾은 알프는 상인들과 바그다드 주민들, 그를 찾아오고 싶어하는 모든 이들의 기분을 전환시켜주고 즐겁게 해주어, 알프 덕분에 사람들은 자신들의 근심과 걱정을 잊을 수 있을 정도였지요.

알프에 대한 소식이 질투심 많은 지니의 귀에까지 들어갔어요. 지니는 시장의 외진 구석에 쌓아둔 아몬드 자루 뒤에 숨어 있다가 간밤의 여흥에 지친 알프가 지나갈 때, 불쑥 그 앞으로 튀어나와서 자기 몸을 집채만큼 부풀렸습니다. 알프는 그 위압적인 인물을 올려다보며 말했어요. "이봐 지니, 네가 와서 정말 기쁘군. 난 언제나 널 만나고 싶었어. 그렇지만 이렇게 높이 올려다보자니 목이 아프군. 우리가 좀더 편안하게 대화할 수 있게 몸집을 조금만 줄여주겠어?" 줄곧 서로 친구였던 양 누구도 지니에게 이런 식으로 말한 적은 여태 없었지요. 깜짝 놀란 지니는 자신의 사악한 꿍꿍이를 잊고, 둘은 친구가 되었습니다.

둘이 헤어질 때가 되자 지니는 알프에게 최상의 종이로 만들어진 비행(飛行) 장치를 주었어요. "이게 하늘을 나는 양탄자보다 더 나아. 정말 가볍거든. 찢어버리지 않도록 조심해"라고 지니는 경고했습니다. 알프는 조심스레 종이 양탄자에 올라타 멀리 카이로와 다마스쿠스까지 가고 싶은 어디로든 날아가 어디서나 열렬한 팬들을 끌어모았습니다. 알프는 긴 세월에도 변치 않고 이런 식으로 수 세기를 살다가 다시금 좀이 쑤셔 종이 양탄자를 이용해 바다 건너 유럽으로 날아갔어요. 처음에 알프는 열성적인 한 프랑스인에 의해서 받아들여졌고 그 프랑스인은 알프에게 프랑스어를 가르쳐주었습니다(『천일야화』를 프랑스어로 번역하여 유럽에 처음 소개한 앙투안 갈랑을 말한다/옮긴이). 잉글랜드에서는 성적 성향이 다소 모호한 한 영국인 여행가와 친구가 되었습니다(세계적으로 지금까지도 가장 인기 있는 번역본이자 최초의 완역본으로 평가받는 영역본을 낸 리처드 버턴을 말한다/옮긴이). 이런 의심스러운 인물과 사귀었음에도 불구하고 알프는 곧 유럽 전역에서 찬사를 받았습니다.

알프가 유명해질수록 더 많은 사람들이 알프에게 질문을 던져댔어요. 넌 누구니? 어디서 왔어? 알프의 혈통을 조사하는 일은 강박이 되었습니다. 학자들이 알프를 조사하기 위해서 멀리서 찾아왔고 종종 매우 무례한 방식으로 알프를 붙잡았어요. 어떤 이들은 그것이 아랍에서 기원했다고 말했고, 어떤 이들은 그 페르시아 이름에 주목했으며 또 어떤 이들은 그것이 인도 혈통이 아닌가 의심했습니다. 그들의 부적절한 접촉으로 섬세한 종이 장치는 조각조각 찢어질 기미가 보였어요. 마침내 짜증이 난 알프는 외쳤어요. "이제 그만! 내가 고아라는 것을 모르겠어? 내 부모를 찾으려는 사람들은 자기들의 모습만 발견하게 될 걸. 나는 너희들의 꿈과 갈망의 자식이야. 나를 너희들의 일부로 받아들이든지 아니면 그냥 날 없애버려." 그 다음 알프는 종이 양탄자를 수선하고는 그것을 타고 날아가버렸습니다.

잠에서 깨었을 때, 나는 그 꿈이 『천일야화』의 기원을 찾으려는 부질없는 시도에 대한 경고임을 인식했다. 분명히 나는 틀린 질문을 하고 있었던 것이다. 생각이 거듭하여 그 꿈으로 쏠리면서 나는 셰에라자드가 나에게 다른 무엇인가를 이야기하고 있다고 생각했다. 나는 그 이야기의 가장 초기 단편, 아랍의 변호사가 메모지로 사용한 것으로 되돌아갔고, 내가 가장 중요한 단서를 놓치고 있었음을 깨달았다. 가장 중요한 단서는 셰에라자드의 액자 이야기가 아니었다.

그것은 변호사가 메모지로 쓴 『천일야화』의 단편이 아라비아 세계에서 종이 책의 가장 이른 시기의 증거라는 사실이었다. 이야기의 기원 대신에 나는 이 이야기들이 인도에서 페르시아로, 그리고 바그다드에서 카이로로, 마치 지니의 마법의 힘으로 날아가듯이, 이야기에 날개를 달아준 기술—이 경우에는 종이—을 들여다보아야 했다.

아라비아 종이의 발자취

중국에서 발명된 제지술은 수백 년간 비밀에 부쳐졌고, 그 기간 동안 제지술은—예를 들면, 불교 경문을 매우 신속하게 복제할 수 있게 함으로써—사회를 변화시켰다. 종이는 대단히 매끄럽지만 잉크를 깨끗하게 흡수할 수 있었기 때문에 전에 없이 글자를 정확하게 쓸 수 있었고 덕분에 서예가 꽃을 피웠다.

한국과 일본은 (『겐지 이야기』에 반영되어 있듯이) 중국과의 밀접한 문화적 연계의 결과로 제지술을 열심히 배웠다. 중국의 서쪽 이웃 나라들도 이처럼 절묘하게 얇고도 가벼운 문방구를 보고 구입할 수 있었지만, 그것을 어떻게 제조하는지는 몰랐다. 제지 장인들은 비밀을 지킬 것을 맹세해야 했다. 수백 년간 제지 비법은 중국 문화권에만 남아 있었다.

이 비법이 마침내 어떻게 드러났는지에 관한 이야기는 신빙성이 떨어지는 듯하지만 제지 지식이 얼마나 귀중하게 여겨졌는지 그리고 제지술이 어떤 경로를 거쳐 아라비아에 도달했는지를 보여준다. 지식 이전은 확장되는 중국 문화권이 바그다드에 주재하면서 동쪽으로 팽창을 시도하고 있었던 하룬 알-라시드의 선조들과 조우했을 때에 일어났다. 두 세력권은 751년 7월, 오늘날의 카자흐스탄, 탈라스 전투에서 충돌했다.

탈라스 강은 중국과 페르시아를 잇는 비단길에 위치하고 있기 때문에 결정적 요충지였다. 이 전투에서 아랍 측은 중국 측 군사들이 변절하여 넘어온 덕분에 승리했고, 수만 명의 중국인 병사들이 전사했다. 일부는 포로로 붙잡혔는데, 그중에는 제지 장인도 있었다. 아랍인들이 강제로 제지 비법을 빼냈는지, 그리고 만약 그랬다면 어떻게 강제로 빼냈는지는 기록되어 있지 않다. 어쨌거나 그들은 비법을 빼냈고, 가장 강력한 글쓰기 기술이 부상하던 아라비아 세계의 수중에 들어왔다(탈라스 전투는 또한 그 지역에서 불교의 영향력을 감소시켰고, 궁극적으로는 천불동의 폐쇄로 이어졌다. 천불동에 감춰진 현존하는 최고[最古]의 인쇄본은 19세기 후반에 가서야 발견되었다).

아랍인들은 새로 입수한 기술을 개선했다. 중국의 종이는 보통 뽕나무 섬유로 만들었는데, 뽕나무는 비단을 생산하는 누에를 치는 나무이 기도 해서 중국 문화에 중요했다(이 설명은 약간 오도의 소지가 있는데, 종이 는 누에를 치는 뽕나무와 같이 뽕나뭇과에 속하는 닥나무 섬유로 만든다/옮긴 이). 뽕나뭇과 나무는 아랍 세계 대부분에서는 잘 자라지 않기 때문에 대 체재를 찾아야 했다. 아랍인들은 완벽한 해답을 들고 나왔다. 바로 누더 기 천이었다. 누더기를 두들기는 방식과 여타 물리적 처리방식을 통해서 천의 섬유들이 분해되어 종이의 재료가 될 수 있었다. 이 대체재는 종이 가 동아시아의 본향을 떠날 수 있게 함으로써 종이의 역사에 결정적인 역 할을 했다. 그때부터 줄곧 넝마주이들은 제지의 비법이 알려진 곳이면 세 계 어디에서나 누더기를 찾아 배회하게 되었다.

처음에 제지는 사마르칸트를 중심으로 이루어졌으나 이내 비단길을 따라 페르시아를 거쳐 아랍 심장부와 가장 유명한 칼리프 하룬 알-라시 드가 다스리던 수도 바그다드로 퍼져나갔다. 바그다드 같은 대규모 영 토는 대규모 관료제를 필요로 했고, 파피루스와 양피지 같은 대안과 비 교할 때에 종이의 장점들은 금방 분명해졌다. 현명한 재상의 권고에 따 라서 하룬 알-라시드는 바그다드를 자체 문구(文具) 시장을 갖춘 아랍 세계의 제지 중심지로 탈바꿈시켰다. 『천일야화』에 등장하는 이야기들은 사마르칸트에서부터 페르시아까지 그 다음으로 하룬 알-라시드의 바그 다드까지 동일한 경로를 따른다.

종이는 글과 지적 활동의 폭발적 증가의 원동력이 되었고 아랍 문자의 황금기를 열었다. 하룬 알-라시드는 아랍 세계에 최초의 공공 도서관을 설립했고, 그의 아들은 곧 그 기관을 지혜의 전당, 즉 학문과 연구, 과학 과 수학의 중심지로 탈바꿈시켰다(서양에서 로마 숫자 대신에 아라비아 숫자를 쓰게 된 것도 이 덕분이다). 지혜의 전당은 로마 제국의 멸망으로 유럽이 쇠퇴기에 접어들던 때에 곧 아랍 세계를 지식의 최전선으로 이끌었다. 문자 문화에 대한 바그다드의 중요성 때문에 고급 대형지는 바그다디(Baghdadi)로 알려지게 되었다.

가장 커다란 문제는 과연 종이를 성스러운 경전에 이용해도 되는지였다. 다른 카리스마적인 교사들처럼, 예언자 무함마드도 글을 쓰지 않았다. 그는 기원후 610년부터 신적 영감에 의해서 『코란(Koran)』을 받았고, 자신이 받은 내용을 추종자들에게 낭송해주었다. 그러나 일부 추종자들은 무함마드 생전이나 632년 그의 사후에 그들이 들은 내용을 받아쓰기(또는 들은 내용을 서기들에게 암송해주기) 시작했다. 원래는 이 글을 종려나무 줄기와 잎사귀, 파피루스와 여타 재료에 적었다. 이 단편적인 글들이 양피지에 쓰여 로마 제국의 기독교도들이 선호한 포맷인 코덱스로 제본되면서 더 온전한 텍스트가 탄생했다. 이런 식으로 본인은 단 한 글자도 쓰지 않았던 또다른 교사가 새로운 경전의 배후에 자리한 인물이 되었고, 그 경전은 다른 모든 성스러운 경전과 마찬가지로 우리 시대까지 줄곧 이어지는 텍스트 근본주의의 전통을 낳았다.

종이가 아랍 세계에 도착했을 때, 양피지에 익숙해 있던 서기들은 새로운 재료의 장점들을 금방 알아보았다. 처음에 서기들은 양피지의 더 높은 전통적 위상을 감안해서 성스러운 『코란』에는 계속 양피지를 사용했다. 그러나 결국에는 『코란』 필사에도 종이를 쓰게 되었고, 이는 종이가 아랍 세계를 정복했다는 최종 신호였다. 종이는 서예(동아시아에서도 똑같이 높이 치는 자질)에 안성맞춤이어서 이제 아랍 문화와 『코란』의 제작과 밀접하게 결부되어 있는 정교한 서체들을 발전시켰다.

제작비용이 더 저렴한 종이는 덩달아 문학의 생산비용도 감소시켰기 때문에 『천일야화』에 나오는 것과 같은 대중적 이야기들에도 안성맞춤이었고, 『천일야화』는 다른 어느 문학 작품보다 자신을 둘러싼 환경에서 크게 융성할 수 있었다. 바로 이런 이유로 아랍 세계의 가장 오래된 종잇조각은 『코란』이 아니라 이 대중적인 이야기 모음집에서 나왔다. 어쩌면 이 이야기 모음집이 아랍 세계 최대의 종이 장려자인 하룬 알-라시드를 그토록 많은 이야기들에 통치자로 등장시키는 것도 그런 이유에서일지도 모른다.

종이가 일본에 몰고 온 최대의 충격파는 『겐지 이야기』의 교양미 넘치는 창조자 무라사키 시키부였다. 아랍 세계에서 종이는 초기 형태의 대중문학을 낳았다. 군주들을 교육시킬 목적으로 편찬된 인도 이야기 모음집 『판차탄트라(*Panchatantra*)』는 페르시아어로 번역되어 『칼릴라와 딤나(*Kalila and Dimna*)』가 되었고, 그 다음 종이 문화가 막 도약할 무렵에 아랍어로 번역되었다. 글쓰기 기술에서 일어난 변화들은 이중의 효과를 낳는 경향이 있다. 한편으로 신기술은 더 오래된 근본 텍스트들이 번성할 수 있게 해주었다(물론 『코란』의 경우에서처럼 성스러운 텍스트들은 때때로 신기술 채택을 더 주저하는 경향이 있기도 하다). 근본 텍스트들은 흔히 문자 문화의 중심에 있어서 신기술들의 혜택을 보기에 가장 좋은 위치에 있기 때문에 이는 전혀 놀랄 일이 아니다. 다른 한편으로, 신기술은 글쓰기를 더 저렴하게 만들고 따라서 글로 된 세계로의 진입 장벽을 낮추는 경향이 있다. 『천일야화』는 이 효과의 덕을 보았다. 서기들의 레이더망 바깥에 존재하다가 이제 그 이야기들은 강렬하고 새로운 문학 형식으로 당당히 존재를 과시했다. 그리고 종이 덕분에 문학은 전보다 부피가 줄어들고 가벼워졌으며, 『천일야화』가 다마스쿠스와 카이로, 이스탄불 곳곳을 쉽게 돌아다닐 수 있게 해주었다.

아랍 제국의 팽창은, 무슬림 침략자들이 에스파냐의 상당 지역을 정복했을 때, 마침내 종이와 『천일야화』 둘 다를 유럽으로 가져갔다. 우리는 지금도 종이를 림(ream : 우리말로는 연[連]이며, 보통 종이 500장을 1연이라고 한다/옮긴이) 단위로 세는데, 이 단어는 아랍어 리즈마(rizma)가 에스파냐어로 들어온 것이다. 거기서부터 종이는 서서히 유럽 기독교권으로 침투했는데, 처음에는 양피지에 익숙한 서기들의 저항에 부딪치기도 했다(『코란』을 필사하는 임무를 맡은 아랍 서기들이 처음에 저항했던 것처럼 말이다). 그러나 그런 저항은 오래가지 못했고 유럽 기독교권은 종이의 이점들을 인식하게 되었다. 처음에는 유럽 내에서 규모가 상당했던 아랍인들의 근거지인 시칠리아, 그리고 북부 이탈리아에서 종이를 쓰기 시작했다. 알프스 이북에서 가장 이른 시기의 제지소는 1390년에 뉘른베르크에 세워졌다. 놀랍게도 종이가 사마르칸트에서 유럽까지 건너가는 데에는 무려 600년 넘게 걸렸다. 『천일야화』도 곧 그 뒤를 이어서 보카치오와 초서 같은 유럽 작가들의 상상력에 불을 지폈고, 이야기 모음집에 대단히 흥미를 느낀 이들은 그들이 입수할 수 있는 내용들을 마음껏 표절하여, 아니 그보다는 마음껏 각색하여 자체 버전들을 내놓았다.

『천일야화』가 프랑스어로 번역되었을 때, 엄청난 선풍이 일어나 번역자 앙투안 갈랑이 아무리 빨리 번역해도 달릴 지경이었다. 사람들은 거리에서 만난 그에게 다음 편을 어서 실어달라고 닦달했다. 그 기상천외한 플롯 전환과 더불어 『천일야화』의 이야기들이 모두에게 사랑을 받은 것은 아니지만 그 인기는 도저히 막을 수 없었다. 그러다가 생각할 수도 없는 일이 일어나고 말았다. 갈랑에게서 이야기가 바닥나버린 것이었다. 도움이 절실한 순간, 1709년에 그는 『천일야화』의 여주인공 셰에라자드를 떠올리고는 자신이 이야기를 더 많이 찾아내야 한다는 것을 깨달았다. 페르시아 아가씨 대신에 그는 한나 디야브라는 탁월한 이야기꾼인 시리아 젊은이를 찾아냈고, 그는 창의적인 방식으로 다양한 이야기들을 결합함으로써 점점 더 많은 이야기들을 내놓았다. 알라딘과 알리바바처럼, 『천일야화』에서 가장 유명한 이야기들 가운데 일부는 이런 식으로 세상에 나왔다. 이 이야기의 아랍 원본이나 오스만 제국 원본은 아직까지 발견되지 않았다.

　가장 긴 시리아 사본을 비롯해서 『천일야화』의 초기 판본들은 모두 종이에 쓰였지만 인쇄가 아니라, 전부 손으로 쓴 것이었다. 이제 와서 보면, 아랍 세계가 어쩌면 강제로 비밀을 빼냈을 만큼 종이를 열렬하게 채택했는데, 중국에서 종이와 그토록 밀접하게 연관된 인쇄술에는 별다른 관심을 보이지 않았다니 놀랍다. 한 가지 이유는 아라비아 문자가 필기체여서, 글자들을 각각의 활자체로 포착하기가 더 힘들었기 때문이다. 아랍 서기들은 또한 필사 실수들을 줄이는 효과적인 기법을 고안했다. 한 낭독자가 텍스트 한 편을 다수의 서기들에게 낭독하면 그 다음 서기들은 다시 그 텍스트를 다른 서기들에게 낭독해주는 식으로 필사본의 세대 숫자를 제한할 수 있었다. 손으로 (그리고 입으로) 복사된 『천일야화』는 인기가 많았지만 여전히 귀했다. 이야기꾼들은 세에라자드처럼 텍스트를 빌려와서 이야기들을 달달 외운 다음, 그렇게 외운 이야기를 전달해주고는 했다. 『천일야화』의 아랍어 최초 인쇄본은 19세기에 가서야 나오는데 많은 이들이 이 이야기 모음집에 대해서 양가적인 감정을 느끼고 있었음을 방증한다(『코란』의 최초 인쇄본은 1537년 베네치아에서 제작되었다).

　이런 측면에서 아랍 세계는 서예로 장식된 아름다운 『코란』의 여러 사본들만이 아니라 세에라자드가 들려주는 감질나는 이야기들 같은 대중문학도 낳으면서 인쇄술이 빠진 종이의 변형적 효과들을 보여주는 시험 사례였다. 여기에서 종이는 그 서예적인 능력에 토대를 둔 고급문화와 광범위한 이용 가능성에 토대를 둔 대중문화를 낳는 두 가지 측면을 드러낸다. 바로 이 두 가지 특징 덕분에, 램프의 요정 지니에 맞먹는 기술인 종이는 『천일야화』가 전 세계를 여행할 수 있게 해주었다.

오르한 파묵의 이스탄불

『천일야화』의 단일한 기원을 추적하는 일이 불가능하고 또 무의미하다면, 그 대신 나는 그것이 현대 작가들에게 미치는 영향력을 가늠해보고 싶었다. 나는 이스탄불로 가서 근래 노벨 문학상 수상자이자 『천일야화』에서 따온 주제와 등장인물들을 자신의 소설에서 선보이는 작가인 오르한 파묵을 만나보기로 했다.

친구들의 친절한 도움 덕분에 나는 파묵을 그의 자택에서 만날 수 있었다. 파묵의 아파트는 근래의 젠트리피케이션으로 인해서 최신 카페와 중고 가게, 골동품 상점과 오래된 목욕탕들을 자랑하는 이스탄불의 탁심 광장 부근에 자리잡고 있었다. 집 앞에는 경비원 한 명이 서 있어서 파묵이 최근에 힘든 시기를 보냈음을 상기시켜주었다. 많은 터키인들이 처음에는 터키 작가가 세계 시장에 진출한 데에 기뻐했지만, 더 근래에 파묵은 외신과의 한 인터뷰에서 제1차 세계대전 말에 터키가 아르메니아인 수백만 명을 학살한 것을 두고 "아르메니아 인종 학살"이라는 표현을 썼다가 논란의 대상이 되었다. 그는 곧장 터키 정부에 의해서 "터키의 명예를 훼손했다"고 고소당했고, 우익 폭력배들에게 살해 협박을 받았다. 그는 뉴욕으로 건너가 국제 사회의 압력으로 소송이 취하될 때까지 그곳에 머물렀다. 이스탄불로 돌아온 그는 여전히 처신에 신중을 기해야 했다. 그의 아파트—비록 지난 16년 동안 대체로 그곳을 기반으로 살아왔지만 그는 그곳을 사무실이라고 불렀다—는 보스포루스 해협과—그와 이슬람과의 논쟁적인 관계를 고려할 때는 아이러니하게도—아름다운 모스크를 내려다보고 있었다.

파묵의 작품은 종종 오스만 제국과 그 긴 역사를 다루므로 나는 그가 『천일야화』도 열렬히 끌어안을 것이라고 예상했다. 나의 예상과 반대로 파묵은 단조로운 터키어 억양이 섞인 말투로 자신은 아주 오랫동안 그 이야기들을 피해왔는데, 그 이야기들이 이슬람 세계를 대표하지 못하는 이국적인 관점을 제시하기 때문이라고 설명했다. 진짜 이슬람 문학의 색채보다는 갈랑의 색채가 더 강하다는 것이었다. 파묵은 그렇다고 말하지는 않았지만, 나는 그 이야기들이 파묵에게는 너무 대중적이지 않은가 하는 의심도 들었다. 어차피 파묵은 유럽 소설의 전통 안에서, 나중에 그가 하버드 대학교 문학 강의에서 설명한 대로 특히 러시아 소설의 전통 안에서 글을 쓰고 있었으니까. 나는 그가 말하는 요점이 무엇인지 알 것 같았다. 한마디로 바그다드 이야기꾼들은 보통 노벨 문학상을 탈 일이 없다.

그러나 오르한 파묵도 그 이야기 모음집을 완전히 피해갈 수는 없었다. 내가 『천일야화』에서 온 인물과 모티브들이 그의 작품에 자주 등장한다고 지적하자, 그는 그 이야기들이 어떤 식으로든 자신의 글쓰기 안으로 흘러들어왔음을 인정했다.

파묵의 반응은 동양에서 서양으로의 『천일야화』의 놀라운 여정을 생각해보면 말이 된다. 『천일야화』는 인도와 아라비아의 산물인 만큼 유럽의 산물, 동양과 서양 어느 쪽에도 정확히 속하지 않는, 양자 간의 기이한 혼종이다. 중요한 것은 그 이야기들의 기원이 아니라 그것들을 수집하고, 글로 적고, 널리 퍼트리고, 이용한 이들의 창의성이다. 그러니 18세기의 한 시리아 이야기꾼이 그 이야기들에 영감을 받아, 시장의 수요에 부응하여 그 보고(寶庫)에 이야기를 추가했다고 한들 무엇이 문제겠는가?

파묵과의 대화에 고무되어 나는 이스탄불 거리를 배회하며, 상류층 지구인 니샨타시로 향했다. 그곳에는 파묵이 어린 시절에 살았던 아파트로, 그곳을 소유한 집안의 이름을 따서 이름 붙여진 아파트 건물이 있었다. 바로 파묵 아파트이다(그의 자전적 책 『이스탄불[Istanbul]』에서 그는 서구 지향적인 가족들이 전통적인 복합 주거지에서 "현대적인" 아파트 건물로 이사를 오던 모습을 묘사한다). 그러나 내가 찾고 있던 것은 파묵의 젊은 날이 아니라 그의 소설 『검은 책(Kara Kitap)』에 두드러지게 등장하는 만물상점 알라딘이었다.

살인 사건이 벌어지는 일종의 추리소설인 파묵의 『검은 책』은 알라딘 상점과 그 주변에서 일어나는 기이한 실종 사건과 두 건의 살인을 중심으로 전개된다. 상점을 찾아냈을 때 그곳은 상점보다는, 장난감부터 책까지 손님이 원하는 모든 것이, 하지만 딱히 필요하지는 않은 것이 꽉꽉 들어찬 키오스크에 가까워 보였다. 이 이상한 공간을 이해하려고 애쓰면서 나는 알라딘의 키오스크가 멋진 선택이라는 것을 깨달았다. 정말이지 『천일야화』는 모든 독자와 작가들이 재미와 깨달음을 얻으러 찾아갈 수 있는 문학의 장난감 가게이기 때문이다.

나는 이곳에 파묵의 조수 가운데 한 명인 펠린 키브락과 『천일야화』의 전문가인 파울로 호르타와 함께 있었다. 펠린은 그 근린지구를 배회하면서 파묵의 소설의 일부인 여러 장소들을 나에게 알려주었다. 한번은 우리를 지극히 평범한 어느 집 앞으로 데려가 그곳이 『검은 책』의 주인공의 집이라고 가르쳐주었다. 펠린과 파울로, 나는 거기에 서서 목을 길게 빼고 아파트를 올려다보았다. 나는 무슨 생각을 해야 할지 알 수 없었다. 갑자기 창문이 열리고 누군가가 우리를 내려다보았다. 왜 세 사람이 자기 아파트를 쳐다보고 있는지 수상하다는 듯이 말이다. 두 세계, 정상적인 이스탄불과 파묵의 이스탄불이 중첩되기, 아니 심지어 충돌하기 시작하고 있었다.

　여행이 얼마나 우스꽝스러울 수 있는지, 실제 세계에서 허구의 흔적들을 찾으려는 욕망이 얼마나 우스워질 수 있는지에 생각이 미친 것은 바로 그 순간이었다. 그와 동시에 그 현장은 문학의 힘을 보여주었다. 어쨌든 간에 파묵은 이 지극히 평범한 아파트 건물을, 우리를 그 궤도 안으로 끌어당기고 있는 한 편의 허구로 채우면서 그곳을 특별한 무엇인가로 탈바꿈시키는 데에 성공했다. 어쩌면 어느 순간에 그곳의 주민들은 자신들이 더 이상 이스탄불의 이 구역의 평범한 거주민이 아니라, 한 편의 소설 속으로 기적처럼 옮겨와 있음을 깨닫게 되리라. 그것은 『천일야화』에 버금가는 경이가 아닐까?

7

구텐베르크, 루터와 신(新)출판 공화국

1440년경, 마인츠

요하네스 겐스플라이슈는 1439년의 정기시를 고대하고 있었다. 독일과 프랑스의 국경 지대에 위치한 엑스라샤펠(아헨) 대성당은 7년마다 순례자들에게 귀중한 성유물을 전시했다. 정해진 날, 성직자들과 시 참사회 인사들은 각각 다른 방면에서 성당으로 들어간 다음 성유물을 보관한 나무 상자 앞에서 만난다. 은세공인이 물품을 하나씩 꺼내어 거기에 부착된 이름표를 읽고 그 귀중품을 나무 운반함에 조심스레 옮긴다. 운반함이 다 차면 그것을 제단 앞으로 옮기는 엄숙한 행렬이 이어진다. 악사들이 앞서가고, 촛불을 든 성직자들과 참사회원들이 뒤를 따른다. 성당의 종이 타종되고, 트럼펫이 울려퍼지며, 성유물이 제단 앞에 도달하면 총포가 발사된다.

이것은 주요 행사가 시작되기 전의 사전 행사에 불과하다. 성당의 종소리는 반시간 동안 끊이지 않다가 갑자기 뚝 그친다. 그런 다음 각각의 유물들이 뿔피리 소리와 함께 모두가 볼 수 있게 하나씩 높이 치켜올려진 다음 검은 우단 천 위에 조심스레 놓인다. 여기에는 이 날을 기리기 위해서 순례자들이 가져온 수백 개의 뿔나팔인 엑스라샤펠 뿔나팔의 귀청 떨어질 듯한 소리가 함께 한다. 노란색과 흰색으로 된 구세주 성모의 의복이 구세주의 시신을 감싼 수의와 마찬가지로 이런 식으로 전시된다. 엑스라샤펠 대성당은 세례자 요한이 참수당한 뒤에 그의 시신을 덮었던 천과 구세주가 그 끔찍한 죽음의 시간에 허리에 두르고 있던 천도 자랑했다. 이 주요 유물들에 덧붙여 대성당은 구세주의 수난 당시 그를 묶었던 밧줄과 십자가에 매달려 있던 구세주의 입을 적셔준 해면과, 십자가 파편, 사도 토마스의 치아 두 개도 가지고 있었다. 여기에 대성당은 성녀 마리아 막달레나의 어깨뼈와 다리뼈도 하나씩 가지고 있었다.

이 보물들을 보려고 몰려든 군중은 엄청났다. 수만 명, 어쩌면 10만 명에 달하는 순례자들이 그 성유물을 보고 싶은 간절한 마음에 이 중세의 도시로 들이닥쳤다. 성당이 그들을 수용할 방법은 없었으므로 대성당 주위로 경비대가 세워졌다. 성당 안으로 진입이 막힌 사람들은 멀리 근동의 예루살렘과 그곳에서 1,400년 전에 일어난 종교적 수난의 현장으로 그들을 데려가준다고 약속하는 이 신비로운 유물들을 조금이나마 구경하려고 성당 인근 집들의 지붕 위로 올라갔다. 이 모든 것들 가운데 최대의 기적은 단지 이 유물들과 한자리에 있는 것만으로도 순례자들이 모든 죄의 사면을 약속받았다는 것이다. 그들이 유물 곁에 가까이 가려고 하는 것도 당연했다.

겐스플라이슈는 성유물들이나 자신의 사면에 관해서 생각하고 있지 않았다. 그 대신 그는 기술적인 문제를 고민하고 있었다. 많은 순례자들이 성유물을 보고, 느끼고, 체험하기에는 그들은 너무 멀리 떨어져 있었다. 엑스라샤펠은 이 문제에 대한 해법을 내놓았다. 순례자들은 주석으로 만들어진 성인들을 묘사한 약 10센티미터 크기의 작은 장식을 구입할 수 있었다. 성유물이 전시될 때, 순례자들은 이 주석 장식을 높이 들어울려 유물에서 나오는 빛살을 포착할 수 있었다. 일부 장식들에는 소형 거울이 부착되어 있어서 이런 효과를 증폭시켜주므로 순례자의 거울(pilgrims' mirrors)이라고 불렸다. 거울들은 거리를 뛰어넘어 작동하여 순례자들이 성물함에서 아무리 멀리 떨어져 있을지라도 저마다 그 유물들이 발하는 광채를 얼마간 집으로 가져갈 수 있게 해주었다.

거울들에 대한 수요가 워낙 커서 거울 제작을 독점하던 엑스라샤펠의 대장장이 길드는 수요를 도저히 따라갈 수 없었다. 따라서 곧 있을 정기시(定期市)를 앞두고 도시 참사회는 정기시 동안에만 대장장이 길드의 독점을 유예하기로 했다. 누구나 와서 순례자의 거울을 팔 수 있었다. 이것이 겐스플라이슈가 생각하고 있었던 것이다. 그는 사업의 기회를 감지했다.

겐스플라이슈는 엑스라샤펠에서 남쪽으로 275킬로미터 떨어진 스트라스부르에서 이 사업의 전망을 숙고하고 있었다. 그는 고향인 마인츠 시에서 최근에 이곳으로 옮겨왔다. 마인츠의 부유한 상인 가문 출신으로 괜찮은 교육을 받은 겐스플라이슈는 라틴어에 능숙하여 그 언어로 입수 가능한 종교와 철학 문헌에 접근할 수 있었다. 그는 금속 주조 같은 실용적 기술도 습득했다. 그러나 그는 금세공인 길드 소속이 아니었고, 그 직업의 자격증을 갖춘 장인도 아니었다. 그의 집안은 마인 강을 따라 이루어지는 원거리 무역과 마인츠와 그 인근 땅에서 수입을 얻었다. 이런 계급의 일원들은 도시 안의 그들의 주요 거주지 이름으로 알려져 있었다. 겐스플라이슈의 경우에 거주지는 호프 춤 구텐베르크였고, 때때로 그가 요하네스 구텐베르크라고 불린 것은 이 때문이었다.

구텐베르크가 지금 순례자의 거울 제작에 활용하고자 하는 것은 자신의 금속세공 실력이었다. 그는 동전의 주조과정에서 겪은 시행착오와 경험을 통해서 이 자잘한 장신구의 제조에 모래를 사용하는 번거롭고 부정확한 일반적인 기법보다 더 나은 방법을 내놓았다. 그는 새로운 주형 기구를 발명했고, 자신이 순례자의 거울을 더 대량으로 더 정확하게 생산할 수 있다는 것을 깨달았다. 시장의 규모를 고려할 때, 이 기술적 이점은 큰 수익을 남겨줄 수 있을 터였다.

가게를 차리기 위해서는 인력과 원자재가 필요했고, 그러자면 자본이 필요했다. 자본을 어디에서 구할 수 있을까? 스트라스부르 시절에 구텐베르크는 어려움이 없지 않았다. 처음에는 저명한 도시민의 딸이 그를 상대로 혼약 불이행 소송을 제기했다. 구텐베르크는 이 불미스러운 사건이나 그 재판 과정을 자세히 생각하고 싶지 않았다. 재판 도중에 그는 한 증인을 저주했다가 시 당국에 의해서 곧장 벌금을 부과받았다. 그는 스트라스부르 시민도 아니었기 때문에 향후에는 더 조심할 필요가 있었다. 그 다음은 갖가지 재정적 곤란이 뒤따랐다. 그의 가족은 그 앞으로 연금을 남겨두었고, 마인츠 시가 이것을 지불하게 되어 있었다. 재정적 어려움을 겪고 있던 마인츠 시는 구텐베르크에 대한 연금 지불을 중단했다. 그러나 구텐베르크는 마인츠 시 당국이 이 일에서 순순히 빠져나가게 놔두지 않았다. 마인츠 시 관리가 그와 무관한 다른 일로 스트라스부르에 나타났을 때, 구텐베르크는 법에 호소하는 대신 직접 나서서 그 사람을 붙잡았다. 이 일화는 발명에 결정적인 자질들을 보여주었다. 즉 난관에 직면하여 인정사정없는 가차 없음과 심지어 무모함까지 말이다.

마인츠 시와 스트라스부르 시 사이에 한참 협상이 오고간 뒤에 마인츠 시가 뜻을 굽히고 연금 지불에 동의했다. 그러나 마인츠로부터 연금이 다시 들어오고 있었음에도, 구텐베르크는 자금이 더 필요했다. 그냥 돈을 빌리는 대신에 그는 자신은 발명품을 제공하고, 다른 동업자들은 추가적인 기술적 숙련과 자본을 제공할 회사를 차렸다. 거울 생산에 대한 길드의 독점이 유예되었으니 구텐베르크와 동업자들은 원하는 만큼 거울을 제작하여 팔 수 있을 터였다. 하지만 이 자유의 이면에는 그들이 길드가 일반적으로 회원들에게 제공하는 보호를 전혀 받지 못하며 오직 자신들에게만 의지해야 한다는 뜻이 담겨 있었다. 만일 다른 사람들이 회사의 내부 사정을 알아채 자신들의 새로운 제조기법을 그냥 베껴가도 막을 길이 전혀 없었다. 유일한 해법은 비밀 엄수였고, 구텐베르크는 복잡한 계약서들을 작성하여 이를 확실히 하고자 했다.

그런데 놀랍게도, 엑스라샤펠 시가 1년 동안 축제를 연기했는데, 당시 유럽 이 지역에 다시 출현한 전염병이 이유였던 것 같다. 구텐베르크와 동업자들이 예상한 이익을 실현하기 위해서는 1년을 또 기다려야 할 판이었다. 1440년 정기시는 엄청난 인기를 누려서 성유물을 조금이라도 구경하려고 몰려든 순례자들의 무게를 이기지 못하고 어느 집 지붕이 폭삭 주저앉았을 정도였다.

구텐베르크는 거울에만 모든 것을 걸지는 않았다. 그에게는 두 번째, 그보다 더 비밀스러운 모험적인 신규사업이 하나 있었다. 이 제2의 사업은 엑스라샤펠 정기시가 연기되었을 때에 시작되었고, 동업자들에게 두 번째 자본 투입을 요구했다. 그 대가로 구텐베르크는 한층 더 유망한 사업계획을 밝히겠다고 약속했다. 구텐베르크가 동업자 관계를 수립한 방식을 보건대, 그가 어떤 큰일을 꾸미고 있음이 분명했다. 그것은 순례자의 거울 주조기법을 책을 만드는 데에 적용하는 것과 관련이 있었다.

그것이 무엇이든 간에 스트라스부르는 사업을 하기에는 갈수록 어려운 곳이 되었고, 구텐베르크는 고향으로 돌아가기로 결심했다. 그가 마인츠에서 처음 한 일은 다시 자금을 마련하는 것이었다. 처음에 그는 친척들에게 눈길을 돌렸지만, 곧 친척들이 줄 수 있는 돈보다 더 많은 자금이 필요하다는 것이 분명해졌다. 그는 또다른 동업자 관계, 스트라스부르에서 맺었던 것보다 훨씬 큰 동업자 관계가 필요했다. 그것은 구텐베르크의 새로운 계획을 이해하고 상당한 자금을 기꺼이 바칠 주요 투자자와의 동업자 관계였다. 구텐베르크는 위험 부담이 큰 신규사업으로 궁극적으로 큰돈을 벌 것을 기대하며 기꺼이 도박을 할 출자자, 부유한 도시 귀족인 요한 푸스트를 찾았다. 그 자금 덕분에 구텐베르크는 페터 쇠퍼를 비롯해서 다양한 직업과 재능, 그리고 다양한 금속세공인들로 이루어진 자그마한 작업장을 차릴 수 있었다. 모두가 비밀을 지키도록 맹세시킨 다음, 구텐베르크는 직원들에게 세상을 변화시킬 발명을 밝혔다.

발명은 어떻게 이루어지는가?

발명을 단독으로 세계를 변화시키는 한 천재의 작품으로 생각하고 싶은 유혹이 존재한다. 그러나 발명이 그런 식으로 이루어지는 경우는 좀처럼 없다. 흔히 구텐베르크가 발명했다고 간주되는 것을 더 잘 이해하기 위해서 나는 독일의 마인츠 시로 갔다.

오늘날 마인츠는 근처의 프랑크푸르트에 대비되어 지방 소도시처럼 느껴지지만 한때는 마인 강을 통해서 원거리 교역로와 잘 연결되어 있었다. 마인츠 시는 그곳의 가장 유명한 업적에 자랑스럽게 박물관을 헌정했고, 박물관은 도시의 중앙 대성당 근처에 자리잡고 있었다. 대성당과 원거리 무역은 지구상의 이 지역에서 인쇄술이 발명되는 데에 가장 중요한 요소로 작용했다.

구텐베르크가 가동 활자를 이용할 생각과, 가동 활자를 조합하여 인쇄를 할 수 있는 판을 만들 생각을 처음으로 한 사람은 아니었다. 순례자의 거울처럼 그보다 앞서서 다른 사람들이 이미 그렇게 했다. 그는 카드놀이의 카드를 제작할 때에 일상적으로 이용되듯이, 나무에 이미지를 새긴 다음 이것을 가지고 도장처럼 많은 복사본을 찍어내는 비교적 단순한 기법에 관해서는 오래 전부터 알고 있었다. 사람들이 품질에 그다지 신경 쓰지 않는 한 글자들도 그렇게 조각해서 찍어낼 수 있었다. 소책자들은 이런 식으로 제작되어왔고, 독자들은 조잡한 목판 글자들을 다소 어렵사리 해독해가며 인쇄된 글을 읽을 수 있었다.

이 목판 인쇄기법은 비단길을 거쳐 극동에서 건너왔는데, 비단길은 중국을 몽골족과 위구르족하고 이어주었고, 그들은 그들대로 멀리 떨어진 콘스탄티노플과 무역을 유지했으므로 간접적으로 유럽의 나머지 세계와 연결된 셈이었다. 원거리 무역으로 잘 알려진 마인츠에 있었던 구텐베르크는 중국인들이 이제 텍스트의 페이지를 한 장씩 목판 전체에 새기는 방식뿐만이 아니라 개별 활자들을 제작한 다음 그것들을 조합하여 문장을 구성하는 방식으로도 책을 인쇄하고 있다는 소문을 듣기에 좋은 위치였다. 그런 활자들은 때때로, 사기와 합금을 비롯해서 더 단단하고, 더 정밀한 소재로 만들어졌다.

구텐베르크가 어떤 소문을 들었든 간에 그는 그와 유사한 노선으로 자체 계획에 착수했다. 우리가 구텐베르크의 인쇄술을 여전히 발명이라고 부르고자 한다면, 그의 발명은 최소한 아이디어 이전(transfer)에 기반을 둔 것이었다. 과거에 구텐베르크를 가동 활자 인쇄의 발명가로 기렸던 구텐베르크 박물관은 그에 따라서 전시의 방향을 조정했다. 이제 박물관은 동아시아 인쇄술에 할애된 별관을 추가하여 마인츠에서 이루어진 것이 재발명, 즉 다른 지역에서 이미 발달했던 기법의 개조임을 인정한다.

그러나 아이디어와 그 아이디어를 실행에 옮기는 것은 다른 문제이다.

동아시아의 모델을 따라 유럽에서 발전했던 인쇄술들은 아이디어를 실행할 정도에까지 이르지는 못했다. 구텐베르크는 생산 규모 확대의 이점을 처음 알아본, 그리고 그것을 어떻게 해내야 하는지를 처음 생각해낸 사람이었다. 순례자의 거울이 대량으로 생산되었듯이, 책도 대규모로 생산될 수 있다면 개조된 인쇄 공정의 이점은 어마어마하리라.

책을 대량생산하기 위해서 공정의 모든 단계가 새롭게 재고될 필요가 있었다. 최초이자 어쩌면 가장 결정적인 단계는 어떻게 인쇄할지가 아니라 어떻게 개별 활자를 제작할지였다. 최고의 서기들에 준하는 품질을 달성하기 위해서는 각 글자를 예리한 날로 디자인할 필요가 있었다. 나무는 이 정도의 정밀함을 얻기에는 너무 무르고 또 쉽게 마모되었다. 글자들은 잦은 사용을 견뎌낼 만큼 단단한 합금으로 주조되어야 했다. 그리고 모든 글자가 크기와 길이가 정확히 동일해서 글자들을 모아서 문장을 만들 때에 각 행들이 고르게 이어져야 했다.

수천 가지 기호들을 다루어야 하는 중국의 인쇄업자들과 달리 구텐베르크는 24개의 알파벳만으로 충분했으니, 이는 가동 활자를 이용한 인쇄를 효율적으로 만들어주는 커다란 이점이었다. 어쨌거나 그것은 이론적으로 그렇다는 것이다. 막상 필사된 책들을 검토해보니 구텐베르크는 서기들이 대문자, 구두점, 축약형, 부분적으로 합쳐진 글자들의 조합인 합자(A와 E를 합친 Æ, a와 e를 합친 æ 등을 말한다/옮긴이)를 사용한다는 사실을 깨달았다. 그는 거의 300개에 달하는 활자와 부호가 필요했고, 그 모두는 세심하게 주조되어야 했다. 인쇄할 판면 하나를 구성하려면 이런 활자들 수천 개를 조합해야 했다. 일단 한 면이 인쇄되면 활자들을 해체할 수 있었지만, 오류를 쉽게 수정하고 수정된 판면을 다시 인쇄할 수 있도록 일부 조판들은 그대로 두는 것이 더 효율적이었다. 이는 동시에 여러 판면들을 구성할 수 있을 만큼 충분히 많은 활자, 다시 말해서 수만 개나 어쩌면 수십만 개에 달하는 개별 활자가 있어야 한다는 뜻이었다. 여기서 구텐베르크가 순례자의 거울을 대량생산해본 경험이 결정적인 역할을 했다. 그는 한 사람이 하루에 활자를 1,000개 이상 주조할 수 있게 해주는 장치를 발명했다. 활자의 대량생산은 책의 대량생산을 가능하게 했다.

일단 한 면을 조판하면 잉크를 묻혀야 했다. 그러나 보통의 잉크는 너무 묽어서 시행착오를 거쳐 진하게 만들어야 했다. 농도가 진해진 잉크는 인쇄용지에 흡수되기가 더 어렵기 때문에 사전에 용지를 촉촉하게 적실 필요가 있었다. 이렇듯 서로 맞물린 공정의 개선은 인쇄술에서 구텐베르크의 두 번째 커다란 공헌으로 이어졌다. 유럽의 종이(아랍인들이 가르쳐준 대로 누더기로 만든)와 양피지는 동아시아에서 사용되는 종이보다 훨씬 더 두꺼웠기 때문에 인쇄할 면을 활자들 위에 올려놓는 것만으로는 충분하지 않았다. 더 강한 압력이 필요했다. 여기서 구텐베르크는 마인츠 주변 지역에 풍부한 어떤 것, 바로 포도즙 압착기를 활용했다. 금속 활자 조판은 포도즙 압착기 아래에 판면이 위로 향하도록 두고 종이나 양피지를 올려 엄청난 힘으로 눌렀다. 개별 틀은 종이가 제자리에 있게 붙잡아주고 반대면 인쇄를 위해서 종이를 넘길 수 있게 해주었다(동아시아의 인쇄에서는 없던 공정이었다). 이런 일련의 개선들이 합쳐지면서 완전히 새로운 전망, 즉 양질의 책의 대량생산이 가능해졌다.

기본적인 생산 공정이 정립되자, 구텐베르크는 이제 무엇을 인쇄할 것인가라는 커다란 질문에 맞닥뜨렸다. 최초로 인쇄되는 책은 수요가 많으면서 비교적 작아야 했다. 유망한 후보작을 찾기 위해서 구텐베르크는 자신의 독서 습관을 살펴보았다. 학식을 갖춘 모든 유럽인들과 마찬가

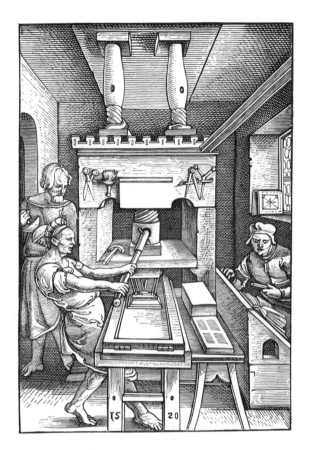

초기의 인쇄기를 보
여주는 목판화. 1520
년경.

지로 구텐베르크도 당시 교육 계급의 공통언어였던 라틴어를 배웠고 라
틴어에 의한 강의 지도에 토대를 둔 새로운 대학들의 등장도 이 언어에
대한 수요를 더욱 증가시켰다. 수백 년간 시장을 지배해온 가장 일반적
인 라틴어 문법책은 저자의 이름을 딴 『도나투스(*Donatus*)』였는데, 구텐
베르크 본인도 이 책을 사용했을 가능성이 크다. 『도나투스』가 워낙 인
기가 많아서 인쇄업자들은 값싼 목판본을 찍어내기 위해서 한 페이지씩
텍스트 전체를 목판에 조각하는 수고를 마다하지 않았다. 목판 인쇄가
할 만했다면, 구텐베르크의 더 우수한 인쇄술이 성공할 가능성은 컸다.

그리하여 그는 작고, 28페이지에 불과하며, 1페이지당 26행이 들어가는 책을 내놓았다. 책이 얼마나 많은 손상과 마모를 견뎌야 하는지를 잘 알고 있었기 때문에 인쇄용지는 더 비싸지만 내구성은 뛰어난 양피지를 사용했다. 결과는 대성공이었다. 『도나투스』는 1500년에 이르자 260쇄나 찍을 만큼, 이후 몇십 년 동안 가장 흔히 재판되는 책들 중 한 권이 되었다.

구텐베르크가 『도나투스』 인쇄 작업을 하고 있는 사이, 1453년에 놀라운 소식이 마인츠에 도착했는데, 너무나 충격적이어서 처음에는 도저히 믿기 힘들 정도였다. 튀르크인들이 기독교의 동쪽 보루였던 콘스탄티노플을 함락했다는 소식이었다. 많은 기독교도들에게 그것은 그들의 역사와 신앙의 중대한 원천으로부터 단절되는 듯한 느낌이었다. 구텐베르크의 출자자인 푸스트처럼 원거리 상품을 취급하는 마인츠의 상인들에게는 동양으로부터 종이와 인쇄술 같은 아이디어와 향신료를 가져온 무역 네트워크가 갑작스럽게 단절됨을 의미하기도 했다. 콘스탄티노플이 함락되었으니 이제 다음이 어디일지만이 문제였다. 그리스? 발칸? 아니면 키프로스일까?

교회는 기독교권의 국왕과 황제들에게 콘스탄티노플을 수복하거나 아니면 적어도 튀르크 세력의 전진을 막아줄 것을 촉구했다. 군대가 조직되어야 했고, 병사들은 기독교 세계의 수호에 대한 보답으로 죄에 대한 사면을 약속받았다. 군대는 돈이 많이 들었지만 다행스럽게도 교회는 자금을 마련하는 유용한 도구를 발전시켜왔다. 본인들이 직접 싸울 수 없는 사람들은 그 대신 교회에 돈을 내고 사면을 받을 수 있었다. 기부자는 자신의 이름과 날짜, 사면된 죄상들이 낱낱이 적힌 양피지 조각을 받았다. 충분히 부자인 사람들은 이런 식으로 자신들의 죄를 모조리 씻어버릴 수도 있었다. 필요한 것은 이 양피지 조각을 고해 신부 앞에 가져가는 요하네스 구텐베르크가 1454년에 인쇄한 면죄부. 튀르크인들에 맞선 전쟁을 위한 기부를 호소하고 있다.

것뿐이었다. 그러면 고해 신부는 사면 의식을 치러주고 사람들은 마음의 짐을 벗은 채 나올 수 있었다. 이것이 면죄부의 탄생이었고, 교회가 금방 면죄부를 대량으로 판매할 것임은 혜안이 있는 누구에게나 빤히 보였다.

구텐베르크가 이 새로운 사업의 기회를 알아차리는 데에는 오래 걸리지 않았다. 면죄부는 언제나 동일한 라틴어 신앙 고백문을 사용했다. 그는 이름과 날짜, 사면의 종류는 나중에 손으로 채워넣을 수 있도록 빈칸으로 남겨둔 한 장짜리 면죄부를 조판할 수 있었다. 그는 면죄부 제작을 위임받기 위해서 로비를 벌여 성공을 거두었다. 그가 교황 니콜라스 5세의 이름으로 인쇄한 첫 번째 면죄부는 키프로스 방어를 위한 것이었다. 다른 면죄부들이 뒤따랐다. 구텐베르크는 교회에 수백, 심지어 수천 개의 면죄부가 필요할 것이며, 자신은 면죄부를 필요한 만큼 또 시장이 흡수할 수 있을 만큼 쉽게 찍어낼 수 있음을 알고 있었다. 동아시아에서는 인쇄술과 종이가 결합하여 지폐를 만들었다. 마르코 폴로는 아무런 가치도 없는 종이가 금을 대신할 수 있게 되는, 이 거의 마법과도 같은 발명품에 감탄했다. 유럽에는 아직 지폐가 없었지만, 구텐베르크가 찍어내고 있던 양산형 면죄부는 그것과 흡사했다.

전쟁 면죄부만이 콘스탄티노플 함락이 제공한 유일한 사업의 기회는 아니었다. 면죄부를 판매하기 위해서 교회는 튀르크인들에 대한 증오를 부추길 필요가 있었고, 구텐베르크는 이러한 목적을 위해서도 기꺼이 자신의 발명을 이용했다. 그는 음력 달력이라는 다소 특이한 형태의 반(反)튀르크 소책자도 인쇄했는데, 이 소책자에는 매달 각각의 군주나 황제 또는 교황에게 튀르크에 맞선 싸움에 동참할 것을 촉구하는 운을 맞춘 2행 연구(聯句)가 들어 있었다. 실제로 구텐베르크의 텍스트 대부분은 교회를 위해서 인쇄되었다. 주교의 관할을 받는 도시인 마인츠의 도시 귀족으로서 구텐베르크는 교회에 자신의 작업장의 산물을 제공하기에 안성맞춤인 자리에 있었다.

인간의 손이 아닌 손이 쓴 신의 말씀

구텐베르크는 라틴어 문법책과 면죄부, 그리고 선전 책자를 인쇄하는 동안 또다른 사업도 추진했다. 그는 동업자들과의 계약서에서 수수께끼 같이 그것을 "책 작업"이라고 불렀다. 구텐베르크는 자신의 인쇄술을 역사상 가장 중요한 책이자 최대의 시장 점유율을 보유한 책에 적용하기를 바랐다. 바로 『성서』였다. 본인은 그 점을 깨닫지 못했지만, 구텐베르크는 인쇄술이 『금강경』 같은 종교 텍스트들에 주로 이용되던 동아시아에서 확립된 패턴을 반복하고 있었다. 다시 한번 근본적이고 성스러운 하나의 텍스트가 새로운 글쓰기 기술의 초기 채택자임이 드러났다.

구텐베르크에게 『성서』의 인쇄는 완전히 새로운 규모의 야심이었다. 지금까지 그는 한 장짜리 면죄부와 반(反) 튀르크 달력, 짧은 라틴어 문법책 같은 소책자만 인쇄했었다. 『성서』는 구약과 신약을 모두 합치면 수천 장에 달했다. 구텐베르크가 그때까지 사용해온 방법들을 토대로 한다면, 이 책을 내놓기까지 수십 년이 걸릴 터였다. 그는 여러 인쇄기를 동시에 사용함으로써 제작 공정을 확대할 필요가 있었고, 그러자면 더 많은 활자들을 주조해야 하고 또 모든 과정이 더 효율적으로 진행되어야 했다. 가능한 낭비되는 시간이 없도록 매 단계는 서로 맞춰져 정밀하게 조정되어야 했다. 구텐베르크는 20세기 초반 헨리 포드의 조립 라인 생산체계를 예고하며, 자신의 작업장을 초기 산업 생산 공정으로 탈바꿈시켰다.

일반 시민들, 심지어 비교적 잘 사는 시민이라도 그렇게 크고 비싼 책을 구입할 여력은 없을 터였다. 그러므로 이 책의 시장은 교회와 수도원이 될 것이었다. 결국 『성서』는 대형 판형인 폴리오판(이절판)으로 인쇄되어야 한다는 뜻이었다. 폴리오는 넓은 양피지나 종이 한 장을 두 번 접으면 나오는 4장의 낱장(콰르토 : 사절판)이나 세 번 접으면 나오는 작은 8장의 낱장(옥타보 : 팔절판) 대신 한 번 접은 넓은 2장의 낱장을 이르는 말이었다. 폴리오판만이 어두침침한 교회 안에서 수도사나 신부가 독서대 위에 올려놓고 읽을 수 있을 만큼 클 것이었다. 그리고 그렇게 넓은 한 면 안에는 더욱 많은 행과 단을 밀어넣을 수 있으리라. 심지어 이렇게 페이지를 절약하더라도 구텐베르크는 약 1,300페이지를 인쇄해야 할 터였다.

구텐베르크가 직면한 도전은 규모만이 아니었다. 그는 모든 텍스트 가운데 가장 성스럽고 공경받는 텍스트, 『성서』에 손을 대고 있었다. 그는 자신의 기계가, 최고의 실력을 자랑하는 서기들, 흔히 『성서』 필사라는 목적에 일생을 바친 수도사들이 내놓는 『성서』들처럼 단정하고, 엄밀하고, 정확하고도 우아한 물건을 내놓을 수 있다는 것을 입증해야 할 터였다. 그의 서기인 페터 쇠퍼는 더 우아한 새로운 활자를 위한 모형을 만들었다. 그리고 구텐베르크는 붉은 루비 색깔을 추가해서 『성서』를 두 가지 색깔로 인쇄할 계획을 세웠다. 붉은 루비색은 많은 채식(彩飾) 필사자들이 두 가지 색깔로 『성서』를 필사할 때에 이용하는 색으로 기계로 제작된 『성서』가 필사본처럼 보이게 해줄 터였다.

인쇄는 구텐베르크가 예상한 것보다 훨씬 더 어렵고 고된 일로 드러났다. 그의 작업장은 각 단에 40행씩 두 단을 가까스로 한 페이지 안에 우겨넣고, 한번은 검은색으로 한번은 붉은색으로 두 단계로 인쇄했다. 인쇄 과정은 한없이 길어졌다. 구텐베르크는 재빨리 2색 인쇄를 포기하고, 대신 나중에 서기가 붉은 잉크로 손으로 써넣을 수 있도록 강조된 글자들 부분만 빈칸으로 비워놓았다. 유사한 방식으로 각 장(章)의 도입부마다 화려하게 장식된 대문자들과 회화적인 장식들인 채식도 손으로 그려서 추가할 수 있었다. 중요한 것은 인쇄된 『성서』가 손으로 쓴 책처럼 보이고 느껴지는 것이었다. 같은 이유로 구텐베르크는 페르가몬 사서들이 완벽하게 처리한 동물 가죽인 양피지를 인쇄용지로 골랐다.

마인츠의 구텐베르크 박물관에서 나는 구텐베르크의 『성서』 한 권을 살펴볼 수 있었는데, 정말 엄청난 물건이었다. 대형 판형과 신기한 글자들, 정교한 장식과 강조를 위해서 붉은색으로 쓰인 문장들 덕분에 그 책은 헌신적인 수도사들이 고생스럽게 손으로 써낸 책과 흡사해 보였다.

그러나 당대인들에게 구텐베르크의 『성서』는 매우 달라 보였다. 구텐베르크는 크기를 다르게 한 활자와 약자들 덕분에 행의 길이를 일정하게 하여 양쪽 여백을 똑같이 맞출 수 있었는데, 이는 어떤 채식 필사자도 심지어 최고의 필사자도 달성을 꿈꿀 수 없는 이상이었다. 『성서』의 각 페이지는 이제 검은 텍스트가 빡빡하게 들어찬 기하학적인 두 개의 단으로 구성되어 있었다. 구텐베르크 『성서』는 손으로 쓴 것처럼 보이는 데에 그치지 않았다. 그것은 심지어 가장 신실한 수도사도 꿈꿀 수 없는 수준의 정확성과 대칭적 균형을 달성하여 필사본보다 훨씬 더 좋아 보였다. 인쇄된 『성서』가 필사본에 가까워 보이도록 하겠다는 희망을 가지고 작업에 착수했던 구텐베르크는 과제를 초과 달성하여 앞으로 나올 책들이 따르게 될 새로운 평가 기준을 세웠다. 인쇄는 책을 대량생산하는 방법에 그치지 않았다. 그것은 책의 생김새가 어때야 하는지를 완전히 바꿔놓았다. 기계가 인간의 손에 승리를 거둔 것이다.

새로운 기계적 현실은 많은 중대한 결과를 낳았다. 한 가지는 필기 표면과 관련이 있었다. 비록 양피지는 더 고급스러웠지만 비쌌다. 양피지 『성서』 한 권을 제작하려면, 100마리가 넘는 송아지 가죽이 필요했다. 다행스럽게도 뉘른베르크의 어느 영리한 사업가가 물레방아로 돌아가는 제지소를 설립했을 때에 종이가 북유럽에 도달했고, 아랍인들 덕분에 이제 종이를 제조하기 위해서 필요한 것은 누더기 무더기뿐이었다. 새로운 기계적 『성서』의 가능성을 깨달으면서 구텐베르크는 대부분의 인쇄본을 종이에 찍어서 인쇄 부수를 약 180부로 늘리기로 결정했다. 분명히 책의 기계적 대량생산은 종이에 유리했다.

구텐베르크와 그의 동업자들이 『성서』 인쇄에 주력하는 동안 한 가지 문제가 여전히 미정으로 남아 있었다. 교회는 이 인쇄 『성서』들에 관해서 뭐라고 할 것인가? 구텐베르크는 누구에게도 허락을 구하지 않았다. 엄격하게 규제되는 중세 사회에서는 많은 것들이 길드에 의해서 통제되었는데, 구텐베르크는 비밀단체를 세워서 단독으로 사업에 뛰어들었다. 그가 제안한 것은 분명히 교회에 충격적인 일이었다. 손으로 일일이 경전을 필사하는 것은 신실한 수도사들이 행하는 거룩한 의무였으니까 말이다. 값싼 면죄부와 소책자들은 그렇다고 치지만, 『성서』를 재활용 누더기 위에 인쇄한다고? 이 사업가이자 기회주의자가 신의 말씀을 그의 용광로와 잉크, 포도즙 압착기로 더럽히고, 서기 수도사들을 생각이 없는 기계로 대체하면서 마침내 선을 넘어버린 것이 아닌가?

구텐베르크는 몇 가지 사전조치를 취했다. 첫 번째는 번역문의 선택이었다. 그의 『성서』에서 하느님은 물론 라틴어로 세계를 창조할 것이었다. 물론 구약은 히브리어로 쓰였으며, 예수는 아람어로 말했지만 기독교의 원어는 (알렉산드로스가 근동으로 가져온) 그리스어였고, 예수의 말을 글로 옮긴 것도 그리스어였다. 그러나 이후 기독교는 로마 제국에서 부상했기 때문에 구약과 신약 성서에 대한 권위 있는 라틴어 역본이 요구되었다. 이 과업은 『도나투스』로 공부했던 성 히에로니무스에 의해서 완수되었다. 유럽 기독교권의 『성서』가 된 것은 흔히 『불가타 성서(*Vulgate Bible*)』(여기서 불가타는 '통속 라틴어'라는 뜻이다/옮긴이)라고 하는 성 히에로니무스의 이 라틴어 『성서』였다. 일부 학자들은 성 히에로니무스의 번역에 의문을 표했지만, 구텐베르크는 어쨌거나 『불가타 성서』를 사용했다. 『불가타 성서』는 교회가 선호하는 전통적이고 권위적인 판본이었고, 구텐베르크는 새롭고 검증된 적이 없는 번역본에 자본을 지출하는 위험을 감수할 생각이 없었다.

교회가 무슨 말을 할지 구텐베르크가 여전히 걱정하고 있었다면, 그것은 공연한 걱정이었다. 기계적으로 제작된 구텐베르크의 『성서』를 받아들고 교회는 찬탄했다. 그것은 심지어 가장 신실한 수도사들이 내놓을 수 있는 것보다 더 아름다웠다. 그리고 그 비인간적인 아름다움에도 불구하고, 구텐베르크의 『성서』는 교구 교회와 수도원이 구입할 수 있을 만큼 저렴했다. 인쇄본을 시장에서 설교단으로 이동시키려고 한 거액의 판돈이 걸린 구텐베르크의 도박은 통했다.

교회가 신기술을 선뜻 수용한 데에는 또 한 가지 이유가 있었다. 구텐베르크의 인쇄술은 필사자들이 그 거룩한 텍스트에 도입한 무수한 오류를 축소시켜줄 가능성을 약속했다. 이 문제가 특히 시급하다고 걱정한 교회의 대표는 쿠사의 니콜라스였다. 오늘날, 당대의 가장 중요한 신학자들 중 한 명으로 알려진 니콜라스는 하이델베르크와 파도바에서 공부한 다음 독일로 돌아와 쾰른 대학교에서 가르쳤다. 그는 사고가 엄밀하고, 그리스 동방정교회와의 화해를 추구하기 위해서 함락 전에 콘스탄티노플에도 다녀왔던 존경받는 성직자였다. 교황 직속의 외교관인 그는 『코란』이 기독교와 양립 가능하다고 주장하면서 이슬람과 더 좋은 관계를 수립하는 것도 지지했다.

니콜라스가 그리스 동방정교회와 이슬람과 관련하여 생각이 열려 있었다고 한다면, 그는 기독교 신앙이 어떻게 실천되어야 하는지에 관해서는 꼼꼼하고 철저했다. 광범위한 여행 동안 그는 경전과 전례 문제에서 경악스러운 오류와 잘못된 사례들을 다수 목격했다. 교회마다 하느님의 말씀이 다르고, 필사자들이 도입한 오류들로 인해서 종종 기괴하게 왜곡되어 있었다. 필사 도중에 생긴 오류는 다음 세대의 서기들에 의해서 그대로 베껴지고 더해지면서 이런 과정이 대대로 이어졌다. 이런 오류 전달 체계를 고려할 때, 4세기에 성 히에로니무스가 내놓은 텍스트가 1,000년 뒤에도 여전히 온전하게 남아 있다면, 그것이야말로 기적에 가까운 일이었다. 사제와 수도사들에게 어떻게 기도하고 미사를 드려야 하는지를 가르쳐주는 책인 「미사전서」와 「성무일과서」도 유사한 결함이 있었고, 이는 어떤 두 교회도 똑같은 방식과 똑같은 말로 미사를 드리지 않는다는 뜻이었다.

이런 넘쳐나는 오류에 직면하여 쿠사의 니콜라스는 권위 있고 오류가 없는 새로운 「미사전서」와 「성무일과서」, 『성서』를 요구했다. 그러나 이 새로운 텍스트들을 미래 서기들의 오류로부터 어떻게 보호할 수 있을까? 니콜라스는 구텐베르크의 발명이 해답이라는 것을 깨달았다. 물론 인쇄에도 오류들이 일어날 수 있었지만, 이것들은 더 쉽게 수정될 수 있으리라. 각 페이지는 주의 깊게 교정을 볼 수 있으며, 이따금 그런 일이 일어나듯이, 글자의 위치가 잘못되거나 글자가 뒤집혀 있다면 그 부분을 고쳐서 그 페이지를 다시 인쇄할 수 있었다. 일단 교정된 페이지를 조판하면 이후 찍어내는 인쇄본들은 모두 동일할 것이었다. 물론 여기에도 오류 가능성이 전혀 없지는 않았다. 잉글랜드에서 한 인쇄업자는 뜻하지 않게 "아니(not)"를 빠뜨려서 독자들에게 간음을 조장하는 『성서』를 내놓았다. 하지만 전체적으로 보았을 때, 인간인 서기들이 발생시키는 오류들은 더는 없을 것이었다. 인쇄술은 교회가 경전에 통제력을 행사하는 것을 가능하게 하는 완벽한 도구였다. 교회와 인쇄술은 찰떡궁합이었다.

마르틴 루터: 한 성서학자의 격노
1517년, 비텐베르크

교회와 인쇄 간의 동맹은 오래가지 못했다. 구텐베르크와 교회는 읽기와 쓰기의 역할을 변화시킴으로써 교회를 변화시킬 힘들에 자신들도 모르게 시동을 걸었다. 구텐베르크와 교회 어느 쪽도 성스러운 경전에 토대를 둔 제도와 사회들은 새로운 글쓰기 기술들에 특히 취약하다는 점을 인식하지 못했다. 또한 그들은 어떤 종류의 글쓰기 기술에도 도통 관심이 없던 한 수도사, 자신의 인쇄본 『성서』에 만족하며, 자신을 깃펜과 종이로 표현하던 사람이 이 취약성을 이용하게 되리라는 점도 내다보지 못했다.

구텐베르크 『성서』가 나온 지 약 60년 뒤에 마르틴 루터라는 수도사는 마인츠 대주교에게 자신의 통상적인 글쓰기 방법을 이용하여 편지를 작성했다. 루터는 철학과 법학을 공부하다가 성직으로 전향하여 시끌벅적한 대학 생활로부터 고요한 아우구스티누스회 수도원 생활로 의도적으로 물러났다. 그는 철학과 신학의 추상성을 하느님에 대한 헌신과 사랑의 삶의 체험과 결합시킬 수 있기를 바랐다. 서임을 받은 뒤에 그는 난해한 신학적 논증을 가르치도록 비텐베르크 대학교에 임명되었다.

루터가 이제 대주교에게 편지를 쓰고 있는 곳은 그곳 비텐베르크였다. 손으로 작성한 편지는 라틴어로 쓰였고, 인쇄된 면죄부를 터무니없는 방식으로 팔아대고 있는 교회의 한 대리인을 대주교가 주목해주기를 요청하는 내용이었다. 그 면죄부의 구매 희망자들은 성모 마리아를 겁탈한다고 하더라도 각자의 수입에 따라 1길더에서 25길더 사이의 금액을 지불하는 한, 죄에 대한 사면을 받을 수 있다는 말을 들었다. 편지의 작성자는 대주교가 이런 면죄부 남용의 실태를 모르고 있으며, 사정을 파악하는 대로 면죄부 판매를 신속히 중단시킬 것이라고 믿고 있었다.

작성자는 대주교가 읽어볼 수 있도록 실례를 무릅쓰고 면죄부에 대한 자신의 몇 가지 논제도 동봉했다. 이 논제들에서 그는 면죄부의 역할과 그것을 돈을 받고 판매하는 일에 의문을 제기했을 뿐만 아니라 신앙고백의 위상과 연옥, 교황의 역할에 관한 의문들도 덧붙였다. 여기에 유별난 점은 없었다. 그것은 비텐베르크 대학교와 그와 유사한 많은 기관들에서 신학 토론이 진행되는 방식이었다. 그렇지만 핵심 요점은 면죄부였다. 면죄부에 관해서 어떤 조치가 이루어져야 한다는 깃이었다.

면죄부의 제작과 판매는 콘스탄티노플 함락과 구텐베르크의 최초 인쇄물 이후로 먼 길을 걸어왔다. 튀르크 세력의 위협은 여전히 수그러들지 않았고, 그에 맞서 싸우기 위한 새로운 자금 마련을 기독교권 전역에서 요구했다. 다행스럽게도 구텐베르크의 발명이 때맞춰 이루어져서 면죄부를 크게 증가시키는 데에 일조했으니, 인쇄술은 교회가 즉각 이용할 수 있게 하늘이 내려준 발명이었다. 면죄부는 이제 수천 장, 심지어 수만 장씩 인쇄되어 팔려나갔다. 한 면죄부는 한 번에 19만 부가 인쇄되었다. 일부 인쇄업자들은 일종의 보너스 쿠폰북처럼 각종 면죄부를 모아서 책으로 펴내는 멋진 아이디어도 들고 나왔다. 면죄부를 배포하기 위한 복잡한 조직이 세워졌고, (인쇄된) 안내 책자는 각 지역마다 면죄부를 판매할 최상의 방법들을 추천했다. 그런 안내 책자들 가운데 한 권이 루터의 손에 들어와 더욱 분노를 유발했다.

마인츠 대주교는 다른 걱정거리가 있었다. 그는 마인츠 대주교구를 구입하기 위해서 떠오르던 금융 가문인 푸거 가(家)에 거액을 빌렸다. 그의 담보 대출은 영리한 계획으로 성사되었다. 그는 교황의 면죄부 판매를 관장하기로 약속하여, 판매 수익금의 절반은 교황에게, 나머지 절반은 대출금 상환의 일환으로 푸거 가에게 가기로 되어 있었다. 모두가 득을 보는 장사였다. 대주교는 자신의 마인츠 대주교직을 구입할 돈을 마련할 수 있었고, 푸거 가는 대출에 대한 확실한 담보를 받았다. 그리고 교황은 대주교구를 팔아 돈을 받았을 뿐만 아니라 자신의 면죄부가 최대한 공격적으로 판매되리라는 것을 알았다. 이 세심하게 짜인 계책을 이제 루터가 위협하고 있었으니, 당연히 대주교는 기분이 좋지 않았다. 그는 편지에 동봉된 논제들을 일절 논의하지 않을 생각이었고, 면죄부 판매를 중단시킬 생각도 물론 없었다.

루터는 자신이 우연히 무엇을 건드렸는지 전혀 짐작하지 못했다. 그는 완벽한 사업 거래를 건드린 것이었다. 그는 그저 답장을 기다렸다. 그러나 대주교는 답장을 보내지 않았다. 얼마 후에 루터는 면죄부 판매 반대와 그와 관련한 문제들에 대한 자신의 논제들 총 95개조를 직접 발표하기로 결심했을지도 모른다. 그의 대학 비텐베르크에서, 발표란 그 논제들을 성교회(Schlosskirche) 문에 내거는 것을 뜻했고, 이것이 토론을 공고하는 방식이었다. 그러나 관심이 없었던 모양인지 아무도 루터의 논제들을 토론하러 오지 않았다. 루터가 생각이 비슷한 몇몇 친구들에게 논제들을 보냈을 때에도 반응은 없었다. 그의 편지와 논제들은 아무런 진전을 보지 못하고 있었다.

그러나 이 고요함은 기만적이었다. 무대 이면에서는 움직임이 일어나고 있었다. 대주교는 이 논제들을 로마에 있는 사업 파트너에게 보냈고, 이 말썽꾼을 어떻게 회유해야 할지 고심하고 있었다. 루터의 친구들도 바쁘게 움직이기는 마찬가지였다. 루터의 토론 요청에 응답하는 대신 그들은 다른 형태의 발표, 루터 본인은 생각하지도 못했던 발표를 하는 쪽을 택했다. 그들은 루터의 논제들을 인쇄업자에게 가져갔다. 루터가 라틴어로 조심스레 필기한 논제들은 대중용으로 의도한 것이 아니었지만, 친구들은 어쨌든 그것이 출판되어야 한다고 생각했다. 뉘른베르크에서 한 시 참사회원이 논제들을 독일어로 번역했고, 몇 주일 내에 여러 도시들에서도 이것을 구해볼 수 있게 되었다.

그것은 놀라운 사태 전개였다. 인쇄술의 첫 60년 동안 대부분의 인쇄물은 구텐베르크의 라틴어 문법책이나 『성서』처럼 이미 잘 알려진 작품들에서 뽑은 것이었다. 이탈리아에서 이른바 인문주의자들은 고전기 그리스와 로마 문학에 푹 빠져서 고대의 텍스트들을 인쇄했다(인쇄술은 콘스탄티노플이 함락된 이후 이탈리아로 들어온 그리스 두루마리들을 보존하기 좋게 때맞춰 도착했다). 그러나 누가 이름 없는 젊은 수도사의 어려운 말들을 읽고 싶어하겠는가? 모두가 놀랍게도 그런 글들에 적당한 규모의 시장이 있다는 것이 드러났다.

루터 본인은 이 새로운 형태의 발표에 아직은 그다지 관심이 없었다. 그는 여전히 공식 채널을 통해서, 교회 당국에 보낼 자필 서한을 통해서 교회를 개혁하기를 바랐다. 그는 대주교가 허락하기만 한다면 이 논제들을 직접 만나서 토론할 수 있기를 바랐다. 그러나 대주교는 토론에 관심이 없었다. 그는 푸거 가에 빚을 갚고 교황과 교황의 새로운 성당, 즉 산피에트로 대성당을 위해서 자금을 마련할 인쇄된 면죄부를 계속 판매할 수 있도록 루터가 주장을 철회해주기를 바랐다.

반대에 부딪힌 루터는 다시금 펜을 들었다. 이번에 그는 라틴어 신학의 어려운 언어가 아니라 대중적인 설교 형식으로 썼다. 면죄부에 반대하는 그의 설교는 그의 생각을 더 직관적이고 직접적으로 표현했다. 그것은 그의 독자를 설득하고 만연한 오남용에 대한 분노를 일으키기 위해서 쓰였다. 자신의 논제들이 어찌 되었는지를 기억한 루터는 이렇게 작성한 글을 설교했을 뿐만 아니라 어쩌면 여전히 뒤늦게 생각이 나서 덧붙인 조치로서 인쇄도 했다. 설교문은 물론 독일어로 쓰여서 번역을 할 필요가 없었고, 최신식 인쇄물의 세계에 관심이 없는, 세상물정 모르는 이 수도사 루터가 언어를 다루는 능력이 뛰어나다는 것을 보여주었다.

면죄부를 비판하는 설교문은 시작일 뿐이었다. 루터는 인쇄기가 제도적 권력은 없지만 대중의 정서를 등에 업은 자신과 같은 작가들에게 어떤 무기가 될 수 있는지를 서서히 깨닫게 되었다. 그는 의분을 표현하는 재능을 발견했다. 때때로 그는 언뜻 보면 순진해빠진 질문들을 던졌다. 또 어떤 때에는 교황을 향해 독설을 퍼부었다. 그리고 언제나 보통사람들의 언어로 간결하고, 예리한 문장을 썼다.

　그의 글은 인쇄기에 안성맞춤이었다. 인쇄본이 바닥나서 재쇄를 제작해야 했고, 쇄를 거듭하여 다양한 도시들에서 20쇄가 넘게 나왔다. 인쇄물은 면죄부의 광범위한 유포에 기름을 부었지만, 이제 그것은 그에 반대하는 격론에도 기름을 부었다. 루터가 쓴 텍스트들의 인쇄 부수는 애초에 자릿수가 다를 만큼 전에 나온 어느 인쇄물의 부수도 크게 능가했다. 자신도 모르게 루터는 대중 논쟁의 시대, 한 명의 작가가 자신의 이름으로 의견을 출판할 수 있는 시대, 성공이 재쇄의 수와 인쇄 부수의 규모로 측정되는 시대, 작가와 독자들이 그 어느 때보다 더 효율적으로, 전통적인 기관들 바깥에서 연결되는 시대를 열었다. 인쇄기는 새로운 독자 공중과 새롭고 강력한 문학 형식, 바로 인쇄로 부채질되는 논박문을 탄생시키고 있었다. 격렬한 논박 자체는 물론 새롭지 않았다. 위대한 교사들 가운데 일부는 논박에 뛰어났고, 예수의 추종자들이 예수의 도발들을 인쇄와 결합시킬 수 있었다면 무엇을 할 수 있었을지 궁금해진다.

　루터는 완강할 때도 있었지만—마인츠의 대주교가 그의 불만을 무시하고 있는데도 꾹 참고 견딜 수 있었던 것도 완강한 고집 덕분이었다—새로운 것을 배우지 못하는 사람은 아니었다. 그는 이제 새로운 것, 출판 논박문의 기술을 연마함으로써 인쇄물의 새 시대를 다루는 법을 배우고 있었다. 교회도 완강하고 전통에 매어 있을 때도 있었지만 교회 역시 인쇄물로 인해서 무엇인가 새로운 일이 일어나고 있다는 사실에, 인쇄기가 면죄부와 『성서』를 대량 복사하는 수단 이상이라는 사실에 눈을 뜨고 있었다. 루터를 공개 규탄하는 교황의 글들, 이른바 교황의 칙서들은 더 이상과 관례대로 교회 문에 내걸리지 않았고 인쇄업지에게 건네졌다. 인쇄기는 어느 한쪽 편을 들지 않았고, 갈수록 그들이 내놓는 것으로 규정되어가던 싸움의 불길을 기꺼이 부채질했다. 루터는 이단으로 규탄을 당했다. 그는 교황이 적그리스도라고 맞받아쳤다. 모욕이 어느 쪽에 더 큰 피해를 주는지는 분명하지 않았지만, 분명한 점은 교회가 이 싸움에서 이기고 있지 않다는 것이었다. 인쇄물이 만들어낸 새로운 세계에서 누군가가 세계에서 가장 막강한 조직의 수장이라는 사실이나 그가 하느님을 대변한다고 주장할 수 있다는 사실은 중요하지 않았다. 중요한 것은 그가 저자로서 얼마나 훌륭한지였다. 그것이 그에게 권위를 부여하는 유일한 것이었다. 권력의 오남용을 지적했을 뿐인 가난한 수도사이자, 보통사람들에게 말을 걸고 그들을 대변해 말하는 법을 배워가고 있던 루터는 그가 저자였기 때문에 교황보다 더 큰 권위를 획득하는 데에 성공했다. 루터의 생전에 독일에서 출판된 모든 저작들 가운데 꼬박 3분의 1이 루터의 작품이었다. 그는 새로운 출판 공화국의 첫 슈퍼스타, 논박 출판물이라는 새로운 장르의 달인이었다.

　루터가 싸우는 방식대로는 그를 이길 수 없음을 알게 된 교회는 더 오래된 수법으로 복귀했다. 루터의 논제들이 인쇄된 지 몇 년 지나지 않아 교회는 루터의 글들에 대한 첫 공개 분서를 거행했다. 자신의 성공으로 대담해진 루터도 똑같이 나왔다. 교회가 교회법에 근거하여 그를 파문하겠다고 위협하자, 그는 비텐베르크 대학교 학생들의 도움을 받아 불 속에 교회법전을 집어넣음으로써 자체 분서를 감행했다. 그리고 그는 자신이 직접 불 앞에 다가가서 주장을 철회하라고 요구하는 교회의 편지를 의식적으로 집어던졌다. 구경꾼들은 루터가 교황의 보좌도 같이 불탔어야 한다고 하는 말을 어깨너머로 들었다.

분서는 멋진 한 편의 연극이었지만 그다지 효과적이지 않았다. 분서는 인쇄물의 홍수에 대적할 수 없었고, 루터는 교회에 반대하는 쪽으로 그 홍수의 물길을 돌리는 데에 능란했다. 인쇄업자들은 교회가 태우는 것보다 더 빠르게 루터의 설교문들을 찍어낼 수 있었다. 분서는 새로운 판본들과 재쇄로 이어졌을 뿐이다. 인쇄물의 신세계에서 종이는 불보다 더 강했다. 이 점을 증명하기라도 하듯이, 루터는 교황의 글을 공개적으로 불태운 행위에 관해서 글을 쓴 다음 인쇄업자에게 가져갔다. 인쇄는 루터가 즐겨 표현한 대로 하느님의 가장 크나큰 은총의 행위였고, 루터는 자신을 인쇄의 가장 충실한 대리인이라고 생각했다.

만일 마인츠 대주교가 인쇄기에 대한 믿음을 잃어가고 있었다고 해도 그는 여전히 구텐베르크의 가장 영광스러운 작품, 다름 아닌 그 자신의 도시에서 만들어진 라틴어 『성서』를 생각하며 즐거워할 수 있었을 것이다. 구텐베르크 덕분에 더 많은 『성서』들이 인쇄되었고, 가격은 계속 떨어졌으며, 판형도 점차 줄어들어 사제들과 수도사들은 흔히 더 작은 팔절판이나 십이절판, 거의 포켓북 크기로 저마다 자신의 『성서』를 소유할 수 있게 되었다. 그와 동시에 더 균일하고, 규격화되고, 더 중앙 통제적인 『불가타 성서』에 대한 쿠사의 니콜라스의 꿈은 많은 오류와 원문 왜곡이 제거되면서 실현되었다. 『성서』의 도달 범위와 효력이 증대했고, 그와 더불어 교회의 도달 범위와 효력도 증대했음은 의심의 여지가 없었다.

루터 자신은 수도회에 입회하면서 개인용 라틴어 『불가타 성서』를 받았고, 루터의 수중에서 그 『불가타 성서』 판본은 제 할일을 하기 시작했다. 대주교에게 보내는 편지에서 면죄부와 교황의 권위에 반대하는 루터의 논증은 자신의 『성서』에 대한 면밀한 연구를 바탕으로 한 것이었다. 『성서』가 교황보다 더 중요하며, 교회라는 기관이나 면죄부는 『성서』에 언급되지도 않는다고 강하게 확신하며 선언했을 때, 그는 자신의 이 『성서』 판본을 생각하고 있었다. 언제든 들춰보기 편한 루터의 인쇄본 『성서』는 그에게 가장 중요한 영감의 원천이었으며 그의 제일의 슬로건이 되어가고 있었다. 솔라 스크립투라(Sola scrpitura : '오직 성서만이'라는 뜻/옮긴이)라고 그는 고상하게 라틴어로 외쳤다. 경전만이 그가 고개를 숙일 수 있는 유일한 권위였다. 그 텍스트에서 관련 대목을 보여주라. 그러면 나의 설교문과 논제들을 불태우겠다. 서기인 에스라가 처음 도입했던 성스러운 경전이라는 생각이 인쇄물의 신세계에서 강력하게 존재를 주장하고 있었다.

경전에 대한 루터의 강조와 인쇄를 통한 그의 성공을 고려할 때, 그가 그 둘을 합치는 것은 시간 문제였다. 그가 공개적으로 철회를 거부하고, 한 지지자에 의해서 보호 구치를 받게 되었을 때에 기회가 찾아왔다. 루터는 교황의 하수인들을 피해서 바르트부르크 성에서 은신하는 동안 가장 중요한 작업에 헌신할 시간을 얻었다. 바로 평신도들이 읽을 수 있는 『성서』 작업이다. 그가 그런 일을 한 첫 번째 사람은 아니었다. 10여 가지가 넘는 독일어 판본 『성서』들이, 많은 경우 단편적으로, 지난 몇십 년 사이에 이미 나와서 독자와 시장을 찾았다. 하지만 어느 것도 딱히 성공을 거두지 못했다. 그는 원문에서 민중의 언어로 『성서』를 번역하고 더 나은 모습을 보여주어야 할 것이었다. 힘이 넘치고 이해하기 쉬운 독일어로 된 『성서』에 자신의 추종자들이 접근할 수 있게 해준다면, 그리고 그 결과를 인쇄를 통해서 증대시킬 수 있다면 그는 교회를 그 권력의 중심에서 공격할 수 있으리라.

가택 연금을 자처하여 딱히 다른 할 일이 없었기 때문에 루터가 「신약 성서」를 번역하는 데에는 고작 11주일밖에 걸리지 않았다. 나중에 그는 「구약성서」 번역본을 추가했다. 루터의 번역문이 인쇄되었을 때, 그 배포 규모는 이전에 인쇄된 모든 것을 압도하여 무려 50만 부에 달했다. 만약 그때까지 살아 있었다면, 구텐베르크도 깜짝 놀랐을 것이다. 구텐베르크 의 라틴어 『성서』는 인쇄라는 수단을 통한 최초의 서적 제조라는 위업이 었지만 아직 출판의 진짜 힘의 근원에는 다가가지 못했다. 진짜 힘의 근 원이란 바로 일반 대중이었다. 구텐베르크는 기존의 한정된 수요를 충족 시키고자, 다시 말해서 교회와 수도원을 위한 대형 『성서』를 더 저렴하게 공급하고자 했을 뿐이다. 그는 자신의 발명이 수요를 급격하게 확대하 고 그럼으로써 그 수요를 변화시킬 것이라는 점을 깨닫지 못했다. 구텐 베르크의 발명이 있고 60년 뒤에 인쇄기는 책이 어떻게, 또 누구에게 읽히 는지를 재편하고 있었다.

루터의 『성서』는 다른 『성서』 번역의 원형이 되었다. 이제는 많은 『성서』 들이 교회의 검열에 직면했고, 검열은 궁극적으로 악명 높은 교황청 금서 목록으로 이어졌으니, 그것은 교회가 출판물을 통제하기 위한 수단이었 다. 금서목록도 물론 인쇄되었고, 그와 거의 동시에 바티칸에 최초로 인 쇄기가 들어왔다.

그러나 출판에 반하여 검열은 딱 그 정도만 할 수 있을 뿐이었다. 최상 의 증거는 인쇄술의 도래 이전부터 나타난 무단 『성서』 번역본들에 대한 법률이 존재한 유일한 나라인 잉글랜드였다. 심지어 그런 법률들도 루터 의 『성서』를 모델로 한 영어 『성서』가 인쇄되는 것을 막지는 못했다. 이 기회를 붙잡은 사람은 윌리엄 틴들이었다. 그는 『성서』를 영어로 번역하여 루터가 독일어로 이룩한 것을 영어로 이룩하고자 했다.

런던에는 인쇄소가 일곱 군데밖에 없었고, 그중 대부분은 정부가 단단히 통제하고 있었으므로 틴들은 독일로 가서 루터의 비텐베르크에서 지냈다. 그리고 보름스에서 자신의 영어 『성서』를 인쇄해서 런던으로 몰래 들여줄 인쇄업자를 찾아냈다.

그 인쇄업자는 페터 쇠퍼, 구텐베르크가 마인츠에서 그의 첫 라틴어 『성서』를 제작할 때에 도운 같은 이름의 조수의 아들이었다. 아버지 페터 쇠퍼는 구텐베르크의 라틴어 『성서』를 위해서 아름다운 활자를 새겼던 반면, 그의 아들은 하느님이 영어로 세상을 창조하는 페이지를 조판했고, 그것이 프랭크 보먼과 아폴로 8호의 승무원들이 1968년에 낭독했던 『성서』의 토대가 되었다. 쇠퍼 부자의 생애 동안 앞선 인류의 역사 전체를 통틀어 서기들이 필사하여 내놓은 것보다 더 많이 책들이 인쇄되었다.

인쇄를 둘러싼 의견 차이들은 많은 것들을 둘러싼 의견 차이들이 되었고, 궁극적으로 기독교 세계의 분열로 이어졌다. 서임을 받은 사제이자 수도사였던 루터는 수녀와 결혼했다. 그는 다른 유형의 미사를 도입했다. 그는 일반 신도들에게도 성찬배를 주었고 교황의 권위를 거부했다. 기독교를 이루는 구조 전체가 변화하고 있었다.

이 책을 위한 조사의 끝자락에 나는 다시금 마인츠를 찾아 대성당과 마인 강, 구텐베르크 박물관을 바라보며 그것들이 얼마나 잘 연결되어 있는지를 곰곰이 생각했다. 강은 원거리 무역상의 등장을 가져왔고 그들은 구텐베르크가 착수한 것과 같이 돈이 많이 드는 사업에 투자할 자본을 축적했다. 무역은 마인츠 시가 머나먼 땅의 인쇄술이라는 아이디어를 비롯한 아이디어들하고 접촉할 수 있게 해주었다. 대성당은 인쇄술의 첫 수혜자였지만 얼마 지나지 않아 그 첫 희생양이 되었다.

여기에는 발명에 관한 더 큰 교훈이 있다. 발명은 흔히 독자적인 발전들이 갑자기 한곳에 수렴한 결과이며, 우리가 발명가라고 부르는 사람들은 그러한 수렴을 처음으로 알아본 사람들이라는 것 말이다. 구텐베르크와 루터는 또한 텍스트가 어떻게 생산되고 전달되는지, 또 누가 그것들을 어떤 목적에서 읽는지, 즉 텍스트의 생산과 전달 방식, 그것을 읽는 주체와 목적에서 일어나는 변화들이 성스러운 경전에 토대를 둔 사회들에 크나큰 충격을 가져온다는 점을 보여준다. 지금 우리는 글쓰기 기술에서 인쇄 혁명보다 더 근본적인, 또다른 혁명을 겪고 있는 만큼 이 점은 21세기의 우리에게도 중요한 교훈이다. 인쇄술이 『성서』를 교회의 손아귀에서 빼내 대중화하기도 했지만, 독자들에게 아득한 과거에서 온 어느 텍스트에 정해진 규칙들에 따라서 살도록 요구하는, 기독교식 텍스트 근본주의에 힘을 실어준 점을 기억하는 것이 좋을 듯하다.

우리의 글쓰기 기술의 혁명은 성스러운 텍스트들에 대한 근본주의적 독해를 더욱 조장할까? 또는 그러한 텍스트들을 통제하는 기관들의 토대를 더욱 약화시킬까?

2016년 10월 31일, 프란치스코 교황은 보편교회주의적 화해의 몸짓으로서 루터의 95개조 반박문의 499주년을 기념하기 위해서 스웨덴의 룬드로 갔다. 어쩌면 이것은 구텐베르크와 루터에 의해서 야기된 분열이 인터넷 시대에 점차 약해지고 있다는 신호일지도 모른다.

8

『포폴 부』와 마야 문명 :
제2의 독자적인 문학 전통

덫과 책
1532년, 페루

에스파냐 병사들은 온종일 잠복 중이었다. 파나마에서 연안을 따라 긴 항해와 한없이 이어지는 산행에 심신이 지치고 두려움에 사로잡힌 그들에게는 비축 식량도, 앞날에 대한 기대도 별로 남아 있지 않았다. 도중에 많은 이들이 잘 정비된 도로와 인상적인 건축물들, 그리고 무엇보다도 황금이 있는 이 낯선 땅에서 발판을 마련하리라는 희망을 버렸다. 하지만 그들의 군사원정이 가망이 없어 보이던 바로 그 시점에 잉카의 황제 아타우알파가 근처에 있다는 소식이 전해졌다. 연락이 닿아 에스파냐인들은 그날 밤은 이곳 도시에서 보내고 이튿날 황제를 알현하도록 초대되었다.

이튿날 아침 원정대의 대장 프란시스코 피사로는 이 한 번의 기회에 모든 것을 걸기로 했다. 그는 106명의 보병과 62명의 기병을 세 집단으로 나눈 후에 광장 근처 건물들에 매복시켰다. 인디오들은 말을 두려워했기 때문에 그는 공포 효과를 극대화하기 위해서 말들에 종을 달았다. 그들

알브레히트 알트도르퍼(1480년
경–1538년)가 그린 이수스 전투.
다리우스가 알렉산드로스 대왕
에게 쫓기고 있다.

14세기 페르시아의 『열왕기』 삽화
본. 알렉산드로스 대왕의 죽음을
묘사하고 있다.

앉아 있는 서기를 묘사한 기원
전 제3000년기 이집트의 화강암
조각상.

제임스 퍼거슨의 이 19세기 석판화는 아름답게 온전히 복원된 님로드의 궁전의 상상화이다.

인도 영산(靈山)에서 설법 중인 부처를 묘사한 18세기의 티베트 불화.

공자의 열 명의 제자를 묘사한 18세기 일본 가쿠테이 야시마의 목판화.

프랑스의 화가 자크-루이 다비드(1748-1825년)는 죽기 직전
소크라테스가 제자들 사이에서 철학을 논하는 모습을 보여준다.

왼쪽의 모세와 구약을 예수와 그의 제자들과 연결시키는 1481년 작
도메니코 기를란다이오의 프레스코화.

폼페이에서 출토된 로마 시대의 프레스코화. 글쓰기와 회계에 일상적으로 사용된
도구인 밀랍 서판과 철필을 들고 있는 젊은 여성을 묘사하고 있다.

이 중국의 비단 족자(5세기에서 8세기 사이)는 제자들에게 훈계하고 있는
궁정의 여성 교사를 보여준다.

『겐지 이야기』를 쓰기 위
해서 신성한 영감을 얻는
중인 무라사키. 화가인
스즈키 하루노부(1725-
1770년)는 다채색 인쇄를
위해서 색깔마다 다른 목
판을 이용했다.

야야 이븐 마무드 알-와
시티 작. 아랍 채식 사본에
묘사된 1237년 바그다드
도서관의 학자와 학생들.

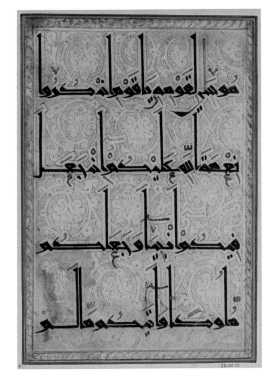

1180년경에 나온 이 『코란』은
특징적인 서예 양식으로 쓰
여서 알리프와 람 글자만 다
른 글자보다 훨씬 더 크다.

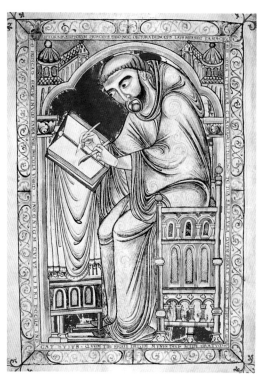

폴리오 사본을 열심히 작업 중인
12세기의 서기 에드윈의 초상화.

요하네스 구텐베르크가 1455년경
인쇄한 라틴어 『성서』의 첫머리.
이 글자들은 서기인 페터 쇠퍼가
조각한 것이다.

채색 목판화를 수록한 마르틴 루터 번역의 1534년 『성서』의 속표지.

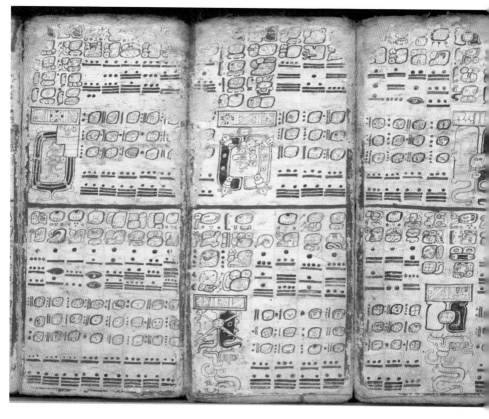

에스파냐의 정복에서 살아남은 얼마 되지 않는 마야의 책들 중 하나인 「드레스덴 코텍스(*Dresden Codex*)」(13-14세기)의 여섯 페이지.

장-오노레 프라고나르의 이 그림(1770년경)은 여성 독자들의 중요성을 포착한다.

서기에게 자신의 말을 받아쓰게 하고 있는 괴테를 묘사한
요한 요제프 슈멜러(1796-1841년)의 그림. 서기는 괴테와의 많은 대화도 기록했다.

광범위한 독서 습관을 충족시키기 위해서 괴테가 이용한
바이마르에 있는 안나 아말리아 대공비 도서관.

19세기 말 외젠 아제가 찍
은 파리의 넝마주이. 넝마
는 종이의 원자재였다.

1870년대에 덴마크의
라스무스 말링–한센이
발명한 타자공(Writing
Ball). 상업적으로 제작
된 최초의 타자기이다.

이 1920년의 러시아 선전 포스터는 "지식이 예속의 사슬을 끊을 것"이기 때문에 독서를 권장한다.

1970년대 CPT 8100 워드프로세서 데스크톱 소형 컴퓨터.

큐비즘 화가 나탄 알트만이 그린 안나 아흐마토바 초상화(1914년 작).

이 가져온 대포 2문도 적당한 위치에 두었다. 고작 20명의 병사들만 피사로와 함께 있었다. 신호를 보내면 그들은 모두 아타우알파에게 달려들어 그를 붙잡을 계획이었다.

그들이 잠복해 있는 사이, 사자(使者)가 와서 아타우알파가 오늘은 나오지 않을 것이라고 알렸다. 피사로는 탈진한 부하들이 이 조마조마한 긴장을 더는 견디지 못할 것임을 알고 있었다. 덫은 지금이 아니면 통하지 않을 것이었다. 절박해진 그는 황제에게 부하를 보내서 최대한 공손한 어조로 오늘 중으로 황제가 방문해주기를 청했다. 하지만 아무 일도 일어나지 않았다.

갑자기 그들은 진지에서 움직임을 목격했다. 처음에는 몇몇, 그 다음에는 수백 명, 마침내는 수천 명이나 되는 황제의 수행원들이 대형을 이루고 있었다. 가마가 눈에 들어왔고 그 다음 수행원들 전체가 광대한 영역의 통치자에게 걸맞은 화려한 장관을 연출하며 그들을 향해 움직이기 시작했다. 얼마 지나지 않아 수행원들이 광장 안으로 들어왔고 가마꾼들이 가마를 땅바닥에 내려놓았다. 피사로는 환호했다. 그들은 그들의 우수한 무기인 톨레도산 최상의 강철로 만들어진 검과 정확도와 강도가 뛰어난 석궁을 사용할 작정이었다. 그들의 머스킷 소총과 포는 다루기가 불편하고 장전이 번거로웠지만, 그 신기함 덕분에 가공할 만했다. 남아메리카에서 가장 유용한 가축은 커다란 양보다 조금 더 클 뿐인 라마로서, 에스파냐 기병들을 태운 무장한 말들과 비교하면, 전투에서 완전히 무용지물이었다. 그보다 더 중요한 것은 피사로와 그의 병사들이 자신들도 모르게 가져온 무기, 바로 천연두였다. 인디오들은 천연두에 대한 면역력이 전혀 없었다. 어마어마한 유행병이 피사로에 앞서서 그 일대를 휩쓸면서 피비린내 나는 내전을 촉발하여 잉카 제국을 한층 약화시켰다. 피사로와 부하들은 이미 심각한 위협을 받고 있던 한 문명과 싸우고 있었다.

에스파냐인들에게는 어쩌면 크기가 너무 작아서 주목을 훨씬 덜 받는 또다른 무기가 있었다. 그럼에도 불구하고 다수의 목격자들은 피사로가 아타우알파를 겨냥해서 놓은 덫의 중심에 크기가 활짝 편 두 손바닥 정도인 무기를 배치한 것에 주목했다. 피사로 본인이 그 무기를 직접 다루지는 않았다. 대신 그는 전문가, 발베르데라는 도미니코회 수도사를 보내서 황제 바로 앞에 그것을 두게 시켰다.

아타우알파는 수도사가 다가오는 것을 보았고, 통역자를 통해서 그 카스티야인이 에스파냐 국왕과 기독교의 신의 권위를 수용하라고 청하고 있음을 이해했다. 말을 마치자 카스티야인은 그 네모난 장치를 쳐들고 그 안에 그의 신의 목소리가 담겨 있다고 주장했다. 바로 책이었다.

일부 목격자들은 나중에 아타우알파가 그 책을 집어들었지만 어찌해야 할지를 몰랐다고 기억했다. 수도사가 도움의 손길을 내밀었을 때, 황제는 무례하게 팔을 쳐냈다. 아타우알파는 한동안 책을 만지작거리다가 가까스로 책을 펼 수 있었지만 안에 종이가 잔뜩 묶여 있는 것을 보고 짜증이 나서 공중에 집어던졌다. 다른 목격자들은 그가 에스파냐 신의 목소리를 들어보려고 책을 자기 귀에 댔다가 아무런 목소리도 들리지 않자 그 이상한 물체를 땅바닥에 내던졌다고 기억했다. 한 가지는 분명했다. 아타우알파는 책이 무엇인지를 몰랐다. 그는 종이를 접해본 적이 없었고, 성스러운 텍스트라는 것을 이해할 수 없었다. 잉카인들은 그 웅장한 건축물과 도로에도 불구하고 글을 몰랐다.

그 책이 땅바닥에 떨어지자마자 수도사가 피사로에게 공격을 개시하라는 신호를 보냈다. 일부 잉카인들은 옷 안쪽에 무기를 감추고 있었지만 말과 종소리, 대포의 발사, 작은 광장 안에 갇힌 적을 처리하고 있는 날카로운 검들이 일으키는 혼란 속에서 제대로 저항할 수 없었다. 그들은 살육당했고 황제는 생포되었다.

발베르데에게 아타우알파와의 조우는 승리였다. 그의 책은 『성서』, 아니 그보다는 기독교 달력에 따라 미사를 드릴 때 설교를 돕도록 「시편」과 『성서』의 여타 내용들을 발췌하여 가지고 다니기 쉽게 압축한 한 권짜리 「기도서」였을 가능성이 더 크다. 이 책, 아타우알파가 도무지 정체를 짐작할 수 없었던 이 물건은 수천 년에 걸친 혁신의 정점, 메소포타미아에서 문자의 발명, 그리스에서 알파벳의 발명, 중국에서 종이의 발명, 그리고 로마에서 제책의 발명이 결합된 산물이었다. 근래에는 요하네스 구텐베르크가 가동 활자로 중국의 인쇄기법과 유사하게 인쇄술을 재발명했다. 인쇄소들이 유럽 전역에서 우후죽순처럼 생겨나, 신세계 정복에 때를 맞춰 『성서』와 「기도서」를 갈수록 작은 옥타보(octavo) 판형으로 내놓고 있었다.

우리는 이 잊을 수 없는 조우에 관한 많은 기록들을 가지고 있다. 피사로의 형제와 그의 사촌은 물론이고, 자신이 기억하는 바를 어느 혼혈 서기에게 받아적게 한 아타우알파의 조카까지 여러 당사자들이 사후에 그에 관해서 기록을 남긴 덕분이다. 하지만 중요한 기록이 하나 빠져 있는데 바로 프란시스코 피사로의 기록이다. 그는 이 날에 관해서 기록을 남기지 않았다. 사실 우리는 그에게서 나온 글은 단 한 조각도 가지고 있지 않다. 그가 타고 갈 배들의 장비를 갖추기 위해서 공동 투자자들과 작성한 계약서에도 그의 서명은 들어 있지 않았다. 피사로는 자기 이름을 쓸 줄 몰랐다. 그의 잉카인 상대편처럼 그도 문맹이었다.

책들의 전쟁

1519년, 유카탄 반도

신세계 정복은 이와 유사한 다수의 장면들로 채워져 있다. 철저히 무장한 한 무리의 유럽인들이 자신들이 뜻하지 않게 천연두를 퍼뜨린 사실에 도움을 받아, 원주민 부족들 사이의 분열과 내전을 영리하게 이용하면서 압도적인 수적 열세를 딛고 우위를 점하게 된다. 그러나 더 자세히 들여다보면 이 과정에는 보통 책이 개입되어 있다.

14년 전인 1519년에 피사로의 육촌인 에르난 코르테스는 원주민의 지명을 써서 그들이 자랑스럽게 유카탄이라고 부르던 본토를 탐험하기 위해서 쿠바를 출항했다. 나중에, 그들이 이 반도의 이름이라고 생각했던 단어는 에스파냐인들과 접촉한 마야인들이 그들에게 자꾸 되풀이한 표현인 "그가 말하는 방식은 우습다"라는 마야어 표현이 와전된 것임이 밝혀졌다.

원주민들은 또한 "카스틸라노(castilano)"와 비슷하게 들리는 말을 계속 반복했다. 한동안 말이 오고간 뒤에 코르테스는 어딘가에 에스파냐인이, 어쩌면 그가 도착하기 9년 전에 여기서 좌초한 것으로 알려진 배의 생존자가 있을 수도 있겠다는 생각이 들었다. 그는 이 동포 카스티야인을 수소문하기 위해서 사자를 보냈지만 아무런 소식이 들려오지 않자 출항할 준비를 했다. 막판에 원주민들이 탄 카누가 도착했고, 카누에 타고 있던 사람들 중 한 명이 모두가 깜짝 놀랄 정도로 완벽한 카스티야어 억양으로 자신은 헤로니모 데 아길라르라고 밝혔다. 그보다 더 놀라운 것은 아길라르가 다음에 한 말이었다. "오늘은 수요일이지요? 그렇지요?"

알고 보니 아길라르는 프란체스코회 수도사였다. 그는 마야인들에게 붙잡혀 9년간 노예로 지내면서 발베르데의 것과 유사한 기도서에 의지할 수 있었고, 그가 날짜를 헤아릴 수 있었던 것도 그 기도서 덕분이었다.

아길라르가 난파선의 유일한 생존자는 아니었다. 곤살로 게레로라는 또다른 생존자가 있었지만 그는 새로 도착한 에스파냐인들을 맞으러 카누를 타고 나오지 않았다. 코르테스는, 게레로가 원주민 아내를 얻고 장발과 문신, 코걸이를 비롯해서 원주민의 생활방식을 채택했다는 것을 알게 되었다. 그는 에스파냐인들에게 합류하기를 원하지 않았고 갈수록 공격적으로 진행되는 이 땅의 식민화에 대한 저항운동을 조직하며 여생을 보냈다. 당연한 소리이지만 게레로는 날짜를 헤아리기 위해서 기도서를 지니고 있지 않았다. 이 일화는 낯선 문화의 한복판에서 글의 중요성에 관해서 귀중한 교훈을 준다. 기도서는 아길라르가 현지에 동화되는 것을 막았다. 아길라르를 만나자마자 코르테스는 재빨리 그를 통역자로 삼았고, 아길라르는 멕시코 정복 내내 그의 곁을 지켰다.

코르테스는 유카탄 반도로 처음 진입하면서 다른 무엇인가도 건졌다. 두 권의 마야 책이었다. 그는 이 책들을 에스파냐 국왕에게 부치는 첫 번째 선적 화물에 포함시켰다. 이 화물들은 본국에 있는 그의 경쟁자들과 윗사람들에 맞서 그의 입지를 강화할 긴요한 뇌물이었으니, 그는 상부의 명령을 무시하고 무모하게 남아메리카 본토로 뛰어들었던 것이다. 이 두 권의 책이 가장 중요한 품목은 아니었다. 진짜로 중요한 것은 녹여서 왕실 금고를 불릴 수 있는 황금이나 자랑스럽게 내보일 수 있는 신기한 공예품 형태의 황금이었다. 하지만 마야인들, 바로 에스파냐인들이 조우한 부족이 글을 아는 부족임을 입증하는 증거로서 책이 거기에 있었다.

피사로와 대조적으로 코르테스는 글을 쓸 줄, 사실은 꽤 잘 쓸 줄 알았다. 에스파냐 궁정에 보낸 유창한 편지들에서 그는 자신의 원정을 정당화하고 국왕의 환심을 사는 데에 성공했다. 하지만 마야의 글은 코르테스에게 그다지 대단한 인상을 주지 않았는데, 어쩌면 그가 눈앞의 모든 것을 유럽과 아시아와 비교하고 있었기 때문일지도 모른다. 유라시아에서 모든 초기 문명들은 중국부터 근동에 이르기까지 서로 간에 이따금씩 접촉이 있었다. 동쪽부터 서쪽까지 대략 동일한 기후대를 따라서 쭉 뻗은 단일한 땅덩어리는 어렵사리 개량된 작물과 가축화된 동물들이 대륙에 걸친 교환의 그물 속에서 한 문화에서 다음 문화로 전파되는 것을 가능하게 했다. 이 교환에는 문자—문자라는 아이디어—가 딱 한 번만 메소포타미아에서 발달했고, 그 다음 이집트와 어쩌면 멀리 중국 같은 다른 초창기 문자 문화들로 전파되어 나갔을 가능성이 있으며, 심지어 그럴 개연성도 있다. 문자, 그리고 그와 더불어 문학은 단 한 차례의 요행으로 여겨질 수 있다.

그러나 코르테스와 달리, 우리는 아메리카 대륙이 문자의 발명 훨씬 이전에 유라시아 대륙과 접촉이 끊겼음을 알고 있다. 문학의 이야기에서 나타나는 모든 패턴 가운데, 나는 이것이 가장 흥미롭게 느껴진다. 인류가 문자, 어쩌면 모든 발명 가운데 가장 근본적인 발명을 두 번 고안했다는 사실이다.

지금까지는 나는 메소포타미아에서 문자의 발명이 가져온 결과들을 추적해왔다. 그 한 차례의 발명은 서기 계급의 등장으로 이어졌고, 그러한 서기들 가운데 한 명이 이야기들을 받아적기로 결정한 뒤, 이야기들을 묶어서 더 큰 텍스트를 구성하는 습관이 생겨났고, 그러한 텍스트들 중 일부는 성스러운 경전의 지위를 획득했는데, 이 모든 과정에는 종이와 책, 인쇄 같은 향상된 기술들이 일조했다. 마야인들 (그리고 그보다 잘 알려지지 않은 문자 체계를 발명한 아메리카 대륙의 다른 부족들) 덕분에 우리는 지금까지 살펴본 문학의 이야기를 제2의, 완전히 독자적인 전통과 비교할 수 있다.

2,000년을 이어온 마야 문학과 마야 문자 문화는 그동안 놀랍도록 관심을 거의 받지 못했는데, 아마도 마야 문자가 러시아와 미국 언어학자들의 노력이 합쳐진 결과, 지난 반세기 사이에 비로소 해독되었기 때문일 것이다. 두 나라의 학자들은 이 정교한 체계가 거의 600개에 달하는 기호들로 이루어져 있고, 그중 일부는 관념을, 일부는 소리의 결합을 나타낸다는 것을 조금씩 알게 되었다. 모든 기호들이 해독된 것은 아니지만, 우리는 이제 아메리카 대륙의 문학 역사가 유럽과 아시아의 문학 역사와 유사한 경로를 따르는지를 살펴볼 수 있는 위치에 있다.

마야 상형문자 연구를 개척한 사람은 디에고 데 란다였다. 란다는 1524년 에스파냐 중부, (에스파냐에서 무슬림 지배가 패한 뒤) 기독교로 개종한 무슬림 공동체가 여전히 남아 있던 도시인 시푸엔테스에서 태어났다. 열여섯 살에 프란체스코회에 입회한 란다는 스물네 살에 미지의 세계로 가기로 결심하고 동료 프란체스코 수도사 아길라르의 발자취를 따라 아메리카 대륙 본토의 선교사업에 합류했다. 그의 목적은 마야인들의 영혼을 구원하는 것이었고, 그의 주요 도구는 (인쇄된) 기도서였다.

유카탄에 도착한 란다는 자신이 복잡한 하나의 문명과 조우했음을 곧 깨달았다. 흥미를 느낀 그는 자신이 보고 들은 것들을 적기 시작하여, 궁극적으로는 오늘날까지 마야 문화에 대한 1차 사료로 남아 있는, 에스파냐 정복 전후 시기의 그 지역에 대한 기록을 남겼다. 란다는 그 지역의 당당한 새로운 주인으로서 느끼는 관심을 가지고 웅장한 피라미드와 도시들을 비롯해서 마야인들의 문화적 업적을 묘사했다. 마야의 도시들 다수는 에스파냐인들이 도래할 무렵 알 수 없는 환경적이거나 문화적인 요인의 결과로 버려져 있었다. 어떤 측면에서는 레이어드를 비롯해서 아득한 옛 문명들의 발굴자와 발견자들과 비슷한 방식으로 란다는 내게 중요한 안내인이 되었다. 마야인들에 대한 그의 관찰 내용은 우리의 주요한 정보 원천이지만 그것은 비싼 대가를 치르고 얻은 정보이다.

이 문화와 그곳의 신비로운 역사를 이해하기 위해서 란다는 마야인을 사귈 필요가 있었다. 그는 운 좋게도 좋은 친구를 사귀었다. 나치 코콤은 오래된 왕가 출신이었고, 그 자신이 유카탄 반도 중간에 위치한 중요한 마야 족장국가인 소투타의 지도자였다. 코콤은 문자를 비롯해 문화와 사회의 모든 측면에 접근할 수 있었고 란다가 구할 수 있는 최고의 정보를 제공했다. 란다는 마야인들이 문자 체계를 발명했을 뿐만 아니라, 잉카 황제가 피사로와 접촉했을 때 이해할 수 없었던 많은 글쓰기 기술들도 자체적으로 발명했음을 알게 되었다. 무엇보다도 코콤은 그에게 마야의 책들을 보여주었고 란다는 그것을 자세히 연구했다. 마야의 책들은 한 가지 점만 빼고 로마의 발명과 유사했다. 로마의 책은 페이지가 한쪽만 붙어 있고 다른 쪽은 펼칠 수 있었던 것과 달리 마야의 책은 페이지 양쪽이 다 붙어 있고 아코디언 같은 형태로 펼쳐졌다. 마야의 책들은 코콤 일족처럼 매우 막강한 가문들이 소장하는 위신이 높은 물건이었다.

책을 만들기 위해서 마야인들은 적당한 필기 표면을 발명했다. 유라시아에서는 중국의 종이가 1,000년 이상 걸려 근동에 도달했고, 때마침 에스파냐인들이 신세계로 종이책을 들고 갈 수 있게, 다시 수백 년이 걸려 에스파냐에 도달했다. 마야인들은 나무껍질을 석회 용액에 담근 다음 두들겨서 얇은 종이로 만들고 이 종이들 여러 장을 풀로 붙이는 방식에 의존했다. 종이에 탄산칼슘을 입힌 다음 조약돌로 표면을 반들반들하게 만듦으로써 하얀 광택이 났다. 글씨는 소라고둥 껍데기 안에 보관하는 염료를 가지고 여러 가지 색깔로 썼고, 책은 이따금 겉에 화려한 장식이

가미된 재규어 가죽이나 나무를 씌워 보강했다. 마야의 문자와 종이, 책은 남아메리카나 북아메리카로 전파되지 않았는데 남북 축을 따라 상이한 기후대와 험난한 지형을 지나야 하는 이동은 동서 축을 따라 움직이는 유라시아의 좌우 이동보다 훨씬 어려웠기 때문이다.

마야 문자 체계의 고난이도는, 비록 일부 여성들과 여타 외부인들도 쓰는 법을 알기는 했지만, 역시 사제이자 자신들의 기술을 철저하게 비밀로 숨기는 서기 계급의 등장을 낳았다. 한 문자 체계는 강력한 서기 계급을 창출했고, 그들의 활동은 종이와 일종의 아코디언 코덱스의 발명으로 강화되었다. 지금까지는 역사가 되풀이되고 있는 것 같았다. 그렇지만 이 책들은 무엇에 쓰는 것이었을까? 어떤 서기들이 이야기를 받아적고 그것들을, 이를 테면 에스파냐인들이 이제 신세계로 가져오고 있었던 것과 같은 더 큰 근본 텍스트로 결합했을까?

마야 책들은 란다가 깨달은 대로 "연, 월, 일을 계산하는" 마야 과학과 밀접하게 연관되어 있었다. 지금 우리 모두가 마야인 하면 바로 연상하는 것, 즉 달력 말이다. 마야 달력은 아주 정교한 역법, 아니 그보다는 서로 맞물린 여러 역법들로서, 서력기원전 3114년 8월 11일에 시작하여 2012년 12월 21일에 끝난다. 2012년 12월 21일 이후로 우리는 5,126일로 이루어진 마야 달력의 두 번째 주기를 살고 있다(2012년에 일부 사람들은 첫 번째 주기의 끝이 곧 세계의 종말을 의미한다고 믿었지만, 이런 생각은 마야 달력에 대한 잘못된 해석으로 드러났다).

마야 달력은 종교와 밀접하게 연관된, 비할 바 없는 문화적 위업으로서, 란다는 마야 달력이 **우리가 [달력으로] 우리의 일들을 규제할 때와 마찬가지로** "마야인들이 그들의 축제 그리고 사업상의 회계와 계약을 규제하는" 수단이라는 것을 알아차렸다. 이 달력들이 이상하게 보이기는 했어도, 그것들은 란다가 알아볼 수 있는 방식대로 사용되었다. 달력의 종교적 중요성에 대해서 란다가 받은 인상은 마야의 대제사장이 "어떤 책을 펼치고는……그들에게 설교하는 것"을 직접 목격했을 때에 확인되었다. 에스라의 발명, 즉 경전을 성스러운 대상으로는 떠받드는 일이 이쪽에서도 일어났던 것 같다. 현 단계까지 마야 문학의 역사는 소규모 서기 계급이 성스러운 책들을 관장하는 식으로 구세계와 동일한 발전 단계들을 거쳐왔다.

1562년의 아우토다페

아직 한 가지 질문, 가장 중요한 질문이 남아 있다. 이 마야 달력들은 성스러운 이야기들, 근본 텍스트들을 토대로 한 것이었는가? 여기서 나는 더 이상 란다의 관찰에 의존할 수 없는데, 그의 연구가 한 위기로 중단되었기 때문이다. 그리고 이 위기는 파괴자 란다를 이끌어냈다. 1562년 봄에 한 마야 소년이 마니 마을 인근에서 각종 우상들과 인신공양의 증거인 사람 해골들이 쌓여 있는 동굴을 발견했다. 란다는 경악했다. 그가 위대한 문명이라고 생각했던 것은 결국 야만적인 것이었다.

란다는 격노하여 이 비밀스러운 관행들을 진압하려고 나섰고 대량 검거와 고문의 시기가 3개월간 이어졌다. 그가 가장 즐겨 쓴 수법은 손목을 묶어서 매달아 고문을 통해서 자백을 받아낸 다음 그 자백에 근거하여 가혹한 형벌을 내리는 것이었다. 여기서 고질적인 한 가지 문제는 고문을 한 다음에는 매질을 할 만한 멀쩡한 살갗이 남아 있지 않다는 것이었다. 란다에 의한 4,500명의 고문 희생자들 가운데 158명이 죽었고 최소 13명이 자살했다. 적의 피를 흘리게 하는 일에서 딱히 주저한다고 할 수 없는 마야인들도 충격을 받았다. 심장을 도려내는 그들의 수법은 훨씬 빠르고 따라서 덜 잔혹한 수법이었다.

란다도 충격을 받았는데 고문 희생자들이 비명을 내지르는 가운데 옛 신들을 비밀리에 섬기고 있다고 실토했기 때문이다. 심지어 그의 친구이자 정보원인 나치 코콤도 세례를 받고 돈 후안 코콤이라는 세례명을 받았음에도 이런 숭배 관행들을 부추겨왔다. 옛 신들에 대한 숭배는 형식적인 기독교의 껍데기 아래에서 지속되어왔다. 마야인들을 개종시키려던 란다의 모든 노력은 헛수고였던 것이다.

란다가 이끌어낼 수 있는 결론은 하나였다. 마야 문화를 그 뿌리째 뽑아내야 한다는 것이었다. 반역자 코콤이 그에게 말해준 것 전부를 바탕으로 하여 란다는 마야의 여러 관행들의 토대는 그들의 성스러운 글이라는 것을 깨달았다. 마야의 책에 관해서 알아내려고 에스파냐인 그 누구보다도 애썼던 란다가 찾아낼 수 있는 책이란 책은 모조리 불태우기로 결심한 것은 그런 까닭이었다. 그는 마야 책들을 찾아서 곳곳을 뒤졌고, 과거 친구였던 코콤의 가문 같은 귀족 가문들 내에서 대대로 내려오던 책들, 성스러운 경전으로 추앙받아온 책들, 별의 운행을 기록한 책들과 달력을 찾아냈다. 그는 그 책들, 일일이 손으로 제작한 그 소중한 예술품들, 그가 그렇게 찬탄했던 것들을 한데 모아, 그 텍스트들에 단단히 기반을 두고 섬겨지는 모든 우상들과 함께 커다랗게 쌓아올렸다. 그 다음 그는 1562년 아우토다페(auto-da-fé, "믿음의 행위")를, 다시 말해서 불길이 마야인들의 책을 집어삼키며 주변을 환하게 밝히는 가운데 자백의 내용과 형벌을 공개적으로 낭독했다. 그것은 가톨릭 교회가 루터와 승산 없는 싸움을 하고 있던 고국 에스파냐에서 란다가 목격한 수법이었다 (물론 란다가 중국에서 유가 경전들의 분서에 관해서 알고 있었다면 그 사건에서도 영감을 받았을 것이다). 문학의 역사는 분서의 역사이며—글로 적힌 이야기들의 힘을 보여주는 증거이다.

이 불길의 향연이 워낙 격렬하여 란다는 조사를 받기 위해서 본국으로 소환되었다. 에스파냐 정부마저도 란다의 행동이 지나치다고 생각했다. 정부는 고문에는 찬성했지만, 광범위한 규정과 절차를 갖춘 고도로 규제되고 제어되는 종교재판 제도를 수립했고, 란다와 그의 열성적인 부하들은 그 제도를 위반한 것이었다. 그를 기소하는 법적 절차는 여러 해가 걸렸고, 란다는 오직 자신의 외교적 수완 덕분에 그럭저럭 무사히 빠져나올 수 있었다. 법적 절차가 마무리된 뒤에 마침내 그는 유카탄의 주교로서 신세계로 당당하게 복귀할 수 있었다.

앞날이 불투명했던 본국에서의 그 어려운 시절 동안 란다는 자신이 습득한 모든 것을 글로 적어서, 마야 문화에 대한 대작을 내놓았다. 그 아름다운 책들, 마야 달력의 위업을 묘사하면서 그는 무슨 생각을 했을까? 그것들이 불길 속에서 한줌의 재로 사라지는 광경을 마음속으로 그려보았을까? 그의 서술은 어떤 감정도 내비치지 않는다. "우리는 많은 책들을 발견했다……거기에는 미신과 악마의 거짓말밖에 담겨 있지 않았으므로 우리는 전부 불태웠다. 그들은 몹시 괴로워했고, 이 일은 그들에게 커다란 고통을 안겼다." 란다는 전혀 후회하지 않는 듯하며—이러니 저러니 해도 그는 결국 정부에 자신의 행위를 정당화하고 있었다—심지어 마야인들이 책을 불태우는 것을 원하지 않은 사실에 놀랍다는 듯한 반응을 보인다. 하지만 그도 틀림없이 자신의 입장이 얼마나 이상한지 눈치챘을 것이다. 그는 우리가 마야 문학에 관해서 알고 있는 대부분이 담긴 저술을 쓴 장본인이었다. 란다 덕분에 수백 년 뒤에 언어학자들은 마야 문자를 해독할 수 있었다. 그와 동시에 그는 그것을 파괴하는 데에

누구보다 기여한 사람이기도 했다.

1562년의 모닥불은 책들의 전쟁의 끝이 아니었다. 점점 더 많은 책들이 유카탄으로 들어오고 있었고, 에스파냐인들은 더 이상 수입에만 의존하지 않았다. 일찍이 1539년에 최신 기술인 인쇄기가 신세계로 들어왔다. 처음에는 제작 속도가 느렸다. 다음 몇십 년간 고작 35권의 책이 인쇄되었을 뿐이다. 그러나 신기술은 장기적으로 무적으로 드러났다.

『포폴 부』: 회의의 책

마야 서기들은 이 에스파냐의 공세로부터 자신들의 문화를 구해낼 필요가 있었다. 하지만 어떻게? 다행스럽게도 일부는 란다의 분서가 시작되기 한참 전부터 지하로 숨어들었다. 그러나 지하로 숨는 것만으로는 충분하지 않았다. 그들은 봇물처럼 쏟아지는 이 문학적 공세에 맞서 영원히 버틸 수 없다는 점을 알고 있었다. 만약 비밀스러운 전수의 대가 끊긴다면, 마야 글자에 대한 지식은 영영 사라질 것이고 잔존한 몇몇 책들에 정제되어 있는 마야 문화도 곧 죽음을 맞이하리라.

이 위기의 순간에 마야 서기들은, 미래는 승자들의 포맷이 지배하리라는 고통스러운 깨달음에 도달했다. 자신들의 문학을 보존하기 위해서 그들은 자체의 소중한 문자 체계를 포기하고, 적의 무기, 바로 에스파냐의 종이와 책, 문자를 사용해야 했다. 그들은 자신들의 대작을 『포폴 부(Popol Vuh)』, 즉 회의(會議)의 책이라고 불렀다. 그들은 로마자를 이용하여 그 책을 썼지만 자신들의 토착어를 받아적기 위해서 로마자를 사용했다. 그 책은 그들의 문화에서 가장 소중한 것을 보존했다. 그것은 또한 마야 시험 사례의 마지막 질문, 즉 별들에 대한 세심한 관심을 담은 마야 달력이 다른 근본 텍스트들처럼 이야기를 들려주고 있는가라는 질문에 대한 대답도 제시했다. 답은 그렇다는 것으로 드러났다. 이야기들은 마야의 하늘에 박혀 있었다.

내가 『포폴 부』에서 가장 마음에 드는 점은 그 창세 신화, 아직 형체가 없던 물질로부터 하늘-땅, 즉 우주의 창조 이야기이다. 주요 창조자는 깃털 달린 뱀 주군, "창조자, 조물주"이지만 그만 있는 것은 아니다. 재빨리 한 무리의 신적 존재들이 줄줄이 소개된 뒤에 그들은 곧 인간을 만드는 어려운 임무에 착수한다. 진흙과 조각한 나무를 이용한 여러 차례의 시도는 수포로 돌아간다. 피조물들은 부서지든지 아니면 말을 할 줄 몰라 동물과 다를 바가 없어진다. 여기서 창조는 어려운 일, 잘못될 수도 있는 실험으로서 묘사되면서 이 외경할 만한 사건에 유머러스한 분위기를 불어넣는다.

내가 창세 신화 전반에 이끌리는 이유는 그것이 세계를 창조하는 문학의 능력을 과시하기 때문이다. 이 신화는 흔히 어떤 강력한 창조신을 찬양하는 동시에 한편으로는 천지창조가 어떤 식이었을지를 상상하면서 그 창조신들과 겨룬다. 아폴로 8호의 우주 비행사들도 이를 의식했을지도 모른다. 물론 그들은 광대한 무의 공간인 우주에 위압감을 느꼈지만, 기술적 자신감의 순간에 한 편의 창세 신화를 낭독하고 있었다.

『포폴 부』에서 창조가 완료된 후 신들은 자신들만의 모험에 나서는데 그중에서 가장 중요한 것이 유명한 마야 공놀이였다. 마야 공놀이는 내게 『포폴 부』에서 여러 가지 감정이 교차하는 부분인데, 어렸을 적 나의 부모님은 공을 발로 차는 행위가 적들의 잘린 머리를 가지고 놀던 마야의 관습에서 기인했다는 근거에서 내가 축구단에 들어가지 못하게 하셨기 때문이다. 내게는 언제나 괴상한 이야기로 들렸지만, 어릴 때 우리는 괴상한 이야기를 워낙 많이 듣다 보니 그런 이야기를 하나쯤 더 듣는다고 그렇게까지 이상하게 들리지는 않는 법이다. 어쨌거나 마침내 『포폴 부』를 읽게 되었을 때, 나는 공놀이 대목에 특별히 주의를 기울였다.

공놀이는 알고 보니 훈 후나흐푸와 부쿱 후나흐푸라는 반인반신의 영웅인 두 형제가 처음 한 것이었다. 두 형제의 공놀이는 너무 격렬해서 하계의 신들의 평화를 방해했다. 짜증이 난 이 신들은 후나흐푸 형제를 불러들여 시합을 하자고 제안했다. 형제는 신들의 부름을 따랐지만 속임수에 말려들어 경기를 시작하기도 전에 둘 중 한 명인 훈이 목이 잘려 그 머리가 나무에 내걸리고 말았다. 공놀이 희생 장소라는 잘린 머리가 전시된 장소의 이름은 불길하다. 나는 이것이 과히 좋게 들리지 않는다는 것을 인정해야 했다. 어쩌면 부모님의 말씀이 일리가 있었는지도 모른다.

나무에 내걸린 머리는 한 가지 기능이 더 있었다. 머리는 하계의 어느 젊은 여신의 아랫도리에 침을 흘려서 그녀를 임신시켰다. 그녀의 아버지는 과히 기분이 좋지 않았고, 그녀는 시부모인 훈의 아버지, 어머니와 함께 도망쳐서 또다른 쌍둥이 영웅 형제 후나흐푸와 스발랑케를 낳았다. 이 쌍둥이 형제는 못 말릴 한 쌍의 장난꾸러기들로서, 『포폴 부』를 통틀어 가장 재미난 인물들이다. 이야기는 그들이 마침내 그들의 아버지가 남겨놓은 시합 장비를 우연히 발견하게 될 때까지 순조롭게 이어진다. 이제 어느 것도 그들의 공놀이를 막을 수 없었고, 역사는 곧장 되풀이된다. 하계의 신들이 다시금 소란한 공놀이에 평화를 방해받았고 시합을 하자고 지하세계로 형제들을 불러들인다.

쌍둥이는 영리한 장난꾼들인지라 대비를 하고 와서 신들이 쳐놓은 모든 덫을 잘 피해간다. 그럼에도 불구하고 시합이 시작되기 전에 결국 형제 중 한 명이 살인 박쥐에게 목이 싹둑 잘리고 만다. 그의 머리도 아버지의 머리처럼 공놀이 희생 장소에 전시될 것인가? 아니, 머리는 실은 신들의 궁정으로 데굴데굴 굴러간다. 여기에 신이 난 하계의 신들은 잘린 머리를 가지고 공놀이를 한다. 잘린 머리는 조금도 당황하지 않고 경기자들에게 경기를 계속하라고 권유한다. "머리를 공처럼 차라." 이제 다른 쌍둥이 형제가 머리를 세게 차서 궁정 밖으로 날려보내자 쌍둥이 형제들 편이었던 토끼 한 마리가 밖으로 날아간 머리를 집어들고 도망치고, 하계의 신들도 모조리 토끼의 뒤를 열심히 쫓는다. 이 추격은 아직 해를 입지 않고 남아 있던 다른 쌍둥이가 기묘한 수를 펼칠 충분한 시간을 벌어준다. 그는 머리처럼 생긴 호박을 이용해서, 공놀이가 계속될 때 속임수를 써서 신들이 그 호박을 가지고 놀게 만든다.

이 배배 꼬인 이야기를 이해하려고 애쓰는 동안 나는 이 텍스트가 과연 머리를 가지고 노는 것을 옹호하는 것인지 아닌지 줄곧 헷갈렸다. 누군가가 공놀이와 관련하여 두 차례나 목이 잘리고, 한번은 실제로 잘린 머리로 놀이가 진행되는 것은 맞다. 그와 동시에, 하계의 패배는 일단 잘린 머리가 호박으로 교체되자 달성된다. 더 이상 머리를 가지고 놀이를 하지 말자고 『포폴 부』는 말하는 듯하다. 그 대신 호박을 가지고 놀자. 내가 옳았음이 입증된 느낌이었다. 그때 부모님은 내가 축구를 해도 좋다고 허락해주셨어야 했다고 말이다(나중에 나는 축구가 영국인들이 중세에 데인족의 해골을 가지고 놀다가 시작되었다는 글을 읽었는데, 역시나 확인된 바 없는 또 하나의 이야기이다). 하계를 패배시키고, 나중에 두 쌍둥이는 결국 살해되어 영영 죽게 되지만 완전히 자취를 감추는 대신에 하늘로 올라가 이제는 밤하늘의 별자리로 존재한다.

두 세대에 걸친 공놀이 이야기는 별들이 처음에 어떻게 생겨났는지를 설명하며, 그 운행은 마야 달력에 매우 정확하게 포착되어 있다. 나는 만약 달에 처음 간 인류가 마야인들이었다면 그들이 거기서 무엇을 했을지 이따금 궁금해진다. 기독교도 우주 비행사들이 그랬던 것처럼 그들은 지구를 되돌아보며 그 창세의 순간을 상상했을지도 모른다. 하지만 나는 그보다는 그들이 별들을 바라보며, 그들의 근본 텍스트에 설명된 것처럼 그 별들로부터 밤하늘의 드라마를 읽어냈을 것이라고 생각하고 싶다.

『포폴 부』는 세 차례의 시도가 수포로 돌아간 뒤, 신들이 마지막으로 다시 한번 인류 창조를 시도한다고 이야기하다. 이번에 신들은 옥수수를 이용했고 실험은 성공을 거둔다. 그 시점부터 줄곧 『포폴 부』는 인간 세계의 이야기만 다룬다. 대홍수 이야기를 비롯해 일부 에피소드들은 신기할 정도로 익숙하게 들린다. 대홍수는 에스파냐인들이 도래하기 전에 마야 문화의 일부, 가장 근래의 빙하기가 끝날 때에 일어난 전 세계적인 해수면 상승에 대한 남아 있는 기억의 산물일까? 아니면 익명의 서기들이 『성서』에서 베껴온 것일까? 마치 『성서』의 서기들이 길가메시나 그보다 더 오래된 또다른 원천에서 이 에피소드를 베껴온 것처럼 말이다.

에스파냐 세력의 맹습은 확실히, 『포폴 부』의 마지막 부분들을 받아적고 있던 서기들의 마음속에 자리잡고 있었고, 그 부분들은 마야 왕국의 운명을 다루었다. 물론 『포폴 부』가 쓰이던 시기에 이 왕국은 외지인들에게 이미 정복되었고 책은 서글픈 어조로 끝을 맺는다. "키체의 존재에 관한 이야기는 이것으로 끝이다. 이제는 그것을 볼 수 있는 곳이 더 이상 있지 않으니까. 군주들이 소유한 원전과 고대의 글이 있지만 이제 소실되었고, 그렇다 하더라도 키체와 관련한 모든 것은 여기에 빠짐없이 적혀 있다. 키체는 이제 산타크루스라고 불린다."

상실의 의식은 곳곳에 스며 있다. 세 명의 서기들이 라틴 로마자로 표기함으로써 보존하기로 마음먹었던 원전은 어쩌면 마야인들의 최대의 문화적 업적일 마야 문자와 더불어 소실되고 말았다. 하지만 가장 중요한 상실은 장소의 상실이다. 마야인의 땅은 산타크루스로 재명명되었다. "그것을 볼 수 있는 곳은 더 이상 있지 않다."

『포폴 부』는 그것이 글로 적혔을 때, 이미 소실된 마야의 한 문화를 보존했다. 1701년 무렵에 어느 도미니코회 수도사가 『포폴 부』 사본을 발견하여 베끼고, 에스파냐어 번역본을 추가했다. 150년도 더 뒤에 한 프랑스인 사제가 이를 출간하여 『포폴 부』는 구텐베르크의 세계에 진입하게 되었다.

엘 수브 : 마르코스 부사령관
2004년, 치아파스

『포폴 부』를 처음 읽고 나서 나는 이 텍스트의 장소에 대한 의식에 커다란 흥미를 느껴 멕시코 남동부 산악지대를 여행하기로 했다. 나의 여정은 라칸돈 밀림에서 시작되었다. 버스가 나를 옛 마야 왕국의 경계에 떨구고 가자 고물 트럭이 나타나서 도로변에 있던 나를 태워주었다. 오두막 수십 채로 이루어진 마을이 밀림 속 개활지에 자리잡고 있었다. 나를 제외한 모두가 길고 하얀 원피스 잠옷처럼 보이는 옷을 걸치고 있었다. 남녀 모두 검은 머리를 어깨길이까지 길렀고(그 모습을 보고 있자니 토착민화된 난파선의 선원들이 떠올랐다) 대부분은 맨발로 다녔고 이따금 고무 부츠를 신고 있기도 했다. 밤은 『포폴 부』에 나오는 이야기들에 대한 기억이 마치 하늘 높이에 쓰여 있기라도 한 듯 놀라운 밤하늘을 보여주었다.

이튿날 나는 일일 밀림 투어를 했다. 『포폴 부』에서 초창기 조상들에게 이름을 선사한 동물인 재규어가 일대에 출몰한다는 소문이 있었다. 우리는 곧 마야 유적 가운데 하나인 돌무더기와 마주쳤다. 이곳 밀림에는 이런 돌무더기들이 가득하며, 많은 것들이 여전히 탐사되지 않은 상태였다.

멕시코 남부 사파티스타 반란의 여파로 그려진 벽화. 빈민층의 문해 교육을 지지하는 내용이다.

나는 팔렝케와 약스칠란 같은 큰 유적지들을 방문하여 잘 보존된 공놀이 경기장을 보고 신이 나기도 했지만, 여기 라칸돈 밀림에서, 알려지지 않고, 이름도 없는 무수한 유적들 한가운데서 『포폴 부』 곳곳에 배어 있는 상실감을 가장 뼈저리게 느낄 수 있었다.

밀림의 저지대를 벗어나 나는 산악지대로 차를 달렸다. 얼마 지나지 않아 내가 "사파티스타 자치지구"로 진입하고 있음을 알리는 손으로 쓴 표지판을 지나쳤다. 몇몇 사람들이 낡은 소총을 들고 표지판 옆에서 어슬렁거리고 있었지만 그 점만 뺀다면 모든 것이 평화로워 보였다. 비록 멕시코 군대가 그 경계지대를 집중적으로 순찰하고 있기는 했지만, 2000년대 초에 이르자 정부와 반군은 그러한 자치지구들을 용인하는 현상 유지 상태에 이미 도달해 있었다.

군사적 강화와 자치지구들은 10년 넘게 지속되고 있던 반란의 산물이었다. 1994년 1월 1일 사파티스타 민족해방군(EZLN)이라고 자칭하는 병사들이 산크리스토발 데 라스카사스와 치아파스의 다른 여러 도시들을 점령했다. EZLN 전사들은 곧 자기 마을들로 되돌아갔지만 멕시코 정부군은 이를 묵과하지 않았다. 병영이 신설되고, 도로에 검문 장애물이 들어섰으며 궁극적으로 7만 명 이상의 정규 군인과 준군사 조직원들이 그 지역을 진압하기 위해서 파견되었다. 1997년 12월 22일, EZLN에 충성한다고 여겨진 21명의 여성과 15명의 아동을 비롯한 45명의 사람들이 현지 경찰과 정부의 지원을 받는 우익 준군사 조직에 의해서 기도회 도중에 학살되었다.

정부는 압도적인 화력에도 불구하고 라칸돈 밀림에서 온 익명의 작가와 협상을 할 수밖에 없었다. 대다수의 마야인들은 오래 전부터 에스파냐어 문화권의 주변부로 밀려나 자신들의 생활방식이 위협받는 가운데 살아가고 있었지만, 이곳 라칸돈 밀림에서는 소수의 마야인 집단이 이전 생활방식의 흔적을 간직하고 있었다. 스키 마스크로 얼굴을 감춘 라칸돈의 작가는 마르코스 부사령관, 즉 엘 수브(El sub)로 알려지게 되었다. 멕시코 군은 그를 추적했지만 결코 잡지 못했다. 그는 너무 발 빠르고, 기동성이 뛰어났으며, 마야 마을들의 지원에 의존할 수 있었다. 미디어와 막 등장하고 있던 인터넷을 영리하게 활용함으로써 엘 수브는 반란과 군대의 가혹한 대응을 국제적인 사건으로 탈바꿈시켰다.

산악지대를 가로질러 차를 타고 가면서 신출귀몰한 마르코스 부사령관에 대해서 곰곰이 생각하다가 나는 그가 문학으로부터 상당한 힘을 얻었음을 깨달았다. 그가 1970년대 후반에 처음 밀림으로 들어갔을 때, 수중에 있던 주요 무기는 등에 맨 가방 한가득 담긴 책이었다. 10년 뒤 마침내 반란이 시작되었을 때, 그는 중앙정부부터 커피 가격을 떨어뜨리는 데에 일조해온 북미자유무역협정(NAFTA)에 이르기까지 모든 것을 규탄하는 성명서와 선전포고문, 공개서한을 내놓으면서 그 책들을 훌륭하게 이용했다. 그가 이용할 수 있었던 글쓰기 기술은 휴대용 타자기였다. 타자로 친 텍스트들을 지하 배달원들이 산악지대인 산크리스토발로 가져다주면 이 문건들은 그곳에서 처음에는 지역 신문으로 그리고 갈수록 국제 언론사로 흘러나갔다. 반송 주소는 어김없이 "멕시코 동남부 산악지대로부터"였다.

이 문건들에 대한 전 세계의 반응은 어느 누구의 예상도 뛰어넘었고, 국제적 반향을 감지한 엘 수브는 더 많은 글을 내놓았다. 혁명을 부르짖는 선언서 외에도 그는 멕시코 정부에서 나온 성명서에 응답하면서 민간 설화에서 이끌어낸 우화들로 기발한 면모를 드러내며, 정치적 관찰자들을 놀라게 했다. 그는 라칸돈 밀림의 돈키호테로 알려진 돈두리토라는 인물도 창조했다. 세계는 이 불손하고도 감동적인 목소리에 사로잡혔다.

문학이 자신의 가장 중요한 도구라는 것을 인식한 마르코스는 자신의 무기를 현대화하기로 하고 중고 랩톱 컴퓨터와 도트 프린터를 구입했다. 이것들은 반란의 지속에 결정적인 도구임이 드러났다. 1999년 8월 13일 마르코스는 랩톱 컴퓨터로 다음과 같은 말을 써서 전 세계로 보냈다.

이것은 아직 아무것도 정해지지 않았던 때, 모든 것이 잔잔하고 고요하던 광대한 하늘이 텅 비어 있던 때의 이야기이다.

이것은 최초의 이야기, 최초의 말이다. 사람은 아직 존재하지 않았고, 짐승과 새, 물고기, 나무, 돌, 동굴과 골짜기, 숲이나 풀도 아직 없었다. 오로지 하늘만이 있었다. 땅바닥은 아직 나타나지 않았다. 잔잔한 바다와 끝없이 펼쳐진 하늘만이 있었다. 합쳐진 것은 아직 없었고, 하늘에는 움직일 수 있거나 활기를 띨 수 있거나 소리를 낼 수 있는 것도 없었다.

가만히 있는 것도 없었고, 오로지 잔잔한 물, 고요한 바다가 홀로 평온했다. 아무것도 존재하지 않았다.

어두운 밤에는 고요와 적막만이 존재했다. 오로지 창조자이자 조물주인 테페우, 구쿠마츠, 조상들만이 빛으로 둘러싸인 물속에 있었다. 그들은 녹색과 푸른색 깃털 아래에 감춰져 있어서 구쿠마츠라고 불렸다. 그들은 본래부터 위대한 현자, 위대한 사상가였다. 이렇게 하여 하늘이 있었고, 또 하늘의 심장이 있었다. 그것이 바로 그들이 이야기한 것이다.

그 다음 말이 생겨났다. 테페우와 구쿠마츠가 어둠 속에서, 밤에, 함께 모여 말을 주고받았다. 그들은 대화하고 숙고했다. 그들은 그들의 말과 생각을 합쳐서 한마음을 이루었다.

그들이 숙고하다 보니 동이 틀 때 인간이 나타나야 한다는 것이 분명해졌다. 그리하여 그들은 천지창조, 숲과 덤불의 성장, 생명과 인간의 탄생을 계획했다. 그렇게 해서 후라칸이라고 하는 하늘의 심장에 의해서 밤의 어둠 속에서 탄생이 이루어진 것이었다.

멕시코 동남부 산악지대에서 글을 쓰면서 엘 수브는 『포폴 부』의 도입부를 세상에 들려주고 있었다.

다시금 글로 쓰인 하나의 이야기가 수 세기 동안 감춰져 있다가 먼 미래에 재등장하여 하나의 무기가 될 수 있음이 드러났다. 마르코스는 이 옛 텍스트를, 마야인의 땅에 대한 권리를 주장하는 자신의 시도에서 든든한 우군이라고 보았을까? 스키 마스크 뒤에 정체를 감춘 그는 소멸 직전에 처해 있던 한 문화를 보존하고자 했던 익명의 마야 서기들과 동류의식을 느꼈던 것일까? 엘 수브가 고른 『포폴 부』의 대목은 추가적인 매력, 즉 말을 통한 세상의 창조를 드러낸다. 그것은 문학의 궁극의 힘, 아폴로 8호의 우주 비행사들을 「창세기」 도입부로 이끌었던 동일한 힘이었다.

『포폴 부』의 이 최신 활용 사례를 염두에 두면서 나는 높은 산악지대에 자리한 아름다운 바로크풍 도시이자 사파티스타 반란의 중심지인 산크리스토발로 차를 몰았다. 시장에서는 손으로 만든 작은 마르코스 조각상과 그의 선언문에서 따온 슬로건이 박힌 티셔츠를 팔고 있었다. 이튿날 부활 주일에 멕시코 대통령 비센테 폭스와 NAFTA를 나타내는 커다란 종이 반죽 인형들 주위로 한 무리의 사람들이 모여들었다. 갑자기 종이 인형들이 일제히 폭발하며 파편을 분출했다. 나는 몸을 피했다가 이내 인형들 안에 채워둔 폭죽이 사방으로 터져나가는 것이라는 사실을 깨달았다. 딱히 안전하다고 할 수는 없었지만 그렇다고 크게 우려할 필요도 없는 것이었다.

아쉽게도 나는 마르코스를 찾을 수 없었다. 밀림에서도, 산크리스토발에서도, 란다를 노하게 했을 혼교주의적(syncretism) 제의들과 교회들이 있는 산간 마을 어디에서도 그는 보이지 않았다. 1994년 사파티스타 반란은 마야가 멕시코로부터 독립하는 결과로 이어지지는 않았지만, 마야인들이 여전히 존재함을, 그들이 여전히 타인들에 의해서 부과된 지배를 거부하고 있음을, 그리고 『포폴 부』가 여전히 그들의 땅을 되찾기 위한 전투에서 하나의 무기로 쓰일 수 있음을 세계에 상기시켰다.

1995년 멕시코 정부는 마스크 뒤에 감춰진 인물 엘 수브의 정체를 찾아냈다고 밝혔다. 그는 마야인이 아니라 라파엘 세바스티안 퀼렌 비센테라는, 치아파스에서 북쪽으로 수백 킬로미터 떨어진 탐피코 출신이었다. 비센테는 예수회, 즉 신세계의 기독교화에 지배적인 세력이었던 프란체스코회로부터 선교사업을 인계받은 교단에 의해서 교육을 받았다. 비센테는 그 뒤 멕시코시티에서 철학 강사로 일하다가 1970년대 후반에 치아파스로 향했다.

어떻게 한 멕시코인이 마야인을 대변하는 목소리를 취할 수 있었을까? 답은 바로 문학을 통해서였다. 비센테는 반란을 조직하면서 라칸돈 밀림에서 10년을 보냈다. 그의 활동 중에는 마을 주민들에게 로마자를 가르치는 일도 포함되어 있었고, 한편으로 마을 주민들은 그에게 밀림에서의 생존 기술을 가르쳐주었다. 그는 마야어와 방언들을 배우기 위해서 애썼다. 무엇보다도 그는 『포폴 부』를 공부하여 그 서사시를 미래를 위해서 보존하고자 했다. 마침내 그는 스키 마스크를 쓰고서 옛 서기들의 전통에 따라서 익명의 마야 작가가 되었다. 그의 슬로건은 "우리의 말이 우리의 무기다"였다. 그것은 글로 만들어진 세계의 여명 이래로 줄곧 전투 구호였던 것이다.

9

돈키호테와 해적들

작가는 그렇게 끔찍한 직업은 아니다. 작가는 얼마간 조사를 하고, 인물들을 만들고, 중심 주제와 아이디어에 따라서 전개되는 플롯을 구성한다. 일단 작품을 마무리하면 출판업자를 구하고 출판업자는 출판업자대로 인쇄업자를 구한다. 책이 조판되고 근사한 표지가 추가된 다음 최종 완성품이 동네의 서점에 깔린다. 이런 과정은 무척 당연해 보이지만 사실 그것은 지난 500년에 걸쳐서 점진적으로 출현한 (그리고 현재 다시금 변화하고 있는) 비교적 근래의 공정이다. 이 제작 공정에는 기계를 소유한 사람들과 자신들의 이야기를 그들에게 파는 사람들이 끼어 있고, 이 말은 이야기, 즉 다른 사람들이 도용하거나 표절하거나 해적 출판할 수 있는 원작을 소유한 사람이 있어야 한다는 뜻이다.

독자들이 지금 읽고 있는 이 책을 쓸 때, 내 마음속에는 위와 같은 문제들이 상당히 지속적으로 제기되었다. 나는 출판업자인 랜덤하우스를 찾았을 때에 매우 기뻤다. 집필 과정 중에는 편집자인 케이트 메디나가 원고에 대해서 뭐라고 말할지 앞서서 예상하려고 노력했다. 그녀는 초고를 읽은 다음 대단히 유용한 여러 지적들을 해주었고, 나는 그러한 지적 사항들에 최선을 다해 대응하려고 애썼다(예를 들면 케이트는 내가 책 안에 더 지속적으로 존재감을 드러내야 한다고 생각했다). 책을 출판하기 위해서 랜덤하우스 사는 나의 에이전트인 질 니어림과의 협상 끝에 제법 긴 계약서를 작성해야 했지만, 나는 그 계약서를 처음부터 끝까지 다 읽어보지는 않았다. 그냥 각 장마다 내 이름의 머리글자들만 기입한 다음 맨 끝에는 서명을 했다.

이 책은 무수한 학자들에게 의존하는 것이어서 집필 과정 내내 나는 특정 내용들이 다른 사람들의 연구 성과임을 인정하는 데에 신경을 썼고, 그들의 저작을 이 책 말미의 "주"에 밝혔다. 특별히 너그러운 전문가들은 심지어 개별 장들을 검토하는 일에 선뜻 응해주었고, 나는 "주"에서 그에 대한 고마움을 표시했다. 하지만 이 모든 것을 인정하면서도 나는 내가 들려주고 있는 문학에 대한 이 이야기가 나 자신의 것임을 주장했고, 그 이야기를 표현하는 특정한 나만의 방식에 대한 저작권을 주장했다. 만약 누군가가 그 특정한 표현을 베껴서 불법 복제물을 제공하는 웹사이트에 올린다면 나는 아주 기분이 나쁠 것이다(아니면 이 책의 판매가 아주 형편없을 경우 적어도 누군가가 내 책을 애써 도용하려고 한다는 사실에 기뻐할 것이다).

나는 언제나 돈키호테, 근대의 주인공들 가운데 가장 딱한 그 주인공에게 특별한 애정을 품어왔다. 근대의 저작업(authorship)에 대한 나의 경험이 그 소설과 그 소설의 작가 미겔 데 세르반테스 사아베드라에 접근하는 데에 딱 맞는 사고의 틀을 제공한다는 사실을 깨닫기까지는 조금 시간이 걸렸다. 인쇄기와 문학 시장에서부터 저작권과 표절, 해적 출판에 이르기까지 근대의 저작업의 특징들은 바로 세르반테스와 더불어 전에 없이 하나로 합쳐졌다. 그는 최초의 근대 저자였다.

1575년, 지중해

아주 오랫동안 미겔 데 세르반테스는 저자로서의 자신의 미래를 전혀 알지 못했다. 그는 오로지 군인으로서 명성을 얻는 데에만 관심이 있었다. 그리고 스물네 살이던 1571년 그리스 서해안 앞바다에서 벌어진 레판토 해전에서 그 목표를 이루었다. 100년도 더 전에 오스만튀르크가 콘스탄티노플을 함락한 이래로 기독교권은 줄곧 오스만튀르크 세력의 서진을 막으려고 애썼다. 이를 위해서 바다를 면한 가톨릭 국가들은 신성동맹을 체결하여 선원 4만 명과 위명을 떨치고 있던 에스파냐 보병을 비롯해 병사 2만8,000명, 그리고 수백 척의 갤리 선으로 이루어진 대규모 함대를 파견했다. 동료 병사들과 더불어 세르반테스는 전투에서 복무하는 대가로 교황으로부터 전대사(全大赦)—모든 죄의 완전한 사면—를 약속받았다. 신성동맹은 오스만 제국의 더 소규모 갤리 선 함대와 맞닥뜨렸는데, 오스만 제국 함대의 배들 다수는 붙잡힌 기독교도 노예들이 노를 젓고 있었다. 전투에서 동기부여가 되도록 오스만 함대가 승리한다면 노예들은 자유의 몸이 될 것이라는 약속을 받았다.

전투를 앞두고 며칠 동안 미겔 데 세르반테스는 심각한 열병에 시달리며 선창에 머물러 있어야 했지만 동료들이 적과 맞서는 동안 자신만 멀리 떨어져 있으려고 하지 않았다. 두 함대가 격돌하여, 수백 척의 갤리 선과 6만 명의 인간, 그리고 수백 문의 대포가 위험천만한 바다에서 서로 맞붙었다. 배들이 정면으로 충돌하고 불길에 휩싸이며, 바다 속으로 가라앉았다. 물과 쇠붙이, 불길 사이에 꼼짝없이 갇힌 병사들은 자신이 탄 배를 적에게 한 뼘도 내어주지 않으려고 싸웠고, 배들은 갑작스러운 움직임과 대포알의 충격에 심하게 요동쳤다. 튀르크인들의 전투 함성은 무시무시하기로 악명이 높았지만, 갈수록 많은 병사들이 불길과 칼날에 죽임을 당하거나 뱃전 너머로 내던져져서 물살에 휩쓸려 죽음을 맞이하는 가운데, 엄청난 포성과 절박한 비명소리에 이내 묻혔다.

레판토 해전은 신성동맹이 승리했지만—튀르크 세력이 패배했다—세르반테스는 왼팔이 불구가 되고 말았다. 오스만 제국과 수 세기에 걸친 전쟁에서 전환점인 레판토 해전은 튀르크 세력의 전진을 막았고, 신성동맹의 지도자인 돈 후안 데 아우스트리아가 개선장군으로 귀환할 수 있게 해주었다.

전투가 끝나고 4년 뒤에 세르반테스와 그의 형제도 고향으로 향했고, 그들은 따뜻한 환영을 기대할 이유가 충분했다. 세르반테스는 레판토 해전에서 그의 용맹을 치하하는 돈 후안의 편지를 지니고 있었다. 일단 배가 에스파냐에 닿기만 하면 왼팔을 쓸 수 없음에도 불구하고 이 편지를 가지고 일자리를 구할 수 있을 터였다.

세르반테스 형제를 태운 갤리 선이 해안을 따라 바르셀로나로 향하는 사이 멀리 수평선에 배 한 척이 모습을 드러냈다. 처음에는 알아보기 힘들었지만 미지의 배가 그들을 향해 똑바로 다가오자 형제는 마침내 자신들이 북아프리카 해적들에게 쫓기고 있음을 깨달았다. 갤리 선은 달아나려고 했지만 더 빠른 배와 노를 저을 더 많은 노예들을 갖춘 해적선은 재빨리 거리를 좁혀왔다. 일부 기독교도들은 그 자리에서 죽임을 당한 반면 일부는 결박되어 북아프리카 해안의 알제로 끌려갔다. 그곳에서 해적들은 아무런 제재도 받지 않고 활동할 수 있었다. 해적질이 기독교권의 통상을 방해하는 목적에 부합하는 한 오스만 제국은 그들을 용인했다. 고향을 눈앞에 두고도 세르반테스 형제는 다른 포로들과 함께 알제로 끌려갔다.

미겔 데 세르반테스는 운이 좋았다. 수중에 지니고 있던 레판토의 승자 돈 후안의 편지가 발견되어 그가 값진 포로임을 확인시켜준 것이다. 그는 죽임을 당하거나 갤리 선의 노잡이 노예로 끌려가지 않으리라. 그 대신 해적들은 알제의 주요 사업이 두둑한 몸값을 뜯어내려고 했다. 하지만 그 편지는 불행이기도 했는데, 세르반테스가 실상보다 훨씬 더 대단하고 따라서 더 부유한 사람으로 보이게 했기 때문이다.

알제의 값나가는 포로로서 미겔은 다른 이들보다 더 좋은 대우를 받았다. 물론 통금 시간을 준수해야 했고, 다른 많은 포로들처럼 음식을 얻기 위해서 고군분투해야 했다. 그와 동료들은 세 번이나 탈출을 시도했지만 도움을 받기 위해서 매수한 사람들에게 배신당하거나 운이 나빠서 매번 붙잡혔다. 가장 교묘한 탈출 작전에서는 이미 몸값을 지불하고 먼저 풀려난 형제가 미겔을 구조하기 위해서 배를 보냈지만 정체가 발각되어 쫓겨났다. 탈출 시도가 실패할 때마다 더 가혹한 처벌이 뒤따랐지만 몸값 지불에 대한 약속이 미겔의 목숨을 부지시켜주었다. 마침내 여러 해가 지나 삼위일체 수도회에서 대부한 돈 덕분에, 콘스탄티노플로 막 팔려가려던 미겔을 풀어줄 충분한 몸값이 마련되었다. 군인으로서 5년 그리고 노예로서 5년의 세월을 보낸 뒤 세르반테스는 드디어 고향으로 돌아왔다.

미겔의 문제는 아직 끝나지 않았다. 이제 그는 가족들이 몸값 지불을 위해서 여기저기서 빌리고 간청하여 간신히 긁어모은 돈을 갚아야 했다. 자금을 마련할 만한 가능한 길이 하나 존재했다. 바로 포로 생활의 경험을 이야기로 쓰는 것이었다. 레판토에서 그의 용맹, 알제에서 그의 대담한 탈출 시도들, 이 모든 것들이 문학의 훌륭한 재료가 아니던가? 포로 생활 이야기는 부상을 당하고 납치되었지만 힘겹게 자유를 되찾은 용감한 기독교 병사의 시선을 통해서 독자들을 오스만 제국과의 싸움의 최전선으로 데려가리라. 작가의 영웅적 행위들은 알제, 바로 선원들과 노예들, 기독교도와 무슬림이 부대끼며 살아가는 가운데 지중해의 골칫거리가 된 한 해안 도시에 대한 다채롭고 풍성한 서술 속에서 묘사될 수 있을 터였다.

이것은 인쇄술이 가져온 여러 결과들 가운데 하나였다. 이야기를 위한 시장 말이다. 물론 세르반테스가 그런 탈출기를 쓸 유일한 작가는 아니었다. 해적질 자체가 증가하면서 그와 유사한 경험담들이 이미 다수 쏟아져 나왔다. 하지만 이런 이야기들을 위한 시장은 매우 특이했다. 노예 체험담은 흔히 자체 출판되어 적은 부수만 찍었는데 그 점은 별로 중요하지 않았다. 그런 체험담의 작가들은 직업 작가로서의 경력을 꿈꾸지 않았기 때문이다. 그들의 궁극적 목표는 군주의 환심을 사는 것이었다.

그러나 세르반테스는 그보다 더 큰 야심, 이 새로운 시장에서 직업 작가가 되어 성공하겠다는 야심을 품었다. 신속한 영예와 생계 수단을 얻을 기회를 약속하는 인기 있는 글쓰기 장르가 존재했다. 세르반테스는 셰익스피어의 잉글랜드에 버금가는, 에스파냐 연극의 황금시대에 살았고, 연극은 왕들과 문맹인 대중 둘 다를 즐겁게 해주는 데에 뛰어난 예술 형식이었다. 연극 산업은 언제나 새로운 희곡, 특히 에스파냐의 역사와 민담을 다루는 희곡들을 목말라했고, 작가들은 앞다투어 그런 희곡들을 내놓았다. 만약 관객의 입맛에 딱 맞는 분위기를 포착한다면 그들은 적잖은 돈을 벌 수 있었고, 거듭 성공작들을 내놓는다면 한 재산을 모을 수도 있었다. 가장 성공적인 작가들은 자신의 희곡을 출판하여 독자 대중도 사로잡음으로써 무대에서의 성공을 한층 더 활용할 수 있었다. 이런 수법의 대가는 근대적이고 다양한 스타일을 개척하여 국가적 유명인

사가 된 로페 데 베가였다. 로페 데 베가의 엄청난 열성 팬들은 심지어 집 안에 그의 초상화를 걸어놓기까지 했다. 그는 팬들의 사랑에 보답하여 1,500편에 달하는 희곡을 내놓음으로써 역사상 가장 다작의 극작가가 되었다.

세르반테스는 로베 데 베가의 눈부신 성공 이전부터 희곡을 쓰기 시작했지만 인기 있는 예술로서 극장의 부상은 세르반테스에게 아이디어를 제공했다. 그는 자신의 최상의 재료, 다시 말해서 포로 시절의 이야기를 연극으로 탈바꿈시키기로 했다. 만약 연극이 극장 지배인의 관심을 끄는 데에 실패하거나 관객들이 그 작품을 싫어한다면, 다시 부활할 기회도 거의 얻지 못한 채 역사 속으로 사라질 터였다. 이 위험 부담이 큰 환경 속에서 세르반테스는 다른 작가들에게 밀렸다. 그의 희극들 대부분은 호응을 받지 못하고 완전히 묻혔다. 그의 포로 생활 연극은 어쩌면 그런 이야기들이 시장에 과도하게 많아서 실패했는지도 모른다. 세르반테스의 희곡들은 별다른 성공을 거두지 못했지만 우리에게 알제에서 그가 겪은 일들에 대한 풍성한 이야기를 들려주기는 한다(알제에 대한 묘사가 담겨 있는 그의 가장 초기 희곡은 아마도 아직 포로로 잡혀 있을 때에 집필을 시작했을 것이다).

다양한 방편으로 근근이 살아가던 실패한 극작가 세르반테스는 이번에는 고향 땅에서 다시금 감옥에 갇히는 신세가 되었는데 에스파냐 아르마다(Armada, 무적함대)의 자금 마련을 위한 징세인으로 일하다가 나랏돈을 횡령했다는 죄목이었다. 옥중에서 세르반테스는 레판토 해전부터 비등하던 잉글랜드와의 갈등에 이르기까지 자신의 인생사와 역사와의 긴밀한 관계를 숙고할 시간이 충분했다. 하지만 그는 이 남아도는 시간을 자신의 경력과 점점 줄어들고 있는 선택지를 성찰하는 데에도 썼다. 이제 무엇을 하며 살아야 하나?

중세 로맨스가 뭐 어때서?

희곡과 더불어 또다른 유형의 이야기가 큰 인기를 누렸다. 중세 기독교 세계를 떠돌면서 괴물을 죽이고, 귀부인들을 연모하며, 엄격한 명예 규범을 준수하는 기사들의 이야기였다. 이 이야기들은 선과 악이 쉽게 구분되고 영웅적 행위가 보답을 받는 더 단순한 세계—머리를 어지럽히는 서쪽의 신대륙이나 동쪽의 콘스탄티노플 상실에 대한 괴로운 기억, 북쪽의 잉글랜드 함대로부터 불쑥 제기된 위협이 없는 세계—에 대한 욕망에 부응했다.

비록 이런 로맨스들은 이상화된 과거를 배경으로 했지만 인쇄라는 신세계의 덕을 보았다. 책 제작비용이 급속하게 떨어지고 있었고, 책은 어느 때보다 더 널리 유통되기 시작했다. 구텐베르크 시절처럼 부유한 성직자와 고위 귀족들 사이에서만이 아니라, 상인 계급 사이에서도 활발히 유통되었다. 심지어 여관 주인들도 책을 몇 권 소유했을 수도 있었다. 더 커진 도서의 입수 가능성은 문해력 증대에 불을 지폈고, 증대된 문해력은 다시금 더 많은 책에 대한 수요에 불을 지피면서 순환의 속도가 갈수록 빨라졌다. 이 순환은 또한 자전적 기록과 자서전부터 문법책과 연감, 법, 의학, 지리학 저작까지, 시중에 유통되고 있던 문학의 유형들을 확대시켰다. 인쇄물에 대한 커져가는 수요는 저자에 대한 현금 지급과 원고에 대한 선금 지급을 포함한 여러 경제적 변화들로도 이어졌고, 이는 오늘날에도 출판계를 지배하고 있는 특징들이다. 이런 환경에서 기사 로맨스는 엄청난 성공을 누려서 활발한 국제 도서 무역을 통해서 특히 프랑스를 비롯한 해외로도 수출되었다. 기사 로맨스에 대한 수요가 워낙 높다 보니 파리의 서적상들은 작품 전체가 완역되기를 기다리지 못하고, 부분별로 번역해서 팔아야 할 지경이었다.

세르반테스는 기사 로맨스를 시도하거나 심지어 자신의 포로 생활 체험담을 그런 목적에 맞게 각색할 수도 있었을 것이다. 그러나 대신에 그는 거기에 반발했다. 세르반테스가 희곡을 통해서 인기를 추구했으니 기사 로맨스에 대한 그의 반감이 그 장르의 인기 탓일 리는 없었다. 하지만 이 로맨스들에 담긴 무엇인가가 그의 심기를 건드렸다. 어쩌면 로맨스의 배경이 되는 이상화된 과거가 거슬렸을 수도 있고, 아니면 그 이야기들의 안이한 도덕성이 마음에 들지 않았을 수도 있다. 아니면 그냥 기사 로맨스의 세계가 자신이 살고 있는 세계와 아무런 상관이 없다고 느꼈을지도 모른다. 이유가 무엇이든지 간에 세르반테스는 이런 로맨스들이 계속 쏟아져 나오는 것을 막아야 한다고 결심했다.

로맨스와의 이 전쟁에서 세르반테스가 고안한 도구는 로맨스의 열렬한 탐독자로서 로맨스물로만 서재를 하나 가득 채운 돈키호테라는 빈한한 귀족이었다. 중세를 배경으로 한 이런 이야기들을 더 많이 읽을수록 돈키호테는 거기에 완전히 빠져들었다. 그는 그 이야기들을 도저히 머릿속에서 지울 수가 없었고, 모든 것을 기사 로맨스의 렌즈로 바라보기 시작했다. 결국에 그는 자신이 그 이야기 속으로 직접 뛰어들어 그 이야기들을 실행에 옮기게 되었다. 허물어져가는 집구석에 방치되어 있던 낡은 갑옷을 발견한 그는 마분지의 도움을 받아 투구를 수선하고는 이후로 자신의 가장 고귀한 준마라고 여기게 되는 비쩍 마른 말에 올라타 떠돌이 기사로서 세상과 맞서기 위해서 길을 떠났다. 풍차는 기사도의 명예 규범에 따라서 상대해야 할 거인들이 되었고, 무지렁이 시골 처녀들은 궁정식 사랑의 드높은 예법에 따라 섬겨야 할 우아한 귀부인들이 되었다. 돈키호테는 자신이 그리는 그림에 들어맞지 않는 모든 것을 무시하거나 그가 책으로 알고 있는 세계에 맞춰 해석했다.

일편단심의 기사도 추구는 돈키호테를 우스꽝스럽게 만들고, 이상한 낌새를 눈치채지 못하는 사람들을 라이벌 기사들로 착각하고 다짜고짜 달려드는 버릇은 그를 위험에 빠트리기까지 했다. 상대방들은 흔히 처음에는 기습을 당해 뭐가 자신들을 때렸는지 영문을 모르다가 보통은 사태를 파악하고 이 이상한 인간이 무슨 속셈인지를 금방 알아차렸다. 누구도 실제로 떠돌이 기사를 본 적은 없었지만 사람들은 돈키호테가 무엇을 하고 있는지를 알아차렸고 심지어 그의 장단을 맞춰줄 수도 있었다. 이것은 세르반테스의 기발한 전략의 일환이었다. 기사 로맨스가 워낙 인기가 많아서 모두가 대본을 알고 있는 것이다. 소설에서는 돈키호테 같은 빈한한 귀족만이 아니라 여관 주인과 평범한 나그네들까지도 책을 가지고 있고 이런 이야기를 알고 있으며, 책을 읽지 않은 사람들은 로맨스와 거기에 나오는 영웅들에 관해서 이야기를 들어본 것으로 나온다. 돈키호테의 하인인 산초 판사도 문맹임에도 불구하고 그러한 영향에서 전적으로 자유롭지는 못하다. 세르반테스는 인쇄를 통한 이야기의 범람이란 점점 더 많은 사람들이 문학을 통해서 세상을 바라봄을 뜻한다는 것을 인식했다. 어떤 측면에서, 머릿속에 온갖 플롯과 등장인물들이 살아 숨 쉬고 있는 모두가 저마다 돈키호테였다. 물론 그들이 그 플롯과 등장인물들을 직접 실행에 옮기지는 않을지라도 말이다. 세계는 문학으로 가득 찬 세계가 되어가고 있었고, 그 세계에서 우리가 무엇을 어떻게 읽는지는 매우 중요해졌다.

돈키호테의 친구들이 그가 잘못된 종류의 문학을 읽다가 실성해버렸다는 것을 깨닫자마자 그들은 그의 광기를 그 근원에서 공격하기로 했다. 돈키호테의 서재로 들어간 그들은 선반을 샅샅이 뒤져서 책이란 책은 모조리 들고 나와 그 대부분을 불속에 집어던졌다(반면에 알렉산드로스의 『일리아스』 같은 귀중한 책들에 대해서는 호의적으로 언급하기도 한다). 분서는 물론 가톨릭 교회가 마르틴 루터와 마야 책들을 상대로 한 싸움에서 동원한 수법이었다. 세르반테스는 이 관행과 공동의 목표를 추구하고 있는 듯했다. 적어도 그는 문해력의 순환이 항상 유덕한 결과를 가져오지는 않는다는 데에 동의했던 것 같다. 잘못된 종류의 종교 텍스트든 대중적 로맨스든 마구잡이식 독서는 커다란 해악을 끼칠 수도 있다는 것이다.

돈키호테의 친구들과 교회와 달리 세르반테스는 분서가 인쇄의 세상에서는 효과적이지 않음을 알고 있었다. 스토리텔링의 힘에 맞서서 오로지 더 강한 스토리텔링만이 승리하리라. 그는 돈키호테의 이야기를 더 믿을 법하고 더 현실적으로, 기사 로맨스의 더 구닥다리 플롯들보다 더 상식적인 것으로 정립할 필요가 있었다. 돈키호테라는 등장인물을 통해서 물리법칙과 근대적 사회규범에 의해서 지배되는 독자들의 일상 세계, 즉 저녁 값을 내든지 안 그러면 두들겨 맞아야 하는 등장인물들이 살아가는 세계를 쉽게 알아볼 수 있었다. 머릿속이 로맨스로 가득 찬 돈키호테만이 기사들과 귀부인들로 이루어진 중세 세계를 살고 있었다. 돈키호테의 유명한 풍차와의 대결보다 로맨스와 현실 간의 대결을 더 잘 포착한 것도 없다. 그는 풍차를 발견하고서 괴물이라고 인식한 다음 창을 바투 쥐고 돌진했다. 그가 이길 길은 없으며 그도 이를 알고 있었다. 하지만 기사의 의무에 대한 믿음이 워낙 확고하다 보니 그는 한순간도 주저하지 않았다. 처음부터 질 운명인 돈키호테는 거대한 풍차의 팔에 맞아 말 등에서 튕겨나갔다. 잘못된 종류의 문학을 너무 많이 읽다 보면 다치게 된다고 세르반테스는 경고하고 있었다.

로맨스에 맞서 현실을 동원하면서 세르반테스는 미답의 영역으로 들어서고 있었다. 그는 그저 다른 종류의 로맨스를 쓴 것이 아니라 새로운 이름이 필요한 로맨스를 쓰고 있었다. 그리고 새로움이란 정확히 그것을 이전의 문학 형식들과 구분시켜주는 것이므로, 여기에 가장 용이한 이름은 새로움(newness) 그 자체, 즉 노벨라(novela, 소설)였다. 새롭기 때문에 소설은 거의 무엇이든 할 수 있었다. 소설이 할 수 없는 유일한 일은 로맨스와 같은 기존의 문학을 따르는 것이었다.

이 대담한 책략을 가지고 세르반테스는 근대 초 유럽, 풍차를 비롯한 새로운 기계적 장치들로 변형된 유럽에서 근대 소설을 발명했다. 풍차는 거대하고, 멀리서도 보이며, 전에 인간이 만들어낸 그 무엇보다도 시끄러웠다. 거인의 힘으로 맷돌과 여타 육중한 기계들을 돌릴 수 있는 풍차는 기계 문명을 예고하는 첫 전조로서, 계속해서 과거 속에서 살려고 하는 돈키호테 같은 인물에게 완벽한 상대였다.

기계에 압도당하고, 어리둥절해지고, 도발당한 돈키호테는 나쁜 독서의 안타까운 사례를 넘어서 일종의 근대적 영웅이 되었다. 나도 주체할 수 없을 때면, 내 컴퓨터가 아무 이유 없이 먹통이 될 때, 나는 일체의 제어력도 행사할 수 없는 나를 둘러싼 기계들 가운데 무엇이든 망가지거나 나를 위협하거나 아니면 그냥 무력감이 들게 할 때면, 나 자신도 창을 집어들고 돌진하고 싶어진다. 이것이 바로 세상에 몹시 화가 난 대책 없는 바보 돈키호테의 천재성이다. 이 바보는 근대 기계 문명 속에서 우리의 집단적 경험을 포착하고 있다.

기계 문명은 세르반테스의 소설 자체에 동력을 제공했다. 아랍인들은 제지술을 처음 에스파냐에 들여와서 에스파냐 문학의 황금시대의 토대를 놓았다. 제지술에는 맑은 물과 넝마가 필요했지만 섬유를 분리하기 위해서 넝마와 나뭇조각을 잘게 부수려면 에너지도 필요했다. 영리하게도 에스파냐와 여타 유럽의 제지업자들은 이를 위해서 방아의 힘을 이용하는 아이디어를 들고 나와, 금속 세공인과 제분업자와 더불어 이 기계 장치의 초기 채택자들이 되었다. 『돈키호테(Don Quixote)』의 초판을 찍은 종이는 엘 파울라르 제지소에서 나온 것으로, 제지소는 맑고 깨끗한 물을 공급하는 과다라마 산맥 아래에 자리한 수도원의 일부였다. 이런 이점들에도 불구하고 엘 파울라르의 종이는 품질이 그다지 뛰어나지 않았다. 불순물과 주름이 많아 울퉁불퉁한 그 종이는 금방 바스러졌다. 그래도 종이에 대한 수요가 높아서 엘 파울라르는 애타게 물품을 찾는 시장에 종이를 큰 묶음씩으로 팔았다.

종이의 풍부한 공급은 『돈키호테』에 특히 중요했는데 그 소설에 대한 수요가 순식간에 예상을 뛰어넘었기 때문이다. 가톨릭 교회가 인쇄의 힘에 눈을 뜬 이래로 모든 책은 출판 허가가 필요했다. 다행스럽게도 『돈키호테』는 1605년 가을에 출판 허가를 얻어 출판업자인 프란시스코 데 로블레스와 인쇄업자 후안 데 라 쿠에스타는 책을 찍을 수 있었고 초판은 만족스럽게 금방 팔려나갔다. 카스티야와 아라곤에 걸쳐 새 판본들이 나오기까지는 단 몇 달이 걸렸을 뿐이다. 출간 이후 첫 10년 사이에 1만3,500부가 제작된 것으로 추정된다. 책은 해외에서도 금방 인기를 끌어서 브뤼셀과 밀라노, 함부르크에서까지 많은 판들이 인쇄되었다. 영어 번역본은 거의 즉시 출간되어 커다란 반향을 낳았고 여기에서 영감을 받은 셰익스피어는 돈키호테의 에피소드 가운데 하나를 바탕으로 (현재는 소실된) 희곡을 썼다. 이 소설이 워낙 인기가 높다 보니 사람들은, 어쩌면 언제나 허구를 현실 세계 안으로 가져오려고 하는 두 단짝에게 경의를 표하는 뜻에서 돈키호테와 그의 약삭빠른 하인 산초 판사처럼 차려입기 시작했다.

『돈키호테』는 또한 아메리카 대륙에서도 애독서가 되었다. 출간 직후의 초판 가운데 184부가 배에 실려 100부는 콜롬비아 해안의 카르타헤나로, 84부는 에콰도르의 키토와 페루의 리마로 향했는데, 피사로가 인쇄된 『성서』를 신세계의 이 지역으로 가져온 지 100년도 채 지나지 않은 때였다. 『돈키호테』 초판이 배에 실렸다가 나중에 당나귀 등에 실리고 다시금 보트에 실려 그곳에 도달하는 데에는 1년 가까이 걸렸다. 신세계의 부유한 식민지 정착민들이 첫 구입자들이었지만 이내 다른 이들도 『돈키호테』를 구입하기 시작했다. 1800년대에 이르자 해적들도 그 소설을 읽은 모양이었고 심지어 미국 뉴올리언스 남부의 작은 만에 있는 해적들의 은신처 가운데 하나는 산초 판사가 잠깐 동안 통치했던 섬의 이름을 따서 "바라타리아"라고 불렸다. 해적들에게 붙잡혀 포로 생활을 한 작가에게 바쳐진 뜻밖의 경의인 셈이다.

출판 해적들과 싸우는 법

『돈키호테』가 성공을 거둘 무렵, 세르반테스는 더 이상 바다를 휘젓고 다니는 해적들을 걱정할 필요가 없었다. 그 대신 그는 출판 해적들을 걱정해야 했다. 비록 국왕의 출판 허가는 저자나 인쇄업자에게 일정 기간 동안 소유권을 부여했지만 규정은 혼란스러웠고 흔히 무시되었다. 『돈키호테』의 해적판이 리스본과 발렌시아에 등장하기까지는 몇 달밖에 걸리지 않았고, 뒤이어 더 많은 해적판들이 나왔다. 종이와 인쇄술로 이루어진 세계는 상이군인이자 실패한 극작가, 옥살이를 한 징세인이 새로운 이야기를 출판하는 것을 가능하게 했고, 이제 다른 이들이 더 쉽게 그것을 복제할 수 있게 해주었다.

그러므로 저작물을 생산하는 사람과 그것을 유포하는 과정을 지배하는 사람들 간의 지속적인 대결이 시작되었다. 이 대결은 기술적 과정의 불가피한 결과였다. 문학 생산에 이용되는 기계가 비용이 많이 들수록 작가들이 그 기계를 소유하고 운용하기는 더 힘들어졌다. 물론 초창기의 서기들도 파피루스와 종이 제작자들과 협상해야 했던 것은 사실이지만, 산업적 규모의 새로운 제지업과 인쇄업은 이 분야의 도구들을 작가들의 수중에서 기업가들과 산업가들의 수중에 완전히 넘겼다. 그 결과 작가들은 인쇄업자와 출판업자에게 의존하든지 아니면 자체 출판이라는 불확실한 사업에 뛰어들었다(인쇄술의 도래 이전에 작가들은 물론 자신들의 작품을 필사하도록 서기들을 고용할 수도 있었지만, 직접 손으로 쓴다는 점에서 모두 자체 출판했다고 할 수 있다). 한 서문에서 세르반테스는 탁상 앞에 앉아 빈 종이를 펼쳐놓고 한손에는 펜을 들고 다른 한손은 턱을 괸 채 새로운 이야기를 지어낼 준비를 하는, 전형적인 작가의 포즈를 취한 자신을 소개하면서 근대의 저작업에 관한 선언서를 작성했다. 하지만 그는 그 그림에서 자신이 전혀 통제할 수 없는 다른 모든 기구들을 싹 빼놓았다.

출판 해적들, 인쇄업자들, 출판업자들이 세르반테스의 유일한 문젯거리는 아니었다. 1614년에 익명의 작가가 뻔뻔하게 『돈키호테』의 속편을 출간했다. 비록 토르데시야스의 알론소 페르난데스 데 아벨라네다라는 필명 뒤에 숨어 있지만 그는 국왕의 출판 허가를 받아내서 인쇄업자를 구하여 그 결과물을 『돈키호테』의 제2부라고 출간했다. 그는 돈키호테라는 인물과 이야기는 세르반테스의 배타적 소유물이 아니라고 주장했다. 대중은 그 후속편을 누가 쓰든지 간에 후속편을 요구했고 그들은 그것을 얻어야 했다. 세르반테스는 근대의 저작자 지위에 관한 전투, 즉 과연 저자들이 자신들이 창작한 이야기를 소유할 수 있는가라는 발상 자체를 둘러싼 전투에 휘말려들었다.

세르반테스의 곤경은 그때까지의 저작자의 역사를 극명하게 대비시켜준다. 근본 텍스트와 성스러운 경전, 카리스마적인 교사와 이야기 모음집의 시대에는 저작자와 독창성은 사소한 문제였다. 베르길리우스가 호메로스 서사시의 로마 버전인 『아이네이스(Aeneis)』를 썼을 때처럼 작가들은 오로지 점차적으로, 확립된 기존의 이야기들에 도전하거나 그것을 대체하는 이야기들을 지어내왔다. 세르반테스는 세르반테스대로 돈키호테로 하여금 만일 그가 고대에 살았다면 트로이와 카르타고를 멸망의 운명에서 구했을 것이라고 큰소리치게 만들어 호메로스와 베르길리우스 둘 다에 도전했다.

더 오래된 이야기에 도전하기 위해서 새로운 이야기를 들고 나오는 것은 여러 가지로 골치 아픈 일인데, 이 새로운 작가들은 자신들의 권위를 확립해야 했기 때문이다. 세르반테스는 그가 『돈키호테』의 원고를 발견한 사람일 뿐인 척하면서 그 저작자를 그가 한평생 싸워온 한 문화의 대표라고 할 수 있는 어느 아랍인에게 돌렸다. 그가 알제에 포로로 붙잡혀 있는 동안 아랍 이야기꾼들에게 매료되었던 것일까? 우리는 그 이유를 영영 알 수 없을 것이다. 우리가 아는 것은 세르반테스가 알제에서의 포로 생활에 대한 이야기를 소설의 많은 삽입 이야기들 가운데 하나로 『돈키호테』 안에 집어넣었다는 것이다(어쩌면 그의 소설이 아메리카 남부 해안의 해적들 사이에서 왜 인기를 누렸는지를 설명해주는 또 하나의 이유일지도 모른다). 이 이야기는 노예가 어떻게 알제에서 탈출할 수 있는지에 대한 상세한 설명과, 여러 언어들을 섞어서 구사하며 알제에서 살아가는 튀르크인, 기독교도, 북아프리카인에 대한 세밀한 묘사를 비롯해서 그 지역에 대한 세르반테스의 내밀한 지식을 드러내면서 독특한 짜임새를 보여준다. 분명히 알제에서의 경험은 세르반테스에게 결정적인 경험이었고 그는 그것 또한 에스파냐에서의 삶의 중요한 일부라고 느꼈고, 따라서 자신의 소설에서 그 체험에 대한 자리를 찾아주어야 한다고 생각했다(소설에 삽입된 이야기들은 『돈키호테』를 『천일야화』 같은 이야기 모음집을 흉내낸 것처럼 보이게 한다).

인쇄물의 폭발과 함께 독창성에 대한 추구와 새로운 플롯들에 대한 소유권은 중요성을 얻었고, 법으로 인정받았다. 안타깝게도 근대의 저자들을 보호해주는 대다수의 조항들은 세르반테스에게는 너무 늦게 찾아왔고, 그는 익명의 모방 범죄자들에 맞서 의지할 만한 법적 수단이 별로 없었다. 사실 저작권 침해라는 개념 자체가 그때서야 등장하기 시작했을 뿐이다.

자신을 보호하기 위해서 세르반테스는 수중에 있는 유일한 무기, 그가 전에 기사 로맨스에 맞서 휘둘렀던 무기를 다시 빼들었다. 이야기꾼으로서 그의 능력 말이다. 그는 미친 듯이 작업하여 1년 안에 자신만의 『돈키호테』 후속편을 완성했다. 라이벌 작가의 김빠진 결과물보다 월등히 뛰어난 그의 후속편은 위작을 금방 몰아냈다. 짓궂게도 그는 돈키호테가 그의 작품으로 여겨지는 위작 2부의 상황들을 모두 피하게 함으로써 매 순간마다 그 무단 판본이 잘못되었음을 입증해 보인다. 세르반테스는 심지어 돈키호테를 가짜 돈키호테의 어느 지인과 맞붙게 하여 그를 무찌르게 함으로써 라이벌 작가에게 누가 진짜로 이 구역의 주인인지를 똑똑히 보여주었다.

세르반테스는 이 해적질의 진짜 장본인은 모방작 작가가 아니라 자신의 이야기와 그 모방작을 그토록 널리 퍼지게 해준 인쇄술의 신세계임을 알고 있었다. 그는 유일한 논리적 결론을 이끌어냈다. 한마디로 그의 기사를 내보내서 이 인쇄 문화와 정면으로 맞붙게 한 것이었다. 『돈키호테』 제2부에서 돈키호테는 자신에 관한 소설이 쓰였다는 것을 알고서 바르셀로나에 있는 인쇄소를 찾아가기로 한다. 그 경험은 돈키호테는 물론이고 그의 독자들의 눈도 번쩍 뜨게 해준다.

거기서 그는 누군가는 인쇄지를 정리하고, 누군가는 조판을 수정하고, 한 군데서는 누군가가 활자를 골라내고, 또다른 곳에서는 누군가가 교정쇄를 들여다보고 있는 모습을 보았다. 한마디로 대형 인쇄소에서 볼 수 있는 온갖 광경을 보았다. 그는 작업자들을 차례차례로 지나치며 저마다 손에 무엇을 들고 있는지 아주 꼬치꼬치 캐물었다. 그리고 그들은 꺼리지 않고 그의 호기심을 채워주었다. 마침내 식자공 중 한 명한테 이르러 무슨 일을 하는 중이냐고 물었다. 인쇄업자가 말하기를, 선생, (젊지 않고 다소 근엄해 보이는 사람을 소개하며) 여기 이 신사분은 이탈리아어 책을 에스파냐어로 번역하셨답니다. 그래서 나는 그중 일부를 여기 인쇄기에 짜넣고 있는 중이지요. [……]

그럼 말이지요, 선생, 선생께서는 책을 자비로 찍으십니까? 아니면 그 원고를 어느 서적상에게 팔았습니까? 정말이지 말입니다, 번역가가 답하길, 저는 이것을 자비로 출판합니다. 그래서 초판이 다 나갈 때쯤은 최소 1,000 크라운의 출판 비용을 변제할 수 있기를 바라고 있답니다. 저는 2,000부를 찍을 계획인데, 1부당 6레알에 순식간에 나갈 것입니다. 돈키호테가 말하길

얀 판 데르 스트라트의 이 판화는 돈키호테가 방문한 것과 같은 16세기 중반의 인쇄소를 묘사하고 있다.

그렇다면 선생의 계산에 못 미칠 것 같소이다. 이걸 보니 선생께서는 이 서적상들과 인쇄업자들의 술책에 아직 초짜이신 듯하군요. [……]

그 다음 계속 지나쳐서 또다른 작업자가 조판을 수정하고 있는 책의 제목이 무엇이냐고 물었다. 그들이 답변하길 토르데시야스 출신의 어느 사람이 쓴 라만차의 기발한 양반 돈키호테의 제2부라는 것이다. 그 책에 관해서는 나도 들어본 적이 있고, 정말이지, 그 뻔뻔하고 멍청한 중상 때문에 진작 불에 타서 잿더미로 변했다고 생각하고 있었소이다. 하지만 때가 되면 처형일이 끝끝내 찾아올 것이요. [……] 그렇게 말한 뒤 그는 씩씩거리며 인쇄소에서 뛰쳐나왔다.

인쇄 작업과 관련해서 돈키호테는 바보가 아니었다. 그는 인쇄소의 복잡한 기계에 감탄했지만 이제 작가와 번역가들이 이 멋진 기계를 소유하고 있으며 돈만 된다면 태연히 모방작도 찍어낼 사람들에게 의존하고 있음을 곧장 알아차렸다. 이 기계의 신세계에서 저자는 명백히 손해를 보는 쪽이었다.

저자들은 이후로 줄곧 돈키호테에게 박수를 보내고 있다(나도 이 대목을 처음 읽었을 때 박수를 쳤었다). 이야기를 지어내는 사람들(저자들)과 인쇄된 책을 내놓는 기계를 소유한 사람들(인쇄업자와 출판업자) 그리고 그 책들을 판매하는 사람들(유통업자나 서적상들) 간의 분업은 그 어느 때보다 더 많은 독자들이 책을 접할 수 있게 함으로써 확실히 저자들에게 혜택을 베풀었다. 하지만 이 점은 또한 자신의 작품에 대한 저자들의 통제권을 제한했다. 돈키호테라는 인물을 통해서 세르반테스는 근대의 저작자의 영광과 딜레마들을 평가했다.

돈키호테와, 그의 성공을 가능하게 했지만, 한편으로는 그를 속수무책의 구경꾼으로 만들어버린 기계와의 만남은 그의 활약상의 끝을 가리켰다. 하지만 소설 쓰기의 시대는 막 시작되고 있었다. 그가 방문한 것과 유사한 인쇄소들은 곧 전에 본 적이 없는 규모로 소설들을 봇물처럼 쏟아냈다. 라이벌 작가와 출판 해적들과 싸우면서 세르반테스는 로맨스의 인기를 쉽게 압도한 새로운 형식의 문학을 창조했다. 독립적이고 자신만만하며 가차 없이 작가들은 전에 쓰인 것들을 모조리 흡수하기 시작했고 그 혼합물에 자신들만의 터무니없는 창작품을 추가했다. 한 여행가는 거인과 난쟁이, 이성적인 말[馬]들을 만났다고 보고했고, 따분해진 한 프랑스 가정주부는 간통을 저질렀다가 자살했다. 어느 미친 백인 고래 사냥꾼은 한 미친 흰 고래를 뒤쫓았다. 전에는 이야기 모음집들이 이야기들의 바다에서 이야기를 건져서 독자들에게 제공했지만, 이제는 이 모든 최신 플롯들이 이전의 이야기 모음집을 퇴색시키고 있었다. 비록 개별적 저작자라는 발상은 고대 세계에서 처음 등장했지만 그 돌파구는 그것이 인쇄와 문학의 대량생산과 교차한 다음에야 비로소 열렸다.

알고 보니 세르반테스는 승리의 공식을 우연히 찾아냈다. 새로운 소설들은 저자에 기반을 두고, 독창성을 전제하며, 다른 형식의 글쓰기를 깎아내리는 경향이 있었다. 그러한 폄하 가운데 일부는 시보다는 산문에 대한 고집, 그리고 더 오래된 언어에 대한 의심이었다. 사어나 시대에 뒤떨어진 표현양식으로 소설을 쓰는 사람은 거의 없었다. 또한 소설은 독자들이 타인의 마음에 접근하도록 해주는 데에 특히 뛰어났는데, 이는 소설이 일상생활에서 생기는 감정과 사고의 흐름들을 포착하는 기법과 세밀한 심리 작용들을 발전시키면서 더욱 부각되었다. 서사시보다 관습에 덜 얽매여 있는 소설은 신문 연재 같은 변화하는 상황들에 더 재빨리 적응할 수 있었고, 누군가는 문학의 기계 시대라고 부를지도 모르는 시대, 즉 문학의 복제가 복잡한 기계들의 문제가 된 시대에 최상의 장르가 되었다. 소설 자체는 이러한 기계들에 선행하지만, 일단 그 기계들과 교차하여 그것들을 점점 더 효율적으로 활용하자 소설은 근대의 지배적인 문학 형식이 되었다.

저자들은 그들이 지어낸 이야기만큼 다채로웠다. 소설은 전통에 구애를 덜 받았기 때문에 특히 여자들에게 접근 장벽이 더 낮았다. 조지 엘리엇처럼 일부 여성 소설가들은 남성의 필명을 취하기도 했지만, 많은 여성들이 파리 궁정의 삶부터 잉글랜드 가정교사들의 곤경에 이르기까지 모든 것을 기록하며 흔히 실명으로 글을 썼다. 여성 작가라는 지위는 여성에게 이렇다 할 직업 선택지가 거의 없던 시대에 하나의 선택지가 되었다. 미국과 여타 지역에서는 이전에 노예였던 사람들이 저자라는 지위에 접근하기가 더 어려웠는데, 그들이 체계적으로 문해 교육에서 배제되어왔기 때문이다. 그러나 가장 대표적인 저자 프레더릭 더글러스처럼 많은 해방 노예나 탈출 노예들이 자신들의 탈출기를 썼고, 읽고 쓰는 법을 몰래 배웠던 순간을 흔히 자신들의 자유의 출발점으로 묘사했다. 이러한 노예들의 서사들 가운데 어떤 것들은 자전적인 반면, 어떤 것들은 자신의 탈출 경험담을 이야기로 탈바꿈시킨 세르반테스라면 인정했을 만한 방식으로 허구로 가공되었다.

소설의 성공과 더불어 역사는 되풀이되었다. 세르반테스가 대중적인 기사 로맨스를 우려했던 것처럼 이제는 사람들이 소설을 걱정했다(불교도들과 유학자들이 무라사키의 초기 소설을 공격했던 일본에서 이미 있었던 일이다). 교육가들과 사제들은 소설에 대해서 경고하기 시작했고, 의사들은 독자들을 중독자 취급하며, 특히 여성들이 소설을 멀리하게 하려고 했다. 하지만 문학에 대한 접근을 통제하는 것은 갈수록 어려워졌다. 여성들, 이전 노예들, 계급과 집단을 막론하고 모두가 문학의 세계로 밀려들었고 그들을 막을 길은 없었다.

소설에 관한 의심은 최근에 와서야 사라졌다. 우리는 이제 아이들이 책을 너무 안 읽는다고, 문학이 비디오 게임에 밀려나고 있다고 심히 걱정하며 대부분의 소설이 화면을 시청하는 시간보다 더 낫다고 생각한다. 그러나 모든 읽을거리가 동등하지는 않다는 의식은 여전히 존재한다. 그리고 이런 생각은 인터넷, 각종 미심쩍은 읽을거리와 글이 넘쳐나는, 저 제멋대로인 새로운 공간으로 넘어갔다. 많은 사람들이 이제 소설의 시대를 애틋하게 돌아보듯이, 우리가 인터넷 시대를 노스탤지어를 품고 돌이켜볼 날이 과연 올까?

10

벤저민 프랭클린 : 문필 공화국의 미디어 기업가

1776년, 북아메리카 식민지

1776년 8월 2일, 제2차 대륙회의의 대표들이 독립선언서에 서명하기 위해서 한자리에 모였다. 다재다능한 토머스 제퍼슨이 자신이 맞춤 제작한 휴대용 책상에 앉아 초안을 작성하여 대륙회의로 보냈고 거기서 초안은 테이블 위에 놓였는데, 각 대표들이 초안을 읽고 수정이나 변경을 제안할 수 있게 테이블 위에 펼쳐놓았다는 뜻이다. 대륙회의가 수정된 문서에 동의하여 투표를 한 뒤에 가결된 독립선언서는 7월 8일 존 닉슨 대위에 의해서 엄숙하게 큰 소리로 낭독되었다. 몇 주일 뒤에 대륙회의는 전직 양조업자로서 그 유려하고 성긴, 우아한 영어 라운드핸드체(round-hand : 둥그스름하고 명료한 필기체로 17, 18세기에 크게 유행했다/옮긴이)에 탁월하기도 한 티머시 매틀랙을 고용했다. 매틀랙은 깃펜으로 양피지 한 장에 독립선언서 전체를 필사한 다음 양피지 하단 5분의 1은 대표들의 서명을 위해서 빈칸으로 남겨두었다.

대륙회의 대표자들은 한 명씩 앞으로 나가 서명했다. 이미 절반의 대표가 서명하고 자기 차례가 된 벤저민 프랭클린은 테이블 앞으로 가서 우아한 필체로 문서에 "Benj. Franklin"이라고 서명했다. 서명자들 대다수는

272

그냥 자기 이름만 적었지만 그는 긴 8자 모양을 그린 다음, 그 위에 더 작은 원을 그리고 다시 또다른 8자 모양을 그려서 서명을 마무리했다. 어쩌면 그는 자신의 이름을 약자로 써서 이런 멋을 부릴 공간을 남겨두었다고 생각했을지도 모른다.

미합중국의 건국에서 벤저민 프랭클린이 한 역할은 너무도 잘 알려져 있어서 그가 문학의 역사에 기여한 바를 기억하기란 쉬운 일이 아니다. 그의 기여에 대한 감을 더 잘 잡기 위해서 나는 다시금 여행을 했다. 마침 프랭클린은 이 책에서 다루는 인물들 가운데 유일한 지역민이었기 때문에 나는 그냥 매사추세츠 주의 케임브리지에서 보스턴으로 가는 지하철을 타기만 하면 되었다. 나의 목적지는 프리덤 트레일(자유의 길), 즉 미국 독립혁명과 연관된 주요 지점들을 모두 아우르며 보스턴 도심을 관통하여 이어지는 보도 위에 붉게 칠해진 경로였다. 프리덤 트레일이 빼놓은 지점도 많지만 내가 미국 공화국의 역사에 관해서 배우려고 이 길을 따라 걷고 있는 것은 아니니 크게 걱정할 것은 없었다. 나는 문필 공화국에 대한 프랭클린의 공로에 관한 단서를 찾고자 했다.

어느 길모퉁이를 돌자 보스턴 도심의 작은 거리에 서 있는 프랭클린의 동상이 눈에 들어왔다. 비록 좁은 골목에서 살짝 안쪽인 작은 안뜰에 자리하고 있었지만, 그는 한쪽 겨드랑이에 정중하게 모자를 낀 채로 나를 자애롭게 내려다보고 있었다. 동상 아래에는 독립선언서에 서명을 하는 유명한 모습을 비롯해서 프랭클린 일생의 여러 장면들을 묘사한 부조가 새겨져 있었다.

동상 기단부에 새겨진 이 장면을 숙고하면서 나는 모퉁이를 돌아 한때 그의 생가가 있었던 밀크 1번가로 갔다. 그의 생가는 프리덤 트레일의 주요 관광명소 가운데 하나로, 잘 보존된 17세기의 붉은 벽돌 건물인 올드 사우스 미팅 하우스의 길 건너편에 있었다. 그 건물과는 대조적으로 허름한 목조 가옥인 프랭클린의 생가는 오래 전에 불타 없어졌다. 지금은 그 자리에 치장벽토로 전면을 장식한 19세기 양식의 6층짜리 건물이 들어서 있었다. 건물 2층은 프랭클린의 흉상과 그 위대한 정치가가 실제로 여기서 태어났음을 알리는 비문을 자랑하고 있었다.

건물은 낡아 보였다. 일부 창문들은 막아놓았고, 실제로 사람이 거주하고 있는지 알기 어려웠다. 입구에서는 오줌 냄새가 났다. 인터내셔널 아카데미라는 기관이 다른 주소로 이전했음을 알리는 공지가 보였다. 보스턴 시에서 게재한 또다른 공지는 하수도 개수 공사가 곧 개시될 것이라고 약속했다. 누군가가 문간에 빈티지 포스터를 판다는 사업 명함을 끼워놓았다. 새롭게 단장한 보스턴 도심 한복판에서 밀크 1번가는 내가 기억하는 수십 년 전의 낡고 지저분한 보스턴 도심에서 튀어나온 것 같았다.

1층은 버려졌다. 1980년대 것인 듯한 표지판이 "그래픽 디자인과 컬러 복사, 디지털 서비스, 컬러 프린팅"을 제공한다며 가게를 광고하고 있었다. 처음에 나는 이 우연의 일치에 신이 났다. 프랭클린이라면 자신의 생가 자리에 프린팅 서비스 회사가 들어서 있다는 생각에 기뻐하지 않았을까? 하지만 버려진 프린트 가게의 빛바랜 표지는 처량하고 구식으로 보였고, 프랭클린은 노스탤지어에 잠기는 법이 별로 없었다. 아마도 프랭클린이라면 이 프린트 가게를 좋아했을지도 모르지만, 한 유형의 프린트 가게가 폐업을 하고 새로운 유형의 프린트 가게로 대체된다는 생각을 더 좋아했을 것이다. 가발과 스타킹에도 불구하고 프랭클린은 근대 정보기술의 위대한 선구자 중의 한 명이었다.

프랭클린과 기술과의 관계에 관해서 더 생각할수록 나는 그가 독립선언서 양피지에 깃펜으로 서명하면서 그것이, 다시 말해서 1776년에도 마치 글쓰기의 여명기에서 튀어나오기라도 한 듯이 서기가, 그것도 2,000년 전 페르가몬에서 발명된 필기 표면인 양피지에 작성한 문서에 서명하는 일이 얼마나 고색창연한지를 틀림없이 깨달았을 것이라고 확신하게 되었다. 물론 인쇄의 시대에 필사와 양피지는 이미 특별한 것이었고 중요한 문서들에만 사용되었다(유사한 방식으로 미합중국 헌법은 4장의 양피지에 서기가 필사했다). 그러나 프랭클린은 독립선언서가 그 혁명적 목표에 더 부합하여, 더 새로운 기술에 의존하고 있음을 알았다.

독립선언서가 가결되어 7월 4일에 유효해지자마자 아름답게 필사한 양피지 사본이 작성되어, 그 비준된 텍스트는 서명되기 한 달도 더 전에 인쇄업자 존 던랩에게 발송되었고, 던랩은 하룻밤 사이에 대형판으로 선언서 200부를 찍어냈다. 인쇄본들은 즉시 말에 실려 우편도로를 통해서 다른 12개의 식민지로 보내졌다. 7월 6일, 「펜실베이니아 이브닝 포스트(*Pennsylvania Evening Post*)」라는 한 신문이 제1면에 독립선언서를 게재했다. 7월 10일 메리 캐서린 고다드도 「메릴랜드 저널(*The Maryland Journal*)」에 똑같이 선언서를 1면 게재했고, 다른 많은 신문들도 그 뒤를 따랐다. 인쇄된 신문과 대형인쇄물(broadsheet) 형태로 미합중국은 처음으로 영국으로부터 독립을 선언했다.

독립선언서 작성자 가운데 프랭클린은 당대 인쇄의 역할을 평가하기에 최상의 입장이었다. 프랑스 궁정에서 마리 앙투아네트는 그가 인쇄소 현장 감독이었기 때문에 귀족적 세련미가 없다고 그를 멸시하게 되었다. 비록 불친절하기는 했지만 마리 앙투아네트가 틀리지는 않았다. 프랭클린은 자신의 형에게 고용된 준연한(準年限) 계약 수습사원으로서 인쇄업을 배웠고 형은 프랭클린에게 잉크 제조법을 비롯해 다양한 유형의 종이

1776년 7월 6일 「펜실베이니아 이브닝 포스트」에 실린 독립선언서.

와 글자, 레이아웃 등 인쇄 공정의 모든 단계를 가르쳐주었다. 이 공정은 구텐베르크 이래로 크게 변하지 않았다. 변한 것은 인쇄술의 쓰임이었다. 저렴한 새로운 포맷, 무엇보다도 신문과 한 면만 인쇄한 대형인쇄물이 생각이 전파되는 방식을 근본적으로 바꾸었다. 프랭클린이 인쇄의 기술적 공정에 크게 기여한 바는 없지만 그는 인쇄가 무엇을 할 수 있는지를 깨달았고 용지 공급을 확보하는 일과 13개의 식민지로 인쇄물을 배포하는 우편도로를 유지하는 일부터 신문과 대형인쇄물의 출판 네트워크에 이르기까지 인쇄의 기반시설을 확장하고 고도로 개선하는 데에 일생을 바쳤다. 미디어 기업가로서 프랭클린은 독립선언서를 탄생시키는 세계를 만드는 데에 어느 누구보다도 크게 일조했다.

프랭클린이 태어난 뉴잉글랜드는 높은 문해력에 자부심으로 품고 있었지만 그것은 단 한 권의 책, 바로 『성서』를 중심으로 한 문해였다. 청교도들은 『제네바 성서』, 즉 스위스 제네바에서 몰래 번역된 영어 『성서』를 메이플라워 호에 실어 신세계로 가져왔다(윌리엄 셰익스피어도 『제네바 성서』를 사용했다). 20년도 지나지 않아 1636년에 그들은 성직자 계층에 수준 높은 문해력을 보장하도록 대학—훗날 하버드 대학교가 된다—을 설립했다. 하지만 목사들만이 문해에 초점을 맞춘 유일한 집단은 아니었다. 남녀를 가리지 않고 어린이들도 『성서』를 읽는 법을 배우도록 다양한 학교들이 설립되었다. 서적과 여타 인쇄물에 대한 새로운 수요를 충족하기 위해서 청교도들은 1638년에 북아메리카 식민지에 최초의 인쇄기를 들여와(에스파냐인들이 멕시코에 최초의 인쇄기를 들여놓은 지 100년 뒤였다) 문해율이 백인 여성은 45퍼센트, 백인 남성은 70퍼센트에 달할 만큼 당대 지구상에서 가장 문해력이 뛰어난 사회를 탄생시켰다. 1790년에 이르자 백인 남성의 수치는 90퍼센트라는 놀라운 수준에 도달했다.

프랭클린은 책을 깊이 아꼈다. 그는 마음이 맞는 애서가들의 클럽인 준토(Junto)와 회원제 대출 도서관인 라이브러리 컴퍼니(Library Company)를 창립했다. 일단 큰 재산을 모으자, 그는 바닥부터 천장까지 맞춤 제작한 선반과 정교한 목록 정리 체계를 갖춰, 총 4,276권을 소장한 개인 서재를 마련했다. 그는 심지어 손에 닿지 않는 책을 빼낼 수 있는 기계 팔까지 고안했다.

그러나 프랭클린은 일생 동안 수십 권밖에 책을 찍지 않았다. 한번은 출판 허가를 받지 않고 「신약성서」를 내놓은 적이 있었지만 이득은 별로 보지 못했다. 세르반테스의 여파로 소설이 인기를 끌게 되었음에도 프랭클린은 소설은 단 한 권 새뮤얼 리처드슨의 『파멜라(*Pamela*)』만 찍었다(소설은 북아메리카 식민지 인쇄물 가운데 4퍼센트에 불과했다). 프랭클린 본인은 유혹을 거부하고 의심을 극복하는 기독교도에 관한 우화적 이야기로, 흔히 『성서』 다음으로 사람들이 많이 소장한 책인 존 번연의 『천로역정(*Pilgrim's Progress*)』을 좋아했다(번연도 공식적인 『흠정영역성서』보다 청교도적인 『제네바 성서』를 선호했다). 개인 서재에 『돈키호테』를 소장하고 있었지만 프랭클린은 『돈키호테』도 『천로역정』도 찍지 않았다. 책과 관련해서 문제는 그것이 노동비용은 말할 것도 없고 용지와 활자, 제본에 상당한 자본 투자를 요구하여 그 제작에 엄청나게 비용이 많이 든다는 것이었다. 프랭클린은 기꺼이 책을 판매했지만 흔히 잉글랜드에서 수입하는 편이 더 저렴했다.

신문을 위한 새로운 시장

책에 대한 사랑에도 불구하고 프랭클린은 높은 문해율과 인쇄술의 결합으로 새로운 형태의 인쇄 출판물, 무엇보다도 신문을 위한 여건이 창출되었음을 알아차렸다. 식민지 최초의 신문은 1690년에 보스턴에서 발행되었는데 주로 지배계급의 시각을 반영했다. 그러나 프랭클린의 형은 자체 신문을 발간하여 기존 상황에 도전했고 신문의 성공은 관계당국과의 충돌을 가져왔다. 형은 투옥되자 벤저민 프랭클린의 이름으로 옥중에서 신문을 계속 발간하여 동생에게 신문이 얼마나 강력할 수 있는지를 보여주었다. 그 실험은 또한 신문을 위한 미답의 시장이 존재함을 입증했다. 도시들은 그때까지 생각되어온 것처럼 각 도시를 대표하는 신문 한 종만 필요한 것이 아니었다. 여러 종의 신문이 나올 여유가 존재했다. 그리고 신문들이 서로 경쟁하면서 논쟁과 생각의 검증이 자연히 뒤따를 것이고 논박이 오가는 가운데 최고의 견해들이 승리하게 되리라.

곧 프랭클린은 형과의 연한 계약을 깨고 필라델피아로 달아나 자신의 신문을 내기로 했다. 그는 인쇄소를 하나 얻고 「펜실베이니아 가제트(*The Pennsylvania Gazette*)」를 사들였으며 그때부터 줄곧 신문은 그의 커져가는 사업 제국의 핵심이 되었다. 당대의 신문들은 흔히 4페이지로 짧았고, 마지막 면에는 광고가 실렸다. 그것들은 가정과 클럽, 술집, 커피하우스, 바로 새로운 생각들이 토론되고 번성할 수 있는 사회적 접촉을 제공하는 공간에서 읽혔다. 철학자 G. W. F. 헤겔은 아침에 신문을 읽는 의례를 아침 기도에 비유했는데, 프랭클린이라면 좋아했을 생각이다. 선조들의 청교도 신앙을 포기한 뒤에 그는 신문의 공화주의적 신념을 택했다.

갈수록 통제하기가 어려워진 신문들은 점점 더 많은 문해 인구를 생각의 교환에 참여시키면서 독립이 싹틀 수 있는 기후를 조성했다. 프랭클린이 태어났을 무렵 식민지에는 신문이 딱 1종 존재했다. 독립선언서가 인쇄될 무렵에 이르자, 부분적으로는 프랭클린의 노력 덕분에 37종의 신문이 존재했다. 신문의 급증 현상이 모든 식민지에 동일하게 나타나지는 않아서 남부에는 신문이 훨씬 적었고 이는 남부에 독립심을 가진 식민지인들이 더 적었다는 뜻이기도 하다(여기서 영국과의 비교가 유익할 것이다. 식민지에는 신문이 더 적었지만 인쇄기를 갖춘 도시들은 본국보다 더 많았는데, 영국에서는 인쇄업이 런던을 중심으로 이루어졌기 때문에 통제가 더 용이했다).

신문이 인쇄의 세계에서 가장 중요한 신문물이었던 한편으로, 대형인쇄물도 그만큼 중요했다. 신문보다 더 짧고, 저렴하며, 심지어 더 배포하기도 쉬운 한 장짜리 대형인쇄물은 벽이나 문에 붙일 수 있게 커다란 폴리오판으로 제작되었다. 반대로 양면에 다 인쇄를 한 다음 한 번이나 두 번 접으면 각각 4페이지와 16페이지의 지면을 제공할 수도 있었다. 그렇게 두 번 접은 세 장의 대형인쇄물을 합치면 바늘과 실로 꿰매서 총 48페이지의 그럴듯한 소책자가 만들어졌다. 두툼한 종이 뭉치를 힘겹게 제본할 필요가 없는 한, 다시 말해서 인쇄지에 바늘이 들어가서 실로 꿰맬 수 있는 한 제작비는 저렴하게 유지될 수 있었고, 이런 식으로 최대 약 100페이지에 달하는 소책자를 만들 수 있었다.

1776년에 나온 400종의 소책자 가운데 가장 유명한 것은 토머스 페인의 「상식(Common Sense)」으로 독립선언서보다 반년 전에 쓰인 이 글은 독립의 타당한 근거를 강력하게 표명했다. 프랭클린은 페인이 이 소책자를 출판하는 것을 돕고 1쇄 가운데 100부를 구입했다. 페인은 궁극적으로 출판 첫 해에만 15만3,000부를 팔게 되었다(영리하게도 그는 모든 인세를 포기했을 뿐만 아니라 저작권도 포기하여 원하는 사람은 누구든 「상식」을 출판할 수 있게 했다). 새로운 생각들을 확산시키는 가장 저렴한 수단으로 대형인쇄물과 소책자는 식민지인들 사이에서 민주적 소요의 분위기를 창출하는 데에 공헌했다. 대형인쇄물 형태로 독립선언서를 찍어낸 것은 수십 년에 걸친 대형인쇄물 출판의 정점이었다.

신문과 대형인쇄물이 미래로 가는 길임을 감지한 프랭클린은 이 두 가지에 에너지를 집중하여 그 둘의 제작의 모든 공정을 아우르고자 했다.

인쇄소를 가진 것만으로는 충분하지 않았다. 그는 필수 원자재, 무엇보다도 종이를 마음대로 통제할 필요가 있었다. 필라델피아의 경쟁자들로부터 종이 공급자 인수에 실패한 뒤, 그는 제지업자들의 창업을 도와 이윤을 공유했다. 종이는 여전히 넝마로 만들었으므로, 프랭클린도 손수 넝마를 모아서 그의 세력권 가운데 일부인 제지소들로 보낸 다음 완제품을 다시 사들였다. 나중에 그의 공급 네트워크는 버지니아 주 윌리엄스버그에 위치한 제지소를 비롯해 멀리 남부까지 확대되었다. 윌리엄스버그 제지소는 식민지로 수출되는 종이를 생산하던 네덜란드의 많은 제지소들과 마찬가지로 풍차로 돌아갔다. 프랭클린은 종이로 전환되는 넝마부터 신문과 대형인쇄물을 찍어서 배포하기까지의 전 과정을 통제하는, 한마디로 수직 결합 산업을 창출했다.

식민지에서 인쇄는 어느 정도는 운송의 어려움 때문에 고도로 지역화되어 있었지만 프랭클린은 폭넓은 인쇄업자 네트워크를 갖추는 것이 커다란 이점이 됨을 인식했다. 그는 수직 결합에 더해 수평 결합도 필요했다. 형이 그를 수습사원으로 가르쳤듯이, 이제 그가 자식과 조카들을 다른 인쇄소에 수습사원으로 앉히거나 결혼을 통해서 다른 인쇄업자들과 연줄을 맺었다. 그는 돈과 활자를 빌려주고, 인쇄 계약을 돕는 대가로 이윤의 3분의 1을 요구했다. 그는 조카에게 일을 가르쳤고, 조카는 로드아일랜드에서 인쇄업자가 되었다. 또 이전 지인을 멀리 안티구아까지 보내기도 했다. 이런 식으로 그는 뉴잉글랜드부터 카리브 해 지역까지 총 24군데에 인쇄소가 들어서는 것을 도왔다. 독립선언서의 공식 인쇄업자였던 존 던랩도 프랭클린 네트워크의 일부였다. 프랭클린은 존 던랩의 삼촌인 윌리엄이 인쇄업자로 자리를 잡는 것을 도왔고 윌리엄이 프랭클린의 처조카인 데버러 크로커와 결혼하는 것을 승낙했다. 윌리엄 던랩은 후원자에게 크게 고마움을 느껴 자기 아들들 중 한 명에게 벤저민 프랭클린이라는 이름을 지어주었다. 결국 윌리엄은 존에게 사업을 물려주었고 존은 독립선언서의 공식 인쇄업자가 되었다.

프랭클린의 모든 사업 시도가 성공한 것은 아니었다. 독립선언서가 서명되었다는 소식을 처음 알린 신문은 7월 5일자 「펜질바니셔 슈타츠보테(*Pennsylvanischer Staatsbote*)」였다. 프랭클린은 틀림없이, 독일어로 선언된 독립의 성공을 승리와 아쉬움이 교차하는 심정으로 바라보았을 텐데 그 자신이 독일어 신문사를 세우려다 실패했기 때문이었다. 처음에 그는 독일어 독자들이 선호하는 고딕체 활자가 없다는 사실에 발목이 잡혔다. 그리고 그는 평화주의 성향의 독일어 사용 공동체에 무감한 것으로 드러났다. 일반적으로 프랭클린은 특정한 정치적 의제를 도모하기 위해서 자신의 신문을 이용하지 않는다는 원칙을 고수했고, 가끔은 이 점 때문에 비판을 받기도 했다. 그런 그가 원칙을 깨고 신문지상으로 펜실베이니아 더치(펜실베이니아 주에 정착한 독일계 이주민과 그 후손들로 이루어진 집단으로 독자적인 방언과 다양한 신앙 공동체로 유명했다/옮긴이)의 평화주의를 비판했을 때, 그의 사업 시도는 실패로 돌아갔다.

수직 결합과 인쇄 네트워크의 수평 결합을 도모하는 동안, 그는 인쇄가 정부와 정부의 기반시설에 의존한다는 것도 깨달았다. 어쩌면 가장 수익이 많이 남는 정부 차원의 인쇄 일감은 법령이나 선언서가 아니라 지폐였을 텐데 동일한 백지 수표를 찍어내기만 하면 되었기 때문이다. 액수는 나중에 손으로 적어넣었다.

정부의 인쇄 일감보다 더 중요한 것은 식민지에서 우편물의 배포를 가능하게 하는 우편도로라는 정부의 도로였다. 식민지 우편은 우정국장의 통제하에 있었다. 이 자리는 봉급 측면에서 딱히 좋은 자리는 아니었지만

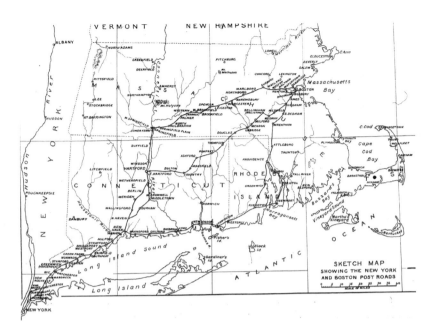

프랭클린의 인쇄와 유통 네트워크의 일부인 뉴욕과 뉴잉글랜드의 우편도로 지도.

그는 우편물을 무료로 발송할 수 있었고 또 누가 우편물을 무료로 발송할 수 있는지를 결정하는 특권을 누렸으니, 무료 발송은 인쇄업자에게 상당한 비용 절감이 되었다. 프랭클린은 인쇄업자로 자리를 잡자마자 우정국장이 되기 위해서 열심히 로비를 벌여서 9년 뒤에 마침내 필라델피아 우정국장으로 임명되었다. 이 성공에 만족하지 않은 그는 인근의 우체국들도 자기 휘하로 끌어들였고, 1753년에 드디어 식민지 전체의 우정총감이 될 때까지 잠시도 쉬지 않았다. 1775년 그는 충성 대상을 바꿔 영국 정부에게서 등을 돌리고 제2차 대륙회의에 의해서 미국 최초의 우정장관으로 임명되었다(오늘날 우정장관은 대통령 다음으로 연방정부에서 봉급이 가장 높은 자리이다).

우정장관 자리에는 특권만이 아니라 책임도 뒤따랐는데 여기에는 우편도로의 유지 책임도 있었다. 우편도로는 상태가 좋지 않았다. 1773년 우편도로를 조사하기 위해서 파견된 한 영국인 감독관은 노후한 노반(路盤)과 만취한 마부들과 승객들, 여인숙의 부재에 충격을 받았다. 프랭클린은 그런 여건에 쉽게 단념할 사람이 아니었나. 그는 몸소 도로 상태를 조사하기로 하여 버지니아부터 뉴잉글랜드까지 대략 2,500킬로미터를 이동했다.

프랭클린은 필라델피아에서 뉴욕까지 우편물 배송 시간을 단축하고 (왕복 24시간으로 오늘날보다 더 빨랐다) 몬트리올까지 새로운 우편도로를 놓는 등 중요한 사안들을 개선했다. 독립선언서에 서명한 모든 대표들 가운데 프랭클린이 그 문서를 가능하게 한 기술들을 가장 잘 알았는데, 그 기술들 대부분이 바로 그의 수중에 집중되어 있었기 때문이다.

문필 공화국

1747년 인쇄업자와 출판업자로서 경력이 확고해지면서 프랭클린은 사업 운영을 지인들에게 맡기고 유한계급(有閑階級)이 되었다. 그는 과학 문헌과 서적들에 몰두했고 자체적으로 여러 실험들을 실시했는데, 특히 급성장하는 전자과학 분야의 실험을 통해서 전류의 음전하와 양전하를 발견하고 이름을 붙였다. 또한 피뢰침을 발명하여 과학의 실용적 쓰임을 입증해 보였고, 아메리카 대륙 최초의 자연철학자이자 인정받는 과학자가 되었다.

이 과학 활동들은 인쇄로부터 혜택을 보았는데, 이것들이 오늘날 우리라면 지식 네트워크라고 부를 만한 것에 의존했기 때문이다. 각종 철학과 과학 협회들은 교회와 궁정과 같은 학문의 옛 중심으로부터 독립적이고, 국제적인 생각의 교환의 장을 창출했다. 이 새로운 네트워크의 주창자들은 자신들의 활동의 정치적 함의를 인식했고 스스로를 문필 공화국의 시민으로 생각하기 시작했다. 언제나 기업가였던 프랭클린은 미국 철학회를 창립하고, 계몽주의적 가치 촉진에 헌신하는 국제적인 비밀결사체인 프리메이슨의 열성적인 회원이 되어서 이 문필 공화국에 이바지했다.

이 더 전문화된 협회들은 인쇄혁명의 다른 측면, 즉 대중적 신문과 대형인쇄물의 반대 면이었다. 많은 자연철학자들이 신문과 대형인쇄물의 조야한 논조를 무시했지만 프랭클린은 경험을 통해서 과학적인 의견 교환을 위한 형식들과 더불어 이러한 대중적 형식들의 가치도 인식하고 있었다. 그는 계몽주의가 기존의 권력 중심으로부터 자율성과 명망을 누리는 철학자들만의 소산이 아니라 신문과 대형인쇄물에 의해서 유포되는 여러 생각들이 충돌하며 발생하는 민주적인 불협화음의 산물임을 알고 있었다.

인쇄와 새로운 지식 네트워크 간의 가장 중요한 교차점은 드니 디드로와 장 르 롱 달랑베르의 지도 아래에 다수의 프랑스 철학자들이 떠맡은 프로젝트인 『백과전서(*Encyclopédie*)』였다. 이것은 1728년에 영어로 출간된 2권짜리 백과사전인 『백과사전: 예술과 학문의 일반사전(*Cyclopaedia, or an Universal Dictionary of Arts and Sciences*)』을 프랑스어로 번역하려는 시도에서 출발했다. 번역 작업에 착수한 프랑스 편집자들은 이내 더 종합적이고 모든 것을 포괄하는 출판물이 있어야 한다는 것을 깨달았다. 프랭클린 같은 자연철학자들이 해내고 있던 새로운 기계적, 기술적, 과학적 발견들을 포함하여 당대의 급변하는 지식들을 모아서 정리하고 유포할 어떤 것 말이다. 1751년부터 1772년까지 그들은 17권을 출판했고 추가로 11권의 삽화판도 냈으니, 『백과전서』야말로 18세기 지식의 종합적

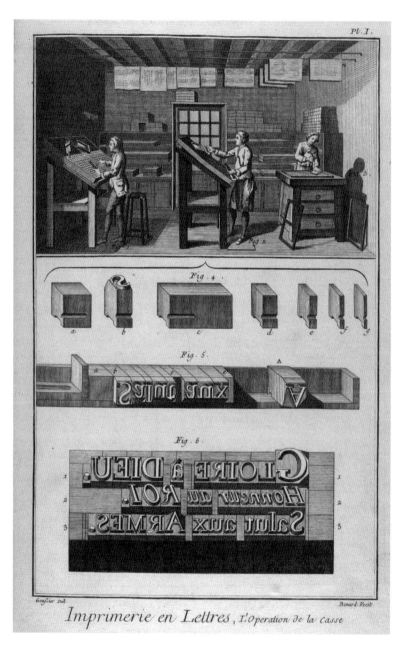

Imprimerie en Lettres, L'Operation de la casse

문학과 글쓰기에 관한 항목을 많이 담고 있는 디드로와 달랑베르의 『백과전서』에 수록된 이 도판은 식자공의 작업을 묘사하고 있다.

정수였다.

더 소박한 앞선 영국판 『백과사전』처럼 프랑스 『백과전서』도 인쇄를 전제로 했다. 바로 인쇄 덕분에 옛것과 요즘 것을 가리지 않고 더 많은 문학과 과학이 유통되었고, 인쇄는 이 모든 지식을 하나의 기획 안에 모아서 이윤이 남을 만큼 충분한 부수를 판매할 수 있으리라고 기대할 수 있게 만들었다. 알아야 할 것이 너무 많았다. 지식을 거르고 정리할 새로운 장치들이 필요했다. 『백과사전』의 촉진제로서 인쇄의 중요성을 고려할 때 "넝마 판매인"과 "제지업자"부터 "잉크 방망이"와 "활자체"까지, 여기에 "저작권"과 "검열" 같은 우회적 주제들까지 합쳐, 『백과전서』에서 인쇄와 그와 관련한 주제들이 60개 이상의 항목을 차지하는 것도 놀랄 일은 아니었다.

『백과전서』는 또한 한문과 알파벳의 발명부터 『히브리 성서』의 그리스어 번역본인 70인역본과 더불어 거룩한 경전(비록 기독교 경전들만 다루고 있지만)이라는 발상에 이르기까지 글쓰기 기술에 방점을 찍은 문학의 역사를 다룬 여러 항목들도 담고 있었다. 가장 중요한 항목은 디드로가 직접 쓴 "백과사전" 항목으로서, 지식을 집대성하여 미래 세대를 위해서 보존하고자 하는 유례없는 시도로서 이 기획 전체에 대한 열정적인 옹호였다. 여기서 디드로는 이러한 희망 뒤에 자리한 기술이 인쇄임을 분명히 했다. 어쩌면 돈키호테를 생각하면서 『백과전서』 편집자들은 장서광(bibliomania), 즉 광적으로 책을 수집하는 정신장애 항목도 포함시켰다. 커다란 개인 서재를 갖춘 프랭클린은 분명히 그 정의에 들어맞았다.

이러한 백과사전 편찬 작업들은 식민지의 인쇄업자와 출판업자들과도 공명했고 그들은 지식과 교육의 이 새로운 원천을 활용하고 싶어했다. 나중에 프랭클린이 인수하는 펜실베이니아 신문은 원래 제호가 「모든 예술과 학문의 일반 교육가이자 펜실베이니아 가제트(*The Universal Instructor in all Arts and Sciences: and Pennsylvania Gazette*)」였다. 매호마다 한 면에는 A항목부터 시작하여 프랑스판 『백과전서』가 원래 기초로 했던 영국판 『백과사전』에서 가져온 내용을 실었다. 알파벳 순서대로 죽 실어서 언젠가는 Z항목까지 도달한다는 계획이었다. 신문에 백과사전을 싣고 신문 이름을 백과사전을 따서 짓는 시도는 배타적인 지식 네트워크가 어떻게 대중적인 지식 네트워크와 교차할 수 있는지를 보여주는 완벽한 사례였다.

양자 간의 교차가 언제나 잘 이루어지는 않았다. 1729년 10월에 펜실베이니아 신문은 파산하여 프랭클린에게 인수되었고 그는 이 기획의 잘못을 재빨리 알아차렸다. 프랭클린은 독자들에게 현재 속도로 2권짜리 백과사전을 다 실으려면 10년 이상이 걸릴 것이라고 설명하면서 백과사전 느낌이 풍기는 제호의 앞부분은 없애고 뒷부분 펜실베이니아 가제트만 남겼다. 더욱이 매일같이 사고 버리는 신문은, 여러 항목들을 교차 참조하는 가운데 앞으로 갔다 뒤로 갔다 하면서 책을 읽는 독자의 능력에 의존하는 백과사전에는 맞지 않은 매체였다. 자신의 신문에서 백과사전 프로젝트를 중단하기로 한 명민한 결정은 프랭클린이 백과사전을 무시했다는 뜻은 아니다. 오히려 정반대였다. 1749년에 그는 값비싼 2권짜리 『백과사전』을 손수 구입했다. 20년 뒤에는 자신이 창립에 일조한 라이브러리 컴퍼니에 무려 300파운드(현재 대략 10만 달러에 맞먹는다)라는 거금을 들여 프랑스 『백과전서』를 구입할 것을 조언했다. 신문들은 생각들이 충돌하면서 활기차지만 혼란스러운 분위기를 창출하는 데에 뛰어나다. 백과사전들은 지식의 정리에 뛰어나다. 그 두 가지가 억지로 섞여서는 안 된다. 이것은 최상의 모습의 프랭클린이었다. 기술과 응용 간, 형식과 내용 간의 연관점뿐만 아니라 차이점들도 이해하는 모습 말이다.

문필 공화국에 과세하기

신문과 백과사전은 합쳐져서 독립선언서로 이어질 폭발적인 계몽주의 혼합물을 만드는 데에 일조했다. 필요한 것은 불을 댕길 성냥뿐이었다. 통상적인 견해에 따르면 그 성냥은 보스턴 차[茶] 사건이었다. 영국은 식민지인들이 의회에 대표권이 없었음에도 불구하고, 식민지인들에게 세금을 물렸다. 이에 대한 항의로 자유를 지향하는 보스턴 사람들이 인디언으로 변장한 채 과세된 차 상자를 보스턴 항구 바다에 내버렸다.

이 이야기는 사실이지만 불완전하다. 식민지인들에게 광범위한 반발을 촉발한 첫 번째 세금은 차가 아니라, 종이와 인쇄물에 대한 과세, 이른바 인지세법(Stamp Act)이었다. 프랭클린과 여타 사람들이 국내 제지 산업을 수립하려고 애썼음에도 불구하고 식민지의 종이는 대체로 계속해서 외국에서 수입되었고 흔히 네덜란드산 종이가 영국 도매상인들의 손을 거쳐 팔려나갔다. 이 종이 수입이 인지세법의 대상으로서, 인지세법은 제지소와 인쇄업자, 우편도로, 신문 유통업자로 이루어진, 급속히 팽창하던 식민지 네트워크를 정면으로 겨누었다. 이는 영국이 세수를 올리기 위해서 채택한 가장 영리하지 못한 방법이었는데, 식민지 출판 산업이 새롭게 발견한 자신들의 힘을 동원해서 영국에 맞서 싸웠기 때문이다. 신문들은 1면마다 인지세법의 부당함에 관한 글을 실었다. 한 신문은 검은 상장(喪章)을 달기도 했고, 한 신문은 1면에 묘비를 새겨넣었다. 인쇄업자들은 항의하고, 조롱하고, 불매운동을 벌이고, 인지를 붙이지 않은 종이를 이용함으로써 공공연하게 인지세를 거부했다. 식민지로의 종이 수출이 90

퍼센트까지 급감하자 영국 의회는 뜻을 굽히고 인지세법을 폐지했다.

모두가 싫어하는 인지세법을 폐지하면서 의회는 옳은 일을 했지만 이유를 잘못 짚었다. 문제가 과세 구조(내국세가 아니라 대외 관세 형식이라는 것으로, 프랭클린 본인이 지적한 구분)였다고 생각한 의회는 여전히 종이에 세금을 매겼고, 여기에 차에도 과세하는 타운센드 법을 들고 나왔다. 화가 난 인쇄업자들은 보스턴 차 사건의 일종의 드레스 리허설처럼 인지를 붙인 종이를 공개적으로 파기했는데, 보스턴 차 사건은 쉽사리 보스턴 종이 사건이라는 이름으로 역사에 남을 수도 있었을 것이다. 제1차 대륙회의가 영국으로부터의 모든 수입품에 대한 체계적인 불매 조치를 부과한 1775년 이후로 종이 수입은 거의 중단되었고, 제2차 대륙회의가 독립을 선언하도록 토대를 놓았다. 하지만 제퍼슨이 독립선언서 초안을 작성할 때에 사용한 종이는 네덜란드 제지소에서 아마도 영국 도매 상인의 손을 거쳐 수입된 것이었다.

제퍼슨은 독립선언서의 작성자로서 자부심을 느낄 수 있겠지만, 프랭클린도 그것을 가능하게 한 인쇄 기간시설을 마련했다는 사실에 자부심을 느낄 수 있을 것이다. 게다가 그는 그 문서의 가장 중요한 문구에도 기여했다. 제퍼슨은 "우리는 이 진리들이 신성하다고 여긴다"라는 문장으로 독립선언서의 서두를 뗐다. 프랭클린은 "신성한(sacred)"을 자연철학자들이 선호하는 표현인 "자명한(self-evident)"으로 대체했다. 분명히 마리 앙투아네트는 계몽주의의 가장 중요한 문서에 결정적인 문구를 추가한 사람이 인쇄업자라는 사실에 이상하다고 느꼈을 것이다. 하기야, 그녀는 자신의 죽음을 초래할 기술이 기요틴이 아니라 인쇄기라는 점을 알지 못했다.

콘텐츠 공급자

물론 "자명한" 표현만이 프랭클린이 유일하게 작성한 글은 아니었다. 넝마와 종이부터 인쇄술과 신문을 거쳐 우편 서비스와 도로에 이르기까지 모든 것을 좌지우지한 프랭클린은 작가로서 가장 부러운 입장에 있었다. 그는 자신이 원하는 것을 쓰고, 인쇄하고, 독자 대중에게 떠먹여줄 수 있었다.

놀랍게도 젊은 시절 프랭클린은 돈을 벌기 위해서 글을 쓴 적은 좀처럼 없었다(그의 과학적 발견들이 실용적 결과를 낳을 때조차도 거기서 이득을 얻고자 하지도 않았다). 돈을 벌고 아낄 기회라면 놓치지 않는 이 유명한 사업가는 처음에는 저술 행위를 적절한 소득원으로 생각하지 않았다. 그는 문학 자체가 아니라 문학의 기간시설, 그의 인쇄 네트워크로 돈을 벌었다. 그 네트워크가 요구할 때는 글을 썼지만 대체로 가명으로 썼다. 아직 10대였을 때, 그는 중년의 과부이자 어머니 캐릭터를 취했다. 다른 캐릭터들도 뒤따라 나와 정치 토론에 개입했고, 그의 동포들의 어리석음을 풍자하기도 했으며, 독자들에게 유익한 교훈과 오락을 제공하기도 했다. 프랭클린은 번번이 자신의 신문과 출판 결정을 옹호하거나 반대로 경쟁자들의 결정을 공격하기 위해서 글을 썼다.

저자로서 프랭클린의 최대 재정적 성공은 『가난한 리처드의 연감(*Poor Richard's Almanack*)』으로, 음력주기와 매달 날짜를 바탕으로 속담과 금언, 경구가 담긴 출판물이었다. 민담 톤으로 쓰인 이 책은 독자들과 힘겹게 얻은 지혜를 공유하며 조언과 격려를 제공했다. 연감의 성공에도 불구하고 프랭클린은 사실 그 책의 진정한 저자가 아니었다. 그는 리처드 손더스라는 이름 뒤에 자신의 정체를 열심히 감췄을 뿐만 아니라 애초에 가난한 리처드와 결부되는 금언들 다수는 그가 쓴 것이 아니었다. 그는 금언들을 찾아내어 변형하고, 정리하여, 가난한 리처드의 입에서 나오게 했다. 그가 리처드의 최상의 금언들만 따로 모아서 별개의 소책자 『부로 가는 길(The Way to Wealth)』을 냈을 때에도 그는 거기에 사신의 이름을 넣는 것을 거부했다. 나중에 비판가들은 그의 이런 태도를 받아들이지 않고 마치 그가 문학 시장에 독창적인 이야기를 판매하고자 하는 세르반테스 같은 근대적 저자인 양, 표절의 혐의를 씌웠다. 그러나 프랭클린은 그런 의미의 근대적 저자가 아니었다. 그는 과거의 문학을 자르고, 붙이고, 소화시키고, 변형시켜서 그의 독자들에게 통할 결과물을 내놓는 저술 기업가였다. 이를 테면 고대의 서기들처럼 아니 그보다는 우리 시대의 콘텐츠 수집제공자처럼 말이다.

프랭클린의 이름과 밀접하게 연관된 또다른 문학 작품은 그의 자서전으로 수습생 시절부터 사업적 성공에 이르기까지 프랭클린의 인생에 대한 힘 있는 서술이었다. 여러 사업적 실패를 비롯해 빼먹은 내용도 많지만 자만을 비롯해 그가 자신의 개인적인 결점들과 씨름한 내용을 자세히 그렸다. 자서전의 한가운데에는 그가 자신의 미덕과 악습을 일종의 회계 장부처럼 꼼꼼히 기입한 도표가 있다. 프랭클린의 자서전은 너무 강력하여 미국과 다른 지역의 미래의 여러 자서전들에 토대를 놓았다.

그러나 프랭클린은 그것을 쓰지 않았다. 그러니까, 『벤저민 프랭클린 자서전(The Autobiography of Benjamin Franklin)』이라는 텍스트를 쓴 적이 없다는 말이다. 무라사키 부인이 딸에게 보내는 자전적인 편지와 비슷하게 원래 프랭클린은 자기 인생에 대한 이야기를 그의 엇나가는 아들 윌리엄(그는 뉴저지의 마지막 식민지 총독이 되었고 충성파로 이름을 떨쳤다)에게 들려주었다. 아들에게 쓴 이 편지에 나중에 이런저런 편지와 단편적인 서술을 추가했지만, 인쇄업자, 다시 말해서 자신이 원하는 것은 무엇이든 출판할 수 있는 둘도 없는 입장에 있던 사람인 그는 그 가운데 어느 부분도 출판하지 않았다. 그의 사후에 편집자들이 단편적 서술들을 꿰어맞춰 『벤저민 프랭클린 자서전』이라는 제목을 붙였고 바로 그 형태를 통해서 지금의 고전이 된 것이었다. 자신이 구할 수 있는 콘텐츠는 무엇이든 이용할 수 있었던 인쇄 기업가로서 프랭클린은 이런 허가받지 않은 편집 관행을 승인했을 것이다.

프랭클린의 이름과 결부된 가장 중요한 텍스트는 뭐니 뭐니 해도 새롭게 등장하고 있는 한 국가의 근본 텍스트로서 갈수록 기려진 독립선언서이다. 1812년 전쟁 동안 독립선언서 원문은 워싱턴 DC에서 안전하지 않다고 여겨졌고, 1814년에 수도가 불타기 직전에 때마침 다른 곳으로 이전되었다. 제2차 세계대전 중에는 그보다 더한 예방조치가 취해져서 켄터키 주 포트녹스에 안전하게 보관되었다. 미합중국의 금 보유고 가운데 안전하게 보관된 이 손으로 쓴 양피지 조각은 성스러운 텍스트의 지위를 획득했다. 그 무렵이면 독립선언서는 아이티 독립선언을 비롯해서 이미 다른 이들에게도 영감을 주고 있었다. 연방헌법과 더불어 독립선언서는 자체의 텍스트 근본주의, 즉 미국은 그 텍스트의 원래의, 문자적 의미에 맞춰 살아가야 한다는 주장을 낳았다.

프랭클린의 인생이 인쇄의 모든 측면과 워낙 밀접하게 연관되어 있었기 때문에 그는 자신의 삶을 인쇄를 통해서, 심지어 인쇄와 같은 것으로 바라보았다. 젊은 날에 그는 아래와 같은 장난스러운 비문을 쓴 적이 있다.

여기 인쇄업자 B. 프랭클린의 육신이

오래된 책의 표지처럼

안쪽 내용물은 찢겨 나가고

금박과 제목 글자도 떨어져 나간 채

벌레들의 먹을거리로 누워 있다.

하지만 그 작품은 결코 소실되지 않을 것이니

작가에 의해서

새롭고 더 아름다운 에디션으로

개정되고 수정되어

(그가 믿었던 대로) 다시 나타나리라.

　내세(그 자신은 내세를 믿지 않았다)의 신적인 작가를 재치 있게 언급하면서 프랭클린은 자신의 인생을 인쇄업자의 시각에서 묘사했다. 과연 그의 삶은 신적 존재가 아니라 수 세대에 걸친 전기작가들에 의해서 수정되고 개정되어왔고, 프랭클린은 그들의 손에 의해서 가장 존경받는 건국의 아버지들 중 한 사람으로 탈바꿈했다. 하지만 우리는 그의 소망을 존중하여 무엇보다도 그를 독립을 위한 투쟁에 인쇄의 힘을 가져온 사람으로 기억해야 할지도 모른다. 그가 자처하기 좋아한 대로 일개 공화주의자 인쇄업자를 넘어서, 그는 문필 공화국의 둘도 없는 인쇄업자였다.

11

세계 문학 : 시칠리아의 괴테

1827년, 바이마르

1823년 5월 24일, 시인 지망생 요한 페터 에커만은 용기를 내어 "특히 괴테와 관련하여 시에 대한 성찰"이라는 제목의 원고를 그 유명한 작가에게 보냈다. 에커만은 서른한 살이었고, 그가 문학 비평문을 쓰리라고는 누구도 예상하지 못했을 것이다. 그는 처참한 가난 속에서 자랐다. 가족의 생존은 그들이 먹을 우유와 이따금은 내다 팔 우유도 조금 내어주는 암소 한 마리에 달려 있었다. 그때 이후로 에커만은 출세했다. 그는 글을 읽고 쓰는 법을 배우고 마을 의사의 눈에 띄어, 마침내 하급 비서 자리를 얻었다. 그는 개인 교사에게서 라틴어와 그리스어 수업을 듣고 결국 20대 후반에 법학을 공부하기 위해서 괴팅겐 대학에 입학 허가를 받았다. 밝은 미래가 손에 잡히는 듯했다.

그러나 이 평범하게 교육을 받은 청년은 진득하게 법학에 집중하지 못하고 공부를 해야 할 시간에 시와 희곡, 비평문을 쓰면서 문학에 계속 한 눈을 팔았다. 한 친구가 그에게 괴테를 읽어보라고 추천했고 에커만은 푹 빠졌다. 그는 법학을 그만두고 자신의 새로운 우상에 관한 책을 쓰는 일에 착수하여, 당시 명성이 절정에 달하여 독일 동부 바이마르 공국에서 다수의 팬과 추종자들을 거느리고 있던 일흔세 살의 괴테에게 자신의 글을 보냈다(괴테가 죽은 지 18년밖에 지나지 않은 1850년에 랠프 월도 에머슨은 괴테를 유일무이한 작가로서 "대표적 인간" 6인 가운데 한명으로 꼽았다. 철학자 대표는 플라톤, 신비가[mystic] 대표는 스웨덴보리, 회의주의자 대표는 몽테뉴, 시인 대표는 셰익스피어, 세계인 대표는 나폴레옹이었다).

원고를 보내고 열흘 뒤에 에커만은 길을 떠났다. 마차로 이동하는 것은 애초에 논외였다. 그러기에 에커만은 너무 가난했다. 그 대신 그는 항상 하던 대로 걸었다. 5월 25일에 도보 여행을 시작한 그는 바레 강을 따라 여름의 열기 속에서 남쪽으로 향해 멈추지 않고 걸음을 옮겨 일주일이 더 지나 목적지에 도착했다.

바이마르에 도착하자마자 그는 괴테에게 쪽지를 남겼고 방문해도 좋다는 답장을 받았다. 방들이 사방팔방으로 끝없이 이어지며 거의 미궁처럼 생긴 대저택에 들어섰다. 방들은 괴테의 관심사만큼이나 멀리 뻗어 있었다. 손님을 맞이하는 응접실, 거실, 식당, 그리고 대화를 위한 방이 있었다. 옆에 도서관이 딸린 서재와 음악실도 있었다. 괴테가 수집한 흉상과 조각상 컬렉션을 위한 방, 그의 주화 컬렉션을 위한 방, 그리고 그의 광물 컬렉션을 위한 방도 있었다. 한 하인이 에커만을 위층으로 안내하여 이런 방들을 지나서 괴테 앞으로 데려갔다. 괴테는 정중하게 에커만을 안쪽으로 불러들였다. 그는 아침 내내 에커만의 탁월한 원고를 붙잡고 있었으며, 출판을 돕겠다고 말했다. 그는 에커만이 바이마르에 얼마간 머물기를 바랐다.

괴테는 왜 그렇게 반갑게 에커만을 맞았을까? 에커만은 원고만이 아니라 비서로서 자신의 재능을 칭찬하는 편지도 보냈다. 그는 고용인을 찾고 있었고, 늙어가던 괴테는 에커만이 쉽게 맡을 수 있는 역할인 개인 조수를 찾고 있었다. 괴테가 죽을 때까지 9년간 그는 괴테의 집에 1,000차례 이상 찾아와 그의 작품을 출판하는 일을 돕고, 선집을 만들고, 주제를 조사했고, 이 모든 것을 무보수로 했다.

에커만은 또한 괴테와의 대화를 기록하기 시작했는데 처음에는 그저 자신의 기억을 돕기 위해서였지만, 이 기록들이 얼마나 귀중해질지를 점점 더 깨닫게 되었다. 본능적으로 에커만은 기원전 수 세기 동안 제자들이 해왔던 것, 즉 스승의 대화를 받아적어서 자신들의 이름으로 출간하는 일을 했다. 에커만은 괴테의 플라톤이자, 그의 대표 복음사가였다.

에커만 덕분에 우리는 1827년 1월 31일 수요일 오후에 바이마르의 소도시에서 문학에 대한 새로운 비전, 지금까지도 우리에게 남아 있는 비전이 탄생했음을 안다. 그 수요일 전까지 에커만은 며칠 동안 스승을 보지 못했고, 그래서 그동안 온갖 성찰과 생각들을 혼자 담아둔 괴테는 두 사람이 마지막으로 본 이후로 자신이 무엇을 하고 읽고 있었는지를 길게 늘어놓고 있었다. 그는 중국 소설을 읽고 있었던 듯하다. "정말입니까? 틀림없이 좀 이상했겠는데요?" 에커만이 외쳤다. 하지만 이는 올바른 반응이 아니었다. 괴테와 4년 이상을 함께 하고도 에커만은 아직 스승을 완전히 이해해지 못했다. "아닐세! 생각하는 것보다 훨씬 덜 이상하네." 괴테는 그를 나무랐고 설교를 늘어놓기 시작했다.

에커만은 괴테의 설교를 좋아했다. 언제나 무엇인가 배울 것이 있기 때문이었다. 괴테는 자신의 작품에 미친 영국의 작가 새뮤얼 리처드슨의 영향에 관해서 이야기하기 시작했지만, 얼마 지나지 않아 중국 소설과 풍습으로 돌아와 이 중국 소설이 도덕적으로 얼마나 기품 있는지를 역설했다. 에커만은 다시 한번 놀랐다. "이 중국 작가의 작품이 도덕적으로 그렇게 기품이 있는 반면, 프랑스의 첫째가는 시인[피에르-장 드 베랑제]의 작품들은 그렇지 않다는 게 이상하지 않으십니까?" "자네 말이 맞는 것 같네." 괴테가 갈피를 잡지 못하던 에커만을 달래는 듯이 대꾸했다. "그거 야말로 지금 우리 세계가 얼마나 뒤죽박죽인지를 잘 보여주는 거지." 하지만 여전히 괴테가 자신에게 중국에 관해서 이야기하는 것을 믿을 수가 없었던 에커만은 이 중국 소설이 틀림없이 대단히 흔치 않은, 예외적인 경우일 것이라고 넌지시 의견을 밝혔다. 스승의 목소리는 준엄했다. "전혀 사실이 아닐세. 중국인들은 그런 작품들을 수천 편 갖고 있고, 우리 조상들이 아직 나무 위에서 살고 있을 때 이미 작품들을 갖고 있었다네."

괴테가 벌집을 건드렸다는 것을 깨닫고 에커만은 할 말을 잃었다. 우리는 에커만에게 공감하게 된다. 도대체 누가 중국 소설을 수천 편 읽고 싶어하겠는가? 그러나 한편으로는 괴테에게도 공감이 간다. 에커만 같은, 편견과 무지, 불신으로 가득한 사람은 그저 충격을 받으려고 질문을 던지고 있는 것이다. 에커만의 고집불통에 직면하여 괴테는 안일함에 빠진 그를 정신이 번쩍 들게 할 표현을 끄집어내 엄숙하게 읊조렸다. "세계 문학의 시대가 바로 눈앞에 있고, 모두가 그 시대를 앞당기기 위해서 일조해야 하네."

세계 문학. 괴테는 문학이 확장되고 있음을, 더 많은 사람들이 어느 때보다 많은 시대와 장소에서 나온 문학을 입수할 수 있게 되고 있음을 깨달았다. 이때까지 특정 장소와 전통들에 국학되었던 문학은 통합된 단일한 전체가 되고 있었다.

우리는 이 통찰, 괴테가 만들어낸 "세계 문학(Welt Literatur)"이라는 이 표현을 에커만 덕분이라고, 그의 집요함, 2주일을 걸어서 바이마르로 오기로 한 그의 결정과 기꺼이 괴테의 대화 상대가 되어 그 현자의 생각을 받아적기로 한 결정 덕분이라고 생각한다. 하지만 우리는 또한 에커만의 무지, 중국 소설을 상상하지 못하는 무능력, 자신이 아는 것의 우월함을 당연히 전제하는 태도에도 빚을 지고 있다. "세계 문학"은 많은 새로운 사상들과 마찬가지로 반박할 허수아비가 필요했다.

문학에서 세계 시장

에커만은 세계 문학이라는 발상을 탄생시킨 대화를 기록했지만, 왜 이 코스모폴리턴적 비전이 독일 동부 모처에 위치한 바이마르라는 지방 도시에서 출현했는지는 설명하지 않았다. 세계 문학이라는 원대한 발상은 파리나 런던 같은 19세기의 위대한 수도들에 속하지 않는가?

괴테는 구텐베르크가 300년 전에 첫 『성서』 인쇄본을 판매한 도시인 코스모폴리턴적 프랑크푸르트의 특권적 환경에서 자랐다. 그는 희곡과 시로 얼마간 눈에 띄는 성공을 거둔 뒤에 자살로 이어지는 사랑의 삼각관계를 다룬 베스트셀러 『젊은 베르터의 슬픔(Die Leiden des jungen Werthers)』으로 이름을 떨치게 되었다. 이 소설은 젊은 남녀들이 편지로 자신들의 감정을 자유롭게 표현하고(소설에는 등장인물 간에 오간 편지들이 많이 담겨 있다) 등장인물들의 특징적인 복장(푸른 프록코트와 노란 조끼, 장화)을 입게 조장하는 등 "베르터 열병"을 촉발했다. 나폴레옹은 이 소설을 아주 꼼꼼히 읽고는 괴테를 직접 만나보기로 했다고 한다. 대면 자리에서 그는 소설의 몇몇 대목을 비판했던 것 같지만, 괴테는 그것이 어느 부분이었는지는 밝히지 않았다.

이 초기의 성공에 힘입어 괴테는 어디로든 갈 수 있었지만, 그는 자신의 외딴 공국으로 오라는 바이마르 대공의 초대를 받아들였다. 유인 요소들은 상당했다. 얼마 지나지 않아 괴테는 칭송과 인정만이 아니라, 후한 급여, 집, 직함, 갈수록 길어지는 직책으로 둘러싸이게 되었다. 바이마르 공국의 인구는 20만밖에 되지 않았고 바이마르 시 인구는 7,000명에 불과했지만 바이마르 공국은 독립적인 실체였다. 괴테는 곧 바이마르 시에 더 나은 운영이 필요함을 깨달았고 시정(市政)에서 없어서 안 될 사람이 되었다. 추밀원 고문이라는 직함을 얻은 그는 극장부터 도로, 재정과 심지어 전쟁에 이르기까지 모든 사안을 떠맡았다. 그는 외교 임무를 띠고 파견되기도 했다. 가장 저명한 독일 작가라는 위상에 덧붙여 그는 세상을 아는 사람이 되었다.

바이마르에서 괴테는 커져가는 명성에도 불구하고 문화 수출을 수용하는 입장이었다. 당시의 문화적 중심은 파리였고(규모는 더 컸지만 런던은 한참 밀리는 2위였다) 파리 사람들은 자국 문화를 기꺼이 수출하며, 유럽인들이 프랑스 소설을 읽고, 프랑스 시를 낭송하며, 프랑스 연극을 관람하게 만들었다. 프랑스의 영향력에 맞서기 위해서 괴테는 잉글랜드로, 즉 새뮤얼 리처드슨과 로렌스 스턴과 더불어 누구보다도 셰익스피어에게로 눈길을 돌렸지만 이들 역시 메트로폴리턴적 산물이었다. 대안으로서 그는 자국 전통에 의지할 수도 있었겠지만 바이마르 공국은 아직 하나의 민족국가(nation-state)로 통합되지 않은 독일 중소 국가들의 집합 가운데 일부일 뿐이었다. 괴테는 독일 문화를 깊이 이해하고 독일 작가들 사이에서 누구도 따를 수 없는 위상을 누렸지만 그것만으로는 충분하지 않았다. 그는 독일의 민족문화를 영국과 프랑스의 대안으로 내세우는 데에 만족하지 않았다. 파리와 런던 사람들이 자국 문화의 장대한 역사를 칭송하고, 더 젊은 국가들이 열성적으로 자국의 전통을 드높이는 동안 괴테는 훨씬 먼발치에서 바라보는 문학에 흥미를 느꼈다.

멀리 뻗어가는 그의 독서 관심사에서 괴테는 갈수록 발달하던 문학 세계 시장의 도움을 받았는데, 이 세계 시장 덕분에 머나먼 곳의 작품들이 이 지방 도시와 괴테가 수시로 작업했던, 호화로운 안나 아말리아 대공비 도서관까지 찾아올 수 있었다. 서양 언어로 번역된 최초의 중국 소설들 가운데 한 편인 『호구전(好逑傳) 또는 즐거운 사연 : 중국어에서 번역(Hau Kiou Choann or The Pleasing History: A Translation form the Chinese Language)』은 전형적인 실례였다. 최초 번역자는 제임스 윌킨슨이라는, 중국 광둥에서 근무하던 동인도회사 직원이었고, 영국은 동인도회사를 통해서 아시아에 교역소와 식민지를 수립하고 있었다(북아메리카의 식민지 13개 주를 상실한 뒤에는 특히 그랬다). 중국에 처박힌 윌킨슨은 중국어를 배우기로 하고 곧 대중소설 『호구전』을 영어로 번역하는 일에 나섰다. 그의 원고는 그가 얼마나 고심하며 작업했는지를 보여주는 수정 사항이 많았다. 본국으로 소환된 그는 원고의 4분의 3만을 완성한 채 번역을 포기했다.

수십 년 뒤에 원고는 토머스 퍼시 주교의 수중으로 들어갔고 퍼시는 윌킨슨의 원고를 교정하고 이해가 되지 않는 표현들을 수정하고, 마음에 들 때까지 반복적인 문단들을 삭제하여 1761년에 출간했다. 결과물은 여전히 완벽과는 거리가 멀었다. 70년 뒤 홍콩의 제2대 총독(이자 동인도회사 이사의 아들) 존 프랜시스 데이비스가, 초역자는 무수한 오류와 누락을 저질렀을 뿐만 아니라 작품의 제목마저도 오역했다고 빈정거리며 새로운 번역에 착수했다. 이제 더 정확하게 『행복한 결합(The Fortunate Union)』이라는 제목이 붙은 데이비스의 새로운 번역본은 1829년에 동양 번역 기금을 통해서 출간되었다.

괴테에게 데이비스의 공들인 노작(勞作)은 너무 늦게 찾아왔다. 언제나 해외의 새로운 문학을 찾고 있던 그는 1796년에 결함이 많은 영역본을 토대로 번역한 독일어 역본을 손에 넣었다. 결점에도 불구하고 이 역본은 그를 중국 문학 개종자로 만들었고, 여생 동안 그는 최선을 다해 중국 문학을 추구했다. 도서관 기록은 1813년에 괴테가 1300년 무렵에 출간된 중국에 대한 서양 최초의 기록인 마르코 폴로의 『동방견문록(*Divisament dou Monde*)』을 비롯해 중국에 관한 책을 여러 권 빌렸음을 보여준다. 괴테는 특히, 섬세한 관찰을 바탕으로 한 묘사와 완전히 지어낸 환상의 결합이 이 작품에 동화 같은 특징을 부여한다고 평가했다. 몇 년 뒤에 괴테는 이 신비로운 문화에 관한 정보를 더 얻기 위해서 유럽의 초기 중국 전문가들 중 한 명과 접촉했고, 1827년에는 콜레주 드 프랑스의 최초 중국학 교수인 장-피에르 아베-레뮈자가 번역한 프랑스 어판으로 읽은 또다른 중국 소설 『두 사촌(*Les Deux Cousines*)』에 관해서 강의했다. 그보다 몇 달 앞서 괴테는 또다른 중국 소설인 『중국식 구애(*Chinese Courtship*)』를 영역판으로 읽었다. 이 최근의 독서 경험을 논평하는 과정에서 그는 1827년에 에커만과의 대화에서 "세계 문학"이라는 표현을 만들었다. 서양에서 구할 수 있는 중국 소설이 너무 적어서 괴테는 사실상 그가 서적상과 도서관, 학자 네트워크를 통해서 구할 수 있는 것을 전부 읽었다.

과연 이 외국 문학의 그 무엇이 괴테를 감명시켰던 것일까? 그가 읽은 첫 중국 소설인 형편없이 번역된 『즐거운 사연』은, 복잡하게 얽힌 음모와 계략에 말려든 한 쌍의 젊은 남녀가 무수한 모험과 교활한 속임수를 경험한 뒤에 마침내 부부로 맺어지는, 빠르게 전개되는 이야기이다. 이 억지스러운 플롯은 두 번째 번역자인 퍼시를 괴롭히지 않았는데, 어쩌면 『돈키호테』 같은 서양 소설을 상기시켰기 때문일 수도 있다. 괴테 역시 이 플롯에 딱히 신경 쓰지 않았고, 작품을 처음 접한 지 20년 가까이 지난

1815년에 공개석상에서 이 책을 낭독했다. 그가 구할 수 있었던 마지막 중국 소설 『두 사촌』은 전적으로 기이한 우연과 모호한 예언들, 억지스러운 해피엔딩에 의존하며, 이런 측면에서 더 극단적이었다.

그러나 괴테로 하여금 "세계 문학"이라는 용어를 만들게 한 소설인 『중국식 구애』는 달랐다. 운문으로 된 이 책에는 그가 받은 뛰어난 문학 교육과 즉석에서 세련된 시를 지어낼 수 있는 능력으로 널리 칭송받는 남자 주인공이 등장한다. 소설은 그 문학적 소양에 대한 대가로 주인공에게 커다란 보상이 따라오는 관직과 사랑하는 이와의 결혼을 선사하고, 이 플롯을 구실 삼아 정교한 정원 묘사와 시 낭송에 많은 지면을 할애한다. 서양 소설들이 문학 경전(canon)의 후발주자이자 대체로 중급 예술로 여겨지고 있을 때에 『중국식 구애』 같은 운문 소설은 괴테에게 고급 예술 소설의 가능성을 보여주었다.

괴테는 중국 소설에만 관심을 제한하지 않았다. 그는 민담, 세르비아 시, 고전 산스크리트어 드라마에도 손을 댔다(희곡 『파우스트[Faust]』는 산스크리트어 희곡 『샤쿤탈라[Shakuntala]』에서 영감을 받았다) 그리고 『천일야화』도 있었다. 어린 시절부터 괴테는 이 이야기 모음집에 매료되었다. 가족들은 셰에라자드가 왕에게 들려주던 방식대로, 다시 말해서 밤마다 조마조마한 순간에 중단되는 방식으로 그 이야기들을 읽어주었다. 어린 괴테는 왕보다 상상력이 더 뛰어나서 밤마다 자기가 이야기를 마무리해보려고 했고, 이튿날 아침 부모에게 자신이 생각한 결말을 들려주고 원작과 비교해보곤 했다. 중년에 괴테는 아랍 세계에 대한 관심을 심화시켰고 예언자 무함마드에 관한 희곡을 집필했다. 도발을 좋아하는 계몽주의 작가 볼테르도 그 예언자에 관한 희곡을 쓰면서 그를 사기꾼으로 묘사한 바 있었다. 반대로 괴테는 무함마드를 흩어져 있던 사막 부족들을 단일세력으로 통합하는 데에 성공한 카리스마적 교사로 묘사했다.

괴테가 접한 가장 중요한 작가는 중세 페르시아의 시인 하피즈였다. 그는 이 시인에게 푹 빠져서 그 독서 경험에 대한 반응으로서 일련의 시 모음과 더불어 설명과 에세이를 담은 『서동 시집(*West-Eastern Divan*)』이라는 책을 쓸 정도였다. 페르시아로 여행을 할 수 없었던 그는 그의 "스승" 하피즈와 함께 시를 통해서 동방의 오아시스와 위대한 도시들을 방문하는 상상을 했다.

괴테의 독서 관행은 사고가 협소한 그의 비서뿐만 아니라 당대인과 친구들 대부분을 어리둥절하게 만들었다. 괴테의 지인인 빌헬름 그림은 형제인 야콥에게 보내는 편지에서 당혹감을 감추지 못했다. "그는 페르시아의 것에 푹 빠져서 하피즈 스타일로 시집을 쓰고 [……] 아랍어를 공부하고 있어"라고 쓰는 한편, 괴테가 "Haoh Kioh Tschwen(즐거운 사연)을 읽어주며 설명하는" 모습이 목격되었다고도 덧붙였다. 그림 형제는 괴테보다 나이가 적었고, 그들은 독일 민속예술에 매혹되었다. 두 사람은 민담과 동화를 수집했고 그들이 발견한 내용들을 출간하고자 오늘날 『그림 동화(*Grimms Märchen*)』로 알려진, 기념비적인 저작에 막 착수한 상태였다(두 사람의 작업에는 독일어 사전도 있었다). 자신들 문화의 민중적 소산에 초점을 맞춘 그림 형제는 세계 문학에 대한 괴테의 코스모폴리턴적 관심을 공유하지 않았다. 사실, 그의 지인들 가운데 아주 극소수만이 관심을 보였다. 그의 친구들이 할 수 있는 최선은 그의 생일에 터번을 선물한 것이었다. 괴테는 아랑곳하지 않았고 당대인들의 조롱에도 불구하고 독자이자 작가로서 세계 문학에 대한 깊은 흥미를 추구했다. 위상이 워낙 높은 탓에 그는 타인들의 의견을 무시하고 자신의 호기심을 추구할 수 있었다.

이런 문학 작품들을 모으면서 괴테는 300년도 더 전에 고안된 구텐베르크의 인쇄기뿐만 아니라 유럽 식민제국들로부터도 도움을 받았다. 몇몇 유럽 국가들이 지구 곳곳에 교역소를 설치했고 시간이 흐르면서 이 유럽 무역상들은 자신들을 받아들인 나라들에 영구적으로 정착하여 점차 내륙의 배후지도 지배하게 되었다. 처음에는 포르투갈과 에스파냐가 앞장섰지만 곧 영국과 프랑스가 지배적인 식민세력으로 부상했다. 세계 곳곳의 점점 더 많은 땅 조각들이 엄청난 인적 희생을 치르며 강제로 무역에 개방되거나 완전히 복속되었다. 흔히 이런 영토들은 본국 정부로부터 배타적 무역 특권을 부여받은 동인도회사 같은 회사들의 지배를 받았다.

순전히 경제적인 이유에서 시작된 제국주의는 외국 문화에 관해서 무엇인가를 배우는 것을 유용하게 심지어 필수적으로 만들었다. 제국주의 세력의 일부 대리인들은 현지 언어와 문자 체계를 배우는 수고를 아끼지 않았고, 이내 (괴테가 처음 읽은 중국 소설도 포함해서) 번역문들이 단편적으로 유럽에 도달하기 시작했다. 궁극적으로 이러한 문화들의 전문가 집단 제1세대가 등장했는데, 중동과 극동의 문학과 문화 연구를 업으로 삼는 이들은 동양학자(orientalist)라고 불렸다. 괴테가 읽은 것을 비롯해서 유럽에 도달하고 있던 외국 문학의 상당수가 이런 식으로 번역되었다.

세계 문학의 통상은 양방향으로 흘렀다. 유럽의 대리인과 전문가들은 식민지의 외국 문학들을 번역하여 서양으로 수입했을 뿐만 아니라 식민지에 자신들의 문학과 인쇄기술들을 들여왔다. 포르투갈과 에스파냐의 무역상들은 인도에 최초의 인쇄기를 설치했다(인도는 중국의 불교 승려와 학자들을 환영했고 종이를 사용했지만 인쇄술은 채택하지 않았다). 원주민 학자들과 유럽 동양학자들은 흔히 협력하면서 그때까지 소수의 엘리트 계층에게 국한되었던 문학 텍스트들을 찾아내어 유포시켰다. 무력과 억압을 통해서, 하지만 인쇄기술들을 통해서도 식민주의는 새로운 방식으로 문학 전통들을 연결하고 있었다.

대다수의 식민세력들은 유럽 식민주의자들이 세계의 다른 지역들로 문명을 가져다준다고 주장함으로써 자신들의 행위를 정당화할 필요성을 느꼈다. 이는 식민지 속령들을 연구하던 동양학자들이 흔히 그 지역의 문화들에 관하여 우월적 생각을 품고 있었음을 뜻한다. 여기서 바이마르에 있던 괴테의 지방적인 위상이 이점으로 드러난다. 그의 바이마르 공국은 제국주의와 관련이 없었다. 무수한 독일의 중소 국가들 그 어디도 식민지를 보유하지 않았다. 이는 그가 다른 나라들의 제국주의로부터 간접적으로 혜택을 보면서도 외국 문화를 예속시키는 경험과 흔히 그것이 야기하는 기만적인 우월감으로부터는 거리를 둘 수 있었다는 뜻이다.

10여 가지 언어를 읽을 줄 알았고 꽤 나이가 들어서도 아랍어를 배우려고 했던 사람으로서 괴테는 세계 문학이 고생스럽고 보수가 적은 번역가의 작업에 의지하고 있으며, 하나의 시장, 즉 유럽 제국주의의 뜻밖의 부산물로서 멀리 떨어진 세계 각지로부터—원자재와 수공품, 기타 상품들과 더불어—문학을 가져다주고 그 구입을 가능하게 하는 시장에 기반을 둔다는 것도 인식했다. 지구적 문학 시장에 기반을 두고 번역으로 촉진되는 세계 문학이라는 괴테의 시각은 오늘날에도 건재하다.

기원을 찾아서
1787년, 시칠리아

1786년, 괴테는 바이마르에서 자신의 지위의 여러 이점들에도 불구하고 지방적인 경로를 벗어나 세계를 경험해보기로 마음먹었다. 바이마르 공과 집사를 제외하고는 아무에게도 말하지 않은 채 그는 마차에 올라 이탈리아로 여행했다. 틀림없이 이 여행이 세계 문학에 대한 그의 비전을 형성했을 것이라고 짐작한 나는 괴테의 발자취를 따라 그 여정의 종착지인 시칠리아로 가기로 했다.

나는 여행작가들에게 항상 특별한 애정을 품고 있다. 호기심과 대담성에 사로잡힌 여행작가들은 모험을 떠나 글을 통해서 세계 전체를 포착한다. 비록 이 책을 쓰면서 나도 여행을 꽤 하기는 했지만 내가 진짜 여행작가라는 느낌은 들지 않았는데, 어느 정도는 내가 언제나 너무 늦게 왔기 때문이다. 어디를 가든 다른 사람들이 어김없이 이미 다녀가서 그에 관해서 보고했다. 내게 남은 일은 그들의 발자취를 되짚어가며, 진짜 여행 글쓰기가 어떠했을지를 상상해보는 것뿐이었다(어쩌면 이들 초기 여행작가들도 똑같은 심정을 느꼈을지도 모른다).

시칠리아까지 가는 길은 괴테에게 힘들었다. 나폴리에서 출항한 배는 폭풍으로 항로에서 벗어났고 그는 멀미로 고생했다. 하지만 팔레르모에 도착하자 그는 딱 맞는 목적지를 골랐음을 알게 되었다. 시칠리아는 그가 여행 일기에 적은 대로 그의 많은 질문들에 답변을 제공할 터였다. 단순한 일기를 넘어선 괴테의 글은 초기 블로그에 더 가까운 것이었다. 괴테는 주기적으로 업데이트된 긴 편지를 집으로 보내서 친구들끼리 공유하게 했다. 그는 그림도 동봉했다. 이를 위해서 괴테는 그와 동행하면서 그가 기억하고 싶은 것은 무엇이든 스케치해줄 화가를 고용했다. 괴테는 집으로 돌아오자마자 편지와 스케치들을 정리하여 여행기로 펴냈는데, 그것이 바로 그의 가장 매력적인 작품 가운데 하나인 『이탈리아 여행(*Italienische Reise*)』이다.

저작권이 소멸된 문학을 무료로 구할 수 있게 해주는 온라인 플랫폼 구텐베르크 프로젝트에서 내려받은 괴테의 여행기로 무장한 나는 괴테를 따라 팔레르모에서 시작하여 시칠리아 섬을 일주하며 세계 문학에 대한 괴테의 흥미에 기여를 했을 만한 것은 무엇이든 열심히 찾았다.

놀랍게도 나는 괴테가 도착해서 처음 한 일 가운데 하나가 그의 오랜 강박을 충족하기 위한 식물원 방문이었음을 알게 되었다. "원(原)식물(ur-plant)", 즉 그가 다른 모든 식물의 조상이라고 확신한 아담과 이브 식물을 찾는 것이었다. 다양한 유형의 식물을 훌륭하게 구분하는, 스웨덴 식물학자 카를 린나이우스가 제안한 분류체계를 받아들이는 대신에 괴테는 모든 식물을 단일한 기원으로 추적하려고 작심했다. 우리는 식물이 식물이라는 것을 어떻게 아는가? 그는 물었다. 우리가 식물이란 무엇인지에 대한, 즉 **식물다움(plantness)**에 대한 생각을 가지고 있기 때문이다. 이 원식물이 괴테가 팔레르모 식물원에서 찾고자 했던 것이었고, 거기서 그는 표본들을 비교하면서 긴 시간을 보냈다.

이 기이한 강박에 대해서 숙고하다가 나는 문학적 사냥을 띤 괴테의 시칠리아 여행이 원식물을 찾는 그의 탐구와 유사한 것이 아닐까 생각하기 시작했다. 그것이 모든 체계를 이해하려는, 다양한 문학 작품들을 통합된 전체의 일부로서 생각하려는 시도라는 점에서 말이다.

호텔로 돌아오는 길에 나는 지도를 들여다보다가 괴테 가(街)라는 거리를 발견하고는 곧장 그곳으로 향했다. 괴테 가는 신시가의 일부로 고작 몇 블록에 걸쳐 있는 수수한 거리였다. 괴테는 그곳에 머물지 않았고, 어쩌면 아예 가본 적도 없었을 테지만 나는 괴테 가가 마음에 들었다. 현대의 팔레르모 주민이라면 필요로 할 만한 것은 전부 찾을 수 있었다. 커피와 샌드위치, 복사 가게, 공구 가게, 그리고 가장 중요하게도 스쿠터 수리점이 있었다. 피제리아 괴테는 딱히 들어가보고 싶은 마음이 들지 않앉고 어쨌거나 닫혀 있었지만, 낡은 판자와 장비들이 길 밖에까지 널려 있는 멋진 작은 목공소가 있었다. 유리 공예품을 파는 베트레리아 괴테라는 상점도 있었다. 내가 물어보았을 때, 그 가게 주인들 누구도 그 작가에 대해서 아는 바가 없었다. 그들은 거리 이름을 따서 상호를 지었지, 그의 이름을 딴 것이 아니었다.

나는 괴테 세탁소에 더러운 옷가지를 맡기고는 세탁이 되기를 기다리는 동안 괴테는 빨래를 어떻게 처리했을까 궁금해지기 시작했다. 나는 여행기를 훑어보다가 옷과 관련된 내용을 제법 발견했다. 여행을 하면서 괴테는 점차 북유럽 복장, 특히 가죽 부츠를 벗어던지고 대신 현지화하려고 애썼다. 그와 동시에 그는 더 독일식이 되었는데, 로마에서 긴 여행용 코트와 독일식 모자로 우아하게 꾸미고, 반바지를 입은 한쪽 다리를 요염하게 관람자 쪽으로 내밀고 있는 초상화를 그렸을 때에 특히 엄청났다. "로마 평원의 괴테"라는 제목이 붙은 이 그림은 이제 그의 책 표지들 다수를 장식한다. 괴테는 여행기에서 그 복장 전부가 마치 화가의 아이디어였다는 식으로 언급했다. 그렇지만 행간을 읽어보면 그가 이 복장을 무척 마음에 들어했음을 알 수 있다. 이것 역시 그로 하여금 다른 문화들 속에서 살아가게 하는 한편으로, 자국 문화를 재발견하게 해주는, 세계 문학과의 그의 경험을 반영하는 듯하다.

빨래가 되기를 기다리는 동안(나는 누가 괴테의 옷을 빨아주었는지에 관한 정보를 찾지 못했다) 나는 괴테가 나와 유사한 사명을 띠고 이곳에 왔음을 깨달았다. 그도 시칠리아로의 여행이 문학에 대한 시각을 형성하는 데에 도움이 되기를 바랐다. 그리스와는 너무 멀리 떨어져 있었기 때문에, 시칠리아가 자신이 그리스 고대의 기원에 최대한 가까이 도달할 수 있는 장소라는 것을 알고서 괴테는 독일어와 그리스어로 된 『오디세

요하네스 하인리히 빌헬름 티시바인이 그린 1787년 이탈리아를 여행 중인 괴테.

이아』를 한 권 구입했었다. 시칠리아에서 괴테는 자신이 호메로스의 땅에 있다고 상상했다. "이 환경 안에 존재하는 것보다 『오디세이아』에 대한 더 나은 주해도 없다"고 그는 여행기에 의기양양하게 적었다. 괴테가 정말로 원식물의 문학적 등가물로 생각한 것을 찾으러 시칠리아로 왔다고 느낀 것은 바로 그때였다. 그렇다, 바로 호메로스였다.

시칠리아가 호메로스 세계의 일부라는 괴테의 생각은 그렇게까지 터무니없지는 않았는데, 시칠리아는 한때 그리스 식민지였기 때문이다. 여러 측면에서 『오디세이아』는 여행 문학의 초기 실례로서, 괴테가 시칠리아 여행 동안 『오디세이아』에 흥미를 느낀 것도 그런 연유일 것이다(그리고 괴테와 오디세우스 둘 다를 따라가는 내가 거기에 관심을 보이는 것도 그런 연유이다). 하지만 오디세우스가 정말로 시칠리아에 발을 디뎠을까?

오디세우스의 여정에 대한 질문은 고대 이래로 뜨거운 논쟁거리였다. 오디세우스는 트로이에서 여행을 시작했지만 심지어 그 유명한 도시의 위치조차도 괴테의 시대에는 알려지지 않았다. 괴테가 죽고 수십 년이 지난 뒤인 19세기 후반에 가서야 캘리포니아 골드러시에서 한몫을 잡은 독일계 미국인 아마추어 고고학자 하인리히 슐리만이 터키 서해안에서 고대 트로이를 발견했다. 트로이를 여행하는 동안에 나는 슐리만이 산허리에 파놓은 커다란 참호를 볼 수 있었다. 고대 유적과 보물들을 발견하기는 했어도 슐리만은 또한 엄청난 혼란상을 야기하여 이후로 고고학자들은 줄곧 그가 남겨둔 혼란을 정리하고 있다.

슐리만의 참호 덕분에 우리는 이제 『오디세이아』가 정확히 어디에서 출발하는지 알지만, 오디세우스가 트로이를 떠나자마자 곧장 한 놈은 가엾은 선원들을 붙잡아 바위에 내동댕이치고, 다른 한 놈은 무시무시한 소용돌이 속으로 선원들을 집어삼키는 바다 괴물 스킬라와 카립디스가 사는 환상의 공간에 진입한다. 사이렌들의 섬은 나폴리 앞바다의 카프리 섬이라는 주장이 있지만 일부 시칠리아인들은 그 섬이 실제로는 시칠리아 북쪽 해안의 아이올리스 제도에 있다고 주장한다. 보트를 타고 그곳에 갔을 때에는 나도 전적으로 동의할 수밖에 없었다. 날카로운 화산암들로 이루어진 그 섬들은 위험스러운 사이렌들이 살기에 안성맞춤의 거처였다.

내가 들은 가장 창의적인 이론은 바다를 내려다보는 한편으로 시칠리아를 주름잡는 활화산인 에트나 화산에서 내려다보이는 깎아지른 산지에 자리한 소도시 타오르미나에서 들은 것이었다. 간단한 아침식사와 침실을 제공하는 숙소의 친절한 주인은 스킬라와 카립디스, 사이렌 말고

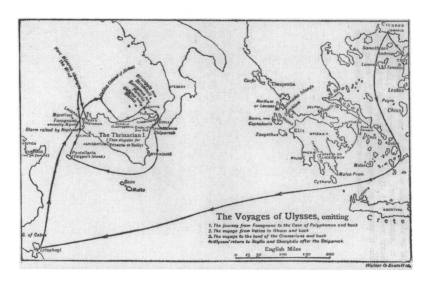

정황 증거들을 토대로 재구성한 오디세우스의 방랑 여정.

도 시칠리아는 외눈박이 거인들의 섬이었다고 설명했다. 내가 주인의 재
빠른 이탈리아어를 따라가려고 애쓰는 가운데 그가 물었다. "그 대목 기
억나죠? 오디세우스가 키클롭스를 술에 취하게 한 뒤 불 속에 막대기를
집어넣어 빨갛게 달군 다음 키클롭스의 외눈에 쑤셔넣은 대목 말이에요."
"예," 나는 고개를 끄덕였다. "일단 무사히 도망치자 오디세우스가 그 거
인을 놀린 것도?" "예, 예, 기억나요. 그 다음 어떻게 되죠?" 나는 훌륭한
학생처럼, 화가 난 거인이 배를 향해 바윗덩어리를 집어던져서 거의 맞힐
뻔했다고 대답했지만, "명중하지 못했다"는 이탈리아어 표현을 몰라서
대신 그 장면을 전부 손동작으로 설명했다. "거봐요," 집주인이 의기양
양하게 소리쳤다. "하나뿐인 눈구멍이 불에 이글거리는 키클롭스가 바위
를 집어던진다고요?" 그러고는 그는 창 밖을 가리켰다. 나는 어리둥절했
다. "그건 에트나 화산이라고요!" 그는 한쪽 창문 밖으로 불길하게 연기
를 뿜어내고 있는 화산을 가리킨 다음 또다른 창문 밖으로 바닷가 근처

에 있는 물속 바위들을 가리켰다. 마침내 나는 그의 생각의 흐름을 따라잡았고 몇 초 뒤에 천천히 말했다. "그렇네요." ……괴테라면 틀림없이 이 이야기를 좋아해서 여행기에 특별히 기록했을 것이다.

시칠리아에서 영감을 받은 괴테는 그 대목이 시칠리아가 배경이라는 근거는 없지만, 『오디세이아』의 나우시카 에피소드를 토대로 희곡을 썼다(일부 고대 문헌들은 코르푸 섬을 지목한다). 이 에피소드에서 난파당한 오디세우스는 해변으로 떠밀려와 젊은 공주 나우시카에게 발견되었고 나우시카는 그 나그네를 아버지의 궁전으로 데려갔다. 궁전 사람들은 그를 깨끗이 씻기고 입히고 연회를 베푼 뒤에 집으로 보내주었다. 이 에피소드는 그 서사시를 통틀어 가장 행복한 대목이지만, 무슨 이유에서인지 괴테는 그 이야기가 비극에 안성맞춤인 소재라고 보았다. 어쩌면 그 소재에 대한 편향된 시각 탓인지 그는 희곡을 완성하지 못했다. 여행하는 내내 그는 희곡 작업을 했고, 나중에 시칠리아를 즐기는 대신 희곡을 쓰느라 시간을 낭비했다고 불평했다.

호메로스에 대한 괴테의 매혹을 고려하건대 나는 괴테가 시칠리아 섬의 그리스 유적들을 하나같이 칭송했을 것이라고 예상했지만, 알고 보니 그는 놀랍도록 비판적이었다. 아름다운 언덕을 따라 늘어서 있고 잘 보존된, 기가 막히게 아름다운 세게스타 신전을 보고 괴테는 그 신전이 결코 완공되지 않았다고 지적했다. 대부분의 다른 신전들은 돌무더기에 불과한 판국에 그 사실이 2,000년 뒤에 무슨 대수라도 된다는 듯이 말이다. 그는 남해안에 위치한 아그리젠토 신전들에 찬탄했고, 거기서 며칠을 보냈다. 찬사로 넘쳐나는 그의 기행문은 아그리젠토 신전을 19세기 관광객들의 명소로 탈바꿈시키는 데에 기여했다. 괴테는, 나의 숙소 주인이 키클롭스에 관한 자신의 이론을 설명했던 타오르미나의 그리스 극장에는 더 흥분하여 그곳을 예술과 자연의 완벽한 조합이라고 칭송했다.

객석의 위쪽 자리에 앉아보면 지금까지 어느 극장의 관객도 그런 광경을 본 적이 없을 것이라고 인정해야 한다. 오른쪽에는 커다란 바위에 성채들이 우뚝 솟아 있고, 도시는 멀리 아래쪽에 자리하고 있는데 비록 건물들 자체는 더 최근 것이지만 고대와 똑같이 배치되어 있다. 에트나 화산이 긴 산맥 가운데 솟아 있으며, 왼편으로는 해안가가 쭉 펼쳐져 있어 카타니아, 심지어 시라쿠사까지 보인다. 불을 뿜는 장엄한 화산이 이 파노라마를 완성하지만 그렇게까지 무시무시해 보이지는 않는데 온화한 공기가 화산을 실제보다 더 멀리 떨어져 보이게, 그리고 더 온화해 보이게 만들기 때문이다.
　이 광경에서 눈을 들어 극장 뒤편에 위치한 오솔길로 눈길을 돌리면, 가파른 암벽 그리고 암벽과 바다 사이로 메시나까지 구불구불하게 이어진 길들을 볼 수 있다. 바다에도 바위와 깎여나간 바위섬들이 있고, 칼라브리아 해안이 떠 있는 구름과 거의 분간이 되지 않을 만큼 멀리 보인다.

이 탁월한 극작가이자 극장 감독에게 이 세상 최고의 장관이란 관객이 에트나 화산과 바다 사이, 도시와 암벽 사이, 예술과 자연 사이에 걸쳐 있는 것이었다.
　괴테는 위대한 여행작가인데 지나치게 오랫동안 찬사를 늘어놓지 않기 때문이다. 이 문단 다음에 그는 어느 건축가가 나서서 이제는 폐허가 된 극장을 적어도 이론상으로는 이전의 화려했던 모습으로 복원해야 한다고 제안했다. 마찬가지로 괴테는 폐허가 된 그리스 신전들이 재건되어야 한다고 생각했다. 고대 세계와 직면하여 공경심에 압도되기는커녕 괴테는 지금의 우리보다 원형 그대로의 보전에 크게 신경 쓰지 않으며, 참

에트나 화산을 배경으로 자리잡은 타오르미나 고대 극장.

신하게 실용주의적인 면모를 보여준다. 같은 태도가 문학에 대한 그의 태도에도 해당된다는 생각이 들었는데, 괴테는 문학 대부분을 역사적 복원의 문학적 등가물이라고 할 수 있는 번역으로 향유했다(괴테는 고전기 조각상들의 석고 복제품으로 집을 꾸미기도 했다).

시칠리아 해안 도시들을 돌다가 괴테는 별안간 가장 중요한 그리스 정착지였던 시라쿠사에는 가지 않기로 했다. 그는 하나의 생각, 그보다는 한 가지 표현에 이끌렸다. "지중해의 곡창" 시칠리아라는 표현이었다. 그는 곡물이 자라는 들판이 보고 싶었고, 그것들이 어떻게 생겼는지, 어떤 냄새가 나는지, 어떤 종류의 토양에서 자라는지를 알고 싶었다. 그것은 지세(地勢)에 대한 그의 더 큰 관심의 일환이었다. "틀림없이 그는 내가 정말 이상하다고 생각했을 것이다." 괴테는 고대 세계에 관한 이야기를 듣는 대신 강바닥을 탐사하던 그를 발견하고 아연실색한 여행안내인 가운데 한 명에 관해서 그렇게 적었다. 그가 강바닥에서 연구하고 싶었던 것은 노출 암반이었다. 잘 부서지는 하얀 석회암은 괴테가 배로 시칠리아 섬에 접근하면서 처음 주목했던 것으로, 그것은 여행기를 관통하는 하나의 주제가 되었다. 그는 광물에 관한 책을 가져왔고 귀환할 때에는 그의 광물 컬렉션을 위해서 구할 수 있는 것은 전부 챙겨갔다.

그러나 지질학과 관련해서 괴테의 가장 커다란 매혹 대상은 화산이었다. 화산은 그에게 지구의 신비로운 깊은 속을 들여다볼 수 있는 드문 기회를 제공했다. 괴테는 나폴리 근처 활화산인 베수비우스 산이 그가 방문하던 중에 폭발하면서 하마터면 죽을 뻔했다. 이런 경험을 겪은 뒤에도 그는 시칠리아의 에트나 화산을 멀리하는 대신에 위험에도 불구하고 산중턱까지 오르겠다고 고집을 피웠다. 어쩌면 문학에 대한 괴테의 관심은 광물과 암석, 식물에 대한 그의 관심, 다시 말해서 세상 밖으로 나가 최대한 많은 표본들을 구해오는 수집가의 열정과 그다지 다르지 않았을지도 모른다.

시칠리아는 또한 육지로 둘러싸인 곳에서 자라난 괴테에게 섬 안에 존재하는 경험을 제공함으로써 장래에 그 시인이 "세계 문학"이라는 표현을 만드는 데에 토대를 놓았다. 섬이란 세계의 축소판인 셈이다. "사방이 물로 둘러싸인 곳에 있지 않고서는 '세계'라는 관념을 이해할 수 없다"고 괴테는 자신의 경험을 요약했다. 40년 뒤에 그는 "세계"와 "문학"이라는 두 단어를 합쳐서 하나의 표현으로 만들었다.

12

마르크스, 엥겔스, 레닌, 마오 :
「공산당 선언」의 독자들이여 단결하라!

1844년, 파리-1848년, 런던

두 젊은이가 루브르 인근의 파리 중심가에 편리하게 자리를 잡은 카페 드 라 레장스에서 만나기로 했다. 테이블이 늘어선 넓은 공간을 우아한 샹들리에가 환하게 비췄고 테이블마다 사람들이 마주 앉아 깊이 집중하고 있었다. 이따금 누군가가 긴 카운터로 가서 종업원에게 말을 걸면 종업원은 장부를 살펴본 다음 다른 사람과의 만남을 주선했다. 어떤 테이블들은 구경꾼들을 끌어당겼는데 구경꾼들은 서로 귓속말을 하거나 심지어 큰소리를 내기도 해서 빈축을 샀다. 분위기는 조용했고, 심지어 모자를 둘 공간조차 없어서 모두가 모자를 쓰고 있어야 할 만큼 미어터질 때도 조용하기는 마찬가지였다.

두 젊은이가 카페의 낯설고 이 수수께끼 같은 관행들에 놀랐다고 해도 카페 드 라 레장스가 갈수록 인기를 얻고 있던 체스 게임을 전문으로 하는 곳임을 알아차리는 데에는 그리 긴 시간이 걸리지 않았을 것이다. 한 세기가 넘도록 위대한 체스 선수들은 모두 이곳으로 게임을 하러 왔고, 이는 다시금 관심 있는 아마추어들을 끌어들였다. 벤저민 프랭클린도 볼

테르처럼 이곳에서 게임을 했고, 바로 몇 달 전에 카페는 당대에 가장 유명한 경기인 프랑스 공무원 피에르 생-아망과 영국 배우 하워드 스톤턴 간의 경기를 주최했다. 경기 도입부의 기술을 완벽하게 구사한 스톤턴이 승리했다.

1844년 8월 28일 그곳에서 만난 두 젊은이도 강력한 도입부의 중요성에 관한 교훈을 놓치지 않았을 것이다. 그들은 세계혁명이라는 다른 종류의 게임 전략을 짜기 위해서 왔다. 둘은 서로 다른 기량을 테이블로 가져왔다. 둘 중 더 어린 프리드리히 엥겔스는 스물세 살로 맨체스터에서 이곳에 갓 도착했다. 부유한 면직업자인 그의 아버지가 선진적 제조업 기술을 배우게 하려고 그를 맨체스터로 보냈다. 맨체스터는 면(cotton)의 중심지—누군가는 코트노폴리스(Cottonopolis)라고 불렀다—로, 면직물이 세계 곳곳으로 실려 나가는 곳이자 새로운 산업 생산방식들이 면직물의 처리공정을 변화시킨 곳이었다. 새로운 기계 기반 경제에서는 면과 면 관련 제품이 중심이었기 때문에 맨체스터의 공장 굴뚝은 산업혁명의 상징이 되었다.

엥겔스는 맨체스터를 면밀히 연구했고 그의 아버지가 바란 대로 산업화의 경이들에만 깊은 충격을 받은 것이 아니라, 그 굴뚝 아래로 일하러 온 가난한 노동자 대중에게도 깊은 충격을 받았다. 그는 그들의 생활 환경과 작업 환경을 조사하기 시작했고, 여기, 세계에서 가장 선진적인 산업 도시에서 수공 장인들을 공장으로 대체함으로써 발생하는 심각한 결과들이 가시화되었음을 확신했다. 산업혁명은 기계의 소유주에게 전적으로 의존하는 극빈 노동자 집단을 창출하고 있었다.

다른 젊은이인 카를 마르크스는 엥겔스보다 두 살 위였고 맨체스터의 노동자들, 아니 사실대로 말하자면 다른 어느 곳의 노동자들에 대해서도

맨체스터 인근 크롬턴의 공장 굴뚝.

아는 것이 거의 없었다. 그는 베를린에서 파리로 왔고, 베를린에서는 아버지의 뜻을 거스르며 철학에 몰두했었다. 그는 도시를 선택할 때에 운이 좋았는데, 맨체스터가 산업혁명의 중심이라면, 베를린은 철학혁명의 중심이었기 때문이다. 이전에 철학은 추상적 원리들, 지식의 정의에 관심을 둔 채 일반 법칙들을 추구해왔고 더 근래에는 모든 지식을 거대한 백과사전으로 모으고자 했다. 그러나 베를린에서 철학은 역사적으로 사고하는 데에 관심이 있어서, 철학의 모든 정의들과 추상적 명제들, 통찰들도 변화, 즉 역사적 진화에서 벗어날 수 없음을 인식했다. 이런 역사 수업을 가르쳤던 사람은 게오르크 프리드리히 헤겔이었다. 그의 철학은 여전히 법칙들에 관심이 있었지만, 이제 그 법칙들이란 역사의 법칙, 문명들 전체의 흥망을 지배하는 법칙이었다.

마르크스는 헤겔이 설파하던 특정한 역사, 즉 프로이센 국가와 현상태를 옹호하는 역사를 좋아하지 않았지만, 그럼에도 불구하고 철학의 새로운 스토리텔링 능력에 흥미를 느꼈다. 그만 그런 것은 아니었다. 역사에 대한 유사한 관심이 예수가 어떻게 살았는지를 조사하고, 종교를 역사적인 관점에서 이해하고자 했던 여행가들을 중동으로 이끌었다. 소설가들은 역사소설을 썼고, 사회 현실을 포착하는 새로운 다중 플롯 기법을 발전시켰다. 그리고 찰스 다윈은 역사적 사고를 끌어와서 인간의 진화라는 새로운 장대한 이야기를 이끌어냈다. 지금 와서 보면 이 새로운 사고방식은 **역사주의**(historicism)라고 할 수 있을 것이며, 그 핵심에는 어떤 이야기가 승리할 것인지를 둘러싼 투쟁이 자리하고 있었다.

카페 드 라 레장스에서 공장을 연구한 남자와 철학을 연구한 남자의 만남은 각자의 관심사와 교육에서의 차이에도 불구하고 놀랍도록 잘 굴러갔는데, 각자 상대방으로부터 배울 점이 많다는 것을 깨달았기 때문이다. 두 사람은 엥겔스의 공장 노동에 대한 지식과 마르크스의 철학적 스토리텔링에 대한 지식을 합쳐, 사회의 모든 측면을 변화시킬 혁명에 대한 새롭고 강력한 비전을 탄생시키기 위해서 협력하기 시작했다. 협력의 결과물은 근대의 가장 영향력 있는 텍스트 가운데 하나인 「공산당 선언 (*Manifest der Kommunistischen Partei*)」이었다.

나는 냉전기에 철의 장벽으로부터 80킬로미터 떨어진 곳에서 자라면서, 탱크와 같은 대규모 재래식 무기를 집적해왔고, 내게 원자폭탄 단거리 미사일을 정면으로 겨누고 있었던 세계 강국 소련이 이런 식으로, 다시 말해서 마르크스와 엥겔스의 만남과 그 만남에서 기인한 텍스트로 시작되었다는 것을 떠올리기가 힘들었다. 문학의 역사에서 영향력 있는 다른 텍스트들은 오랜 세월, 때로는 수백 년이나 수천 년에 걸쳐서 힘을 획득했다. 「공산당 선언」의 성공은 훨씬 더 즉각적이었다. 그것은 출간된 지 70년이 채 지나지 않아 최대의 영향력을 미쳤다. 문학의 역사상 어떤 텍스트도 그렇게 단기간에 그렇게 강력한 충격을 가져오지는 않았다. 이 신속한 성공을 어떻게 설명할 수 있을까?

새로운 장르가 탄생하다 : 선언서

마르크스와 엥겔스는 처음 만나고 몇 년 뒤, 의인동맹이라는 조직이 접촉해왔을 때에 「공산당 선언」을 쓰게 되었다. 산업화와 정치적 탄압으로 쓰라림을 맛본 장인들로 이루어진 이 단체에 들어가려면 가입자들은 비밀을 지킬 것을 맹세해야 했고, 동맹의 모임은 음모와 모의, 폭력 봉기의 기도에 할애되었다. 1839년 동맹은 파리에서 실패한 반란에 참여했다가 체포와 처형을 피하기 위해서 런던으로 근거지를 옮겨야 했다. 회원들은 이제 마르크스와 엥겔스에게 눈길을 돌려 조언과 리더십을 구했다. 마르크스와 엥겔스는 보편적 형제애를 부르짖고 비밀주의와 모의를 선호하는 의인동맹의 노선이 잘못되었음을 즉각 알아보았다. 보편적 형제애는 엥겔스가 연구해온 산업 프롤레타리아의 구체적 곤경을, 비밀주의와 모의는 마르크스가 그 정수를 도출한 역사의 발전법칙들을 무시했다. 새로운 목적을 추구하던 동맹은 마르크스와 엥겔스가 새로운 방향을 제시해주는 데에 전혀 불만이 없었다.

1847년 11월, 두 친구는 공산주의자 동맹이라는 새로운 이름과 새로운 비전을 담은 복안을 가지고 브뤼셀에서 런던으로 갔다. 의인동맹은 두 사람의 뜻에 동의하여 새로운 접근법의 윤곽을 보여줄 성명서를 작성하도록 맡겼다. 엥겔스는 런던 모임에 앞서 성명서 작성을 시도했었고, 그렇게 해서 나온 "공산주의의 원칙들(Principles of Communism)"이라는 텍스트는 종교적 가르침에서 친숙하던 질문과 답변 형식인 교리문답과 유사

하게 신조들을 나열한 것이었다. 그러나 이 형식은 곧 두 작가가 염두에
둔 더 야심찬 과제에 부적합한 것으로 드러났다. "신앙고백에 관해서 좀
생각해봐. 내 생각에 최선은 교리문답 형식을 버리고 거기에 '공산주의자
선언(Communist Manifesto)'이라는 제목을 붙이는 거야"라고 엥겔스는 협력
자에게 보낸 편지에 썼다. 엥겔스가 제안한 새로운 제목, "선언(manifesto)"
이라는 단어는 「공산당 선언」 이후 시대(post-*Communist Manifesto*)인 오늘
날의 우리가 그것에 결부시키는 의미를 가지고 있지 않았다. 그 단어는
이따금 황제나 가톨릭 교회가 중요한 포고를 할 때, 이 주권자들이 신민
에게 자신들의 의향을 전달하고자 할 때에 사용되어왔다. 공산주의자 동
맹에게는 권위나 신민 같은 것이 전혀 없었다. 자신들의 텍스트를 '선언'이
라고 부른 것은 가당찮은 일, 아직 달성하지 못한 야심을 가리켰다.

새로운 제목에는 또다른 의미가 있었다. 자신의 견해를 명백하게
(manifest) 그리고 공개적으로 드러낸다는 뜻 말이다. 이것은 공산주의
자 동맹의 음모주의적 과거로부터 벗어나는 중요한 변화였다. 이 역사
를 극복하기 위해서 마르크스와 엥겔스는 이제 동맹에 본능처럼 뿌리박
힌 비밀주의에 정면으로 반기를 들고 동맹이 그 견해를 모두가 볼 수 있
게 발표해야 한다고 주장했다. 이 점을 강조하기 위해서 두 작가는 유명
한 문장 "하나의 유령이 유럽을 떠돌고 있다—공산주의라는 유령이(Ein
Gespenst geht um in Europa—das Gespenst des Kommunismus)"로 포문을 열었
다. 이것은 유령들의 세계를 마음속에 떠올리게 하는 불길한 서두였다.
마치 「공산당 선언」이 공포를 확산시키려고 애쓰고 있기라도 하듯이, 무
서운 허깨비라는 자신의 역할을 재미있어한다는 듯이 말이다(최초의 영
역판은 "하나의 무시무시한 도깨비가 유럽을 떠돈다[A frightful hobgoblin
stalks throughout Europe]"라고 경고했다). 하지만 사실은 정반대였다. 마르

크스와 엥겔스는 어두운 그늘 속에 가려져 있는 것에, 마치 동화에서처럼 아이들을 겁주는 데에 신물이 나 있었다. 그들은 유령과 도깨비, 음모와 암살의 세계를 뒤로 하고 공개적이고 합법적인 세력이 되고 싶었다. 이것이 「공산당 선언」이 달성하려던 것, 즉 공산주의를 하나의 유령에서 실체(real thing)로 바꾸는 것이었다.

옛 교리문답이 통하지 않은 이유가 하나 더 있었다. 다시금 문제점을 지적한 사람은 엥겔스였다. "기본적으로 우리는 역사적 서사를 이야기해야 하기 때문에 지금의 형식은 통하지 않아. 내가 파리에서 쓴 것이 여기 있는데, 그건 간단한 이야기지만, 지독하게 서둘러서 형편없이 작성되었거든." 엥겔스는 「공산당 선언」의 핵심 요소, 그가 마르크스에게서 배웠던 어떤 것을 우연히 찾아냈다. 바로 스토리텔링이었다. 파리와 브뤼셀에서 협력하던 시절에 마르크스는 헤겔에 대한 강력한 대안을 발전시켰다. 헤겔의 버전에서는 상상력과 사상이 세계 역사의 추진력이었다. 마르크스의 버전에서 역사의 추진력은 자신들의 노동을 통해서 세계를 변형시키는 인간이었다. 이는 새로운 핵심 학문 분과가 철학이 아니라 경제학임을 의미했다.

마르크스가 엥겔스의 도움을 받아서 쓴 경제적 서사는 숨 막히는 서사, 산업화와 무역의 거대한 힘들이 경외감을 자아내는 규모로 세계를 변화시키고 있는 이야기였다.

부르주아는 세계 시장을 착취함으로써 생산과 소비를 범세계적으로 만들었다. 그 적들에게는 약이 오르게도, 부르주아는 산업의 발밑에서 그 국가적 기반을 빼내가버렸다. 모든 전통적인 국가적 산업들은 파멸했거나 나날이 파멸되고 있다. 이 산업들은 모든 선진국가들이 번창하기 위해서 필요한 새로운 산업들에 의해서 밀려난다. 이 산업들은 더 이상 현지의 자재가 아니라 아주 멀리 떨어진 지역에서 가져온 원자재를 가공하며, 그 제품은 자국만이 아니라 지구 곳곳에서 소비된다. 국내 생산에 의해서 충족되었던 낡은 욕구들 대신에 새로운 욕구들이 들어서는데, 이 새로운 욕구들을 충족시키기 위해서는 아주 먼 나라와 기후대의 산물들이 필요하다. 낡은 지방적, 국민적 자급자족과 고립 대신에 국민들 상호 간의 전면적인 교류와 보편적인 의존이 들어선다. 그리고 이는 물질적 생산에서 그렇듯이 지적 생산에서도 마찬가지이다. 개별 국민들의 지적인 창작물은 공동 재산이 된다. 국민적 일면성과 협소성은 갈수록 불가능해지고, 무수한 국민적, 지방적 문학으로부터 하나의 세계 문학이 부상한다.

이 세계 시장에 대한 묘사는 마르크스와 엥겔스가 그 전례 없는 힘을 가진 자본주의를 칭송하는 것처럼 들리지만 그들은 여기에 극적인 반전을 추가했다. 승리의 그 순간에 자본주의는 갑자기 자신이 만들어낸 적, 즉 엥겔스가 그토록 면밀하게 연구해왔던 산업 프롤레타리아와 직면하게 되었다. 세계 곳곳이 맨체스터 같이 될수록, 산업 프롤레타리아는 더 많아질 것이며, 결국 그 압제자를 무너트릴 만큼 무수해질 것이다. 무력한 희생자들을 반전의 영웅으로 탈바꿈시키는 이것은 가장 강력한 스토리텔링이었다.

산업화에 관한 이 이야기에는 혜안이 하나 더 들어 있는데, 바로 두 사람이 마지막 문장에 표현한 대로 산업화가 재화만이 아니라 사상들에도 영향을 미친다는 것이다. "무수한 국민적, 지방적 문학으로부터 하나의 세계 문학이 부상한다." 세계 문학—이것은 광산과 증기기관, 철도와 같은 맥락에서 쓰기에는 이상한 용어이다. 귀족적인 성향의 괴테라면 분

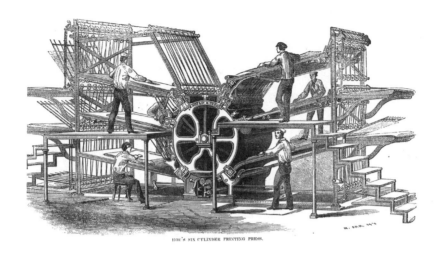

1847년 미국의 발명가 리처드 호가 저렴한 대량-유통 신문의 인쇄에 석판 윤전기를 도입했다.

명히 마르크스와 엥겔스가 옹호하고 있던 프롤레타리아 혁명에 반대했을 것이다. 하지만 그는 세계 문학이 세계 무역의 결과라는 말에는 동의했을 것이다. 문학에서 등장하고 있던 세계 시장에 주목함으로써 괴테는 마르크스와 엥겔스가 이제 훨씬 더 자세하게 묘사하고 있는 자본주의의 힘들을 살짝 엿보았다. 그리고 다른 산업 생산공정들과 닮은 선진 인쇄 기계들을 통해서 문학은 갈수록 맨체스터 같은 공간들에서 나오는 것처럼 보였다.

세계 문학은 또한 마르크스와 엥겔스가 그들이 막 완성한 텍스트의 앞날을 숙고할 때 염두에 두었던 것이다. 그들은 「공산당 선언」이 "영어, 프랑스어, 독일어, 이탈리아어, 플라망어, 덴마크어로 출판될" 것이라는 대담한 발표와 함께 전문을 마무리한다. 수십 개국 언어의 판본이 동시에 출간되기도 하는 오늘날의 책 출간과 비교할 때에는 소박하지만, 여러 다른 나라들에서 번역가와 인쇄업자, 배포업자가 필요하기 때문에, 멀리 떨어져 있는 혁명가 집단에게는 꽤 야심찬 기획이었다. 「공산당 선언」에서 서술하는 이야기가 국제적이듯이, 그들은 「공산당 선언」이 그만큼 국제적으로 읽히기를 바랐다. 그것은 세계 문학이 되기를 바랐다.

1월 말경에 마르크스는 런던으로부터 마감을 상기시키는 단호한 어조의 편지를 받았다. 마감은 2월 1일이었다. 두 작가는 그 마감 기한을 넘겼지만 그렇게 한참을 넘기지는 않았다. 몇 달 사이에 그들은 지금까지 상대방에게서 배운 것의 정수만을 짜내어 이후 모든 선언서의 원형이 될 비범한 텍스트에 집어넣는 데에 성공했다. 그들은 세계 문학의 새로운 장르의 탄생에 기여했다. 바로 선언서라는 장르였다.

공산주의자 동맹의 런던 본부가 자신들이 걸작을 받았음을 알아차렸다고 하더라도 그들은 그런 말은 하지 않았다. 하지만 그들은 즉시 「공산당 선언」을 연재할 목적으로, 텍스트를 비록 단편적으로나마 한 잡지에 실었다. 벤저민 프랭클린이 죽은 뒤로 신문들은 더 긴 글들, 심지어 소설 전작마저도 분할 연재방식으로 실을 만큼 지면이 급속히 증가해왔다. 23페이지에 불과한 「공산당 선언」이 이런 방식으로 출판되었다는 것은 연재의 힘을 보여준다. 그러나 「공산당 선언」은 한자리에서 죽 읽도록 작성되었기 때문에 공산주의자 동맹은 이 텍스트를 단행본 팸플릿으로도 출간하기로 했다. 이 두 가지 형태의 출판을 통해서 세계는 동맹이 정확히 무엇을 하고자 하는지를 처음으로 알게 될 것이었다.

출간 몇 주일 만에 유럽 전역에서 혁명이 불거졌다. 시위는 파업으로, 파업은 봉기로 이어져서 새로운 헌법과 새로운 권리들을 요구하는 새로운 국민의회들의 수립을 초래했다. 마르크스와 엥겔스는 기뻐했다. 마르크스가 브뤼셀을 떠나야 했던 것도 문제가 되지 않았다. 추방된 마르크스는 혁명 활동의 중심지인 파리로 돌아갔을 뿐이다. 파리와 독일에서 마르크스와 엥겔스는 활동을 조직하고 전략을 짜고, 신문과 팸플릿을 출간하면서 급속도로 전개되고 있던 사태를 원하는 방향으로 이끌어가려고 필사적으로 애썼다.

이 흥미진진한 시기에 유일한 아쉬운 점이 있다면, 그것은 이 혁명들이 「공산당 선언」과 전적으로 아무 상관도 없었다는 사실이다. 그들은 한마디로 전혀 호응을 얻지 못했다. 「공산당 선언」에는 거의 아무런 반응도 없었고, 사태에 이렇다 할 만한 충격을 가져오지 못했다. 구체제들이 군대와 치안력만이 아니라 강화되는 검열을 통해서도 반격하고 있었기 때문에 이 텍스트의 새로운 버전을 출간하기도 갈수록 어려워졌다. 공산주의자 동맹은 다시 지하로, 그들이 벗어나려고 했던 비밀주의로 복귀할 수밖에 없었고, 결국에는 분열되었다. 마르크스와 엥겔스는 혁명의 불꽃이 사그라지는 것을 무력하게 바라볼 수밖에 없었고, 그와 더불어, 그들의 텍스트도 죽어가는 듯했다. 비록 성공적이지는 못했지만, 그들은 그 텍스트로 혁명의 진로를 인도하고자 했었다.

1848년 이후 첫 몇십 년 사이에 「공산당 선언」은 살아남을지 자체가 불확실했다. 여러 나라에서 동시에 출간하려던 거창한 계획에도 불구하고, 극소수의 판본만이 실제로 결실을 맺었다. 언론들은 지하로 밀려났고, 전복적인 문학이 처벌받지 않고 출간될 수 있는 곳은 거의 없었기 때문에 1853년과 1863년 사이에 「공산당 선언」의 새 판본은 단 하나뿐이었다. 러시아어 초판은 차르 지배의 러시아가 아니라 비교적인 자유로운 분위기의 제네바에서 나왔다. 스웨덴어판은 미국에서 인쇄되었다. 곳곳에 흩어져 있던 진정한 신봉자 집단들이 「공산당 선언」을 번역하여 독자의 수중에 들어갈 수 있게 하려고 애썼지만, 별다른 성과를 보지 못했다. 이

반동의 시대에 「공산당 선언」은 구닥다리, 과거로 멀어져가고 있던 혁명 시절의 유물이 되었다.

두 저자는 이제 엄혹한 선택에 직면했다. 「공산당 선언」이 역사적 문서, 즉 1848년의 실패한 혁명들을 동반했던 무수한 팸플릿들 가운데 하나가 되게 내버려두어야 할까, 아니면 새로운 정치적 현실들을 다루기 위해서 그것을 개정해야 할까? 처음에 두 사람은 두 번째 경로를 택했다. 일찍이 1852년 8월에 엥겔스는 "캘리포니아와 오스트레일리아는 「공산당 선언」에서 고려되지 않은 두 사례이다. 둘 다 백지상태에서 창출된 새로운 시장이다. 두 지역의 사례가 추가되어야 한다"고 썼다. 두 저자는 핵심 사상들은 변함없이 옳다고 주장하면서도 새로운 발전상들을 집어넣는 서문들을 쓰기 시작했다. 마르크스가 죽은 다음에는 사정이 더 복잡해졌다. 1883년 엥겔스는 애석해하며 이렇게 썼다. "그가 죽은 이후로 「공산당 선언」의 수정이나 증보를 고려하기는 더 불가능해졌다." 「공산당 선언」은 역사적 기록의 일부이자 죽은 친구의 유산이 되었다.

힘 있는 문학은 언제나 자신의 때가 오기를 기다릴 수 있었고, 「공산당 선언」도 예외는 아니었다. 몇십 년간의 침체 끝에 1870년대와 1880년대에 사정이 나아지기 시작했다. 산업화의 모든 힘을 문학에 가져온 새로운 인쇄술도 도움이 되었다. 인쇄공정에서 마침내 중요한 향상이 이루어졌고, 최초로 상당한 정도로 자동화될 수 있었다. 기계적으로 활자들을 골라서 페이지 크기로 조판하여, 금방 잉크와 인쇄용지를 적용할 수 있게 하는 방식도 있었다. 인쇄기가 점점 더 흔해졌고 더 값싸졌고, 따라서 탄압하기가 더 어려워진 한편, 국가 간의 통상으로 인해서 독일어판을 런던에서 인쇄하거나 러시아어판을 제네바에서 인쇄하여 몰래 들여오기는 더 쉬워졌다.

더 많은 판본들이 나올수록 흥미로운 패턴이 나타났다. 「공산당 선언」이 더 많이 출간된 장소일수록 혁명이 일어날 가능성이 더 높았다. 이 상관관계는 1871년 성난 노동자들이 거리에 바리케이드를 치고 파리 코뮌의 수립을 선언한 파리에서 사실이었고, 노동자와 부상하는 부르주아 간의 연합체가 반란을 일으킨 1905년 러시아에서는 더욱 사실이었다. 「공산당 선언」은 그저 혁명적 열기로부터 이득을 본 것일까, 아니면 이러한 정서들의 촉발에 영향을 준 것일까? 아마도 둘 다일 것이다. 어쨌든 간에 「공산당 선언」은 「공산당 선언」에서 기꺼이 역사적 교훈을 얻고, 그 교훈들을 행동으로 옮기고자 하는 독자들을 찾아내면서 마침내 진정한 혁명 텍스트가 되어가고 있었다.

독자들 : 레닌, 마오쩌둥, 호치민, 카스트로

「공산당 선언」의 열성 독자들 가운데 블라디미르 울리야노프라는 제1차 세계대전 당시 취리히에 살고 있던 한 러시아 혁명가가 있었다. 스위스는 유럽에서 대전에 엮이지 않은 소수의 나라들 가운데 하나였지만 그렇다고 해서 평온했다는 뜻은 아니다. 취리히는 외교관과 무기상, 스파이, 징병 기피자, 난민들로 붐볐으나, 세계를 이 전쟁에 빠트린 정권들이 전쟁으로 아수라장이 되어가는 것을 지켜보기에 최상의 장소였다. 그리고 일격을 가할 알맞은 때를 기다리기에도 좋은 곳이었다.

블라디미르는 인내하는 법을 배웠다. 과거 러시아에 있었을 때, 그는 형이 성급하게 차르 암살을 시도했다가 붙잡혀서 처형되는 것을 지켜보았다. 그는 이에 굴하지 않고 형의 발자취를 따랐지만 암살은 비효과적이라는 것을 깨달았다. 암살이 성공한다고 해도 전과 다름없이 새로운 차르가 이전 차르를 대신할 것이었다. 우두머리를 교체하는 것만으로는 충분하지 않았다. 시스템 전체가 바뀌어야 했다. 지적인 지침을 모색하던 블라디미르는 혁명 문학에 몰두했지만 딱히 영감을 받지 못하다가 마침내 「공산당 선언」을 접하게 되었다. 「공산낭 선언」은 억압적 체제에 맞선 투쟁이 수천 년 동안 진행되어왔음을 보여주는 강력한 역사적 전망, 문제의 뿌리들을 제시했고, 혁명적 변화가 임박했음을 예언했다. 그리고 그 예언에 근거하여 행동에 나서도록 그를 고무했다.

블라디미르는 「공산당 선언」을 읽자마자, 더 많은 동포 러시아인들이 읽을 수 있도록 그것을 러시아어로 번역했다. 그 다음 그는 「공산당 선언」의 내용을 실천에 옮기고자 노력했다. 안타깝게도 형이 꾸몄던 것과 같은 암살 모의들을 회피했음에도, 블라디미르가 체포되는 일은 막을 수 없었지만, 그는 처형되지는 않고 시베리아로 유형을 가게 되었다.

형기가 끝나자 그는 유럽으로 가서 독서와 집필에 헌신하며, 「공산당 선언」과 같은 방식으로 역사와 행동에 대한 촉구를 결합했다. 그는 또한 다른 시대와 공간에서 온 이 텍스트가 갱신되고 러시아의 구체적인 상황과 결부되어야 함을 깨달았다. 「공산당 선언」을 행동에 옮길 적기를 기다리는 동안 블라디미르 울리야노프는 새로운 이름도 취했다. 바로 레닌이었다. 쓰인 지 수십 년이 지나서야 「공산당 선언」은 한 이상적인 독자를, 역사의 경로를 변화시키기 위해서 이 묻혀 있던 텍스트를 사용할 준비가 된 독자를 얻었다.

제1차 세계대전 동안 레닌은 취리히 구도심의 한가운데인 슈피겔가세 14번지에 살았다. 길 건너편 슈피겔가세 1번지에는 국제적인 예술가와 선동가 그룹이 한 술집 주인을 구슬려 카바레를 개장했다. 그룹은 시 낭송회를 조직하고 흔히 괴상하고 기하학적인 의상과 귀에 거슬리는 음악,

말이 되지 않는 플롯으로 된 갖가지 떠들썩한 공연을 올렸다. 무엇보다도 이 그룹은 여러 선언서들을 낭독하고 발표했다. 이러한 선언서들에서 그들은 요란한 팡파르와 함께 다다이즘(Dadaism)이라는 새로운 혁명적 움직임의 탄생을 알림과 동시에 다다이즘 이전의 모든 예술 사조를 규탄했다. 이 선동가 그룹은 어쩌다가 「공산당 선언」의 전통대로 선언서를 쓰게 되었을까?

마르크스와 엥겔스의 죽음 이후로 「공산당 선언」은 레닌 같은 직업 혁명가들만이 아니라 예술가들 사이에서도 숭배자들을 얻었다. 이 텍스트의 색다른 힘, 그 거대한 역사와 행동을 촉구하는 부름의 결합은 예술의 모습을 변화시키고자 하는 예술가들에게 매력적으로 다가왔다. 자연주의와 상징주의 선언을 필두로 처음에는 머뭇머뭇, 그 다음에는 더 대담하게 예술 선언서들이 유럽 곳곳에 나타나기 시작했고 미래주의(Futurism)와 다다이즘 선언으로 이어졌다. 각 경우마다 작은 예술가 그룹은 흔히 한 명의 카리스마적인 인물의 지도 아래에 아직 달성되지 않은 미래의 이름으로 모든 전통적 예술을 규탄했다. 사실주의 회화, 전통적인 스토리텔링, 화성음악—이것들은 모두 사라져야 했다. 그 자리를 무엇이 대신해야 할지는 더 불분명했다. 때때로 예술가들은 실제로 예술을 창조하는 것보다 선언서를 쓰는 것이 더 중요해지기라도 한 듯이, 어떤 작품이 탄생하기도 전에 최신의 예술 사조를 알리는 선언서를 작성하기도 했다. 그들이 마침내 내놓은 작품들은 그 날카로운 톤과 관객을 향한 공격적인 태도, 강령적인 야심에서 선언서들을 닮아 있었다.

예술 선언서들과 그 운동들은 제1차 세계대전 전에 시작되었지만, 유럽 문화가 산산이 부서지고 있다는 의식을 표명했기 때문에, 그 잔혹한 시기 동안에 명성을 얻게 되었다. 분명히 19세기 예술은 참호전의 기계화

1916년 다다이즘의 탄생지인 취리히 카바레 볼테르에서의 떠들썩한 저녁. 마르셀 장
코의 이 그림은 사라졌지만 그것을 찍은 이 사진은 남아 있다. (Image rights : 2017
Artists Rights Society [ARS], New York/ADAGP, Paris)

된 살육을 제대로 다룰 수 없었다. 새로운 아방가르드 그룹들 가운데 다다이스트와 취리히에 있던 그들의 카바레 볼테르가 전쟁의 순전한 무목적성과 부조리를 가장 잘 포착했다. 마르크스는 문화에 깊은 관심을 가지고 있었지만—그의 저술들은 문학적 인용, 특히 셰익스피어에서 가져온 인용들로 가득했다— 혁명적 예술을 고무하는 것은 그가 의도한 바와는 거리가 한참 멀었다.

아마 레닌도 거기에 반대했겠지만 그는 「공산당 선언」의 한 파생물이 길 건너편에 자리를 잡고 있다는 사실을 몰랐다. 그 대신 그는 전세와 상황이 치열해지고 있던 러시아에 그 전세가 미칠 영향을 예의 주시하는 데에 여념이 없었다. 1917년 2월부터 더 많은 파업과 시위가 벌어졌고, 경찰과 군인들은 시위 가담자들을 잡아들이기보다는 오히려 합류했다. 차르는 동생에게 제위를 양보하고 퇴위했지만 동생은 현명하게 사양했다. 러시아는 이제 군주가 없었다. 임시정부가 구성된 한편, 노동자와 병사들은 소비에트라는 평의회를 수립하고 새로운 의회를 구성할 대표들을 선출했다. 레닌은 행동할 때가 왔음을 감지했다. 독일은 러시아와 전쟁 중이었지만 독일 정부는 레닌이 독일을 가로질러 핀란드를 거쳐 혁명 러시아로 입성하는 것을 허용했다.

레닌은 언뜻 볼 때는 현실성이 없어 보이는 계획을 품고 페트로그라드 (상트페테르부르크)로 갔다. 다른 민주혁명 집단들과 협력하는 대신 그는 전적으로 노동자 계급에만 초점을 맞출 것이었다. 노동자 계급, 즉 「공산당 선언」이 부르는 대로는 **프롤레타리아 계급**은 러시아에서 유일하게 진정한 혁명 집단이며, 오로지 공산당만이 그 계급을 대신하여 활동할 수 있으리라.

레닌을 자신의 자연스러운 우군 다수와 갈라서게 만든 이 현명하지 못

러시아 혁명 전야에 페트로그라드의 군중에게 연설 중인 레닌.

한 계획은 「공산당 선언」에 서술된 세계사의 이야기를 기반으로 했다. 마르크스와 엥겔스는 산업 생산을 지배하는 계급인 부르주아를 봉건 군주정으로부터 권력을 빼앗아올 수 있는 혁명세력으로 인정했다. 그러나 「공산당 선언」은 여기서 그치지 않고, 역사가 이 부르주아 혁명에서 역사의 궁극적 주체인 프롤레타리아가 이끄는 혁명으로 이동할 것이라고 예견했다. 산업화로 피폐해지고 생산 소유자들에게 전적으로 의존할 수밖에 없는 프롤레타리아는 그 압제자들에게 맞서 일어날 것이었다. 이것이 레닌과 그의 동지들에게 활력을 불어넣은 이야기였고, 이제 이 이야기는 그들에게 '모든 권력을 노동자에게'라는 슬로건을 신뢰하도록 자신감을 심어주었다. 1917년 4월 페트로그라드의 핀란드 역에 도착했을 때, 레닌은 즉시 이 이야기를 현실로 바꾸는 일에 나섰다. 그는 쿠데타를 기획할

뿐 아니라 사상들의 전투에서 승리할 능력도 있는 당을 창당했고, 사상
전투에서의 승리라는 목적을 위해서 마르크스와 엥겔스의 역사적 서사를
전파할 신문도 부활시켰다.

프롤레타리아 혁명이라는 목표를 향해 일하면서 레닌과 동지들은 「공
산당 선언」의 예술적 숭배자들로부터 예기치 못한 지원을 받았다. 취리
히에서 다다이스트들을 사로잡았던 선언서 열병은 러시아로 확산되었고,
거기서 다양한 예술가 그룹들은 예술적 혁명의 이름으로 선언서들을 작
성했다. 취리히에 있을 때에는 다다이스트에게 아무런 관심도 보이지 않
았지만, 이제 레닌은 페트로그라드와 모스크바의 혁명적 분위기에 기여
하는 선언서를 써내던 러시아 예술가 집단들을 주목했다. 두 갈래의 선
언 운동이, 마치 하나는 정치를 향해, 다른 하나는 예술을 향해 분극화
된 두 가닥의 전선인 양 갑자기 접촉하여 혁명의 불꽃을 점화하듯이 서
로 반응하고 있었다(프랑스의 초현실주의자 앙드레 브르통과 러시아 혁
명가 레온 트로츠키가 「자유로운 혁명적 예술을 위하여」라는 선언서에
공동 서명했을 때 같은 일이 벌어졌다). 온갖 악조건에도 불구하고 1917
년 2월과 10월 사이에 레닌과 동지들은 정치적 혼돈을 자신들에게 유리
하게 전환하는 데에 성공했다. 우파 쪽의 쿠데타 시도가 실패하자, 그들
은 좌파 쪽의 쿠데타로 맞서기로 결정하여 성공했다. 혁명은 임계상태에
도달했고 갑자기 레닌과 공산당이 국가를 장악하게 되었다. 역사상 최초
로 빈곤 노동자 계급을 대변하는 당이 한 나라 전체를 다스리게 되었다.

러시아가 「공산당 선언」으로 완전히 탈바꿈한 유일한 국가는 아니었다.
마오쩌둥도 그가 이 텍스트를 처음 읽었을 때를 기억했다. 벼농사를 짓
는 농부였던 그의 아버지는 그가 유가 경전들을 익히도록 학당에 보냈

다. 달달 외우는 공부에 실망한 마오는 수백 년 동안 그래왔듯이, 여전히 동일한 텍스트들에 토대를 둔 과거 시험을 위해서는 공부하지 않기로 마음먹었다. 청 왕조의 마지막 황제가 몰락하기 전에도 그는 공공연히 반기를 들며, 전통으로 규정된 변발을 자르고 학생 무장집단에 가담했다. 그는 더 큰 도시로 가서 중국 소설과 서양 철학을 공부했고 제1차 세계대전으로 이어지는 사건들을 시시각각 전달해주던 신문을 탐독했다. 마침내 베이징으로 간 그는 중국 문화를 근대화하기 위한 기관인 잡지 『신청년(新靑年)』의 편집자들을 비롯하여 반체제 지식인들과 엮이게 되었다. 마오는 상이한 정치철학들을 토론하는 모임들에 참석했고, 문예지들과 협동조합 서점에도 관여했다. 훗날 돌아보았을 때, 이 시기는 마오에게 러시아 스타일의 마르크스주의로의 개종 이전의 혼란기에 불과한 듯했고, 개종은 그가 「공산당 선언」을 처음 읽었을 때에 일어났다.

이 텍스트가 중국에 도착하기까지는 오랜 시간이 걸렸다. 독일어를 알았던 레닌과 달리 마오쩌둥은 중국어만 읽을 줄 알았고 따라서 그의 모국어로 느리게 번역된 텍스트에 의지해야 했다. 「공산당 선언」은 1903년에 중국에서 처음 언급되었고, 서문이 1908년에 번역되었다. 마오의 정신적 스승인 『신청년』의 편집자 천두슈는 얼마 후에 축약본을 냈지만, 완역본은 1920년 여름까지 나오지 않았고 마오도 그때 처음으로 읽었다. 그 무렵이면 레닌은 이미 러시아에 대한 지배를 공고히 한 상태였다.

80년 가까이 된 「공산당 선언」은 중국의 구체적 상황을 다루지 않았지만(러시아에 관해서도 별로 언급이 없기는 마찬가지였다), 이 텍스트를 읽은 지 몇 달 만에 마오는 자신이 「공산당 선언」을 가지고 성공할 것이며, 역사는 자신의 편임을 확신한 채 공산주의 세포조직을 구성하고 공산혁명의 지도자로 변신하게 되었다.

유사한 경험들이 늘어나고 있었다. 젊은 호치민은 증기선에서 일하면서 세계를 여행했지만 그의 정치적 교육이 시작된 곳은 파리였다. 프랑스 식민 치하의 베트남에서 자란 그는 프랑스어를 알았고 바로 그 언어로, 오래 전부터 프랑스어판으로 입수가 가능했던 「공산당 선언」을 읽었다. 제1차 세계대전 직후에 이루어진 독서 경험은 그를 마르크스주의자로 거듭나게 했다. 호치민은 프랑스 공산당에 가입했고, 프랑스 식민주의자들에 맞선 투쟁에 「공산당 선언」을 적용하기 시작했다. 그가 쓴 텍스트 「프랑스 식민화 과정(Le Procès de la colonisation française)」은 「공산당 선언」의 유명한 마지막 문장 "만국의 노동자여, 단결하라"와 유사하게 마무리되는 선언문을 담고 있었다(이 선언문을 쓰기 전에 그는 미국 독립선언서를 본떠서 베트남 독립선언서를 썼다).

피델 카스트로도 「공산당 선언」을 처음 읽었을 때를 기억했다. 그때는 미국이 후원하는 독재자 풀헨시오 바티스타가 쿠바의 권력을 장악하려고 쿠데타를 기획했던 1952년이었다. "그때 하루는 「공산당 선언」—그 유명한 「공산당 선언」!—한 권이 내게 들어왔고 결코 잊지 못할 말들을 읽었다……그 표현들, 그 진리들이라니! 그리고 우리는 그러한 진리들을 매일 목격했다! 나는 어느 숲에서 태어났지만 자기가 살고 있는 숲을 모르는 어떤 작은 동물처럼 느껴졌다. 그 다음 갑자기 그는 그 숲의 지도를 발견하는 것이다."

그렇게 1880년대의 레닌부터 1950년대의 카스트로까지, 「공산당 선언」이 러시아와 중국에서부터 베트남과 쿠바에 이르기까지 혁명가들에게 숲을 통과하는 지도를 제공하면서 그런 일은 계속 일어났다. 이 지도를 가진 자들은 러시아의 차르, 중국의 황제, 프랑스 식민주의자들과 미국 군대를 몰아낼 수 있었다. 「공산당 선언」은 독자들을 개종시키고 그들이 행동에 나서게 고무하면서 계속해서 독자들을 얻었고, 마침내 역사상 가장 숭배되고 공포의 대상이 되는 텍스트 가운데 하나가 되었다.

공산주의에 위협을 느낀 자들은 체포와 처형, 전쟁으로 대응하여 1989년에 가서야 끝나는(또는 여러분이 원한다면 2016년 피델 카스트로의 죽음으로 끝나는) 20세기 공산주의와의 기나긴 대결을 낳았다. 하지만 공산주의에 대한 반작용은 문학의 형태로도 나타났다.

가장 격렬한 반응을 보인 사람은 아돌프 히틀러라는 오스트리아인으로, 그는 유럽을 휩쓸던 붉은 물결을 끝장내겠다고 약속했다. 1923년 쿠데타에 실패하여 감옥에 있는 동안 그는 미래의 정치 경력을 위한 캠페인성 전기이기도 한 자서전을 썼다. 일단 집권하자마자 그는 거대한 허영 출판 프로젝트를 통해서 이 텍스트를 국민들에게 들이밀 수 있었다. 나치 지배의 절정기에 『나의 투쟁(Mein Kampf)』은 독일에서 가장 널리 소장되는 책이 되었고, 1,031쇄, 총 1,240만 부를 찍었다. 독일인 6명당 1명꼴로 『나의 투쟁』을 소장했고 각 군(郡)마다 모든 신혼부부에게 1부씩 의무적으로 주어야 했다.

각 가정마다 책을 억지로 들이밀 수는 있지만 누구도 그 책을 억지로 읽게 만들 수는 없다. 히틀러의 지루한 장광설은 『나의 투쟁』을 역사상 가장 안 읽힌 책으로 만들면서 그 책이 그토록 필사적으로 경쟁하고자 했던 「공산당 선언」과 극명한 대비를 보였다(또다른 정부 후원 도서인 『마오 주석 어록[Little Red Book]』은 실제로 읽히면서 더 성공을 거두었는데, 어쩌면 그 간결한 인용구와 성찰들이 히틀러의 늘어지는 장광설과 정반대였기 때문일 것이다).

마르크스와 엥겔스는 문학의 역사로부터 귀중한 교훈들을 흡수한 매혹적인 텍스트를 빚어냈다. 근본 텍스트로부터는 기원의 이야기를 들려주는 법을 배웠고, 고대 교사들의 텍스트로부터는 단 한 국가의 사람들만이 아니라 모든 사람들에게 말을 거는 법을, 독립선언서 같은 준신성한 역사적 텍스트로부터는 새로운 정치적 현실을 수립하는 법을 배웠다. 그리고 괴테로부터는 세계 문학의 동학에 관해서 배웠다.

「공산당 선언」이 러시아 혁명에 의해서 역사의 최전선에 일약 등장했던 것처럼 소련의 몰락 이후로 그 명망에도 금이 갔다. 오늘날 그 책은 1850년대와 1860년대에 그랬던 것처럼 다시금 구닥다리로 여겨지고 있다. 과거에 「공산당 선언」은 망각에 묻혀 있다가 새로운 정치적 현실들에 적응하면서 다시 부상할 수 있었다. 심지어 지금도, 이 텍스트가 지구화에 맞선 현재의 역풍을 예견했다고 느끼는 독자들을 얻고 있다. 이러나 저러나 확실한 사실은 「공산당 선언」이 등장 이후 몇십 년 만에 근대의 가장 영향력 있는 텍스트들 가운데 하나가 되었다는 것이다. 문학의 첫 4,000년에 걸쳐서, 역사를 그토록 효과적으로 형성할 수 있었던 텍스트는 거의 없었다.

13

아흐마토바와 솔제니친 : 소련에 반하는 글쓰기

1935년경, 레닌그라드

처음에 러시아의 시인 안나 아흐마토바는 일반적인 방식으로 시를 지었다. 항상 손으로 종이에 시를 써내려갔다. 그런 다음 여기저기를 고치며 이상하게 들리지는 않는지 어쩌면 큰소리로 읽어보기도 했을 것이다. 보통 그녀는 깨끗한 사본을 잡지사에 보내거나 한곳에 치워두었다가 일련의 시들이 쌓이면 출판사와 접촉했다. 제1차 세계대전 이전에 그녀는 이런 식으로 여러 권의 시집을 냈고 많은 호평을 받았다. 그녀는 20대 초반의 나이에 이미 러시아에서 유명한 시인이 되었고, 검은 머리에 긴 숄을 걸치고 귀족 집안 출신임을 드러내는 풍모로 눈길을 사로잡았다. 파리에서 그녀는 아메데오 모딜리아니를 알게 되었고, 이미 자신의 미래의 성공을 확신하고 있던 화가는 그녀에게 푹 빠졌다. 모딜리아니는 비평가들이 곧 러시아의 사포(Sappho : 고대 그리스의 서정시인/옮긴이)라고 부르게 될 젊은 아흐마토바의 우아한 선과 특징적인 용모를 포착한 드로잉과 그림을 여러 장 남겼다.

아흐마토바는 모딜리아니의 드로잉 가운데 한 점을 자신의 머리맡 가장 눈에 띄는 자리에 두었지만 파리에서 승승장구하던 시간은 이미 오랜

이탈리아의 조각가이자 화가인 아메데오 모딜리아니는 파리에서 안나 아흐마토바를 만났을 때 여러 장의 그림을 그렸다. (Heritage Image Partnership Ltd/Alamy Stock Photo)

옛일이었다. 1930년대 중반 새로운 시를 짓는 그녀의 마음속에는 출판에 대한 생각이 없었다. 국가는 절대 허락하지 않을 것이었다. 마르틴 루터가 인쇄를 통해서 무엇을 할 수 있는지를 입증한 이래로 국가 당국은 출판업자와 저자들을 통제하려고 노력해왔다. 많은 출판 계획에는 승인이 필요했고, 세르반테스 같은 이들은 국왕의 출판 면허를 신청해야 했다. 프랭클린이 면허 없이 『성서』를 출판했을 때에 알게 된 것처럼 면허들은 피해갈 수도 있었고, 마르크스와 엥겔스가 발견하게 되는 것처럼 책은 외국에서 인쇄되어 검열이 적용되는 영내로 몰래 들여올 수도 있었다. 20세기가 되어서야 인쇄는 마침내 국가의, 적어도 일부 국가들의 통제 가능 범위 안에 들어오게 되었다. 중앙집권적 권력을 등에 업은 나치 독일과 소련 같은 전체주의 국가들은 무력과 사람을 좌지우지했지만, 시민들을 감시하기 위한 대규모 관료기구에도 의존했다. 무수한 서류들이 작성되고, 처리되고 저장되었다. 문자의 발명과 함께 5,000년 전에 처음 발달한 관료제는 모두를 아우르는 힘이 되었다. 안나 아흐마토바는 어떤 정치 활동에도 관여하지 않았지만, 그녀의 신상에 관한 경찰 서류는 점점 불어나서 900장에 달했다.

국가가 자신의 시가 지면에 실리는 것을 허락하지 않을 것임을 안다고 해서 아흐마토바가 시를 쓰는 것을 막을 수는 없었고, 심지어 당시의 위험한 시절에도 마찬가지였다. 1934년에 한 고위 간부가 암살된 뒤에는 체포와 처형이 일상이 되었다. 겐리흐 야고다로부터 누구도 안전하지 못했다. 스탈린 비밀경찰의 수장인 그는 스탈린의 잠재적 경쟁자들, 옛 동지들, 반대 의견을 품었을 수도 있거나 아니면 그저 때와 장소를 잘못 만난 사람은 누구든 검거했다. 야고다는 고문을 받고 죄를 실토한 죄수들을 공개 재판에 끌어내어 국민 전체에 공포를 확산시켰다. 야고다 본인이 체포되었을 때에 사람들은 한층 더 겁에 질렸다. 비밀경찰의 수장조차 안전하지 않다면, 정말이지 누구도 안전하지 못했다. 야고다는 그보다 더 지독한 누군가로 신속하게 교체되었다. 니콜라이 예조프는 대숙청의 최악의 시기를 주재하다가 결국 그 역시도 전임자의 운명을 따랐다.

이 시기 내내 아흐마토바는 자신이 체포될 위험이 크다는 것을 알고 있었다. 전남편이 날조된 죄목으로 처형된 이후로 그녀는 줄곧 국가 보안 세력의 감시망 안에 있었다. 두 사람의 아들은 체포되었다가 석방되었다가 다시 체포되어 고문을 받았다. 비밀경찰이 어느 때고 들이닥쳐 집안을 수색할지도 모르며, 시에서 단 한 줄, 잘못된 한 줄만으로도 그녀가 총살대에 끌려가기에는 충분했다. 그녀가 시를 완성하자마자 각 단락을 외운 다음 그것을 적은 종이를 태워버린 것은 바로 그런 연유였다.

소련이 시에 열렬한 관심을 보인 전체주의 국가인 탓에 아흐마토바는 특히 위험에 노출되어 있었다. 아흐마토바의 초창기 명성은 러시아 혁명 이전에 찾아왔고 따라서 그녀는 결코 전통주의자가 아니었음에도 다른 시대 출신의 작가로서 현재 요주의 인물인 셈이었다. 첫 남편과 생각이 비슷한 한 무리의 젊은 예술가들과 함께 그녀는 세기 전환기의 무거운 상징주의 시를 거부하고 상징성을 더 단순하고 명료한 스타일로 대체하고자 하는 아크메이즘(Acmeism)이라는 유파를 창립했다("아크메이즘"이라는 표현은 아흐마토바의 이름에서 영감을 받았을지도 모른다). 러시아 혁명 직후의 들뜬 시기에 비교적 온건한 선언서를 갖춘 이 비교적 온건한 운동은 과거를 완전히 일소하기를 원하며 갈수록 요란한 공개 선언서들로 시장을 재빨리 잠식하던 미래주의 같은 더 급진적인 운동에 의해서 재빨리 밀려났다(구세대 아크메이스트와 신예 미래주의자 간의 차이점들 가운데 하나는 종이였다. 아크메이스트는 값비싼 종이를 쓴 데에 반해서 미래주의자들은 한번 쓰고 버릴 수 있는 값싼 종이를 좋아했다).

　러시아 혁명의 지도자들은 자신들의 혁명이 「공산당 선언」 같은 지하 텍스트들에 의해서 준비되었고, 이 텍스트가 혁명적 문학과 예술 운동들을 고무하면서 예술 세계로 침투했다는 사실을 너무도 잘 알고 있었다. 러시아 혁명의 지적 지도자인 레온 트로츠키는 짬을 내어 새로운 문학 운동에 관한 책 『문학과 혁명(Literatura i Revoliutsiia)』을 집필했고, 이 책에서 서른이 채 되지 않은 아흐마토바를 이미 구식이라고 공격했다. 막강한 교육인민위원 아나톨리 루나차르스키도 유사한 표현으로 아흐마토바를 비난했다. 1924년 레닌의 사후에 스탈린은 트로츠키를 망명으로 내몰면서 권력을 공고히 했지만, 시적(詩的) 사안에 대한 트로츠키의 관심사는 유지했고 안나 아흐마토바의 활동을 예의 주시했다(아흐마토바만

이 그가 읽은 시인은 아니었다. 그가 애독한 작가 중에는 월트 휘트먼도 있었다). 스탈린의 주시 대상이라는 점은 양날의 검이 될 수 있었다. 1935년 아들이 체포되었을 때, 아흐마토바는 스탈린에게 직접 편지를 써서 아들의 구명을 호소할 수 있었다. 그녀 자신도 놀랍게도 아들은 풀려났다. 하지만 대부분의 경우 스탈린의 관심은 작품을 쓰고 출판할 수 있는 그녀의 능력을 심하게 제한했다. 시에 무관심한 나라보다 시에 강박적인 나라가 더 끔찍하다는 사실이 드러났다.

아흐마토바 같은 시인에게 시는 위험하지만 필수적이기도 했다. 시는 그녀로 하여금 한 국민 전체의 슬픔과 공포, 절망을 전달할 수 있게 해주었다. 그녀는 자신의 새 시를 「진혼곡(Rekviem)」이라고 불렀다. 「진혼곡」은 하나의 단선적 이야기를 전달하지 않았다. 스탈린 시절은 너무 압도적이고, 혼란스럽고, 종잡을 수 없었다. 그 대신 아흐마토바는 스냅숏을 제공했다. 몇 줄의 대화와 기억에 남은 일화가 여기저기에 하나의 문장이나 이미지로 환원되어 역사를 세심하게 세공된 순간들의 문제로 탈바꿈시켰다. 가장 인상적인 대목은 여자들, 어머니와 아내들을 이야기하는 부분인데, 그들은 사랑하는 사람들이 처형되었는지 혹은 유배를 당했는지를 알아보기 위해서 매일같이 감옥 바깥에 모여 기다렸다. "나는 그들의 이름을 모두 기억하고 싶다"고 아흐마토바는 이 여성들에 관해서 썼다. "하지만 목록이 압수되어 어디서도/찾을 수 없다."

진화하는 그 시는 아흐마토바가 각 단락을 외운 다음 즉시 그것을 태우는 한 안전했지만, 오직 그녀가 살아 있는 동안에만 생존할 것이었다. 그 시가 살기 위해서는 다른 사람들의 마음속에 담겨 공유될 필요가 있었다. 아흐마토바는 조심스럽게 여남은 명의 가장 가까운 친구들만을 불러서 모두가 외울 때까지 그 시를 몇 번이고 들려주었다. 어쩌면 이것이 사포가 2,000년도 더 전에 자신의 시를 한 무리의 여자 친구들에게 가르쳐준 방식일 수도 있다. 하지만 사포는 자신의 시를 받아적는 것에 대한 두려움 속에 살지는 않았다. 바스라지기 쉬운 파피루스에 기록된 그녀의 단편적인 시들은 오랜 세월에 걸쳐 전해져 내려오면서 그녀의 비범한 상상력과 글의 지속성을 증언했다. 그러한 글은 심지어 파피루스에 적힌 것이라고 해도 러시아 사포가 감히 위험을 무릅쓸 수 없는 것이었다.

시를 마음속으로 암기할 수밖에 없었던 아흐마토바와 그녀의 친구들은 구전 문화들에서 암송자들의 숙련된 기법 없이 아쉬운 대로 해나가야 했다. 전문 암송자들은 정형화된 작품들과 더불어 긴 서사들도 담을 수 있을 만큼 기억력을 훈련했지만, 이렇게 암기한 내용들을 새로운 상황에 맞게 각색해도 무방했다. 반대로 아흐마토바는 친구들이 단 한 단어도 바꾸는 것을 원하지 않았다. 그녀는 문구 하나하나를 고심해가며 종이에 시를 썼고 이제 전형적인 문학가답게 정확성을 고집했다. 그녀의 친구들은 정확히 그녀가 쓴 대로 「진혼곡」을 기억해야 했다.

그들의 임무는 아흐마토바가 구전 시인과 대조적으로 문학 시인에 전형적인 다른 무엇인가를 할 때마다, 즉 계속해서 작품을 수정할 때마다 힘들어졌다. 이제 그 시가 그녀의 가까운 친구들의 마음속에 배포되었기 때문에 그녀는 그들이 모두 수정된 내용을 기억하고 있는지 확인해야 했다. 그녀의 친구들은 즉흥적으로 지어내는 것이 허용되던 구전 시인이나 낭송자가 아니었다. 그들은 아흐마토바의 종이였고, 그녀는 그 위에 그녀의 가장 중요한 시를 짓고 개작했다.

아흐마토바의 요구에 더 잘 대처하기 위해서 친구 중 한 명이 그 시가 마치 종이에 적힌 것처럼 시각화한 다음 단락별로 나누고, 단락마다 로마 숫자를 붙였다. 그것은 긴 작품을 짧은 구획들로 분절하고 눈에 띄는 표식이나 숫자로 순서를 시각화하는 데에 의존하는 오래된 기억술이 었다. 여러 해가 지난 뒤에 아흐마토바가 마침내 감히 그 시의 출간을 준비하게 되었을 때, 그녀는 "봐, 네가 말한 대로 로마 숫자들이야"라고 언급하며, 친구의 번호 매기기 방식을 이용했다.

고도로 문해력이 발달한 사회에서 살아가면서 암기에 의존해야 하는 시인이라는 자신의 처지의 아이러니를 아흐마토바도 놓치지 않았다. 그녀는 자신의 처지를 "구텐베르크 이전(pre-Gutenberg)"이라고 불렀고, "우리는 '구텐베르크를 타도하라' 슬로건에 맞춰 산다"고 풍자적으로 천명했다. 아흐마토바는 글쓰기 기술의 역사에 아주 익숙했다. 그녀는 어린 시절 가문의 영지에서 가장 위대한 러시아 작가 레프 톨스토이가 쓴 교과서를 가지고 읽고 쓰는 법을 배웠고 나중에 그의 작품들을 싫어하게 되었다. 그녀가 알던 바와 같이 러시아 문자는 그리스 알파벳을 모델로 한 것으로 기원후 9세기에 두 그리스 수도사 성 메토디우스와 성 키릴이 러시아에 가져왔다고 전해진다.

문자의 역사에 대한 아흐마토바의 깊은 통찰은 수메르 쐐기문자 연구자인 두 번째 남편에게서 왔다. 이전에는 궁전이었던 건물에서 방 두 개를 차지한 부부는 여기저기 널린 원고와 책 더미 속에서 함께 작업했고, 아흐마토바는 세계 문학을 대중에게 가져가기 위한 프로젝트의 일환인 남편의 번역원고를 타자기로 쳤다. 1918년과 1924년 사이에 인도의 이야기 모음집 『판차탄트라』를 비롯해서 무려 49권의 세계 고전이 출간되어 세계 문학이라는 괴테의 꿈이 혁명 노동자 공화국을 위해서 갱신된 셈이었다. 아흐마토바는 「길가메시 서사시」를 비롯해 쐐기문자에 깊은 감명을 받아 수메르를 소재로 희곡을 쓸 정도였다. 1940년대의 집중적인 탄압 기간 동안 그녀는 다른 여러 원고들과 더불어 희곡 대본을 불태웠지만, 생애 내내 기억을 바탕으로 그 희곡을 언젠가 다시 쓰겠다는 생각을 하기도 했다.

문해와 관련한 자신의 독특한 위치를 성찰하다가 아흐마토바는 문학의 역사가 구전 암송에서 쐐기문자로 그 다음에는 인쇄로 꾸준하게 진보하지 않는다는 것을 깨달았다. 누가 문학 생산의 수단을 통제하느냐에 따라서 문학의 역사는 옆길로 새거나 멈춰서거나 심지어 퇴보할 수도 있다. 만약 그 수단이 적대적인, 전체주의 국가의 수중에 있다면 작가는 구텐베르크 이전 시대에 살아야 하거나 마치 애초에 두 수도사가 그리스 알파벳을 이 땅에 전하지 않은 듯이, 심지어 문자 이전의 세상에 살아가야 한다.

아흐마토바에 대한 국가의 탄압과 검열은 1940년대에 다소 완화되었지만, 오직 제2차 세계대전이라는 더 큰 참화가 일어난 덕분이었다. 1941년 아돌프 히틀러는 스탈린과 맺은 군사협약을 깨고 소련을 상대로 선전포고를 했다. 스탈린은 전쟁에 대처하느라 일시적으로 아흐마토바에게서 관심을 돌렸다. 그의 유혈 숙청으로 군대에는 장교단이 남아 있지 않았으므로, 이제 장교단은 하룻밤 사이에 재건되어야 했다. 아흐마토바의 친구들 다수는 망명을 갔지만 그녀는 조국을 떠나기를 거부했고, 그 대신 병사들에게 애국적인 시를 낭독해줌으로써 전쟁 수행 노력에 참여했다. 그녀는 심지어 최신 기술인 라디오도 마다하지 않아 (그녀가 소개[疏開]되기 전에) 방송으로 페트로그라드—이제는 레닌그라드로 재명명된—의 동료 시민들에게 러시아 작가와 시인들의 이 도시를 지키도록 격려했다. 자신의 시 「진혼곡」에 관해서는 언급하지 않았지만, 그녀와 친구들은 전쟁 내내 그 작품을 안전하게 지켰다.

아흐마토바, 벌린을 만나다

전쟁이 끝나고 몇 달 사이에 아흐마토바는 다시 「진혼곡」을 낭송하고 있었다. 이번에는 가까운 친구들이 아니라 외국에서 온 어느 방문객에게 들려주었는데, 이 외국인은 그녀가 오랜만에 맞이한 첫 손님이었다. 숙청 기간에 외국인을 만난다는 것은 시를 종이에 적는 것보다 더 위험한 자살 행위였을 것이다. 그러나 전쟁으로 최악의 탄압이 어느 정도 완화되었고, 영국에서 온 방문객은 히틀러에 맞선 투쟁에서 우방이었다. 그의 이름은 이사야 벌린이었다. 러시아에서 태어나 러시아 혁명 이후 부모를 따라 영국으로 도망쳐서 그곳에서 자란 벌린은 20세기 중반 최고의 지성 가운데 한 명이 될 것이었다.

1945년 11월에 안나 아흐마토바를 찾아왔을 때, 벌린은 아직은 이름난 전체주의 비판가가 아니었으며, 서구에서 소식을 가져오는 누군가였을 뿐이다. 벌린이 이전의 고국을 방문한 것은 이번이 처음으로 그는 러시아어를 여전히 유창하게 할 줄 알았다. 그는 피해망상적 지도자의 잔혹한 숙청에서 살아남아 엄청난 인적 희생을 치르며 나치 독일을 무찌르는 데에 기여했으며, 이제는 불확실한 미래를 직면하고 있는 나라의 상황을 보고하라는 지침을 받고 영국 외무부의 일원이라는 공식 자격으로 그곳에 와 있었다. 그는 또한 영국 비밀정보부와도 연계가 있었다. 벌린이 비밀 임무를 띠고 파견된 것 같지는 않지만 나중에 그 만남에 관해서 진술하면서, 사실은 접촉을 통해서 주선된 만남이었음에도 불구하고 우연한 만남이었던 것처럼 암시하여 사실을 왜곡했다. 외무부에 보낸 공문에서 벌린은 영국 정부에 러시아가 다른 어느 나라보다 시를 진지하게 취급한다고 알렸다. 영국 외무부는, 적어도 그곳의 직원인 이사야 벌린의 모습을 빌려 이런 태도를 공유하는 듯했다.

1945년에 이르자 아흐마토바는 쐐기문자를 해독하는 남편과 오래 전에 이혼한 상태였다. 그녀는 공동 아파트에서 살았는데, 이전 동반자인 니콜라이 푸닌, 푸닌의 딸, 푸닌의 전부인 그리고 방문객들과 함께 살았기 때문에 딱히 사생활을 누릴 수 없었다. 이 거처는 특별 보안조치를 갖춘 연구시설의 일부였다. 건물 안에 들어간 벌린은 경비원에게 서류를 제시해야 했다. 그 다음 안뜰을 가로질러 계단을 올라갔다. 허름한 옷차림의 여성이 문을 열어주었다. 집안에 들어서자마자 그는 아흐마토바가 극도의 가난 속에서 살고 있음을 알아차렸다. 여전히 전쟁으로 피폐했던 도시에서 그녀가 대접할 수 있는 것은 삶은 감자가 전부였다. 하지만 벌린은 그녀에게 푹 빠졌다. 다른 일로 불려 나갔던 그는 러시아의 가장 찬사받는 시인과 대화하고 싶어서 그날 밤 다시 돌아왔다. 그 만남은 아흐마토바에게도 깊은 인상을 남겨서 그녀는 방문객을 아침까지 붙잡아두었다. 두 사람은 문학과 서방 세계, 소련에 관해서 이야기했고 몇 시간 뒤에는 더 내밀한 주제들도 이야기했다. 벌린은 이튿날 낮에도 찾아왔고 그 다음날 밤에도 한 번 더 찾아왔다.

가장 기억에 남는 순간은 아흐마토바가 벌린에게 그녀의 시 「진혼곡」을 암송했을 때였다. 벌린은 무척 감명을 받아 시를 받아적게 해달라고 두 번이나 간청했다. 그녀는 허락하지 않았다. 탄압이 완화된 이후에 그녀는 새로운 시집 출간을 계획하고 있었다. 그러니 벌린은 곧 「진혼곡」을 책으로 읽어볼 수 있으리라. 10년간 그녀와 친구들의 마음속에 존재해온 「진혼곡」이 마침내 세상에 나올 것이었다.

그러나 일은 그렇게 돌아가지 않았다. 이번에도 문제는 스탈린이었다. 전쟁으로 유린된 소련을 재건하려고 노력하는 와중에도 그는 아흐마토바로 대표되는 소련 시문학의 운명을 걱정할 시간이 있었다. 아흐마토바와 벌린과의 만남에 대한 이야기를 듣고(알고 보니 아흐마토바의 친구 중 한 명이 밀고자였다) 스탈린은 격분했다. "그래 수녀[아흐마토바를 향한 오래된 모욕적 호칭]가 외국 스파이들과 만나고 있었단 말이지?" 그는 그녀를 향해 전체주의 국가의 막강한 힘을 휘두르려고 나섰다. 그는 그녀를 체포하여 고문으로 허위 자백을 받아내거나 그냥 소련의 수감 제도 안에서 종적이 묘연하게 만들 수도 있었다. 하지만 그 대신 그는 출판에 대한 국가의 독점력을 동원함으로써 문학적 수단으로 아흐마토바와 싸우기로 했다.

아흐마토바를 겨냥한 캠페인은 스탈린이 지명한 문화인민위원의 연설로 시작되었다. 신임 문화인민위원은 두 문학잡지가 안나 아흐마토바의 작품을 출판하는 판단 오류를 저질렀다고 맹비난했다. 연설은 발행 부수가 많은 신문에 실린 다음, 소책자로 재발간되어 100만 부를 찍었다. 이것은 다른 이들도 유사한 규탄문을 내놓으라는 분명한 신호였고 그들은 재빨리 신호를 따랐다. 나라의 문학적 진노의 대상이 된 아흐마토바는 친구에게 빈정거렸다. "생각해봐, 이 얼마나 대단한 명성인지! 심지어 공산당 중앙위원회도 나에 관해 쓰고 있다니까."

「진혼곡」의 출간은 이제 물 건너간 일이었다. 그녀를 향한 조직적인 반대운동은 다른 결과도 가져왔다. 국가의 공공연한 적이 된 아흐마토바는 경찰의 감시 대상이 되었고 소련 작가 동맹에서 축출되었다. 모든 것이 어떤 조직의 소속에 의존하는 나라에서 이는 그녀가 더 이상 시인으로 활동하는 사람이 아니라는 뜻이었다. 또한 그녀가 더 이상 식량 배급권을 받을 수 없다는 뜻으로, 배급제로 돌아가는 전후 러시아 경제에서 상당한 타격이었다. 얼마 지나지 않아 아들이 다시금 체포되었지만 이번에는 스탈린에게 석방을 간청할 수 없었다. 아들은 노동 수용소 10년형을 선고받아, 아흐마토바가 다시는 외국 스파이들을 만나지 못하게 막는 정치적 인질이 되었다.

벌린과의 세 차례 만남은 대가가 컸지만 아흐마토바는 그 일을 결코 후회하지 않았다. 아마도 벌린에게 「진혼곡」을 종이에 옮겨적지 못하게 한 것은 후회했겠지만 말이다. 여러 편의 시에서 아흐마토바는 나중에 그 만남에 관해서 썼고, 벌린을 거의 남편이자 미래에서 온 방문객이라고 불렀다. 그녀는 심지어 그와의 만남과 그에 대한 스탈린의 반응이 냉전을 촉발했다고 주장했다. 아무래도 자신의 중요성을 과대평가하고 있었던 것 같지만, 저명한 시인으로서 그녀는 자신이 러시아의 가장 막강한 지도자의 눈엣가시임을 잘 알고 있었다. 그녀와 벌린의 만남은 냉전의 추가적인 도화선이었을 수도 있다. 어쨌든 간에 그 결과로 「진혼곡」은 전적으로 그 창작자와 친구들의 마음속에만 계속 존재했다.

증언이 되는 문학 : 아흐마토바, 솔제니친을 만나다

17년 뒤, 1962년에 아흐마토바는 또다른 방문객에게 「진혼곡」을 낭송해주었다. 이번 손님은 외국인이 아니었다. 그녀는 1945년에 쓰라린 교훈을 얻었다. 대신 이번 손님은 소련의 출판 문학에 부과된 한계를 시험할 참인 젊은 러시아 작가였다. 스탈린은 이미 여러 해 전에 죽었고 최악의 숙청은 막을 내렸다. 내부 권력투쟁 끝에 흐루쇼프가 승리하여 스탈린의 가장 극악한 범죄들과 거리를 두기 시작했다. 이 시기는 해빙기로 불리며, 이 해빙 무드를 타고 어느 유력한 문학 편집자가 아흐마토바를 대신하여 강요된 침묵과 배척의 긴 세월 끝에 그녀를 복권시켜줄 것을 제의하는 편지를 흐루쇼프에게 쓸 수 있었다. 다시금 국가수반은 러시아의 사포를 어떻게 해야 할지 결정해야 했다. 흐루쇼프는 아흐마토바가 더 이상 위협이 아니며, 심지어 소련 문학 세계에서 작은 자리를 하나 얻을 수도 있을 것이라고 동의했다. 몇십 년 만에 처음으로 아흐마토바는 출판의 희망을 품고 글을 쓸 수 있었다.

그러나 이런 새로운 상황 속에서도 「진혼곡」은 출판하기에는 위험 부담이 너무 컸고, 그래서 아흐마토바는 기억에 의지해서 연하의 러시아 작가에게 그 시를 낭송해주고 있었던 것이다. 작가 알렉산드르 솔제니친은 「진혼곡」을 몰랐지만, 러시아어로 "자체 출판"이라는 뜻의 사미즈다트(samizdat)라는 출판 과정을 통해서 그녀의 다른 시들은 일부 알고 있었다. 스탈린 치하에서 비밀리에 시를 짓는 가장 안전한 방법은 그것들을 외우는 것이었고, 스탈린 사후에는 자체 출판이라는 지하의 출판 수법이 대안으로 떠올랐다. 출판 도구는 전체주의 국가에서 구하기가 어려운 인쇄기가 아닌―사미즈다트는 아흐마토바가 그 시대를 일컬은 것처럼 여전히 구텐베르크 이전 상태였다―또다른 기계장치였다. 100년이 채 되지 않은, 비교적 저렴하고 통제하기가 더 어려운 그 장치는 타자기였다. 등사지(謄寫紙)의 도움을 받아 한 번의 타자 작업으로 10부 정도의 책자를 만들 수 있고, 그 다음 그것들이 다른 독자들의 손에 들어가면 그들이 몰래 복제한 다음 다시 더 많은 독자들에게 넘기는 식이었다.

사미즈다트는 스탈린 사후 아흐마토바와 몇몇 다른 작가들의 시로 시작되었다. 시들은 짧고, 소련 사회 구석구석에 침투해 있는 공포와 무력감을 포착하는 가장 압축적인 방식이었다. 처음에 무단으로 수제 제작된 이 시들은 아흐마토바가 1930년대에 자신의 시를 몰래 들려주었던 친구들 무리보다 클까 말까 한 사람들 사이에서 유통되었다. 하지만 스탈린 사후 해빙기 동안 사미즈다트는 더 대담해졌다. 타자 사본들은 더 널리 유통되었고 더 많은 사람들이 감히 그것들을 읽었다. 사람들은 사본을 딱 하루만 가지고 있을 수도 있으므로 밤새도록 혼자서 탐독하거나 아니면 친구들에게 읽어준 뒤에 다음 사람들에게 넘겼다. 이 과정은 원시적이고 노동집약적이며, 도달 범위가 제한적이었지만 그것은 하나의 시작이었다. 곧 사미즈다트는 시에서 에세이, 정치 저술, 심지어 소설로까지, 특히 외국에서 들어온 소설로까지 확장되었다. 하나같이 저렴한 종이에 타자되어, 표지도 씌우지 않고, 제본도 되지 않고, 오탈자가 난무하며, 여러 사람들이 한 작품을 동시에 읽을 수 있게 흔히 각 장(章)별로 분리되어 돌아다녔다. 사미즈다트가 증가하자 전문 사미즈다트 타이피스트들이 자신들의 수입을 보충하는 한편, 지하 문학계를 지원함으로써 원고 복제방식도 향상되었다.

소비에트 국가는 커져가는 사미즈다트 운동을 의식하지 않은 것은 아니었지만 스탈린의 공포 시대로 시계를 되돌리지 않는 한 사미즈다트를 통제하기란 어려웠다. 아파트들이 수색되고, 사미즈다트 출판물을 단순히 소지하고 있는 것만으로도 보통은 190-1조 "소비에트 국가와 체제에 대한 비방" 조항이나 162조 "금지된 제조업 활동 종사" 조항을 근거로 신속하게 처벌되었다. 그러나 아무리 많은 독자들과 유포자들이 검거되더라도 사미즈다트를 막을 수는 없었는데, 그것이 유일하게 읽을 만한 문학을 생산했기 때문이다. 손녀딸로 하여금 톨스토이의 『전쟁과 평화(Voina i mir)』에 관심을 가지게 하려다가 실패했다는 한 할머니에 대한 우스갯소리가 돌았다. 간절한 마음으로 할머니는 그 장황한 소설을 타자로 일일이 쳐서 사미즈다트 출판물처럼 보이게 만들었다고 한다.

아흐마토바가 솔제니친에게 「진혼곡」을 낭독해주었을 무렵에는 약

300명의 작가들이 이런 식으로 유통되고 있었다. 솔제니친은 그런 작가들 가운데 한 명으로 아흐마토바도 솔제니친의 소설 『이반 데니소비치의 하루(*Odin Den' Ivana Denisovicha*)』를 사미즈다트 판본으로 읽었다. 아흐마토바의 「진혼곡」이 감옥 바깥에서 희망도 없이 기다리는 것이 어떤 것인지를 묘사한 반면, 솔제니친은 독자를 그 머릿글자를 따서 굴라크(gulag)로 알려진 강제 노동 수용소(Glavnoe upravlenie lagerej) 체제의 심장부로 데려갔다. 소설은 서늘하도록 사무적이다. 솔제니친은 기상 신호와 여분의 식량을 얻으려는 쟁탈전으로 시작하여 영하의 기온에 제대로 된 옷도 갖춰 입지 못한 건설 작업반의 일과를 묘사하면서 어느 재소자의 전형적인 하루를 들려준다. 솔제니친은 굴라크의 삶이 너무도 비인간적이어서 아무리 많은 격분을 쏟아낸다고 해도 이를 적절하게 다룰 수 없음을 깨달았다. 최상의 무기는 독자들이 스스로 분노할 기회를 주는, 무미건조한 묘사였다. 솔제니친은 몰랐지만 나치 노동 수용소와 죽음의 수용소의 그보다 더욱 비인간적인 경험을 포착하려고 애쓴 프리모 레비 같은 작가들에 의해서도 유사한 접근법이 구사되었다.

20세기 문학의 부침과 기능을 곰곰이 생각하면, 나에게는 파시즘과 전체주의의 참상을 증언하는 작가들이 높은 자리를 차지한다. 물론 더 앞선 작가들도 폭력의 묘사에 몸을 사리지 않았다. 『일리아스』에서 호메로스와 그의 서기는 창이 인간의 몸속으로 어떻게 들어가는지 아니면 머리를 어떻게 깨부수고 관통하는지를 적나라한 세부묘사로 포착했다. 그러나 평범한 사람들의 체계적인 대량 감금을 묘사하는 것은 새로운 도전이었다. 문학은 이 도전을 맞을 준비가 되어 있었으니, 왕과 영웅들의 운명만이 아니라 보통 사람들의 삶에도 관심을 쏟는 법을 배웠기 때문이다. 20세기에 이러한 두 가지 발전상, 즉 대량 감금과 문학이 증언 문학이라

모스크바 4 타자기. 솔제니친
이 굴라크에서 풀려나서 첫 책
인 『이반 데니소비치의 하루』
를 쓸 때에 사용했던 타자기
모델이다.

는 비상한 문학으로 합쳐졌다.

솔제니친은 자신이 무엇에 관해서 쓰고 있는지를 알았다. 제2차 세계
대전 당시 복무하면서 그는 친구에게 보내는 편지에서 스탈린을 멸시하
는 발언을 했다가 체포되어 굴라크에서 8년을 보내는 형을 선고받았다.
스탈린의 죽음 덕분에 굴라크에서 석방되자마자 이번에는 카자흐스탄
으로 유배를 가야 했고, 그는 유배지에서 원시적인 흙집을 거처로 삼았
다. 그가 그곳에서 처음으로 한 일은 굴라크의 체험을 글로 옮기기 위해
서 모스크바 4 모델 타자기를 구입한 것이었다. 솔제니친이 속도가 빠른
타자수가 아니었기 때문에 작업은 지난한 과정이었다. 굴라크에서 복역
중에 이혼했던 아내와 재결합했을 때에 그의 소설의 집필 속도가 빨라졌
는데, 아내는 숙련된 사미즈다트 복제자들처럼 타자기를 다룰 줄 알았기
때문이다. 굴라크에 관해서 글을 쓰는 것은 금기였기 때문에 솔제니친은
딱 한 버전만 남겨두고 모든 초고를 불태웠고, 복잡한 일련의 은닉처에
조심스레 감춰두었다.

그러나 1962년 그가 아흐마토바를 만났을 무렵에 이르자 사정이 달

라졌다. 솔제니친이 레닌그라드를 방문한 주된 이유는 아흐마토바에게 경의를 표하기 위해서가 아니라 『이반 데니소비치의 하루』가 「노비 미르 (Novy Mir)」에 실릴 것이라는 놀라운 사실 때문이었다. 이 잡지는 사미즈 다트의 비밀 세계와 국가의 승인을 받은 공식 출판계 사이의 경계에 자리하여 러시아 문학에서 결정적 위치를 점하고 있었다. 솔제니친을 공식 잡지에 출판하려는 계획은 하마터면 엎어질 뻔했다. 잡지 편집자들을 회유해야 했고 자신의 개혁주의적 충동에 따라 행동하던 흐루쇼프가 나서서 출판을 승인하도록 국가 간부회를 설득했다. 그렇게 노력할 만한 가치가 있었다. 『이반 데니소비치의 하루』는 잡지판 100만 부와 더불어 10만 부 이상의 단행본이 인쇄되었다. 두 사람이 만났을 때 아흐마토바와 솔제니친은 이런 수치는 몰랐지만, 그 출판이 선풍을 불러일으킬 것임을 알고 있었다. 억눌려 있던 사미즈다트의 힘을 전달하던 한 텍스트가 국가가 통제하는 구텐베르크의 위력을 통해서 대중의 눈앞으로 쏟아져 나올 참이었다.

아흐마토바 역시 이러한 새로운 가능성들로부터 덕을 보았다. 『이반 데니소비치의 하루』를 출간한 잡지 「노비 미르」는 비록 「진혼곡」은 아니지만 그녀의 시들을 일부 세상에 내놓았다. 물론 「진혼곡」은 계속해서 사미즈다트 형태로만 유통되었다. 1960년대 초에 이르자 또다른 가능성이 존재했다. 바로 해외 출판이었다. 여러 나라들, 특히 독일에서 기꺼이 러시아 작품을 낼 출판사들이 여기저기 생겨났다. 출판 과정은 힘들고 위험했다. 원고를 러시아 밖으로, 흔히 마이크로필름 형태로 몰래 반출한 다음, 다시 인쇄된 책들을 러시아로 밀수해야 했다. 저자들에게도 위험 부담이 있었고, 타미즈다트(tamizdat, 해외 출판)라는 외국 출판물들이 보통 "저자의 동의 없이 출판"이라는 공지를 담고 있는 것은 그 때문이었다. 처음에는 아흐마토바와 그녀의 가까운 친구들의 마음속에서만 살다가 나중에 사미즈다트 비밀 네트워크를 통해서 유통된 끝에 「진혼곡」은 1963년에 타미즈다트 형태로 최초로 인쇄되었다.

노벨 문학상

아흐마토바와 솔제니친의 1962년 만남 이면에는 또다른 중요한 조류가 깔려 있었다. 바로 노벨 문학상이었다. 두 작가는 소련의 공식 잡지에 실린 『이반 데니소비치의 하루』가 솔제니친을 스웨덴 한림원의 관심 범위 안으로 가져갈 것임을 알고 있었다. 아흐마토바는 과거에 여러 차례 후보로 지명되었지만, 동포인 보리스 파스테르나크에게 밀렸고 파스테르나크는 1958년 수상을 거절해야만 했다. 해빙이 대대적으로 이루어지면서 스웨덴 한림원이 솔제니친과 그의 후원자들을 지지함으로써 다시금 소련 작가들에게 힘을 실어주는 것도 충분히 가능했다. 노벨 문학상은 명명백백하게 정치적인 상이 되었는데, 이는 냉전기에 문학의 중요성을 보여주는 증거였다.

노벨상의 시작은 훨씬 더 소박했었다. 원래 노벨상은 과학과 예술 분야에 치적을 남기고자 했던 스웨덴의 무기 제조업자이자 다이너마이트 발명가의 유증으로 시작되었다. 수상자 선정에 책임이 있는 기관인 스웨덴 한림원은 처음에는 시간의 검증을 견디지 못한 작가들을 많이 선정했다. 그러나 넉넉한 기금과 경험이 쌓인 덕분에 한림원은 더 노골적이고 편파적인 선정과 여타의 함정을 피하는 길을 발전시켰고, 성공적으로 세계에서 가장 중요한 상으로서의 권위를 확립시켰다. 스웨덴의 작은 크기와 주변적 위치도 도움이 되었다. 그와 유사한 위치가 세계 정치에 직접 이끌려 들어가지는 않으면서 괴테가 세계 문학을 구상하는 데에 도움을 준 것과 마찬가지였다. 심지어 초창기 수십 년 동안에도 스웨덴 한림원은 중요한 무엇인가를 제대로 파악했다. 문학이 소설과 시 이상으로 범위가 훨씬 넓다는 것 말이다. 문학의 힘이 그야말로 얼마나 다채로울 수 있는지를 시사하기 위하여 스웨덴 한림원은 철학자(앙리 베르그송과 버트런드 러셀)와 역사가, 자서전(윈스턴 처칠)과 에세이 작가들을 비롯해 많은 논픽션 작가들에게도 상을 수여했다(비록 2015년은 우크라이나와 벨라루스 출신 논픽션 저널리즘 작가가, 2016년은 미국 가수이자 작사가 겸 작곡가 밥 딜런이 수상하기는 했지만, 지난 50년 동안은 소설과 시, 희곡에 더 좁게 초점을 맞춰왔다).

아흐마토바와 솔제니친의 만남 중에 예견된 사건은 1970년에 노벨 문학상이 『이반 데니소비치의 하루』의 작가에게 돌아감으로써 마침내 현실이 되었다. 1970년에 이르자 소련은 더 이상 자국의 작가에게 노벨상을 거부하라고 강요할 수 없었지만, 솔제니친이 시상식에 참석하는 것은 허락하지 않았다. 그 상이 오직 그 목적을 위해서 마련된 조촐한 의식과 함께 솔제니친에게 수여된 것은 다시 4년이 지난 뒤였다. 그때쯤이면 그는 소련에서 추방되어 서방에서 거주하고 있었고, 다음 수십 년을 미국에서 보내게 될 것이었다.

아흐마토바는 그 상이 솔제니친에게 돌아가는 것을 볼 만큼 오래 살지 못했다. 그녀는 4년 전인 1966년에 자신의 가장 중요한 시 「진혼곡」이 여전히 자국에서 출간되는 것을 보지 못한 채 죽었다. 적어도 그녀는 해외 여행이 허락되어 시칠리아(괴테가 그토록 찬탄했던 타오르미나)에서 문학상을, 옥스퍼드 대학교에서 명예 박사학위를 받았는데 후자는 이사야 벌린이 기획한 것이었다. 귀국 길에 그녀는 모딜리아니와의 연애의 추억이 가득한 파리에 들렀다. 그 사이 그녀는 몇몇 새로운 친구들에게 「진혼곡」을 낭송해주었다. 1930년대에 그 시의 수호자 역할을 했던 일부 친구들은 별안간 가슴이 저려옴을 느꼈다. 그 시의 담지자라는 사실은 부담이기도 했지만 이제는 점차 사라지고 있던 특권이기도 했다.

아흐마토바가 공식적으로 복권되기까지는 사후 다시 22년이 걸렸고 소련 공산당의 또다른 서기장이 개입했다. 1988년 한 행사에서 미하일 고르바초프는 아흐마토바가 이사야 벌린의 방문으로 인해서 부과되었다고 믿었던 1946년의 검열 공문을 철회했다. 그때쯤이면 소련은 해체의 와중이었는데, 냉전기의 필사적인 군비경쟁뿐만 아니라 안나 아흐마토바와 아주 밀접하게 동일시되었던 사미즈다트라고 하는 비밀 출판 과정에 의해서도 무릎을 꿇었다. 이 집요한 시인은 어쩌면 냉전을 촉발한 데에 대한 자신의 역할은 과장했을 수도 있지만, 그 종식을 가져오는 데에는 제 몫을 했다.

14

『순자타 서사시』와 서아프리카의 말재주꾼들

『순자타 서사시(*The Epic of Sunjata*)』는 오늘날의 말리와 기니인 서아프리카를 무대로, 중세 후기 어느 시기에 만데 제국이 어떻게 건립되었는지에 관한 이야기를 들려준다.

많은 근본 이야기들처럼 『순자타 서사시』는 영웅의 탄생을 둘러싼 드라마로 시작한다. 지역의 한 족장은 자신의 아내가 되어 아들을 낳을 것이라고 예언된 여인을 찾으려고 애써왔는데, 그녀가 낳은 아들이 순자타가 되어 만데 부족을 통일할 운명이었다. 족장은 많은 아내들을 얻었지만 누구도 예언에 맞는 아들을 낳지 못한다. 한 물소가 나타나서 일대를 공포로 몰아넣기 시작하면서 족장의 곤경은 커진다. 순자타의 탄생은 거의 불가능해 보인다. 절박해진 족장은 물소를 물리치는 사람에게 가장 매력적인 여인을 내주겠다고 제의한다.

많은 이야기들에서 그렇듯이, 도움의 손길은 예기치 못한 곳에서 찾아온다. 북쪽 출신의 두 낯선 사냥꾼이 이 보상에 이끌려 그 지역으로 온다. 길가에서 두 사냥꾼은 한 여자 마법사를 만나는데 알고 보면 그 마법사는 모습을 바꿀 줄 아는 물소이다. 뜻밖에도 이 마법사는 사냥꾼들에게 물소의 형태인 자신을 어떻게 죽일 수 있는지 그 비밀을 기꺼이 알려주고자 한다. 그 대신 약속을 하나 해야 한다. 그들은 족장이 상으로 내주겠다고 한 마을 처녀들 중에서 가장 못생긴 여자를 골라야 한다.

젊은 사냥꾼들은 마법사가 건네준 무기로 물소를 죽인 다음 약속한 대로 보기 흉하게 기형인 여인을 고른다. 이 모든 것을 지켜본 족장은 이제야 그 여인이 틀림없이 미래의 순자타의 어머니일 것이라는 점을 깨닫는다. 그는 북쪽에서 온 두 사냥꾼에게 다른 보상을 해준 다음 그 여인을 자신의 아내로 삼는다. 이윽고 어린 순자타가 태어난다.

영웅 탄생의 드라마는 끝났지만 순자타의 역경은 시작일 뿐이다. 어머니처럼 순자타도 기형이어서 제대로 서거나 걸을 수 없다. 다른 많은 영웅들처럼 순자타도 이제 자신의 가치를 입증해야 한다. 7년 동안 그는 때를 기다리며 이 상태를 견디다가 마침내 그를 묶어두던 마법을 깨고 순전히 자신의 의지력으로 떨치고 일어서는 데에 성공한다.

그의 커져가는 힘은 시샘을 낳는데, 특히 그의 아버지의 많은 아내들로부터 시기가 심하다. 순자타의 이복형제 중 한 명이 그를 죽이려고 하자 순자타의 어머니는 아들을 살릴 유일한 방법은 그를 멀리 유배 보내는 것임을 알게 된다. 순자타는 이제 유배살이의 고난을 겪어야 하며, 27년간 이어지는 이 기간 동안 그의 이복형제는 나라가 적대적인 한 마법사에게 지배되는 것을 수수방관한다. 절박해진 친족들은 유배된 순자타를 찾아내어 귀향하도록 설득한다. 순자타는 세력을 모아서 고향을 해방시키고 지역 제국으로 통일시킨다.

다른 많은 근본 텍스트들과 마찬가지로 순자타가 정말로 존재했다는 독립적인 역사적 근거는 없다(길가메시나 모세가 존재했다는 근거가 그 근본 텍스트 바깥에는 없는 것과 마찬가지이다). 『순자타 서사시』는 다

이 1375년 서아프리카 지도의 세부는 순자타의 계승자인 만사 무사가 왕좌에 앉아 있는 모습을 보여준다.

른 근본 텍스트들과 유사점이 많은데 이런 텍스트들은 흔히 영웅이 강력한 적수들에게 압도당한 것처럼 보이다가 도전에 맞서 능력을 입증하는 것으로 그린다. 오디세우스처럼 순자타는 타향살이와 방랑의 시기를 보내다가 고향으로 돌아올 수 있었는데, 이는 유대인들의 유배와도 공명하는 이야기이다. 그리고 마야의 『포폴 부』처럼 『순자타 서사시』는 까마득한 생명의 여명기까지 중요한 조상들의 이름을 죽 거슬러 나열한다.

『순자타 서사시』에서 색다른 것은 그것이 우리 시대까지 구전 문학으로 살아남았다는 점이다. 『순자타 서사시』는 글로 적힌 고정된 원전이 따로 없고, 대신 훈련된 이야기꾼들이 관객들에게 실연해주는 많은 지역적 변종들만 존재한다. 이 이야기꾼들은 때로 하프와 비슷한 코라를 반주 악기로 쓰기도 하고, 공연에 참석한 유명한 가문들의 가계들을 이야기에 포함시키기도 한다. 이야기꾼마다 저장된 에피소드들 가운데 특정 시간과 관객에게 가장 적합한 에피소드를 고르기 때문에 공연은 저마다 다르다. 이 이야기꾼들은 만데 사회에서 높은 지위를 누린다. 그들의 직업이 긴 훈련과 복잡한 기술들을 요구하므로 그들은 장인으로 간주된다. 나무와 가죽, 금속을 가지고 작업하는 사람들과 나란히 그들은 말을 가지고 작업하므로, 말재주꾼(wordsmith)으로 불린다.

구전 문학으로 여전히 건재한 『순자타 서사시』는 우리 시대에 들어서야 글로 적혔다. 이것은 우리에게 길가메시와 호메로스 이래로 거듭 일어났던 과정을 관찰할 수 있는 둘도 없는 기회를 제공한다. 바로 구전 이야기들이 글로 된 문학으로 탈바꿈하는 과정을 말이다.

하나의 서사시가 공연 중이다

내가 가장 좋아하는 『순자타 서사시』 버전은 1994년에 한 이야기꾼의 공연을 어느 서기가 받아적은 것이다. 공연은 서아프리카, 기니의 니안단 강 근처 파마다 마을에서 벌어졌다. 마을은 주민이 고작 100명 정도밖에 되지 않았고, 대부분은 진흙 벽돌로 쌓고 원뿔형 이엉지붕을 얹은 작고 둥근 오두막에서 살았다. 가족의 크기에 따라서 주거지에는 대여섯 채의 오두막과, 지붕을 씌우고 옆은 열린 취사 공간, 곡창이 한두 개 있을 수도 있었다.

이야기꾼은 잔카 타세 콩데였다. 콩데는 아버지와 형제로부터 전통적인 방식으로 훈련을 받았다. 그의 아버지는 유명한 바부 콩데로, 오랫동안 가문의 주거지를 다스려왔고 그 지역의 젤리 나가라(jeli nagara), 즉 음유시인들의 우두머리가 되었다. 타세는 그 자리를 물려받았다.

타세 콩데는 자기 오두막에서 공연을 했는데, 오두막 안에는 열서너 명의 사람들이 둥근 벽에 등을 기대고 염소가죽과 깔개 위에 다닥다닥 앉아 있었다. 긴 공연 동안 젊은이들이 언제나 연장자들에게 자리를 비켜주어 공간이 날 때마다 집안의 남자 구성원과 이웃들이 들어왔다가 나가곤 한 반면 여자들은 문밖에서 빼꼼히 들여다보았다. 헐렁한 바지에 선명하게 무늬가 박힌 전통 가운을 걸친 콩데는 도착한 방문객들에게 인사를 한 다음 이야기에 뛰어들었다.

제한된 시간을 고려하여 그는 어떤 줄거리들을 따라가고, 어떤 줄거리들을 자세히 설명하며 또 어떤 줄거리들은 다음 기회로 미룰지를 세심하게 따져서 골라야 했을 것이다. 여러 주일에 걸쳐 나흘간 공연하는 과정에서 그는 전통에 충실하지만 자신만의 『순자타 서사시』를 빚어냈다.

관객의 참여가 유도되었다. 마을의 다른 가계 출신의 두세 명의 음유시인들이 문장이 끝날 때마다 돌아가며 추임새를 넣는 공식 응답자 역할을 했다. 사실상 모든 문장에 나무("그렇다네!")나 틴예("옳지!") 같은 외침이 뒤따르면서 관객이 이야기와 공연자의 솜씨를 음미하고 있음을 표현했다.

그 자리에는 색다른 관객이 한 명 있었다. 이 이야기를 받아적을 서기, 미국의 학자 데이비드 콘래드였다.

콘래드가 이 외딴 마을에 도착하는 일은 쉽지 않았다. 그는 풀을 뜯는 소들 사이를 지나 지프를 타고 이동한 뒤, 통나무배를 타고 개울을 건넌 다음 마지막 구간은 걸어서 마침내 마을에 도달했다. 콘래드는 자신이 원하는 바를 알고 있었다. 그것은 『순자타 서사시』를 문학으로 전환하는 것이었다. 이것이 콩데의 공연—현지 관객을 위한 이야기의 실연이 아니라 결국 데이비드 콘래드의 책이 될 공연—의 궁극적인 목적이었다.

콩데의 버전을 기록하기 위해서 콘래드는 펜을, 적어도 당장에는 펜을 쓰지 않았다. 그는 작은 테이프레코더 소니 TCS-430과 다소 커다란 휴대용 녹음기기 마란츠 PMD-430을 이용했다. 테이프레코더는 1970년대 이후로 이야기꾼 주변에서 친숙한 광경이었다. 이 기기는 이야기를 희곡이나 소설 (또는 어린이 동화) 같은 문학 장르로 변환하지 않고 구전 형태 그대로 녹음할 수 있게 해주었다. 흔히 나이지리아에서 온 테이프레코더들은 서아프리카에서 다수가 모습을 드러내기 시작하여 문학적 요구들을 부과하지 않으면서 구전 스토리텔링을 녹음하는 데에 쓰였다. 보통은 해적판인 카세트테이프는 흔히 제대로 된 라벨이나 포장도 없이 그 지역 곳곳의 시장 좌판에서 팔려나가 글을 읽지 못하는 사람들도 이야기에 접근할 수 있게 해주었다.

다른 신기술과 마찬가지로 카세트는 구전 공연 문화를 변화시켰다. 그것은 이야기꾼이 먼 거리를 가로질러 관객에게 도달할 수 있게 하여 영향력 범위를 확장시켰다(이런 측면에서 글의 효과와 유사하다). 이전에 음유시인들은 특정 장소에 모인 관객들에게만 이야기를 들려주었던 반면 이제는 그 지역 전역에 걸쳐 서로서로 경쟁하고 있었다. 카세트가 가져온 한 가지 결과로 이야기꾼들은 경쟁 상대들과 자신을 차별화하는 자신만의 독특한 해석을 내놓으면서 자신이 다루는 이야기에 개성을 더 강하게 부여하려고 했으며, 콩데가 하고 있었던 것도 그것이었다.

카세트는 라디오와 텔레비전과 더불어 이야기꾼들의 사회적 지위도 변화시켰다. 전통적으로 그들은 강력한 후원자와 연결되어 있었지만, 프랑스 식민주의자들의 도래로 이 후원 시스템에 금이 갔다. 제2차 세계대전 이후에 말리와 주변 나라들이 독립하면서 이야기꾼들을 둘러싼 경제적, 사회적 조직은 다시금 변화를 겪었고 음유시인들은 새로운 정치적, 경제적 엘리트 계층 사이에서 앞다퉈 새로운 후원자를 찾아야 했다. 이런 상황에서 카세트는 라디오와 텔레비전과 더불어 음유시인들이 명명식이나 결혼식에서 이야기를 암송함으로써 얻을 수 있는 수입을 보충할 추가적인 수입원을 제공했다.

콩데의 1994년 공연의 금전적 인센티브는 라디오나 카세트 판매가 아니라 문학의 세계 시장이었다. 콘래드는 콩데에게 공연 1회당 25,000-50,000기니프랑(미화 약 25-50달러)을 지불했는데 이 정도면 당시에는 상당히 큰돈이었다. 녹음된 테이프는 프랑스어 문자로 콩데가 말한 만데어를 힘들게 전사(轉寫)한 다음 영어로 번역되었다. 그런 다음 콘래드는 결과물을 편집하여 길이를 약 3분의 1로 줄여서, 관객들의 추임새를 비롯하여 구전 스토리텔링의 리듬을 포착하면서도 한 편의 문학 작품으로 기능하는 버전을 내놓았다(콘래드는 나중에 훌륭한 산문 버전도 출간했다). 그런 다음 그는 그 텍스트를 호메로스의 서사시처럼 운문으로 썼다. 하나의 구전 이야기가 한 편의 문학 텍스트로 탈바꿈한 것이었다.

문해의 제1차 물결
중세 후기, 만데 왕국

데이비드 콘래드의 테이프레코더와 전사는 『순자타 서사시』와 글과의 첫번째 조우는 아니었다. 이 서사시는 수 세기 동안 다른 문자 문화들과 공존해왔고 이 문화들은 그 구전 이야기에 영향을 주었다. 콩데 같은 음유시인들은 단순히 글을 거부한 것이 아니라 글로 된 이야기들을—그리고 글 자체도—그들의 내러티브 안에 끼워넣었다. 이것이 『순자타 서사시』를 통해서 우리가 자세히 살펴볼 두 번째 과정이다. 즉 구전 스토리텔링이 어떻게 문헌 문화들과 나란히 존재할 수 있는가?

콩데는 그가 아랍어 이름인 아다마와 하와로 부르는 아담과 이브의 인류 기원에 관한 이야기로 운을 뗀다. 그 다음 아브라함과 그의 후손들로 넘어가 예수와 무함마드에까지 이른다. 이 인물들은 이슬람과 이슬람의 성전인 『코란』을 통해서 만데 영토로 들어왔다.

콩데 같은 음유시인들은 성스러운 경전에 나오는 이야기들을 자신들의 구전 서사에 받아들였을 뿐만 아니라 순자타의 계보를 이슬람의 계보와 연결시켰다. 이런 목적을 위해서 그들은 무함마드의 동반자인 빌랄 이븐 라바에게 의존했다. 아름다운 목소리를 타고난 이븐 라바는 신자들에게 기도하러 오라고 큰소리로 외쳤고, 이슬람에서 최초의 무에진(muezzin), 즉 기도 시간을 알리는 사람으로 알려지게 되었다. 이 음성 공연자에게 흥미를 느낀 만데의 음유시인들은 이제 이븐 라바를 순자타의 조상으로 묘사했고 그리하여 자신들의 구전 전통과 이슬람 신앙을 하나로 엮었다.

그뿐만이 아니었다. 이슬람이 성스러운 경전에 의존함을 알고 있는 콩데의 버전은 만잔 베레테라는 인물을 빌려와서 글을 중요한 문화적 힘으로서 기렸다. 예언자이자 순자타의 아버지의 자문인 베레테는 외지인들이 와서 순자타를 낳을 운명을 타고난 여인을 지목할 것이라고 올바르게 예언했다. 의미심장하게도 베레테의 지혜는 전부 글이 적힌 책에서 유래했다. 콩데는 관객에게 베레테가 어떻게 어느 성스러운 책을 순자타의 아버지에게 가져왔고 또 그를 설득하여 이슬람으로 개종시켰는지를 설명했다. 『순자타 서사시』는 그 서사 안에 아랍의 글의 여러 측면들을 포함시킴으로써 그 구전 성격을 유지했다.

타세 콩데는 서아프리카 문해의 오랜 전통에 반응하고 있었다. 632년 무함마드 사후 수 세기에 걸쳐서 아랍어 사용 부족들은 일련의 군사적 정복을 통해서 예언자의 말을 중동 전역으로 전파했다. 그 다음 아랍과 베르베르 군대가 북아프리카 해안지역을 정복했고 유럽으로 건너가 이베리아 반도까지 제국을 확대했으며, 결국 기독교 군대는 1492년에 이른바 에스파냐 재정복을 통하여 이 영토들을 되찾을 수 있었다. 궁극적으로 이슬람은 인도까지 도달하여 델리의 통치자들을 이슬람으로 개종시켜 무굴 제국이 탄생하게 되었다.

남쪽으로 향하는 경로만이 세계에서 가장 가공할 자연장벽인 사하라 사막에 줄곧 막혀 있었다. 사막에서의 기술에 능숙한 아랍인들은 궁극적으로 단봉낙타를 수입하여 사하라 사막을 건너는 법을 알아냈다. 그러한 낙타들로 구성된 카라반[隊商]의 도움을 받아 아랍의 무역상들은 향신료와 수공예품을 비롯해 방대한 무역 네트워크의 상품들을 말리까지 가져왔다.

그들은 하나의 성스러운 텍스트, 즉 『코란』과 『코란』에 대한 주석과 연구의 풍성한 전통에 기반을 둔 문해 문화도 가져왔다. 이 넓은 문화 영역의 일부가 되는 이점을 인식한 만데의 지배자들은 중세 어느 시기에 이슬람으로 개종했다.

이븐 바투타가 말리를 방문하다
1352년, 탕헤르

만데와 아랍 세계 간의 초기 접촉에 대한 최고(最古)의 증인은 세계 문학의 위대한 여행가이자 여행작가 중 한 명인 아부 압둘라 무하마드 이븐 바투타이다. 그는 만데 제국에 관해서 쓴 최초의 아랍인 중 한 명으로, 만데 제국의 수립은 『순자타 서사시』에서 기려진다.

여행에 대한 이븐 바투타의 매혹은 모로코 탕헤르 출생의 젊은이가 이슬람에서 요구되는 메카로의 순례를 떠나기로 했을 때에 시작되었다. 순례를 마쳤지만 그는 곧장 탕헤르로 귀환하고 싶은 마음이 들지 않았다. 그는 멀리 인도까지 이어지는 방대한 이슬람 영토를 가로질러 동쪽으로 수천 킬로미터를 이동하면서 다음 28년을 길 위에서 보냈다.

이븐 바투타는 1352년, 그의 마지막 여정에 만데 부족의 땅을 찾아왔고 이를 계기로 신화적인 순자타의 후계자들에 대한 가장 초기 기록을 남겼다. 입으로 전해지는—그리고 이제는 글로도 쓰인—순자타 이야기는 이 신화적 창건자에 대한 유일한 설명인 반면, 이븐 바투타의 여행기는 그 이야기가 얼마간 역사적 근거가 있을지도 모른다는 것을 보여준다.

이븐 바투타는 하나는 자신이 타고, 다른 하나는 식량 운반용으로 낙타 두 마리를 끌고 출발하여 도중에 본 여러 기이한 광경들을 기록했는데, 그중에는 소금 광산과 양쪽에 소금 덩어리를 하나씩 지고 가는 낙타들, 건물이 모조리 암염(巖鹽)으로 지어진 마을에 대한 묘사도 있었다.

이븐 바투타는 대체로 목숨을 부지하는 것에 초점을 맞추었다. 사막을 건너는 시련에서 살아남는 유일한 길은 카라반의 일부가 되는 것으로 심지어 그조차도 위험한 일이었다. 가장 어려운 구간은 도중에 물을 구할 곳이 전혀 없는 열흘짜리 이동 구간이었다. 그가 속한 카라반의 한 사람이 다툼 끝에 뒤쳐졌다가 길을 잃고 죽었다. 이븐 바투타는 도중에 일원들을 잃어버렸다는 또다른 카라반과도 조우했다. 그와 동행들은 이내 길을 따라 죽어 있는 그 카라반 사람들을 발견했는데, 그들 모두가 직면한 위험을 상기시키는 소름끼치는 표식이었다. 그 이후로 바투타의 동행 가운데 누구도 카라반 행렬에서 벗어나지 않았다.

그들이 걱정할 필요가 없는 유일한 위험은 다른 사람이었다— 사하라 사막에는 강도가 없었다. 그들이 사막을 횡단하고 난 뒤에도 뜻밖에 길이 안전하다는 느낌이 들자 이븐 바투타는 기뻤고 혼자서 계속 여행을 하기로 했다. 그 길들은 만데의 통치자들이 지배했지만 실제 무역은 그곳에 정착하여 그들의 문화와 노하우, 그리고 글을 가져온 베르베르인과 아랍인을 비롯한 무슬림의 수중에 있었다. 이븐 바투타는 열심히 공부하는 일부 현지 젊은이들의 모습을 보고 감탄하며 그 모든 것을 관찰했고, 특히 한 소년이 『코란』을 다 외울 때까지 족쇄를 차고 있는 모습을 보았다. 그리고 『코란』을 독송하는 의례를 흡족하게 기록했다.

깃털로 만든 의상을 입은 가수들이 참여하는 한 축제가 그의 특별한 주의를 끌었다. 가수들은 왕 앞에 서서 이전 왕들의 행적을 이야기하는 시를 읊었다. 그러고는 우두머리 가수가 왕에게 다가가 왕의 무릎에, 그다음 어깨에 머리를 댔는데 그렇게 하는 내내 선조들에 대한 이야기를 들려주었다. 이 구전 스토리텔링 행사에서 이븐 바투타가 특히 깊은 인상을 받은 것은 그것이 아주 오래되었다는 점이었다. 보아하니 이런 유형의 암송은 "이슬람보다 한참 오래되었다." 만데 사회의 일부에는 문자가 이미 오래 전에 도입되었음에도 불구하고, 이 더 오래된 구전 전승은 책 기반의 새로운 종교에 적응하면서도 약화되지 않고 지속되었다. 이븐 바투타 덕분에 우리는 1994년 타세 콩데 버전의 『순자타 서사시』에서 펼쳐지고 있던 이슬람 문학과 만데의 구전성(orality) 사이의 역동적인 관계가 최소 14세기로 이래로 줄곧 진행되었음을 알 수 있다.

이븐 바투타는 마침내 만데 부족의 왕 만사 술라이만, 즉 신화적인 순

13세기 알-와시티가 그린 이 삽화는 메카로 길을 떠나는 순례자 무리를 보여준다.

자타의 계승자 앞에 갈 수 있었다. 그 만남은 순조롭지 않았다. 길 위에
서 보낸 근 30년 동안 이븐 바투타는 요구가 많은 여행자가 되었다. 그
는 인도에서 그랬던 것처럼 선물 세례를 받기를 기대했고, 인도에서는 외
교 임무를 띠고 중국을 방문해줄 것을 요청받기도 했다. 이 왕은 그에게
별다른 관심을 보이지 않았고 고작 빵 세 덩어리와 튀긴 쇠고기 한 조각,
시큼한 우유 한 조롱박을 환영 선물로 내놓았다. 이븐 바투타는 놀라고
화가 나서 큰소리로 웃어젖혔다.

안타깝게도 왕은 한갓 여행자가 아니라 수십 년간, 심지어 수 세기 동안 사하라 이남 아프리카에 대한 아랍 세계의 시각을 형성할 사람의 심기를 거스르고 말았다. 여행 내내 이븐 바투타는 여러 만남에 대한 자신의 인상과 활약상에 대한 방대한 양의 기록을 남겼다. 그는 그 기록들을 역사상 가장 영향력 있는 여행 이야기 가운데 하나로 탈바꿈시켰다.

이븐 바투타는 자신의 여행기를 제 손으로 직접 쓰지 않고 직업 서기에게 받아쓰게 하는 한편 또다른 협력자와도 작업했다. 그 결과 중세 후기 이슬람 세계에 대해서 우리가 보유한 가장 위대한 목격담이 나왔지만, 쥐꼬리만 한 선물을 내놓은 만데 왕에게는 크게 손해였다. 자신의 의견을 밝히는 데에 주저함이 없던 이븐 바투타는 여태 만났던 왕들 가운데 그가 가장 쩨쩨한 왕이자 그의 백성들 사이에 불만이 만연해 있다고 보고하면서 아주 분명한 어조로 왕을 비난했다.

왕에 대한 독설에도 불구하고 이븐 바투타는 우리에게 그곳의 이야기꾼들에 대한 초창기 기록을 제공함으로써 만데 부족에게 좋은 일을 해주었다. 이븐 바투타의 방문 이후 몇 세기 동안 이 음유시인들은 글을 읽고 쓰는 법을 배울 필요성을 느끼지 않은 채 자신들의 구전 서사에 이슬람 요소들을 계속해서 집어넣었다. 아랍 문자는 비교적 소수의 아랍어 사용자들, 순자타의 이야기에 나오는 베레테 같은 코란 학자들에게 국한되어 있었다. 아랍 학문의 중심이 된 팀북투 같은 곳에서 의미 있는 문헌 문화가 발전했지만, 구전 스토리텔링에 근본적으로 영향을 미치지는 않았다.

만데의 가수들은 그들대로 순자타 이야기를 글로 받아적기 위해서 아랍어로 번역할 필요를 느끼지 못했다. 다른 구전 문화들의 음유시인들이 그랬던 것처럼, 어쩌면 그들은 자신들의 가장 중요한 이야기가 글로 적히고 나면 그에 대한 지배력을 잃을까봐 걱정했을 것이다. 글로 적는 대신에 이 이야기꾼들은 타세 콩데 일족처럼 대체로 가문 안에서 이야기를 계속해서 입으로 전달했다. 그들은 이븐 바투타가 여행에서 목격한 것과 같은 특별한 행사에서 이야기를 공연했다.

이런 식으로 아랍의 글과 만데의 스토리텔링은 평행 세계들에서 계속해서 동시적으로 존재했고 오늘날에도 여전히 그렇다. 타세 콩데 본인은 많은 코란 학교들 가운데 하나로 가서 아랍 문자를 배우고 자신의 구전 순자타를 아랍어를 이용해서 글로 옮길 수도 있었을 것이다. 하지만 그렇게 하지 않았다. 왜 그래야 한단 말인가? 그는 순자타 이야기의 공식 수호자로서 그 이야기를 기억하여 실제 공연에서 암송하도록 훈련받았고, 그것이 1997년 그가 죽을 때까지 한 일이다.

문해의 제2차 물결

만데의 영토에서처럼 비록 구전 문화와 문자 문화가 수 세기 동안 나란히 공존하더라도 궁극적으로는 서로 교차하게 마련이다. 양자는 실제로 19세기 후반과 20세기 초반에 교차했다. 그러나 만데의 구전 문화가 교차한 문자 문화는 아랍이 아니라 유럽 문화였다.

유럽인들은 15세기에 처음으로 서아프리카와 접촉했고, 이후 비교적 내륙은 건드리지 않은 채 해안을 따라 교역소를 설치했다. 이런 상황은 1884-1885년 베를린 회의(Berlin Conference)로 달라졌다. 우월한 전쟁기술과 증기선으로 대담해진 유럽 열강은 이 회의를 통해서 아프리카를 자기들끼리 분할했다. 만데의 심장부는 프랑스 수중에 떨어졌다. 정치와 무역, 세속의 권력이 이제 프랑스어로 말하고 또 글을 썼다.

프랑스의 글과 문화를 아프리카로 수입하는 동안 일부 프랑스 식민주의자와 군 장교들은 순자타 이야기들을 비롯해서 자신들이 근래에 획득한 땅의 문화에 관심을 가지게 되면서 그것들을 글로 적기 시작했다(어쩌면 그들은 마침내 만데의 문화에 관심을 보였던 19세기 후반 아랍 작가들에게 기대고 있었을 것이다). 이 최초의 프랑스 기록들은 그 중심인물이 커다란 고대 제국의 창건자로 숭앙되고 있음을 거의 의식하지 못한 채 순자타 설화를 지역 전설이나 심지어 아이들의 이야기로 제시했다. 『순자타 서사시』의 문학적 삶에서 영광스러운 시작은 아니었지만 어쨌든 그것이 시작이었다.

『순자타 서사시』의 문학적 삶에서 다음 단계는 윌리엄 퐁티 사범학교(프랑스 식민지배 시절에 건립된 국립 사범학교로 현재 세네갈에 있다/옮긴이) 학생들에 의해서 시작되었다. 학교들은 아프리카를 더 프랑스처럼 만드는 핵심 수단이었다. 비록 하급 행정직을 채울 인재 수요를 충족할 만큼의 소수의 아프리카인만이 이런 식으로 교육을 받았지만 말이다. 이런 학교들 가운데 일부에서 프랑스 식민주의자들은 아프리카의 문화와 전통에 더 많은 기회를 부여하는 실험을 했고, 그리하여 퐁티 학교의 학생들이 순자타의 이야기에 노출되었다. 1937년의 학교 축제에서 학생들은 순자타 이야기를 연극으로 올리기로 했다. 연극은 글의 장점들과 실연의 장점들을 결합했고, 학생들은 전통적인 이야기꾼을 연상시키는 방식으로 악기 반주에 맞춰 관객 앞에서 순자타 이야기를 공연할 수 있었다.

최초로 널리 읽힌 『순자타 서사시』 버전은 수십 년 뒤인 1960년에 지브릴 탐시르 니아네에 의해서 출간되었는데, 그 역시 서아프리카에서 프랑스식 교육 과정을 밟은 다음에 보르도 대학교에서 학위를 받은 사람이었다. 마무두 쿠야테라는 이야기꾼과 함께 작업한 니아네는 프랑스어로 글을 써서 두 공저자가 『옛 말리 서사시(*Epic of Old Mali*)』라고 부른 것을 내놓았다. 이 작품은 니아네가 그 음유시인이 제공한 소재를 취하여 한 편의 소설로 바꾼 것이었다. 소설 형식은 두 사람에게 어려움을 제기했는데, 『순자타 서사시』의 등장인물들과 플롯은 독자들이 소설에서 기대하는 사실주의적 양식과 내적 심리 묘사가 부재했기 때문이다. 니아네는 소설 장르에 전형적인 사실주의적 필치와 인물의 동기를 추가함으로써 이 문제를 바로잡고자 했다(그는 또한 순자타를 알렉산드로스 대왕과 같은 다른 역사적 인물과 연관시켰다). 그렇게 나온 결과물은 읽기가 좋아서, 순자타 이야기는 처음으로 폭넓은 독자층을 누렸다. 『순자타 서사시』가 부정할 수 없는 문학이 된 것이었다.

순자타 연극과 소설 모두 프랑스어였는데, 문해 능력이 (코란 학교에 다녀서 아랍어를 아는 사람들과 더불어) 여전히 프랑스 학교에 다닌 사람들에게 국한되어 있었기 때문이다. 이는 만데의 언어들은 대체로 구어로 남아 있었다는 뜻이다.

새로운 문자

유럽 문학의 수입에 대한 가장 저명한 비판가 중 한 명은 서아프리카 기니에 살고 있던 개혁가이자 언어학적 모험사업가인 술레이만 캉테였다. 캉테는 문해력을 더 널리 확산시킬 유일한 길은 만데어, 즉 서로 밀접하게 연관된 만데 부족들의 언어들과 거리와 집에서 구사되는 방언들로 구성된 어족을 문자로 전환하는 것이라고 확신했다.

캉테는 프랑스인들이 가져온 로마자를 현지 언어들에 맞게 조정하려는 첫 시도가 19세기 후반에 있었음을 알고 있었다. 프랑스의 문자에는 상당한 단점이 있었다. 그것이 만딩고어 같은 성조 언어(tonal language)를 표현하도록 설계되지 않았기 때문이다(아랍 문자도 이런 과제에 적합하지 않았다). 그보다 식민주의자들의 문자로서 뒤따라오는 그 문화적, 정치적인 부담이 더 큰 문제였다. 아프리카 학생들은 프랑스인 교사들이 자신들에게 프랑스어의 우월성을 가르쳤던 일을 떠올리며 분개했다. 역풍은 불가피했다. 캉테와 다른 많은 이들에게 프랑스로부터의 정치적 독립은 교육과 행정, 그리고 상업의 언어로서 프랑스어를 거부하고 그와 더불어 프랑스 문자도 거부한다는 것을 의미했다.

캉테에게 유일한 해법은 완전히 새로운 문자, 특정하게 아프리카 사람들이 말하는 언어들을 표현하도록 설계되고 식민의 역사가 없는 문자였다. 1949년 그는 그러한 문자, 즉 그것이 나타내고자 하는 언어에 맞춤 제작된 문자를 내놓았다. 그것은 프랑스어를 피해가고 그 대신 오른쪽에서 왼쪽으로 글자를 이어서 쓰는, 아랍어에 훨씬 가까워 보이는 문자였다. 캉테는 이것을 응코(N'ko) 문자라고 불렀는데, 응코는 순자타 이야기에서 두드러지게 사용되는 표현인 "나는 말한다"라는 뜻의 만데어이다.

비록 이것은 프랑스로부터의 독립을 위해서 만들어진 문자였지만, 1960년에 마침내 독립을 이룬 신생국가는 그 식민주의적 부담에도 불구하고 대체로 실용주의적 이유에서 프랑스의 문자를 선택했다. 비록 제한적이기는 했지만, 지난 60년간 이 나라의 문해는 프랑스의 문자를 기반으로 했고, 그 문자는 이제 가장 저항이 적은 경로를 제시했다. 국가 지원의 부재에도 굴하지 않고, 캉테는 새로운 문자를 기반으로 한 학교를 세울 자원자들을 모집하면서 자신만의 지하운동을 시작했다.

새로운 문자가 자리를 잡기 위해서는 일군의 문학이 필요했다. 다시금 캉테는 직접 나서기로 결심하고, 문법책과 『코란』, 『이슬람 혼인법』 및 자조적(自助的) 소책자들을 비롯해서 새로운 응코 문자 체계로 쓰인 문학을 내놓는 영웅적 과업에 착수했다. 그가 쓴 한 책은 "모유 수유와 임신을 피하는 최상의 방법(피임)"에 관한 조언을 제공했다. 마침내 응코 운동은 이 문화의 가장 오래된 이야기들, 이슬람의 도래 이전의 이야기들로 넘어 갔다.

1997년에 순자타 시대의 그 지역에 관한 역사책 한 권이 응코 문자로 쓰여서 나왔다. 이런 식으로 『순자타 서사시』는 그것이 공연되는 언어의 어조와 운율감을 포착하도록 딱 맞게 설계된 문자를 통해서 문학에 진입했다.

이제 『순자타 서사시』는 글로 적힌 뛰어난 여러 버전들로 존재하며, 문학 경전과 대학의 강의 계획서, 선집 안으로 진입했다. 콩데와 콘래드가 내놓은 버전은 세계 문학의 새로운 공통어인 영어이다. 그와 동시에 『순자타 서사시』는 계속해서 훈련받은 이야기꾼들에 의해서 만데의 언어로 실연되고 있다.

『순자타 서사시』가 어떻게 문학이 되었는지에 관한 이야기는 구전 문화들이 문자의 현실에 적응함으로써 생존하는 방식을 말해주는 이야기이다. 그것은 또한 구전 스토리텔링과 글쓰기 기술들 간의 역동적인 과정이 오늘날까지도 이어지고 있음을 상기시킨다. 글로 쓰이지 않은 이야기들의 바다는 여전히 무한하며 문학으로 바뀌기를 기다리고 있다.

15

탈식민주의 문학 : 카리브 해의 시인 데릭 월컷

2011년, 세인트루시아

신생국가들은 자신들이 누구인지를 말해줄 이야기가 필요하며, 이것이 20세기 중반 유럽의 국가들이 식민지에 대한 지배력을 상실하고 수십 개의 신생국가들이 사실상 하룻밤 사이에 탄생했던 때보다 더 분명했던 적도 없다. 지구상 민족국가(nation-state)의 수는 약 50개국에서 200개국 이상으로 네 배 증가했다. 독립은 문학에는 활황의 시기임이 드러났다. 신생국은 상당한 도전에 직면했는데, 유럽 식민주의자들이 자기들 편할 대로 영토의 경계선을 그으면서 흔히 대립적인 집단과 언어 공동체, 부족들을 억지로 단일한 행정적 개체로 만들었기 때문이다. 이러한 도전들로 인해서 근본 텍스트를 통한 문화적 응집성과 정체성을 창출하는 일이 더욱 중요해졌다. 때로는 서아프리카의 『순자타 서사시』와 같은 더 오래된 구전 이야기들이 부활하거나 글로 된 서사시로 바뀌었다. 하지만 모든 신생국들이 토착의 서사 전통을 가지고 있을 만큼 운이 좋지는 않았으므로, 베르길리우스가 로마를 위해서 한 것처럼 새로운 텍스트들이 개별 작가들에 의해서 쓰일 필요가 있었다. 그러므로 20세기 후반기에 지금 우리가 탈식민주의 문학(Postcolonial literature)이라고 부르는 것이 폭발했다.

나는 언제나 가장 극단적인 사례에 매혹되어왔다. 이 경우에는 카리브 해의 작은 섬 세인트루시아와 그곳에 거주하는 작가 데릭 월컷, 즉 호메로스의 전통을 따르는 서사시 『오메로스(*Omeros*)』의 작가이자, 1992년 노벨 문학상 수상자이다.

오래된 문학적 전통을 갖춘 다른 많은 식민지들과 달리 세인트루시아는 월컷의 작품 이전에는 문학이 거의 없었다. 유럽 식민주의자들이 도래하고 200년 내로 원주민들은 전멸했고, 설탕 플랜테이션에서 일하도록 아프리카에서 노예들이 강제로 이주하면서 세인트루시아의 존재 목적은 경제적이었지 문학적이지 않았다. 월컷은 어느 모로 보나 세인트루시아 최초의 주목할 만한 작가였다. 더욱 놀라운 것은 그가 실질적으로 아무 것도 없는 상태에서 단 한 세대 만에 인구 16만 명의 세인트루시아를 노벨상으로 데려갔다는 사실이다. 인구 약 30만 명의 아이슬란드도 1955년 할도르 락스네스 덕분에 노벨 문학상 수상을 자랑하게 되었지만, 아이슬란드는 중세 사가(saga : 고대 노르드어로 쓰인 북방 민족들의 영웅 전설과 무용담/옮긴이)로 거슬러가는 문학적 전통을 가졌다. 월컷은 혼자 힘으로 탈식민 조국을 세계 문학 안에 써넣었다. 나는 그를 만나보기로 했다.

하늘에서 내려다본 섬은 인상적이었다. 바다에서 분출하듯이 치솟은 푸른 산들을 꽃다발 같은 구름이 감싸고 있었다. 착륙할 만한 공간이 없는 것 같았지만 한동안 공중을 선회한 뒤에 우리는 갑자기 섬 남단의 헤와노라 공항의 활주로에 내렸다. 이 공항의 이름은 지도상에 몇 안 되는 아메리카 원주민 언어이며, 다른 지명들은 대체로 프랑스어이다. 공항은 비유포르에 있었다. 공항에서 빠져나온 나는 작은 마을과 소도시들—라보리, 슈아죌—그리고 대표적인 지형지물들을 지나쳤는데, 그중에는 화산활동으로 온천이 부글부글 끓고 냄새 고약한 황을 대기로 내뿜는 수프리에르도 있었다. 카리브 해 유일의 자동차를 타고 구경할 수 있는 화산이다. 이곳으로 오시면 이 열대 섬의 심장 박동을 느낄 수 있습니다라고 약속하는 표지판이 보였다. 표지판만 제외하고 월컷은 이 모든 것을 그의 작품에 집어넣었다. 슈아죌은 그의 할아버지가 살았던 곳이고—심지어 그의 한 시에서는 그 거리의 주소도 알 수 있다—화산 입구는 그의 작품에서 하계의 입구 역할도 한다. 세인트루시아에서 어디를 가든, 나는 그곳을 월컷의 작품, 무엇보다도 신생 조국을 위해서 근본 텍스트를 쓰려고 한 시도인 월컷의 최대 걸작 『오메로스』를 통해서 보았다.

나는 반려자인 어맨다와 마야라는 친구와 이번 여행을 함께했는데, 우리는 지금도 카카오와 계피, 여타 열대 꽃과 과일을 재배하는 플랜테이션인 풍두에 머물렀다. 일부 식물들은 토착 식물이었고 일부는 아프리카나 태평양에서 노예들과 함께 들여온 것이었다.

세인트루시아의 푸른 산자락에 자리한 플랜테이션은 대여섯 채의 본관 건물과 대농장 여기저기에 흩어져 있는 다양한 농가들로 구성되어 있었다. 우리는 곧 플랜테이션 관리인인 라이튼을 만났다. 키가 크고 40대인 라이튼은 내가 데릭 월컷에 관심이 많다는 이야기를 듣자마자 우리에게 공짜로 음료를 대접하기 시작했다. 월컷은 분명히 여기서 잘 통하는 인물인 듯했다.

라이튼은 월컷이 이 플랜테이션에 여러 번 왔었다고 말했다. "한번은 다른 노벨상 수상자와도 같이 왔었죠." 라이튼은 그 사람의 이름은 기억하지 못했다(월컷은 나중에 그가 아일랜드 시인 셰이머스 히니였다고 말해주었다). 이것은 비밀이라는 듯, 라이튼은 짐짓 미소를 지으며 한번은 월컷이 플랜테이션을 방문했을 때, 이곳 어디에도 자기 사진이 없다는 불평을 했다고 알려주었다. 고개를 돌려 주변을 휙 둘러보니 월컷의 말이 무슨 소리인지 알 것 같았다. 대농장은 찰스 왕세자의 사진으로 도배되어 있었다. 찰스 왕세자와 라이튼이 함께 찍은 사진(여러 장), 찰스 왕세자와 플랜테이션 직원들이 함께 찍은 사진, 찰스 왕세자가 테라스에 있는 사진, 찰스 왕세자가 카카오를 말리는 이동식 선반을 바라보고 있는 사진, 찰스 왕세자가 카카오 열매를 빻는 철제 통 옆에 있는 사진, 자기만족에 빠진 듯 보이는 찰스 왕세자 사진이 없는 건물이나 벽이 없었고, 여기에 카밀라도 합세하여 나를 내려다보고 있었다. 아무러면, 과거 식민 권력에 대한 이러한 애착심의 발로 한가운데에 세인트루시아의 국민 시인을 위한 자리가 있었겠는가? 라이튼은 상황을 시정하겠다고 월컷에게 약속했지만 아직 그럴 짬을 내지 못했다.

월컷은 퐁두에서는 성공을 거두지 못한 반면, 세인트루시아의 상징적 중심인 수도 캐스트리스의 중앙 광장에서는 성공을 거두었다. 영국 치하에서 광장의 이름은 콜럼버스 광장이었지만(그러나 크리스토퍼 콜럼버스는 이 섬에 발을 디딘 적이 없다) 대부분의 세인트루시아인들은 이 이름을 거부하고 그냥 "광장"이라고만 불렀다. 광장에는 이제 데릭 월컷의 흉상이 있었고 이름도 월컷 광장이 되었다. 이 섬 토박이의 아들인 월컷은 문학을 통해서 이탈리아 탐험가를 밀어냈다.

나의 조사를 도와주기 위해서 라이튼은 친절하게도 한때 월컷의 제자였던 섬의 비공식 역사가 그레고어 윌리엄스 박사와의 만남을 주선해주었다. "운전사한테 모른에 있는 주유소로 데려다달라고 하세요"라고 윌리엄스 박사가 전화로 말했고, 운전사가 따로 없었기 때문에 나는 직접 차를 몰고 가파른 언덕 꼭대기에 있는 약속 장소로 보이는 주유소로 일행을 데려갔다. 그림책에서 나왔을 법한 카리브 해의 지식인처럼 생긴 사

세인트루시아 캐스트리스의 콜럼버스 광장에 있는 데릭 월컷의 흉상. 1993년에 데릭 월컷 광장으로 이름이 바뀌었다. (Image credit : Art Directors & TRIP/Alamy Stock Photo)

람이 차에서 나왔다. 1962년경 모스크바에서 제작된 듯한 테가 크고 두꺼운 안경을 쓰고, 풍성하게 흘러내리는 흰머리와 허연 수염을 기른 나이 지긋한 사람이 눈앞에 있었다. 그는 내 차로 갈아탄 다음 언덕 위쪽으로, 과거 식민지 시절에 영국군의 병영이었던 곳에 자리한 웨스트 인디스 대학교 세인트루시아 캠퍼스로 길을 안내했다.

우리가 차에서 내리자마자 그는 미국 독립혁명부터 시작하여 세인트루시아의 식민 역사에 대한 극적인 묘사에 돌입했다. 지금 우리는 이 섬을 지배할 수 있는 지점인 모른 포르튀네, 즉 "행운의 언덕"에 서 있다고 윌리엄스가 설명했다. 그곳을 차지한 운 좋은 사람은 중요한 두 개의 좁은 만(灣)을 지배할 수 있었다. 하나는 이제 유조선들이 차지하고 있고 다른 하나는 카리브 해 최고의 자연항이자 세인트루시아 섬의 인구 절반이 살고 있는 수도 캐스트리스가 차지하고 있다. 윌리엄스는 그 일대를 가리키는 큰직한 제스처를 취해가며 미국 독립전쟁 당시 서로 눈치채지 못한 채 세인트루시아를 향해 접근해왔던 영국과 프랑스 해군의 드라마를 묘사했다. 두 함대가 마침내 상대방의 존재를 발견했을 때, 바로 이곳에서 치열한 전투가 벌어졌다. 이후에 섬은 영국과 프랑스의 수중을 오갔고 섬의 주인이 바뀔 때마다 지금 우리가 서 있었던 곳에서 포위전이 벌어졌다. 이런 이유에서 세인트루시아는 이따금 "서인도 제도의 헬레네"로 불렸으니, 두 라이벌 식민 강국이 차지하려고 다툰 멋진 전리품이었던 것이다.

카리브 해의 호메로스

이 역사 수업 내내 나는 기시감을 느꼈다. 나는 이 모든 것을 전에 월컷에게서 들은 적이 있었다. 그는 자신에게 노벨 문학상을 안겨준 작품인 『오메로스』로 세인트루시아 섬의 전 역사를 들려주고자 했다.

오랜 문학적 역사를 지닌 문화들에서 사는 작가들은 그리스의 『일리아스』나 인도의 『라마야나』 또는 아이슬란드의 『에다(Edda)』 같은 작품처럼 앞선 작품들에 의지하여, 한 민족의 집단적 이야기를 들려줄 수 있다. 신생국, 특히 신세계 작가들은 의지할 수 있는 토대가 될 만한 문학이 거의 없었고, 따라서 스스로 창조해야 했다(마야인들과 그들의 『포폴 부』는 예외였다). 이런 작업은 끔찍하게 잘못될 수도 있어서, 과장되어 보이거나 아예 가짜처럼 보이는 작품들을 낳기도 했다. 로마를 위한 성공적인 근본 텍스트 창작에 성공한 베르길리우스가 있을 때마다, 미합중국의 근본 텍스트가 되지 못한 1807년작 『콜럼비아드(Columbiad)』를 지은 조얼 발로가 있었다.

월컷은 발로가 실패한 데에서 성공했다. 『오메로스』에서 우리는 피사로와 코르테스 같은 최초의 에스파냐 정복자들로 시작하여 유럽의 신세계 정복에 관해서 알게 된다. 그 다음 이곳에 서아프리카의 전통을 가져온 노예들이 등장한다. 월컷은 심지어 만데의 문화와 그곳의 음유시인들도 언급한다. 그들의 유산은 카리브 해 지역에서 살아 있으니 신세계로 끌려온 많은 노예들이 서아프리카에서 왔기 때문이다. 영국 함대의 지휘관 조지 로드니 경도 등장하며 모른 포르튀네 전투와 미국 독립전쟁, 노예제 폐지도 언급된다.

그러나 비록 신세계의 역사를 이야기하고 있다고 해도 월컷은 구세계의 모델, 구체적으로 호메로스에 기대고 있었다. 청동기 시대의 그리스와 20세기의 세인트루시아는 수천 년의 시간과 수천 킬로미터의 거리로 떨어져 있었지만, 월컷은 밑바탕에 깔린 공통점들, 특히 바다의 변덕 앞에 노출된 섬의 삶이라는 공통점을 알아보았다.

그 결과물은 세인트루시아에 『일리아스』나 『오디세이아』를 다시 가져다놓은 것이 아니었다(월컷은 나중에 실제로 『오디세이아』를 희곡으로 각색하기는 했다). 그 대신 월컷은 호메로스식 이름을 가진 현대 세인트루시아인 등장인물들을 창조했다. 그중에는 어부 아킬리와 배달 트럭 운전사 헥터가 있는데, 둘은 엉덩이를 흔들어대는 만사태평한 헬렌을 두고 다툰다. 월컷은 재치 있게 그 영웅적인 이름들이 섬의 범속한 삶과 충돌하게 만든다. 하지만 그 과정에서 그는 범속적인 것을 신화적인 것으로 끌어올린다(제임스 조이스가 소설 『율리시스[Ulysses]』에서 평범한 아일랜드인 주인공을 가지고 한 것처럼 말이다).

그 결과, 가용한 모든 문학적 자원을 동원하여 세인트루시아의 역사를 설명하려고 하는 한 편의 장편 서사시가 탄생했다. 거기서 호메로스의

『일리아스』와 『오디세이아』는 특정한 이야기들을 제공하기 위해서라기보다는 하나의 야심을 암시하기 위해서, 즉 카리브 해를 위한 하나의 근본 텍스트를 쓰겠다는 야심을 보여주기 위해서 존재한다. 세인트루시아가 라이벌 두 식민 강국이 그곳을 차지하기 위해서 다투었기 때문에 카리브 해의 헬레네로 불렸다면, 데릭 월컷은 자신이 그 섬의 호메로스라고 선언했다.

20세기에 근본 텍스트를 탄생시키려는 여러 시도들 가운데 월컷의 『오메로스』가 가장 대담하다. 그것은 또한 가장 뛰어나고, 가장 중요한 상을 수상하여 제대로 인정받은 작품이며 지금까지 탈식민주의 문학의 모범으로 자리매김하고 있다.

그로스 아일렛

세인트루시아 섬의 북단 그로스 아일렛은 소설의 몇몇 사건들의 배경이며 월컷이 사는 곳이기도 하다. 나는 그를 만나러 그곳으로 향했다. 만남을 성사시키기는 쉽지 않았다. 내가 처음 전화를 걸었을 때에는 여든세 살의 월컷이 직접 전화를 받았다. 목소리가 힘이 없이 들렸고 그는 나를 어떻게 해야 할지 모르는 것 같았다. 그는 "시그리드가 여기 있을 때 다시 전화 주시오"라고 말하고 전화를 끊었다. 나는 다시 전화를 걸었고 그의 오랜 반려자인 시그리드는 기꺼이 만남을 마련하고자 했다. 월컷도 다른 전화선으로 통화를 듣고 있어서 그의 숨소리가 들렸지만 그는 한마디도 하지 않았다. 시그리드는 정확하게 날짜를 확정해줄 수는 없었고, 대신 막연히 며칠 사이에 오라고 알려주었다.

세인트루시아에 도착하자마자 나는 다시 전화를 걸었다. 월컷은 나의 방문에 관해서 까맣게 잊은 듯했다. 얼마 동안 이야기가 오고 간 끝에 그는 희미하게 기억을 떠올렸다. "시그리드가 여기 있을 때 다시 전화 주시오." 내가 다시 전화했을 때, 시그리드는 곧장 요점으로 들어가 기꺼이 방문 일정을 잡아주었다. "여기까지는 못 찾아오실 거예요." 시그리드가 말했다. "오는 길이 너무 복잡해요. 캐스트리스에서 북쪽으로 2마일 거리에 있는 쉘 주유소에서 보지요." (세인트루시아에서는 주유소가 만남의 장소인 듯했다.) 나는 약속 장소로 보이는 주유소를 발견하고 기다렸고, 곧 한 백인 여성이 나타났다. 시그리드였다. "독일인이신가요, 아니면 이름만 독일식인 건가요? 데릭이랑 난 그걸로 논쟁하고 있었답니다." 그녀가 나를 보고 처음 한 말이었다. 나는 어떤 긍정의 말을 웅얼거렸다. 나의 답변에 진정이 된 듯한 그녀는 손을 흔들며 말했다. "따라오세요."

데릭 월컷과 시그리드 나마는 바다 바로 위에, 멋지게 조화를 이루는 건물 세 채에서 살고 있었는데, 그중 하나는 그의 화실이었다. 훌륭한 디자인의 책장을 갖춘 내부는 단순하고 모더니즘 스타일이었다. 테라스에서 내다보이는 바다의 조망에 감탄하느라 나는 하마터면 구석의 테이블에 앉아 있는 월컷을 그냥 지나칠 뻔했다. 그는 늙고 등이 굽고 자그마했다. 그는 자리에서 일어나지 않은 채 내게 가까이 앉으라고 손짓했다. 시그리드는 의자를 사러 나가려고 했다. 그녀가 "비스 슈페터(Bis später)"라고 외친 다음 덧붙였다. "번역해보세요!" "또 만납시다?" 그런 다음 그녀는 사라졌다.

"그래, 뭐에 관심이 있는 거지요?" 월컷이 물었고 나는 괴테의 시칠리아 여행에 관하여, 그것이 어떻게 내게 영감을 주어 여행을 떠나서 기회만 된다면 문학적 발자취들을 찾아나서게 되었는지를 설명하려고 애썼다. 나는 제대로 설명하지 못했고, 결국 "저는 문학과 장소들에 관심이 있습니다"라는 말이 불쑥 튀어나왔다. "지리적인 의미에서?" 그렇다고, 나는 열심히 고개를 끄덕거렸다. 그는 세인트루시아가 자신에게 지리적으로 어떤 의미인지에 관해서 잠시 생각해보더니, 그의 마음속에 처음 떠오른 것은 언어라는 답변이 돌아왔다. 월컷은 이곳 대다수의 사람들이 사용하는 언어는 크리올 프랑스어(French Creole), 글로 된 문학과는 연관이 없는 구어라고 설명했다. 세인트루시아 출신의 작가 지망생은 이 순전한 구어를 문학의 언어로 바꾸어야 했다. 월컷은 근본 텍스트만이 아니라 그것이 쓰일 언어도 창조해야 했다.

월컷 본인은 집에서 크리올 프랑스어를 쓰지 않았다. 그러니까 그의 어머니에게 그 언어로 말하지 않았다는 뜻이다. 그는 그의 어머니를 도와 집안일을 거들어주던 어느 과부와 이야기할 때에만 그 말을 썼다(월컷의 아버지는 데릭이 고작 한 살일 때 돌아가셨다). 그는 크리올 프랑스어와 다소 떨어져 있었다. "나는 크리올어로 사고하지 않습니다"라고 인정했지만 "글을 쓸 때 나의 본능은 프랑스계 크리올이지요"라고 덧붙였다. 양자 간의 차이는 해소되지 않은 채 남아 있었다.

딱 맞는 언어를 찾는 것은 딱 맞는 문학 형식을 찾는 것과 연결되어 있었다. 월컷은 영문학을 배우며 자랐고 프랑스계 크리올 문화와 서양 문학 전통들을 결합하는 것은 구미가 당기는 일이었다. 월컷은 새로운 영어를 주조하기 위해서 프랑스계 크리올의 민요에 가까운 발라드뿐만 아니라 4행연구 같은 더 격식을 갖춘 운율과 형식들도 실험했다. 일부 평자들은 서양 문학의 관습들과 세인트루시아 토착 일상어(vernacular)를 결합한 월컷의 시도에 비판적이었지만, 그의 친구인 요세프 브로드스키(러시아 시인이자 안나 아흐마토바가 후원한 작가로 1972년 소련에서 추방되었다)를 비롯한 다른 평론가들은 그를 옹호했다. 그러한 논란들은 월컷으로 하여금 학구적 논쟁을 경계하게 만들었다. "나는 지식인들을 신뢰하지 않소"라고 월컷은 내게 말했다. "그 사람들은 유머 감각이 없으니까"라고 설명한 다음 요세프 브로드스키와 셰이머스 히니와 저속한 농담을 주고받으며 함께 보낸 유쾌한 저녁들을 묘사했다. 히니는 몇 주일 내로 또 찾아올 예정이었다. 나는 세 명의 노벨 문학상 수상자들이 월컷의 테라스에 앉아 농담을 주고받는다니 퍽 매력적이라고 생각했다. 월컷은 히니의 초상화도 그렸는데, 강렬하고 눈에 확 띄는 색깔들로 그려진 그 초상화를 화실에서 내게 가리켜주었다.

우리가 지리에서 옆길로 샜다고 내가 지적했다. "좋아요, 장소에 관해서 이야기하지요"라고 대답했지만 그는 계속해서 언어에 대해서도 이야기했다. "말이 나온 김에 말이지요, 지면상에 어떤 지명이나 심지어 사물들의 이름을 언급하는 게 엄청나게 흥미진진했던 기억이 나는군요. 예전에, 만약 누군가가 예를 들어 '빵나무 열매(breadfruit)'라는 단어를 말하면 극장에서 웃음이 터져 나올 때가 있었지요. 관객들은 그 단어를 알아들어서, 거의 민망하다시피 해서 웃은 거요." 빵나무 열매는 관객에게 친숙했다—하지만 예술에서는 낯설었는데, 대부분의 예술은 수입되었고 그들의 섬과 그곳 사람의 흔적들을 담고 있지 않았기 때문이었다(빵나무는 남태평양에 자생하는 식물이며 탄수화물 함량이 풍부한 열매는 구우면 빵맛이 난다. 플랜테이션 노동력의 주식으로 공급하기 위해서 18세기에 서인도 제도 일대에 도입되었다/옮긴이). 그렇다, 월컷은 자신은 세인트루시아를 대변하기 위해서 노력해왔다고 말을 이었다. 그 모든 것은 새로운 지명과 새로운 등장인물들, 새로운 과일을 문학의 사전 안에 추가하면서 세인트루시아를 문학의 역사 안에 써넣기 위한 프로젝트의 일환이었다. 이것이 근본 텍스트가 해야 하는 일이다. 그것은 하나의 장소와 문화, 언어를 최초로 문학으로 번역하는 일이다.

신경이 시달리는 대서양 해안에서

내가 가장 좋아하는 데릭 월컷의 작품은 『오메로스』 다음으로 언제나 『도핀의 바다(*The Sea at Dauphin*)』라는 1954년작 단막극이다. 『오메로스』 보다 훨씬 더 소박한 이 작품은 그 서사시와 같은 세계를 배경으로 하지만 그 깊은 역사에 대한 관심과 호메로스는 빠져 있다. 하지만 내게 『도핀의 바다』는 월컷의 문학적 상상력을 가장 정제된 형식으로 보여준다. 도입부 무대 설명은 "서인도제도 어느 윈드워드 섬, 신경이 시달리는 대서양 해안에서(A Windward island in the West Indies, on its nerve-wracked Atlantic coast)"라고 묘사한다. 이 문장을 처음 읽었을 때 나는 윈드워드 섬이 무엇인지 몰랐지만 그 이미지는 머릿속에 박혔는데, 어쩌면 그것이 너무 흐릿한, 명확하게 초점을 맞추도록 요구하는 문장이었기 때문일지도 모른다.

세인트루시아에 오기 전에 나는 그 연극의 배경인 작은 고기잡이 마을 도핀을 지도에서 찾아보았다. 도핀은 대서양 해안으로 한참 벗어난 곳에 있었다. 지도상으로 보건대 자그마한 도로는 산맥을 넘어 구불구불 이어지다가 마을에 닿기 한참 전에 끊겼고, 마을은 바로 거기에, 바람과 바다에 노출된 채 버려진 점처럼 자리하고 있었다.

데릭 월컷과의 대화가 끝나갈 무렵 나는 『도핀의 바다』 이야기를 꺼냈다. 카리브 해 지역에서 드라마는 특수한 도전을 제기했다고 월컷은 대답했는데, 드라마는 그 장소에 알맞은 언어를 창조하는 문제만이 아니라 연극을 공연할 극장과 더불어 극장을 기꺼이 찾을 관객을 얻는 문제였기 때문이다. 월컷은 자신의 쌍둥이 형제와 함께 처음에는 세인트루시아에, 나중에는 포트오브스페인에 트리니다드 시어터 워크숍을 창립함으로써 트리니다드에 그러한 문화를 만들려고 애썼다. 포트오브스페인은 당시 카리브 해 동부 최대의 도시였고 월컷은 노벨상 수상연설에서 그곳에 경의를 표했다. 제대로 된 하나의 도시야말로 극장이 번창하기 위해서 반드시 필요한 것이었으니, 하나의 섬만으로는 충분하지 않았다. 월컷은 포트오브스페인과 보스턴(여기서는 극작을 가르쳤다)에서 지내다가 이제 세인트루시아에 완전히 정착했으므로, 적절한 극장의 부재를 그 어느 때보다 절감했다. 한때 카리브 해 극장을 대표하던 트리니다드 시어터 워크숍도 힘든 시기를 겪고 있었다.

월컷은 이 모든 난관들에도 불구하고 드라마는 서사시나 다른 문학 형식에 비해 이점도 있다고 설명했다. 세인트루시아는 극장 문화가 없었을지도 모르지만 다른 무엇인가, 바로 카니발이 있었다. 카니발은 단일한 작가의 산물이 아니라 집단의 산물이었다. 그것은 다름 아닌 세인트루시아의 주요 예술 형식이었다—그리고 월컷이 극장에 흥미를 가지게 된 이유이기도 했다.

카니발에 관해서 이야기할 때 월컷의 목소리는 밝아졌다. 월컷은 카니발의 중심 캐릭터는 파파 자브(Papa Jab, 프랑스어 단어 악마[Diable]의 축약형)라는 인물인데, 그는 수염이 달린 노인으로, 산타클로스, 심지어 하느님 같이 생겼지만 진짜로는 뿔 달린 악마라고 설명했다.

카니발 중간에 파파 자브는 죽임을 당하지만 사흘 뒤에 부활한다. "악마가 부활하는 다른 사례 아는 거 있소?" 월컷은 이 반전에 즐거워하며 내게 물었다. 그가 좋아하는 또다른 대목은 파파 자브가 지옥이 너무 뜨겁다고 불평하며 물을 달라고 할 때이다. "아이들이 노래를 따라 부르지요"라고 말하고, 월컷이 갑작스레 크리올 프랑스어를 쏟아냈다. "Voyé glo ba mwê/Mwê ka bwilé(물을 줘/난 불타고 있어)." 그는 악마가 자기 지옥에서 불타면서 물을 달라고 하는 것을 아주 재미있어했다. 파파 자브는 삼지창도 가지고 있는데 아이들이 너무 신경에 거슬리면 달려들어 그들을 쫓아낸다. 모두가 도망치는 척한다.

"도핀에 찾아가볼까 생각해왔습니다"라고 마침내 내가 조심스레 이야기를 꺼냈다. 나는 내가 이 연극을 얼마나 좋아하는지, 그 외딴곳에 위치한 그곳을 보는 일에 얼마나 호기심을 느끼고 있는지 설명했다. 월컷은 도핀을 찾아가는 것은 어림없는 일이라고 생각했다. "아니, 가지 말아요. 거긴 한참 떨어진 해안가요. 가면 절벽이야 많이 구경하겠지만 마을이나 사람 사는 데는 없소."

나는 깜짝 놀랐다. "마을이 없다고요?" "내 생각엔 그래요"라고 대답했지만 더 이상 분명하게 자신하는 듯한 말투는 아니었다. 나는 당혹스럽고 실망스러웠다.

내가 사태를 제대로 파악하기 전에 시그리드가 돌아왔다. "코코넛 워터를 가져왔어요. 몸에 아주 좋아요. 이건 사람의 혈액과 동일한 전해질이 함유된 유일한 음료예요. 자, 여기 있어요." 우리는 모두 그 건강 효과를 곰곰이 생각하며 코코넛 워터를 마셨다. 맛이 좋았다. 하지만 월컷은 전해질에도 불구하고 피곤을 느끼고 있었다. "이걸로 충분하지요?" 그가 가슴 뭉클하게 물었다. 나는 세인트루시아, 그리고 그곳의 언어와 지리와 그와의 관계에 관해서 이야기하도록 거의 한 시간 반째 대화를 몰아가고 있었고, 그는 나의 요구에 씩씩하게 응해주었다. 내가 돌아가려는데 월컷이 크리올 프랑스어로 말하는 소리가 들렸다. 깜짝 놀란 나는 돌아보았다. 시그리드와 이런 식으로 대화하는 것일까? 아니, 그는 가정부에게 말하고 있었다. 월컷이 크리올 프랑스어로 사고하지 않았을지는 몰라도 크리올어는 분명 그가 많은 사람들에게 말을 할 때에 쓰는 언어였다. 그 언어의 영어 버전이 그의 희곡 『도핀의 바다』에서 어부들의 언어였듯이 말이다. 나는 문을 닫고 차에 올라타 풍두로 돌아왔다.

월컷이 도핀을 일축해버린 일이 계속 나의 신경을 건드렸다. "무슨 일 있어?" 내가 돌아왔을 때 어맨다가 물었다. "아무 일 없어." 나는 뚱하게 구글 어스를 열고 도핀 지점의 화면을 확대해보았다. 월컷이 예상한 대로 아무것도 보이지 않았다. 풀이 무성하게 자란 작은 만이 있을 뿐이었다. 마을이나 거주지의 흔적은 없었다. 그래도 찾아가봐야 할까? 나는 플랜테이션에서 일하는 젊은이에게 나의 작은 렌트카가 도핀으로 가는 도로를 잘 주행할 수 있을지 물었다. "물론이죠, 차로 거기까지 갈 수 있어요." 그는 누군가 그곳에 가고 싶어한다는 사실에 놀라기는 했어도 내가 갈 수 있다고 자신했다. 그가 거기 가봤냐고? 아니, 사실, 가보지는 않았단다.

그날 밤, 저녁을 먹은 뒤에 우리는 해안가 소도시 수프리에르의 항구 일대에서 시간을 보냈다. 거리에는 손에 술병을 든 사람들이 서성거리고 있었다. 그곳에는 (당연히) 주유소와 궁색한 바가 하나 있었다. 우리가 주저하자 바텐더가 우리를 발견하고 "들어와서 현지 사람들과 한 잔 해요"라고 서글서글하게 말했다. 우리는 그의 말을 따라서 세인트루시아 맥주인 피턴을 주문했다. 다른 사람들은 모두 하이네켄을 마시고 있었다. 우리는 현지인이 되려고 애쓰고 있었고, 그들은 코스모폴리턴이 되려고 애쓰고 있었다.

나는 바텐더에게 도핀에 관해서 물어보았다. "도핀에 가고 싶다고요?" 그는 믿기지 않다는 듯이 되물었다. "저기 저 남자한테 말해보시죠. 여기 섬에서 안 가본 데가 없는 사람입니다." 나는 그에게 물었다. 도로가 차로 다닐 만한가? 물론이다, 차로 다닐 수 있다. 하지만 마을은 1960년대 이후로 버려졌다. 아니면 1950년대 이후인가? 그래도, 거기까지 차로 갈 수 있다. 문제없다. 그가 거기 가봤냐고? 아니, 실제로 가보지는 않았다. 정말 이상했다—620제곱킬로미터가 되지 않는 섬에서 누구도 도핀에 가본 적이 없다니.

그날 밤 나는 어쨌든 도핀에 가보기로 결심했다. 그동안 여행의 목적지를 많이 놓친 뒤로(나는 말리에 간절히 가고 싶었지만 내전 때문에 갈 수 없었고, 모술도 마찬가지였다) 누구도 내가 도핀에 가는 것을 말릴 수는 없었다. 나는 아침 일찍 일어났고 그날 하루의 시작은 순조로웠다. 나는 차에 올라타 산길을 따라 북쪽으로 향했다. 남쪽에는 차가 거의 없었고 대다수의 사람들이 이용하는 미니 버스와 이따금 고급 리조트에서 나오는 리무진만 보였다. 그날은 일요일이라 사람들이 가장 좋은 옷을 차려입고 도로 옆길을 따라서 모두 교회로 걸어가고 있었다. 도로에 움푹 파인 구멍이 많았지만 구간 상태는 훌륭했다. 당연하게도 이 도로는 유럽연합이 돈을 대주고 있다고 알리는 표지판이 보였다. 해안도로를 벗어나자 내륙에, 적어도 이 근방에서는 내가 예상하고 있던 야생 숲이 아니라 거주지가 제법 보였다. 여러 번 길을 물어가며 나는 산을 넘어갔다. 집들이 드물어지고 도로도 점차 상태가 나빠졌다. 그후에는 집들이 아예 보이지 않았고 얼마 지나지 않아 포장도로도 사라졌지만 나는 점점 많아지는 대형 구멍을 피해가며 계속 기분 좋게 차를 몰았다. 저 멀리로 바다가 보였다. 월컷의 희곡에서 그렇게 생생하게 그려진 모습대로.

그러다가 옆으로 기우뚱하더니 바닥 쪽에서 고약하게 긁히는 소리가 났고 차가 구덩이에 빠지고 말았다.

나는 침착해지려고 애썼다. 트렁크에서 잭을 찾아서 앞쪽 타이어들을 빼내려고 했지만 소용없었다. 날이 지독하게 더웠다. 한동안 개미 한 마리 보지 못했다. 내가 자동차 보험을 들지 않기로 했던 것이 기억났고, 차는 망가진 듯했다.

나는 걸어서 길을 되짚어갔다. 처음 보이는 집에 도착했을 때, 세 명의 10대 소년들이 도와주겠다고 했다. 차가 빠진 데까지 오자, 그들은 나의 곤경을 보고는 고개를 절레절레 흔들었지만 이내 자기들끼리 전략을 의논하기 시작했다. 그들은 나에게 차에 타라고 손짓하고는 이런저런 지시를 해가며 차를 온갖 방향으로 밀고 들어올리기 시작했다. "앞으로. 그만. 바퀴를 이쪽으로 돌려봐요. 약간만 뒤로." 어느 것도 내게는 이해가 되지 않았지만 나는 지시를 따랐다. 물론 항상 신속하게 지시를 따르지는 못해서 그때마다 답답하다는 표정이 돌아왔다. 그들은 자신들이 하고 있는 일을 잘 알았고 결국 차를 꺼내 거대한 구멍 가장자리로 후진하도록 지시했다. 우리는 조심스레 차를 몰아 도로의 상태가 약간 더 나은 곳으로 빠져나왔다. 그제야 나는 차가 사실은 괜찮다는 것을 알아차렸다. 우리는 그들의 집까지 차를 몰고 왔고, 심지어 작은 길에서 차의 주행 방향을 바꾸는 데에 성공했다. 나는 신이 났고 불안에서 빠져나와 들뜬 기분에 다시 한번 시도해보기로 했다. 나는 새 친구들에게 도핀까지 걸어가겠다고 말했다. 그들은 내 계획에 대해서 아무런 말도 하지 않았고 고맙다는 인사를 받고는 가버렸다.

비포장 흙길은 몇십 년간 버려지고 허리케인에 시달려온 것이 분명했다. 내가 만난 사람들이 도핀까지 와본 적이 없다는 사실이 이해가 되기 시작했다. 그렇지만 나는 돌에서 돌로 뜀뛰기를 하며 기분이 좋았다. 10분쯤 지나 새로운 문제가 발생했다. 캔버스 운동화를 신고 있어서 발이 아프기 시작했던 것이다. 내가 깨달아가고 있던 대로 도보 여행에 이상적인 신발은 아니었다. 나는 그 십대들이 아직 내 모습을 볼 수 있을까 궁금해하며 더 조심스럽게 발을 내디디려고 애썼다. 텅 빈 흙길을 달걀 껍데기를 위를 걷듯이 조심조심 걸어가고 있자니 바보 같은 기분이 들었다.

그러나 곧 나는 그 희곡에 관한 생각에 빠져들었다. 『도핀의 바다』는 적대적인 바다에 용감하게 맞서는 몇 안 되는 어부들의 이야기를 보여준다. 마을에서 가장 거친 어부 아파와 그의 동료 오거스틴 간에 험상궂은 말이 오간다. 동인도 사람인 호우나킨이라는 노인도 있는데 그도 배에 태워달라고 부탁하지만 너무 늙고 술에 취해 있고 겁이 많다. 뒤에 남겨진 그는 절벽에서 떨어지는데 아마도 자살인 듯하다. 이런 일들에 충격을 받은 아파는 어린 소년을 수습생으로 배에 태워주기로 한다.

진짜 드라마, 희곡의 주인공은 바다, 즉 초목과 집, 인간을 자신의 의지에 굴복시키며, 모든 것을 형성하는 생경한 힘이다. 가장 이성적인 인물인 가이시아는 그의 리드미컬한 크리올 영어로 이렇게 요약한다. "이 바다는 사람 위한 것 아니다." 물론 그렇지만 이 어부들은 어쨌거나 바다를 상대해야 한다. 그 과정에서 그들은 바다에 두들겨맞고 단단해진다. "바다는 정말 재미있어, 영감." 아파가 노인 호우나킨에게 말한다. "하지만 날 웃게 하지는 않아." 예이츠의 시 "비잔티움으로의 항해" 도입부—"저것은 노인을 위한 나라가 아니다"—를 연상시키며 아파는 경고한다. "이 바다는 노인들을 위한 묘지가 아니야." 오거스틴은 마침내 "바다는 바다야"라고 말하며, 우리는 바다를 있는 그대로, 그 모든 생경한 잔혹성 그대로 받아들여야 한다는 체념을 표현한다.

이 인물들과 바다에 맞선 그들의 투쟁을 생각하며 도핀으로 다가가면서 나는 어느새인가 그곳을 일종의 낭만적 폐허로 그리는 몽상에 빠져 있었다. 바람이 휩쓸고 가는 소박한 고기잡이 마을. 버려졌지만 그림 같은 풍광. 어쩌면 그곳을 떠나기를 거부하며 줄곧 포구를 지키는 늙은 어부가 딱 한 명 남아 있을지도 모른다. 저기 바다 옆에 서서 고기를 잡으며 내게 말하겠지. 모두가 어떻게 이곳을 떠나 한 밑천을 잡기 위해서 캐스트리스로 갔는지를("기술을 배우러 왜 캐스트리스로 가지 않는지 물어봐." 극중에서 아파는 그 소년에 관해서 그렇게 말한다). 내가 상상해본 월컷의 희곡의 후일담대로 그 노인만 빼고 그들은 모두 그곳을 떠났을 것이다. 노인의 아버지와 할아버지는 여기서 살다가 죽었고 그 역시 도핀에서 죽을 것이다. 도핀이 그와 함께 죽게 되었듯이 말이다.

별안간 길의 끝자락에 다다르면서 나의 몽상은 중단되었다. 길 끝에는 작은 개울이 있고 나는 내가 대양 가까이에 있다는 것을 알 수 있었다. 차가 길에 멈추고 난 지 한 시간밖에 지나지 않았다. 바나나가 있는 작은 개활지가 보였다. 가는 장대에 매어둔 염소 한 마리가 한가로이 풀을 뜯고 있었다. 조금 더 멀리 길가의 모닥불에서 연기가 피어오르고 있었다. 마침내 판잣집이 눈에 들어왔다. 골함석 지붕을 씌운 목재 구조물이었다. 사람을 불러보았지만 아무런 대답도 없었다. 길에서 한 굽이를 더 돌자 마침내 나는 도핀에 도착했다.

그리고 나는 내 눈을 믿을 수 없었다. 나의 몽상 속에서 상상한 것처럼 정말로 한 사람이 고독하게 해변에 서서 낚시를 하고 있었다. 아찔한 흥분에 젖어 나는 그를 향해 걸어갔다. 가까이 다가가자 그가 브라질 축구팀 유니폼을 입고 있는 것이 눈에 띄었다. 그것은 상상 속 고독한 어부에게 내가 걸쳐준, 손으로 기운 낡은 옷가지는 아니었다(월컷의 작품 속에서 등장인물들은 닳아빠진 스웨터를 걸치고 있다). 내가 그를 놀라게 하지 않으려고 소리 내어 부르자, 그가 낚싯대를 손에 준 채 뒤를 돌아보았다. 그는 나를 보고 그저 살짝 놀란 듯했다. 내가 다가오고 있다는 것을 알아차렸던 것이 틀림없었다. 그는 쉰 살 가까이 되어 보였고 체격이 다부졌다. 내가 그에게 가까이 다가가 악수를 청하려고 손을 내미는데 갑자기 그의 허리띠에 시선이 갔다. 총집과 권총이 보였다. 내밀지 않은 다른 손으로 나는 휴대전화를 더듬기 시작했다. 내 머릿속에 무슨 생각이 스쳐가는지를 알아차린 그가 씨익 웃었다. "이봐요, 난 조지라고 합니다. 이따금 여기 와서 낚시를 해요. 난 경찰입니다."

안도한 나는 조지에게 도편을 구경하러 왔으며 이번이 처음이라고 설명했다. 작은 만은 과히 보기 좋은 풍경이 아니었다. 늪지 같았고 쓰레기 천지였다. 플라스틱 병, 비닐 봉지, 상상할 수 있는 모든 쓰레기가 널려 있었다. 콜럼버스를 서인도제도로 데려온 동일한 풍향 체계가 이제는 대양의 쓰레기를 이곳 해변으로 가져오고 있었다. 이것이 윈드워드 섬의 신경이 시달리는 해안의 요즘 모습, 대서양의 잔해로 가득한 모습이었다.

조지는 여기가 세인트루시아의 가장 초기 정착지의 유적이라고 설명했다. 난파당한 뱃사람들이 여기에 와서 머물렀다는 것이다. 나는 그가 에스파냐 탐험가들을 말하는 모양이라고 생각했다. "늪지를 따라서 걸어가면 저쪽에 폐허가 좀 있어요." 나는 조심스레 역겹기 그지없는 쓰레기 늪지 외곽을 따라 걸어갔다. 그 지형은 작은 샛강을 따라 걷지 않으면 지나갈 수 없는 곳이었는데, 작은 샛강은 바닷물과 합세하여 모든 것을 물에 잠기게 했다. 나는 내가 얼마나 더러워지고 있는지 신경 쓰지 않으려고 애쓰면서 나무와 덤불 아래쪽으로 철벅철벅 걸었다. 10분 뒤에 나는 두 개의 석재 구조물 잔해를 발견했다. 지붕은 없고, 3개의 벽만 있었다. 이것이 월컷이 연극에서 언급한 교회의 잔해일까? 내가 발견한 것에 기운이 나고 또 늪지를 피할 수 있기를 기대하며 나는 온갖 덤불과 뿌리, 낮은 나무들이 무성한 가파른 언덕을 올랐다. 나는 여러 번 넘어질 뻔했다. 하지만 폐허는 더 이상 발견할 수 없었다. 커다란 돌덩어리들이 여기저기 널려 있었다. 이것들은 가옥에서 나온 것일까? 이 가파른 경사면에 건물들이 들어서 있는 모습은 상상하기 어려웠다.

이렇게 일대를 기어다니고 있자니 『도핀의 바다』의 다른 측면이 떠올랐다. 바로 땅이었다. 연극은 위험한 바다와 그곳에 용감하게 맞서며 단련된 어부들 그리고 땅에 남아서 농사를 지으며 근근이 삶을 이어가려는 이들을 대비시킨다. 거친 어부들은 농사를 얕잡아본다. 농사가 그들이 하는 일보다 더 쉽지 않은데도 말이다. 도핀의 땅은 내가 당장 깨달은 것처럼 돌투성이이고, 딱히 비옥하지 않다. 염소들은 마른 풀에서 생존할 수 있지만 생각해보니 내가 여기 오는 길에 우연히 본 염소는 퍽 여위어 보였다.

나는 주변을 둘러보고 바다 쪽을 내려다보려고 언덕을 더 올라가보았지만 보이는 것은 덤불과 거친 관목뿐이었다. 나는 수차례 엎드려 기다시피하며 다시 조심스레 미끄러져 내려와 늪지와 쓰레기, 조지에게로 돌아갔다. 그런데 아까와는 다르게 또 한 대의 픽업 트럭과 사람 두 명이 더 있었다. 이 화창한 일요일 오후에 이곳 도핀은 그야말로 사람으로 붐비는 중이었다. "그 사람한테 말을 걸어봐요. 그는 도핀을 알거든요." 조지가 나를 보자 외쳤다. 나는 낡은 트럭에 다가갔다. 푸른 작업복을 걸친 트럭 주인은 로젠스라고 자신을 소개했다. 그와 동행은 트럭에 모래를 퍼 담고 있었다. 그들은 방금 돼지들을 도축했다고 설명했다. 작업이 끝나자 로젠스의 동행이 옷을 벗더니 그 역겨운 갈색 물속으로 철벅철벅 들어갔다.

나는 도핀에 대한 이야기와 내가 이곳까지 온 이유에 관해서 어떤 식으로 말을 꺼내야 할지 갈피를 잡지 못했다. 로젠스, 이 돼지 도축자는 데릭 월컷이 누군지 알기는 할까? 나는 그에게 사람이 살았던 정착지에 관해서 물었다. 로젠스는 도핀이 1950년대 이후로 버려졌다고 확인해주었다. 1970년대까지 몇몇 사람들이 여기에 고기잡이배를 계속 두었지만 그 뒤로는 거의 버려졌다. 그 자신도 이 근처에 플랜테이션이 있기 때문에 여기 온 것이었다.

결국 나는 내가 왜 이 외딴곳을 찾아왔는지 설명해야겠다고 느꼈고 그래서 마침내 데릭 월컷과 『도핀의 바다』를 언급했다. "맞아요, 『도핀의 바다』. 우리 할아버지가 그 연극의 소년이에요." "뭐라고요?" "우리 할아버지는 여기 사셨거든요. 플랜테이션의 감독관이셨죠. 연극에 나와요." "할아버지 성함이 어떻게 되는데요?" "던컨이요." 나는 머리가 어지러웠고 등장인물들의 이름을 더 이상 기억조차 할 수 없었지만 그 가운데 던컨이라는 인물이 없다는 것은 확실히 알고 있었다. "하지만 던컨이라는 등장인물은 없는데." 내가 조심스레 말했다. "할아버지가 그 소년이에요." 로젠스가 말을 되풀이했다. 그 문제는 그것으로 결론이 났다. 나는 한 극중 인물의 손자와 이야기하고 있었다.

그의 말없는 동행이 돌아왔다. 작업의 피로를 씻어낸 모양인지 그는 천천히 다시 옷을 입었다. 그의 근육질 몸은 영웅적인 분위기가 풍겼다. 로젠스는 그에게 아무런 신경도 쓰지 않고 나를 태워주겠다고 제의했다. 나는 그와 함께 앞좌석에 탔고 동행은 모래를 실은 뒤쪽 짐칸에 올라탔다. 나는 이렇게 커다란 픽업 트럭도 도로의 구멍을 피해가느라 애를 먹는다는 사실에 다소 흡족한 기분을 느꼈고, 우리는 몇 차례 구멍에 빠질 뻔했다. 차를 타고 가는 길에 로젠스는 자기 농장에 관한 이야기를 해주었다. 원래 농장은 어느 프랑스인 소유였다가 그 다음에는 영국인이 소유했고 그의 할아버지가 구입한 뒤로 줄곧 그의 집안 소유라고 했다. 그의 주요 생계수단은 돼지가 아니라 알고 보니 카사바였다. 그는 카사바를 재배하는 솜씨가 좋았고 그것으로 빵을 만들기도 했다. 그는 가는 길에 카사바 나무를 구경시켜주었고 차 안에 남아 있던 곰팡이가 핀 빵 덩어리도 보여주었다. 빵은 그 지역 사람들에게 직접 판매하지만 카사바를 가루로 빻아서 캐스트리스에 있는 시장에서도 판매했다.

갑자기 그가 주머니를 뒤져 휴대전화를 꺼내더니 딸에게 전화를 걸었다. 그는 "어떤 사람이 꾸러미를 받으러 갈 거야"라고만 말하고는 내 쪽을 돌아보았다. "로젠스가 어디 사냐고 사람들한테 물어봐요. 초록색 집이에요. 내 딸이 당신한테 카사바를 줄 거요." 그는 나를 내려주고는 차를 우회전해 산중 어딘가에 있는 자기 농장으로 향했다. 내가 차에서 내릴 때 농장 일꾼이 처음으로 입을 열고는 사진을 찍어달라고 요청했다. 그는 머리 위로 삽을 높이 쳐들고 의기양양하게 포즈를 취했다. 나는 그의 이름도 몰랐다. 물어보고 싶었지만 그들은 벌써 갈 길을 가는 중이었다. 삽을 높이 쳐든 그의 이미지는 내 마음속에 남았다. 내가 도핀에서 만난 세 사람 중에서 이 말없는 남자만이 호메로스의 인물다운 풍모가 있었다.

나는 내 차까지 걸어가 차에 탄 다음 여전히 조금은 걱정스러운 마음으로 차를 몰았다. 하지만 모든 일이 잘 풀렸다. 도로 상태는 점점 더 좋아졌고 더 많은 집들이 눈에 들어왔다. 나는 차를 멈추고 두 여인에게 로젠스의 집이 어딘지 물었다. "이 차를 몰고 도핀까지 갔어요?" 두 사람은 키득거렸다. 그제야 나는 그들을 알아보았다. 나는 아까 그들에게 길을 물어봤었다. "아뇨, 차가 구멍에 빠졌어요." 내가 시인하자 그들은 배꼽 빠지게 우스워했다. 나는 미소를 지으며 그들이 미리 경고해줄 수도 있었다는 점은 지적하지 않았다. 자제심을 발휘한 데에 대한 보답으로 그들은 내게 로젠스의 집으로 가는 길을 가르쳐주었다. 십대 소녀가 문을 열고 나를 의심스러운 눈초리로 쳐다보았다. "로젠스 씨가 여기서 꾸러미를 하나 받아가라던데?" 한마디 말도 없이 소녀는 사라졌다. 잠시 뒤에 그녀가 곱게 간 카사바 꾸러미를 가지고 돌아와 수줍게 미소 지으며 나에게 건넸다. 나는 이 기념품에 기뻐하며 그녀에게 고마움을 표시한 뒤 차를 몰고 돌아왔다. 꾸러미에는 '도핀 산(産)'이라는 표시가 붙어 있었다. 바다와 땅 간의 대결에서 땅이 이겼다.

세인트루시아에서 지낸 남은 기간 내내 나는 계속해서 도핀에 관해서 생각했다. 로젠스의 말이 맞다면, 도핀은 월컷이 그 희곡을 쓰고 있을 때쯤에는 이미 버려지고 있었다. 그는 자신이 붕괴 직전이거나 아니면 이미 버려진 한 고기잡이 마을을 기리고 있다는 것을 알았을까? 희곡은 도핀에서의 삶을 장밋빛으로 그리지 않았다. 어부들은 심지어 바다가 험할 때도 고기를 잡으러 나가며 매일같이 목숨을 건다. 하지만 이런 삶이 힘들다고 해도 극중에서 마을이 버려지고 있다거나 버려질 운명이라는 언급은 없다. 생각해보니 연극의 배경이 어느 때인지 분명하지도 않다. 연극의 구성 요소들은 시대를 초월한 것이다. 가난한 어부들, 고립된 마을, 바다와 땅에 기대어 근근이 이어가는 삶.

　나는 시대 배경을 특정할 수 있을 만한 것을 주목해가며 희곡을 다시 살펴보았다. 극중에 깡통이 돌아다니고 있는 것 같지만(오늘날처럼 만에 둥둥 떠 있다) 깡통은 200년간 존재해왔다. 다른 단서도 있었다. 어부들은 미국 담배를 피웠다. 하지만 이것도 너무 일반적인 것이어서 연극의 시대 배경을 특정할 수는 없었다.

집으로 돌아와서 나는 도핀에 관한 추가적인 정보를 두 가지 더 발견했다. 첫 번째는 도핀의 물에 기름 덩어리가 섞여 있는 것 같다고 언급하는 최근의 신문 기사였다. 심지어 그 지역의 물이 언제나 색깔이 어둡고 다소 기름기가 있었다는 로젠스의 발언이 인용되어 있었다. 석유 시추 답사에 관한 협상이 진행 중인 모양이었다. 어쩌면 도핀에 다시금 역사가 분출할지도 모르며, 이제 월컷이 2017년 3월에 세상을 떠났으므로 다른 누군가가 그의 희곡의 속편을 써야 할 것이다. 『도핀의 석유(The Oil at Dauphin)』라는 희곡을 말이다.

두 번째 정보는 콜럼버스 이전 시대의 고고학적 발견에 관한 보고였다. 알고 보니 도핀에는 정말로 세인트루시아 섬에 정착한 인류의 가장 초기 흔적들이 있었다. 조지는 틀림없이 이것을 말한 것이리라. 월컷은 그 희곡에서 도핀을 둘러싼 태곳적인 무엇인가—바다에 맞선 투쟁, 간소한 카누들—를 포착했었다. 그 과정에서 그는 도핀을 문학으로 만듦으로써 그곳을 지도상에 위치시켰다.

16

호그와트로부터 인도까지

조사와 여행, 문학 탐험이 끝나고 보스턴으로 돌아오자, 나는 한 학부생으로부터 하버드 대학교의 신입생 대식당인 애넌버그 홀에서 함께 저녁을 먹자는 초대를 받았다. 애넌버그 홀은 높은 고딕 양식의 천장을 자랑하는 웅장한 건물이다. 건물 밖에서 만난 학생은 여기가 호그와트 학교의 그레이트 홀의 모델이라고 자랑스럽게 말했다. 나는 의심을 감추며 예의바르게 고개를 끄덕였다. 분명히 그 학생은 해리 포터의 세계에 살고 있었고 나도 마찬가지였다. 그동안 나는 문학을 찾아서 널리 여행했는데 문학이 바로 여기 고향에서 나를 붙든 셈이었다. 포터월드(Potterworld)를 직시할 때였다.

어린 신참 마법사처럼 나는 2007년에 출간된 마법 동화집 『음유시인 비들 이야기(*The Tales of Beedle the Bard*)』로 시작했다. 원래 이 책은 모로 코산 가죽으로 제본되고 귀금속과 은장식을 박은 7부 한정판으로 출간 되었다. 그렇지만 그 책을 정말 가치 있게 만든 것은 J. K. 롤링이 1부 1 부를 손으로 써서 소더비에 경매에 내놓았다는 사실이다. 이것은 사미즈다트의 자본주의 버전일까? 나는 인쇄본에 만족하여 아마존에서 세금을 포함해 7.92달러에 한 권을 구매했다.

나는 예상보다 책을 훨씬 즐겁게 읽었다. 롤링은 동화의 구조와 도덕적 어조를 매우 솜씨 있게 활용했다. 가장 마음에 들었던 것은 주해였다—나는 교사이므로 물론 이것은 직업병이다. 책에는 덤블도어의 주해, 그 다음에는 덤블도어의 주해에 대한 롤링의 주해가 있었고, 그 모든 것이 어떻게 단순한 텍스트들이 이후의 해석들을 거치면서 의미를 획득하는지를 포착했다.

실제 해리 포터 시리즈를 읽기 전에 나는 해리 포터 공식 웹사이트인 포터모어 닷컴에 가서 기숙사 중 한 곳을 배정받았다—입학 지망생들은 각자의 성격에 따라서 배정된다. 소설에서는 마법 모자가 기숙사를 배정하지만, 웹사이트에서는 질문지 방식으로 이루어졌다. 민망하게도 나는 슬리데린에 배정되었다(하버드 대학교는 이런 식의 분류를 포기하고 학생들을 무작위 추첨으로 배정한다). 다소간 머글 세계에서만 살아서 마법 세계와 그곳의 의례에 무지하던 당시에는 이것이 내게 무슨 의미인지를 제대로 이해하지 못했다. 하지만 그때도 웹사이트에서 기숙사 배정 결과를 두고 내 기분을 좋게 해주려고 애쓰는 것을 보고서 슬리데린의 명성이 딱히 좋지 않다는 것을 짐작할 수 있었다. 슬리데린은 도덕적으로 수상쩍은 곳이었다. 다음으로 나의 패트로누스가 무엇인지 알았을 때, 나는 또 한 번 타격을 받았다. 답변을 채운 질문지를 바탕으로 결정된 나의 패트로누스는 하이에나였다. 웹사이트가 내게 유니콘 털을 심으로 넣은 14.5인치짜리 로렐나무 마법 지팡이를 주기로 결정했을 때에는 그나마 약간의 위안을 받았다. 하이에나와 달리 유니콘은 내가 기꺼이 결부되고 싶은 우아한 마법 동물이었으니까.

호된 입문 과정이 끝나고 호그와트를 온전히 체험할 준비가 된 나는 몰아 보기와 몰아 읽기의 집중 프로그램에 돌입하여 해리 포터 시리즈를 처음부터 끝까지 죽 읽었다. 시리즈를 완독하기까지 약 한 달이 걸렸고, 그때쯤 되자 눈은 게슴츠레해지고 귓가에는 기숙사 사감인 세베루스 스네이프가 '프' 발음이 폭발하듯이 사납게 '오'로 이어지며 "해리 포터"라고 부르는 소리가 윙윙거렸다.

마지막 권의 책을 덮고 나서 나의 즉각적인 반응은 엄청난 안도감이었다. 슬리데린 소속 학생으로서 나는 우리 기숙사의 사감이 '그 사람' 편으로 넘어갔다는 사실에 정신적인 상처를 받았다(그 이름 자체가 우리 마법사들 사이에서 금기여서 우리는 어둠의 마왕을 '그 사람'이라고 부른다). 그러니 마지막 권의 끝부분에서 스네이프가 실제로는 덤블도어가 그 사람을 염탐하기 위해서 심어놓은 이중 첩자였다는 사실을 알았을 때 내가 얼마나 기뻤겠는가?

그러나 전체적으로 볼 때, 나라면 해리 포터 시리즈를 몰아서 읽거나 몰아서 보는 것을 추천하지 않겠다. 내용이 계속 반복되기 때문이다—몇 번씩이나 어둠의 마법 방어술을 가르치는 새로운 교수가 나오고, 또다른 비밀의 방이 나오고, 언뜻 볼 때 어른들에게 유기된 해리가 완수해야 할 또다른 과제가 나온다. 이 점은 해리 포터와 함께 커가는 것이 얼마나 더 좋았을지를 깨닫게 해주었다. 해리와 같은 나이나 어쩌면 한두 살 더 어릴 때 그 책들을 읽기 시작하여 그와 함께 커가고 해리와 해리의 세계도 그만큼 더 복잡해지는 과정 말이다. 아마도 정말로 이런 식으로 자란 세대는 해리 포터 시리즈의 첫 권이 나온 1997년에 아홉 살이나 열 살이던 이들, 점점 커가면서 다음 권이 나오기를 기다려야 했던 이들일 것이다.

그밖에, 해리 포터는 내게 세르반테스를 미치게 했을 만한 방식들로 중세 로맨스를 차용한 잡탕을 떠올리게 했다(내가 소설가들에게 해리 포터에 관해서 물으면 그들은 보통 알레르기 반응을 보인다. 마치 아직도 중세 로맨스에 맞선 세르반테스의 싸움을 하고 있는 듯하다). 이 중세식 잡탕에다가 롤링은 기숙학교 소설을 추가하여 해리와 친구들이 인기, 학교 내 괴롭힘, 그들을 이상한 어른의 세계로 입문시키는 괴짜 선생들에 대해서 걱정하게 만든다—판타지의 세계는 십대들이 살아가는 현실에 근거하고 있다.

비록 해리 포터 이야기는 공식적으로 완결되었지만 롤링은 자신의 창작품으로부터 완전히 떨어져 있을 수 없었다. 그녀는 계속해서 새로운 정보(덤블도어가 게이라는 사실을 밝히는 것과 같은)를 추가하고 있으며 최근에는 희곡의 형태로 후속편을 썼다. 하지만 포터의 우주가 계속 확장되는 주요 형태는 관련 공식상품이다. 이 문장을 쓰고 있는 2016년 핼러윈에 사탕을 받으러 우리 집을 찾아온 이웃은 헤르미온느 그레인저(포터 세계로 나를 처음 입문시켜준 책 『음유시인 비들 이야기』의 번역자로서, 나는 언제나 그녀의 팬으로 남을 것이다) 분장을 하고 있었다. 안타깝지만 나는 아직 올랜도에 있는 해리 포터 마법 세계(The Wizarding World of Harry Potter™)에는 가보지 못했는데 그곳에 가면 올리밴더스, 아니 Ollivanders™에서 진짜 마법 지팡이를 고작 49달러에 살 수 있다. 그 테마파크는 호그와트뿐만 아니라 호그스미드(Hongsmeade™) 마을과 다이애건 앨리(Diagon Alley™)도 재현했다. 잠깐 곰곰이 생각해본 뒤, 나는 그 이유를 알았다. 호그와트에서는 살 것이 아무것도 없는 반면, 호그스미드와 다이애건 앨리는 해리 포터 우주에서 사람들이 쇼핑 목적을 위해서 찾는 장소이다.

해리 포터 시리즈의 내용처럼 출판의 형태는 옛것과 새것의 기묘한 혼합이다. 손으로 쓴 『음유시인 비들 이야기』 7부 가운데 1부는 아마존이

400만 달러에 구입했는데, 어쩌면 롤링과 아마존이 서로에게 얼마나 많은 덕을 보았는지를 인정하는 의미이리라.

그러나 아마존의 서비스와 오늘날 제공되는 다른 신기술들의 궁극적 수혜자는 누구일 것인가라는 질문은 여전히 해결되지 않고 있다. 롤링 같은 작가인가? 인터넷 플랫폼, 아니면 출판사? 그리고 어떤 유형의 이야기들이 이 새로운 환경에서 번창할 것인가?

글쓰기 기술에서의 새로운 혁명

현재 우리의 혁명은 서로 맞물린 두 가지 발명에 뿌리를 둔다. 그리고 둘 다 마침 아폴로 8호와 관련이 있다. 존 F. 케네디가 요구한 대로 달에 인간을 착륙시켰다가 무사 귀환시키는 위업은 우주선 내에서 복잡한 계산들을 요구했다. 이런 일에는 컴퓨터들이 필요했지만 너무 컸다. 우주 비행 임무를 위해서 컴퓨터를 더 작고, 더 빠르고, 더 가볍게 만드는 일이 궁극적으로 컴퓨터가 일반 가정으로 들어가는 것을 가능하게 했으며 가정에서 컴퓨터는 곧 가계부 작성부터 이야기를 쓰는 것까지 모든 일에 사용되었다.

그보다 더 큰 변화를 가져온 것은 아폴로 8호 이후 1년이 채 지나지 않아 이루어진 제2의 발명으로, UCLA의 연구자들이 음성과 데이터 패키지 간의 변환을 가능하게 하는 신기술로 일반 전화선을 통해서 스탠퍼드 대학교에 있는 컴퓨터와 커뮤니케이션에 성공한 일이었다. 연구자들이 보낸 메시지 LOGIN은 네트워크를 끝까지 통과하지는 못했는데, 글자 G에 이르렀을 때 네트워크 장애가 발생했기 때문이다. 하지만 아르파넷(Arpanet)이라고 하는 컴퓨터 네트워크에 대한 아이디어가 수립되었다.

개인용 컴퓨터와 컴퓨터 네트워크는 문학이 어떻게 쓰이는지부터 그것이 어떻게 유통되고 읽히는지에 이르기까지 모든 것을 변화시켜왔다. 마치 종이와 책, 인쇄술이 동시에 등장한 것 같았다.

일부 출판업자들은 그들이 문학을 거의 독점하다시피 했던 인쇄의 시대를 황금기로 회고한다. 어느 저자든 인쇄업자에게 돈을 내고 자기 책을 찍을 수 있었던 것은 사실이지만, 문제는 그 책을 독자들의 수중에 어떻게 가져갈 것이냐였다. 그것이 인쇄업자와 소비자를 연결하면서 출판업자들이 한 일이었다. 그 과정에서 출판업자는 일부 위험 부담을 떠맡았고 많은 이익을 챙겼다. 하지만 이제 컴퓨터와 인터넷, 저렴한 애플리케이션 덕분에 코딩 경험이 없는 저자도 보기 좋은 전자책을 제작해서, 아마존과 그와 유사한 사이트를 통해서 시장에 내놓을 수 있게 되었다. 물론 온라인 출판사와 서점도 커다란 몫, 흔히 30퍼센트를 챙겨가지만 이 정도면 전통적인 출판 양식에서 가져가는 비율에 비해서 더 적다.

이러한 변화들은 출판사들을 걱정시키는 반면, 저자들에게는 좋은 소식인 듯하다. 컴퓨터—한때는 워드 프로세서라고 불렸다—는 단어를 지우고, 추가하고, 문단을 통째로 옮기고, 문서 전체를 쉽게 수정할 수 있게 하여 저자들의 일상 업무를 더 효율적으로 만든다.

인터넷은 또한 저자들이 정보와 문학에 전례 없이 접근할 수 있게 해준다. 이 책을 쓰면서 나는 인터넷 아카이브가 온라인에 올린 대량의 문헌을 읽고 검색했는데, 인터넷 아카이브는 저작권이 없어서 퍼블릭 도메인(public domain)인 문헌들을 무료로 입수할 수 있게 해준다. 그것은 명시적으로 알렉산드리아 도서관을 모델로 하고 있다(인터넷 아카이브의 백업 사본은 재건된 알렉산드리아 도서관인 비블리오테카 알렉산드리나에 보관되어 있는데, 이것은 미국 바깥에 위치한 그런 저장시설로는 최초이다). 나는 또한 1971년에 마이클 S. 하트라는 학생이 미국 독립선언서를 아르파넷에 연결된 컴퓨터에 타이핑하여 올림으로써 시작된 또다른 비영리 사이트도 이용했다. 6명의 사용자들이 그가 올린 독립선언서를 다운로드 받았고, 하트는 자신의 기획을 프로젝트 구텐베르크라고 부르기로 했다(비록 구텐베르크는 우리의 이윤 추구 인터넷 기업가들에 훨씬 더 가까웠지만 말이다).

지식을 체계화하는 데에 가장 영향력 있는 새로운 매체는 온라인 백과사전이다. 나는 위키피디아 초창기에 그곳의 크라우드소싱 운영방식이 학계 사람들에게 조롱받던 것을 기억한다. 더 이상 조롱은 들리지 않는데, 그 학계 사람들이 이제는 위키피디아를 자신들의 첫 번째 정보원으로 수시로 이용하기 때문이며 물론 거기에는 나도 포함된다. 나는 벤저민 프랭클린과 프랑스 백과전서파가 인터넷 아카이브와 프로젝트 구텐베르크, 위키피디아를 기꺼이 끌어안았을 것이라고 생각하고 싶다.

그러나 저자들이 우리의 글쓰기 혁명의 승자인 것처럼 보임에도 불구하고 그들도 최소한 출판업자들만큼 걱정이 많다. 구텐베르크는 저자들에게서 글쓰기 도구를 가져다가 출판업자들에게 주었지만, 인쇄기는 대규모 독자층이 낮은 비용으로 책에 접근할 수 있게 하여 저자들이 직업작가가 되는 것을 가능하게 했으므로, 저자들에게도 커다란 혜택이었다. 하지만 이제 갑자기 모두가 작가가 될 수 있고, 소셜 미디어를 통해서 독자를 찾을 수 있다. 어떤 저자들은 장래에 그들이 콘텐츠 공급자에 그치게 되는 날이 오지 않을까 우려한다. 그렇다면 그들의 생산물은 독립적인 정신이 빚어낸 독창적인 공헌이 아니라 특정한 수요를 충족하도록 설계된 모종의 고객 서비스로 간주될 것이다. 최상위에 있는, 이런 서비스 공급자들 중 일부는 몇몇 조수들을 거느리고 작업하는 저명인사가 될지도 모르지만 그들 역시도 새로운 이야기들을 지어내는 전통적인 의미의 작가는 아닐 것이다. 컴퓨터가 독창적인 콘텐츠의 창조를 용이하게 할 수 있는 것은 사실이지만 컴퓨터는 이미 존재하는 것을 재가공하는 데에 훨씬 더 적합하다. 어느 정도까지 세르반테스의 시대, 다시 말해서 근대적 인쇄 저작자의 시대가 기울고, 사용자 생성 콘텐츠의 바다에서 살아남기를 바라는 큐레이터와 명사, 고객 서비스 공급자의 시대에 자리를 내주고 있는 것일까?

생각이 다시 롤링으로 흐르면서 나는 어쩌면, 영화와 연극부터 인터넷과 테마파크에 이르기까지 가능한 온갖 유형의 오락산업에 얼굴을 내밀며 통제 불능이 된 해리 포터의 상품화를 조롱하는 것은 너무 쉬운 일이라는 것을 깨달았다. 어쨌든 포터는 어느 기업의 이사회 회의실에서 탄생하거나 마케팅 부서에서 짜낸 것이 아니라 철저하게 혼자 작업하면서 하나의 우주 전체를 창조한 무명의 작가에 의해서 창안된 것이었다.

문학 축제
2014년, 인도 라자스탄 자이푸르

오늘날의 문학을 가늠해보기 위해서—그리고 포터월드로부터 기분 전환도 할 겸—나는 마지막으로 한 번 더 여행을 하기로 결심하고, 인도의 델리에서 약 270킬로미터 떨어진 라자스탄, 자이푸르라는 중간 규모의 도시를 찾았다. 10년 전 영국 작가 윌리엄 달림플과 인도 작가이자 출판업자 나미타 고칼레는 일련의 문학 이벤트를 시작했는데, 이 이벤트는 몇 년 만에 축제로 성장하여 자이푸르를 세계 문학이 생기는 장소로 탈바꿈시켰다.

델리에서 그곳까지의 자동차 여행은, 엉뚱한 길로 다니는 차들, 다른 운전자들에게 경적을 울려달라고 부추기는 다채로운 그림과 구슬로 장식된 트럭들, 암소, 낙타, 염소, 당나귀, 코끼리, 양, 돼지, 개를 비롯해 도로 위를 돌아다니고 있는 많은 동물들까지 나의 예상을 크게 벗어나지 않았다. 문학이 이곳에서 생겨나고 있다는 것을 상상하기 힘들었다. 하지만 갑자기, 축제가 펼쳐졌고, 그것은 내가 예상한 것과는 전혀 달랐다. 컨벤션 호텔이나 대형 무역 전시장에서의 맥 빠지는 모임들 대신에 이 문학 축제는 여기저기 음식 가판대가 보였고, 사람들은 야영을 하거나 텐트나 건물 안에서 모이는 록 페스티벌에 더 가까웠다. 그것은 10만 명에 가까운 방문객을 끌어모으는 거대한 행사였다.

내가 만난 방문객들 중에는 이곳까지 오려고 모터사이클을 빌려 타고 변두리에서 온 자동차 정비공과 축제에 참석하기 위해서 하루 휴가를 낸 공학도, 경적을 울리며 혼잡한 도로를 통과하는 가운데 올해의 명사들에 관해서 의견을 내놓는 릭샤 운전사도 있었다. "오프라 아주 멋진 여자죠—나처럼 피부가 검어요." 그가 전년도의 스타 오프라 윈프리를 언급하며 큰소리로 외쳤다. 모두가 문학을 위해서 이곳에 온 것은 아니었다. 어떤 사람들은 발리우드 스타와 토크쇼 진행자들을 구경하기 위해서, 다른 사람들은 애프터 파티나 사적인 만찬 자리의 초대장을 구하려고, 또 어떤 사람들은 그저 재미로 왔다. 그러나 사람들을 끌어모으는 주요 요인은 온갖 형태의 문학이었다. 시인, 극작가, 소설가, 논픽션 작가들이 낭독회, 강연, 토론회, 대담, 인터뷰, 그리고 격식에 얽매이지 않는 대화를 위해서 이곳에 있었다. 널리 뻗어나가는 세계 문학을 옹호한 괴테라면 분명 기뻐했을 것이다.

전 세계의 모든 나라들이 동등하게 대표되지는 않았다. 미국을 비롯해

다른 지역에서 온 작가들도 조금 있었지만 두 창립자의 배경 때문인지, 축제는 영국-인도 축을 중심으로 돌아갔다. 영어가 지배하고 있었고 글로벌 영어의 지배에 관해서 걱정하는, 대체로 영어로 된 목소리가 적잖이 들려왔다. 그러나 인도 남부의 타밀어부터 북부의 히말라야 언어들에 이르기까지 인도 언어들로 진행되는 세션들도 있었다. 어쩌면 가장 두드러진 것은 인도의 아시아 라이벌인 중국 작가들의 사실상 부재였다.

축제가 성장하면서 여러 차례 위기도 겪었다. 가장 커다란 위기는 내가 방문하기 2년 전에 발생한 것으로, 소수의 무슬림 인구를 위해서 인도에서 출판이 금지되었던 (그리고 지금도 금지되는) 소설 『사탄의 시 (*The Satanic Verses*)』의 작가 살만 루시디가 엮인 사건이었다. 루시디 논쟁은 전형적인 세계 문학의 충돌이었다. 루시디는 소설 『한밤의 아이들 (*Midnight's Children*)』로 명성을 얻었는데, 인도의 독립 순간을 배경으로 한 이 소설은 탈식민 상황에서 하나의 근본 텍스트를 써내는 고전적인 제스처였다. 루시디의 성공은 후속작 『사탄의 시』가 이란의 아야톨라 호메이니에 의해서 성스러운 텍스트 『코란』을 모욕하는 것으로 여겨지면서 달갑지 않은 일이 되었다. 유명하다시피 호메이니는 『사탄의 시』의 작가에게 종교적 칙령과 사형선고를 내렸고, 루시디는 은신을 해야 했다.

내가 자이푸르에 갔을 때에는 칙령은 이미 철회되었으나 논쟁은 끝나지 않았다. 2012년 자이푸르 축제가 루시디를 초대하자 작가는 곧장 여러 건의 살해 위협을 받았다. 루시디가 직접 참석하는 대신 스카이프를 통해서 연설을 할 것이라는 타협책도 항의자들을 진정시킬 수는 없었다. 축제 조직자들은 안전을 고려하여 그의 연설 계획을 취소하기로 했다. 이런 형태의 검열에 분노한 일부 참석자들은 축제에서 『사탄의 시』를 낭독하기 시작했고, 이 불법적인 독서 행위 직후 그들은 자이푸르는 물론

이고 아예 인도에서 떠나야 했다.

내가 방문했을 때에도 그때의 위기는 여전히 사람들의 마음 한켠에 있었다. 검열을 둘러싼 한 세션에서 여러 참석자들이 그 사건에 대한 암시적 발언을 하자, 한번은 누군가가 일어서서 지적했다. "루시디를 말하는 거지요? 나는 그의 이름을 말하는 게 겁나지 않습니다." 루시디 사건은 오래된 근본 텍스트와 새로운 텍스트가 주도권을 놓고 다투는 이야기로서, 문학의 이야기와 공명했다.

그 사건이 정신을 번쩍 들게 하기는 했지만, 자이푸르의 축제 분위기를 망칠 수는 없었다. 그곳에는 유명, 무명을 가리지 않고 너무도 많은 작가들과 열렬히 문학을 상찬하고 싶어하는 너무도 많은 사람들이 있었다. 나는 이 문학 축제를 포터월드의 또다른 (그렇다, 그리고 더 나은) 버전으로, 사람들이 와서 문학에 대한 자신들의 열정을 드러내는 공간으로 생각하기 시작했다. 누군가가 읽고 쓰는 것의 미래에 관해서 걱정한다면, 나는 문학과 축제의 이 진정한 결합을 적극 추천하겠다.

새것과 옛것

자이푸르의 축제 분위기는 나로 하여금 문학의 역사를 마지막으로 되돌아보게 했다. 문학의 역사는 메소포타미아의 비옥한 계곡에서 시작되었다. 문학은 그곳에서 탄생한 뒤에 지구 전역에서 승승장구했다. 그 과정에서 문학은 서기와 왕들의 배타적 소유였던 것에서 진화하여 갈수록 더 많은 독자와 작가들에게 도달했다. 이 문학의 민주화는 문자와 파피루스부터 종이와 인쇄술에 이르기까지 여러 기술들의 도움을 받았고, 그 모든 것들은 진입 장벽을 낮춰 문학 세계를 더 많은 사람들에게 열어젖혔다. 그러면 사람들은 다시금 새로운 형식들—소설, 신문, 선언서—을 혁신함과 동시에 더 오래된 근본 텍스트들의 중요성을 확인했다. 각계각층의 독자들 그리고 옛 텍스트와 새 텍스트 간의 충돌이 일어나는 자이푸르는 이 이야기의 훌륭한 일단락 같았다.

나는 또한 이 확장의 이야기가 그 안에 많은 반전과 놀라움을 담고 있다는 것도 기억했다. 적어도 내게는 그러했다. 문학의 이야기는 단선적이지 않고, 많은 샛길들과 심지어 역행도 담고 있다. 문자는 유라시아 대륙과 아메리카 대륙 둘 다에서 발명되었다. 개별적 이야기들은 아시아부터 유럽까지 뻗은 이야기 모음집들의 네트워크 위를 오갔다. 문자의 부상은 세계 곳곳의 카리스마적인 교사들의 반대를 야기했다. 새로운 기술들은 파피루스 두루마리와 양피지 책 간의 대결처럼 포맷 전쟁으로 이어진 한편, 성스러운 텍스트들은 흔히 새로운 복제방식들의 초기 채택자였다. 그러나 문학의 극적인 폭발에도 불구하고 구전 스토리텔링은 순자타 이야기와 더불어 만데의 음유시인들의 사례가 보여주듯이 존속했다.

문학의 역사를 쓰는 데에서 가장 어려운 점은 이러한 뜻밖의 사실들과 복잡한 줄거리들이 아니었다. 그보다는 우리가 여전히 이 계속되는 이야기의 한복판에 있다는 인식이었다. 우리가 이야기할 수 있는 단일한 세계 문학이라는 발상조차도 200년이 채 되지 않았다. "세계 문학"이라는 표현을 만들었을 때, 괴테는 어느 도서관에서 잠자고 있던 마야의 『포폴 부』나 메소포타미아 지하에 묻혀 있던 『길가메시 서사시』, 일본과 동아시아 바깥에는 알려지지 않았던 『겐지 이야기』나 아직 글로 적히지 않았던 서아프리카의 순자타에 관해서는 알지 못했다. 그리고 물론 괴테는 자신의 세계 문학이라는 발상이 「공산당 선언」의 저자들에게 영감을 주리라고는 예상하지 못했을 것이다. 새로운 것이 추가되고 과거로부터 발견이 이루어질 때마다 문학의 이야기는 계속해서 변화한다.

　기술도 마찬가지이다. 아마도 여러분은 이 단어들을 종이에 인쇄된 책이나 화면으로 읽고 있을 것이다. 단어들을 여러분의 시야에 띄워주는 특수 안경을 쓰고 있는 경우가 아니라면 말이다. 하지만 여러분이 어떤 장치를 사용하고 있든지 간에 여러분은 페이지를 넘기거나 연속적으로 이어진 텍스트를 스크롤할 것이다. 여기서 옛것과 새것의 조합에 주목하라. 대부분의 사람들은 파피루스 두루마리(스크롤)가 양피지 책에 밀려난 뒤로 더 이상 스크롤을 하지 않았지만, 2,000년이 지난 오늘날에는 이 스크롤 행위가 갑자기 복귀했는데 컴퓨터에 저장된 끝없는 문자열은 분절적 페이지보다는 연속적인 두루마리에 가깝기 때문이다. 이와 유사하게 사람들은 수백 년간 서판(태블릿)에 글을 쓰지 않았지만 이제 우리는 그것들을 어디에서나 볼 수 있다. 얼핏 보면 오늘날의 태블릿 사용자들은 책상다리를 하고 앉아 무릎에 필기도구들을 펼쳐놓은 고대 서기들과 묘하게 닮아 보인다.

　뒤를 돌아볼수록 현재에서 더 많은 과거가 보인다. 트위터의 280자 제한은 『겐지 이야기』와 무라사키 시키부 시대의 헤이안 궁정이 의사소통에 이용한 단가(短歌)의 조잡한 버전일지도 모르며, 전자 자가-출판 플랫폼의 베스트셀러로 로맨스가 귀환하면서 세르반테스의 전통에 따라 글을 쓰는 많은 현대 저자들을 불쾌하게 만들고 있다. 인터넷은 새로운 형태의 감시와, 마치 현대판 사미즈다트 시스템처럼 검열을 피할 수 있는 새로운 방법 둘 다를 가능하게 했다. 여러분이 이 단어들을 오디오 장치로 듣고 있다면, 잘 알다시피, 구전 스토리텔링도 귀환했다. 글보다 카세트를 선호하는 만데의 음유시인들은 흡족해할 것이다.

　여행 중에 나는 문학이 역사를 형성하는 것을 볼 수 있는 순간들을 찾았다. 나는 그러한 순간들을, 자신들의 독서 체험을 행동으로 옮긴 아슈르바니팔과 알렉산드로스 같은 비범한 독자들의 흔적과 더불어 신세계로 자랑스럽게 책을 가져간 피사로 같은 문맹들의 흔적과 조우했을 때에 발견했다. 역사는 또한 성스러운 경전을 믿는 이들에 의해서도 형성되었다. 그들은 글에 대한 숭배를 강력한 역사적 힘으로 탈바꿈시키면서 때로는 성스러운 텍스트들 간의 충돌은 물론이고, 단일한 텍스트에 대한 상이한 해석들 간의 충돌도 낳았다. 그리고 나는 바로 내 앞마당에 위치한 프랭클린의 우편도로처럼 문학의 전파를 위해서 깔린 기반시설을 통해서 여행하고 있었다.

문학에서 가장 두드러진 특징은 발화(發話)를 시공간으로 깊숙이 투사할 수 있는 능력이다. 인터넷은 몇 초 만에 지구상 어디로든 글을 보낼 수 있게 하면서 공간을 확대했다. 그렇다면 시간은 어떨까? 내 주변에서 일어나고 있는 변화들에 대한 안내자로 지난 4,000년간의 문학을 이용하기 시작하면서 나는 미래의 문학고고학자들을 상상하기 시작했다. 그들은 『길가메시 서사시』 같은 망각된 걸작들을 발굴해낼 수 있을까?

대답은 결코 확실하지 않다. 컴퓨터 프로그램과 포맷의 급속한 노후화 때문에 시간에 따른 전자 미디어의 내구성은 이미 문제로 떠올랐다. 만약 운이 좋다면 미래의 역사가들은 다른 방법으로는 읽을 수 없는 파일에 접근하기 위해서 구식 데이터를 코드 변환하거나 구형 컴퓨터들을 복원할 수 있을 것이다(쐐기문자가 19세기에 복원되어야 했던 것과 다르지 않다). 사서들은 미래의 변덕스러운 포맷 전쟁으로부터 글을 보존하는 최상의 방법은 전부 다 종이에 인쇄하는 것이라고 경고한다. 어쩌면 우리는 우리의 경전들을 옛날 중국의 황제들처럼 돌에 새겨야 할지도 모른다. 하지만 문학의 역사에서 가장 중요한 교훈은, 생존을 보장하는 유일한 방법은 지속적인 사용이라는 것이다. 하나의 텍스트는 번역되고, 전사되고, 코드 변환될 만큼 계속해서 우리에게 유의미해야 하고 세월에 걸쳐 지속되도록 세대마다 읽혀야 한다. 기술이 아니라 교육이 문학의 미래를 보장할 것이다.

무엇을 발견하게 되든지 간에 미래의 역사가들은 우리의 현재 글쓰기 혁명이 얼마나 전환적일지를 우리보다 더 잘 이해할 것이다. 우리가 확실하게 말할 수 있는 것은 세계 인구가 증가해오는 동안에도 문해율이 높아졌다는 것이며, 이는 어느 때보다 훨씬 더 많은 글이 더 많은 사람들에 의해서 쓰이고 있고, 더 널리 출판되고 읽히고 있다는 뜻이다. 우리는 제2의 대폭발 직전에 서 있다. 글로 만들어진 세계는 다시금 변화를 앞두고 있다.

감사의 말

문학의 탄생 이래로 존재한 학자와 작가들의 저작에 의존하는 이 책을 쓰는 동안 자연히 나는 새로운 이야기를 지어내는 근대적 작가라기보다는 기존의 문헌들로부터 하나의 텍스트를 조합하는 서기처럼 느껴졌다. 나는 나의 문학 이야기에 기여한 수백 명의 사람들을 "주"에서 밝혔지만, 내게 커다란 도움을 주신 분들을 여기에 따로 언급해야겠다.

　처음에 이 책의 틀을 잡을 때에 도움을 준 나의 에이전트 질 니어림과 이 책이 지금의 최종적인 모습을 띠는 데에 크게 기여한 랜덤하우스의 내 편집자 케이트 메디나와 에리카 곤잘레스, 그리고 그란타의 편집자 벨라 레이시에게 특별히 감사를 표한다. 개별 장들을 읽어준 나의 동료와 친구들, 즉 피터 버가드, 데이비드 콘래드, 데이비드 댐로시, 빕케 데네케, 바버라 푹스, 스티븐 그린블랫, 파울로 오르타, 마야 자사노프, 루크 메넌드, 파리말 파틸, 일레인 스캐리, 데이비드 스턴, 빌 토드에게 특히 감사하다. 이 책은 또한 하버드 대학교의 학생들과 온라인 교육이라는 신기술 덕분에 155개국의 학생들을 상대로 한 세계 문학 강의에서 친구이자 동료인 데이비드 댐로시와 함께 가르친 경험에서 영감을 받았다. 수잔 아크바리, 데이비드 콘래드, 빕케 데네케, 비나이 다르왓커, 바버라 푹스, 캐럴라인 르바인, 페리클레스 루이스, 피트 사이먼, 에밀리 윌슨이라는 뛰어난 일단의 동료들과 함께 방대한 세계 문학 선집을 펴내는 경험이 없었다면

419

이 책은 쓰일 수 없었을 것이다.

많은 친구들이 귀를 기울여주고 현명한 조언을 해주었다. 팀 볼드니어스, 레너드 바컨, 마이클 이스킨, 아리아네 로리 해리슨, 세스 해리슨, 우르줄라 하이제, 노아 헤링먼, 샘 헤이즐비, 마야 자사노프, 캐럴라인 르바인, 샤런 마커스, 루크 메넌드, 버나뎃 메일러, 클라우스 믈라데크, 프랑코 모레티, 브루스 로빈스, 프레디 로컴, 앨리슨 시먼즈, 매슈 스미스, 캐스린 스텐글, 헨리 터너, 레베카 월코위츠와 나의 형제 스티븐과 일라이어스, 어머니 앤-로어에게 감사드린다.

어맨다 클레이보는 이 문학 이야기가 모양을 갖춰나가는 데, 그리고 내 삶의 이야기에 기쁨과 의미, 사랑을 가져다주는 데에 누구보다도 일조했다. 이 책을 그녀에게 바친다.

주

서론

10 "그럼, 아폴로 8호" *Apollo 8 Technical Air-to-Ground Voice Transcription* (Manned Spacecraft Center, Houston, Tex.: National Aeronautics and Space Administration, December 1968), tape 3, page 3.

10 금방이라도 그들은 그때까지 달 전이궤도 진입은 초속 10,822.049미터로 이루어졌다. "Apollo 8, The Second Mission: Testing the CSM in Lunar Orbit," December 21–27, 1968, history.nasa.gov/SP–4029/Apollo_08a_Summary.htm 참조, 2017년 1월 10일 접속.

10 보먼이 궤도 진입과정 도중에 *Apollo 8 Onboard Voice Transcription As Recorded on the Spacecraft Onboard Recorder (Data Storage Equipment)* (Manned Spacecraft Center, Houston, Tex.: National Aeronautics and Space Administration, January 1969), 41.

11 "가능하면, 자네 시인들이" *Apollo 8 Technical Air-to-Ground Voice Transcription*, tape 37, page 3.

12 "이것들은 특히 지형의" *Apollo 8 Technical Air-to-Ground Voice Transcription*, tape 57, page 6.

12 "여기 달의 광활한" *Apollo 8 Technical Air-to-Ground Voice Transcription*, tape 57, page 6.

12 "저기 지구에 내가" *Apollo 8 Technical Air-to-Ground Voice Transcription*, tape 57, page 6.

12 "우주 과학자는 시를" Pat Harrison, "American Might: Where 'the Good and the Bad Are All Mixed Up,'" *Radcliffe Magazine*, 2012, radcliffe.harvard.edu/news/radcliffe-magazine/american-might-where-good-and-bad-are-all-mixed. 2016년 8월 5일 접속.

13 "광대하고 적막하며" *Apollo 8 Technical Air-to-Ground Voice Transcription*, tape 57, page 5.

13 "다시 듣게 되어" *Apollo 8 Technical Air-to-Ground Voice Transcription*, tape 46, page 5.

14 "그 글 문구……" *Apollo 8 Onboard Voice Transcription*, 177.

14 "지구에 있는 모든" *Apollo 8 Onboard Voice Transcription*, 195.

14 "빛을 낮이라 칭하시고" *Apollo 8 Onboard Voice Transcription*, 196.

17 "우주에서 그리고 향후의" Jack Roberts, District Judge, United States District Court, W.D.

Texas, Austin Division, Memorandum Opinion, December 1, 1969. O'Hair v. Paine Civ. A. No. A-69-CA-109.

18 "나는 열심히 보고" 가가린의 이 발언 여부를 둘러싼 논란이 있으며 어쩌면 니키타 흐루쇼프의 연설에서 나왔을 수도 있다.

제1장 알렉산드로스의 머리맡 책

25 첫 번째 물건은 Plutarch, Lives, volume VII, translated by Bernadotte Perrin, Loeb Classical Library 99 (Cambridge, Mass.: Harvard University Press, 1919), chapter VIII, section 2.

25 상자 안에는 세 가지 Plutarch, Lives, VIII, 2-3.

26 알렉산드로스는 아직 마케도니아의 필리포스의 결혼식과 피살에 대한 이 설명은 Diodorus Siculus, The Library of History, translated by C. H. Oldfather, Loeb Classical Library 422 (Cambridge, Mass.: Harvard University Press, 1933), book XVI, sections 91–94 를 바탕으로 한다. 알렉산드로스 대왕에 대한 고전기의 주요 정보의 출처는 시쿨루스, 그리고 아리아노스와 플루타르코스이다. 이들의 설명은 현재는 소실된 더 오래된 문헌을 바탕으로 한다.

27 그는 십대 초반에 Plutarch, Lives, VI, 1–6.

27 평생토록 그는 화가 날 Plutarch, Lives, LI, 4.

27 그러나 알렉산드로스에게 Plutarch, Lives, X, 1–2.

27 만약 두 사람 사이에 Plutarch, Lives, IX, 4ff.

28 만약 다리우스가 피살의 배후에 누가 있었는지를 둘러싸고 다양한 설들이 거론되었다. 플루타르코스는 처음에 불만을 품은 호위대원 파우사니아스였다고 믿는다. Plutarch, Lives, X, 4. Diodorus Siculus, Library, XVI, 93ff.도 보라.

28 알렉산드로스는 아버지의 Plutarch, Lives, XI. 나는 Arrian, Anabasis of Alexander, translated by P. A. Brunt, Loeb Classical Library 236 (Cambridge, Mass.: Harvard University Press, 1976), book I, chapter 1ff.도 참고했다.

30 "이렇게 말하고 영광스러운" Homer's Iliad, VI, 491–500. Homer, Iliad, translated by Stanley Lombardo, Norton Anthology of World Literature, edited by Martin Puchner (New York: Norton, 2012), 254.

31 그는 호메로스를 공부함으로써 Plutarch, Lives, VII, 2ff.

32 알렉산드로스가 매일 밤 Plutarch, Lives, VIII, 2–3.

32 알렉산드로스가 아시아에 Arrian, Anabasis, book I, chapter 11, section 5. Diodorus Siculus, Library, XVII, 17, 11.

32 트로이를 찾아가자마자 Arrian, Anabasis, I, chapter 12, section 1.

32 그들과 동행들은 Plutarch, *Lives*, XV, 4.

32 파리스의 것으로 알려진 Aelian, *Historical Miscellany*, edited and translated by N. G. Wilson, Loeb Classical Library 486 (Cambridge, Mass.: Harvard University Press, 1997), book 9, 38; Plutarch, Lives, XVI, 5.

32 그리고 그는 트로이 전쟁에서 Arrian, *Anabasis*, book I, chapter 11.

33 그라니쿠스 강변에서 Arrian, *Anabasis*, book I, chapter 13ff.

33 훈련을 통해서 병사들의 Joseph Roisman and Ian Worthington, *A Companion to Ancient Macedonia* (New York: Wiley, 2010), 449.

34 병사들이 마침내 그를 Plutarch, *Lives*, LXIII, 2ff.

34 겁에 질려 어쩔 줄 모르던 Arrian, *Anabasis*, book II, chapter 5ff; Plutarch, *Lives*, XX–XXI.

35 알렉산드로스의 아킬레우스 역할극은 아킬레우스에 대한 알렉산드로스의 정체성에 대해서는, Andrew Stewart, *Faces of Power: Alexander's Image and Hellenistic Politics*, volume 11 (Berkeley: University of California Press, 1993), 80ff도 참조.

35 가자를 정복했을 때는 Quintus Curtius Rufus, *History of Alexander*, translated by J. C. Rolfe, Loeb Classical Library 368 (Cambridge, Mass., Harvard University Press), IV, 29.

36 양측의 군대는 Arrian, *Anabasis*, book III, chapter 9ff.

36 페르시아 제국이 Arrian, *Anabasis*, book III, chapters 14–16.

36 그는 다리우스의 어머니와 Plutarch, *Lives*, XXI, 2–3.

36 다리우스는 자신의 지휘관에게 Arrian, *Anabasis*, book III, chapter 21.

36 알렉산드로스는 자신에게 Arrian, *Anabasis*, book III, chapter 23, section 1ff; chapter 25, section 8.

37 이야기는 대략 기원전 1200년 『일리아스』에서 글에 대한 언급은 단 한 차례 나온다. 벨레로폰이 죽기를 바라는 프로테우스가 이 서판을 가져온 자를 죽이라는 메시지를 적어 벨레로폰에게 "접은 서판"을 들려서 리키아의 왕에게 보냈다는 대목이다. Homer, *Iliad*, VI, 155–203.

37 그리스 크레타 섬의 미노스 문명의 선형문자 B 해독에 대한 흥미진진한 설명은 Margalit Fox, *The Riddle of the Labyrinth: The Quest to Crack an Ancient Code* (New York: HarperCollins, 2013)를 보라.

37 그 이야기들은 전문 음유시인들이 호메로스의 이야기들이 구두로 지어지고 보존되었다는 생각은 밀먼 패리와 앨버트 로드가 1920년대에 제시했다. 나는 또한 Walter J. Ong, *Orality and Literacy: The Technologizing of the Word* (New York: Methuen, 1982)도 참고했다.

38 사물을, 의미를 포기하는 것은 비록 그 정신적 돌파구가 초래한 결과들을 과장하기는 하지만, 순수한 알파벳 체계로 이어지는 정신적 돌파구는 Robert K. Logan, *The Alphabet*

Effect: A Media Ecology Understanding of the Making of Western Civilization (Cresskill, N.J.: Hampton Press, 2004)에서 포착되었다.

38 글쓰기는 발화에 훨씬 더 Henri-Jean Martin, *The History and Power of Writing*, translated by Lydia G. Cochrane (Chicago: University of Chicago Press, 1994), 31.

39 새로운 페니키아 알파벳은 이 주장은 선형문자 B로 쓰인 텍스트들을 제외하고는 경제적 거래에 특정하게 그리스 알파벳이 이용된 초기 사례가 없다는 사실에 근거한다.

39 심지어 그리스 알파벳은 이 주장은 Barry B. Powell, *Homer and the Origin of the Greek Alphabet* (Cambridge, U.K.: Cambridge University Press, 1991)에서 제기되었다.

40 새로운 알파벳의 힘과 Martin, *History and Power*, 37.

41 왕국이 계속 커지면서 Plutarch, *Lives*, XXVIII; Arrian, *Anabasis*, book VII, chapter 29.

41 그는 그리스 도시국가들에 Arrian, *Anabasis*, book VII, chapter 23.

41 "알렉산드로스가 신이" Aelian, *Historical Miscellany*, II, 19.

41 이 영토들을 계속 Plutarch, *Lives*, XLV, 1.

41 또 그리스 군대 안에 Plutarch, *Lives*, XLVII.

42 그리고 동방의 봉신들이 Arrian, *Anabasis*, book IV, chapters 5–6.

42 지금까지 알렉산드로스를 Plutarch, *Lives*, L, 5–6.

42 "그 입맞춤에 저는" Arrian, *Anabasis*, book IV, chapter 12; Plutarch, *Lives*, LIV, 4.

42 바빌론을 손에 넣은 Arrian, *Anabasis*, book IV, chapter 14, section 7.

42 그의 이름을 딴 그리스인 William V. Harris, *Ancient Literacy* (Cambridge, Mass.: Harvard University Press, 1991), 118ff.

42 제국은 수십 가지 언어와 Harris, *Ancient Literacy*, 138.

43 『일리아스』는 모두가 읽고 쓰는 Harris, *Ancient Literacy*, 61.

43 공통 그리스어는 앞선 시대에 George Derwent Thomson, *The Greek Language* (Cambridge, U.K.: W. Heffer and Sons, 1972), 34; Leonard R. Palmer, *The Greek Language* (London: Faber and Faber, 1980), 176.

43 현지 지배자들은 흔히 Thomson, *Greek Language*, 35; F. E. Peters, *The Harvest of Hellenism: A History of the Near East from Alexander the Great to the Triumph of Christianity* (New York: Simon and Schuster, 1970), 61.

43 그는 또한 공동 화폐인 *Hellenism in the East: The Interaction of Greek and Non-Greek Civilizations from Syria to Central Asia After Alexander*, edited by Amélie Kuhrt and Susan Sherwin-White (Berkeley: University of California Press, 1988), 81; Peter Green, *Alexander the Great and the Hellenistic Age: A Short History* (London: Weidenfeld and Nicolson, 2007), 63. 나는 다음도 참조했다. M. Rostovtzeff, *The Social and Economic History of the Hellenistic World*, volume 1 (Oxford: Clarendon Press, 1941), 446ff.

45 리디아어는 궁극적으로 Peters, *Harvest of Hellenism*, 61, 345. 나는 다음도 참조했다. Jonathan J. Price and Shlomo Naeh, "On the Margins of Culture: The Practice of Transcription in the Ancient World," in *From Hellenism to Islam: Cultural and Linguistic Change in the Roman Near East*, edited by Hannah M. Cotton, Robert G. Hoyland, Jonathan J. Price, and David J. Wasserstein (Cambridge: Cambridge University Press, 2009), 267ff, 그리고 *The World's Writing Systems*, edited by Peter T. Daniels and William Bright (Oxford: Oxford University Press, 1996), 281, 515, 372.

45 이 전례 없는 언어 수출의 Harry Falk, *Schrift im alten Indien: Ein Forschungsbericht mit Anmerkungen* (Tübingen: Gunter Narr Verlag, 1993), 127.

45 인도에 아소카 왕이 Falk, *Schrift im alten Indien*, 81–83.

45 그의 군대는 마침내 Plutarch, *Lives*, LXII, 1ff.

46 자신의 행적이 호메로스의 Arrian, *Anabasis*, book I, chapter 12, section 2; Plutarch, *Lives*, XV, 5.

46 칼리스테네스는 알렉산드로스에게 Arrian, *Anabasis*, book IV, chapter 12, section 5.

46 나중에 그에 대한 반란에 Arrian, *Anabasis*, book IV, chapters 12–14.

47 당대의 여러 사람들이 가장 노골적인 호메로스적 야심은 알렉산드로스가 그를 칭송하기 위한 호메로스 같은 시인을 얻지 못했음을 언급하며 자신의 기록으로 그러한 공백을 메우겠다고 말하는 아리아노스가 표현한 것이다. Arrian, *Anabasis*, book I, chapter 12, sections 4–5.

47 그것은 새로운 호메로스는 Peters, *Harvest of Hellenism*, 550.

47 그리스 버전은 *The Greek Alexander Romance*, translated with an introduction and notes by Richard Stoneman (London: Penguin, 1991), 35. 나는 다음도 참조했다. Joseph Roisman and Ian Worthington, *A Companion to Ancient Macedonia* (New York: Wiley, 2010), 122.

47 페르시아의 『열왕기(*Book of Kings*)』에서는 Abolquasem Ferdowsi, *Shahnameh: The Persian Book of Kings*, translated by Dick Davis, with a foreword by Azar Nafisi (New York: Penguin, 1997), 454–55.

48 알렉산드로스는 극장에 Plutarch, *Lives*, XXIX, 2.

49 알렉산드로스가 신도시 건립을 Plutarch, *Lives*, XXVI, 3.

49 알렉산드리아는 이 모든 *The Library of Alexandria: Centre of Learning in the Ancient World*, edited by Roy MacLeod (London: Tauris, 2000).

49 도서관은 문헌을 보존할 Galeni, *In Hippocratis Epidemiarum librum III commentaria III*, Corpus Medicorum Graecorum, V 10, 2.1, edited by Ernst Wenkebach, (Berlin: Teubner, 1936), Comment. II 4 [III 1 L.], 606.5–17, 79. 나는 다음도 참조했다. Roy MacLeod, *The Library of Alexandria*, 65.

50 그러나 세월이 흐르면서 Harris, *Ancient Literacy*, 122.

50 그리스 표음 알파벳의 Daniels and Bright, *The World's Writing Systems*, 287.

50 그것은 19세기에야 비로소 Price and Naeh, "On the Margins of Culture," 263. 나는 다음 도 참조했다. Rostovtzeff, *Social and Economic History*, 423, 그리고 Kuhrt and Sherwin-White, Hellenism in the East, 23ff.

제2장 온 세상의 왕 : 길가메시와 아슈르바니팔

51 예전에 아버지는 내게 이 장(와 다른 여러 장)과 관련하여 아낌없는 도움을 베풀어준 동료이자 친구 데이비드 댐로시에게 감사한다. 댐로시와 함께 하버드 X 강좌 "세계문학의 걸작들"을 발전시킨 것이 이 책을 쓰는 데에 결정적이었다.

53 쓰기 강박에 사로잡힌 Sir Austen Henry Layard, *Discoveries Among the Ruins of Nineveh and Babylon*, 더 방대한 저작의 축약본 (New York: Harper, 1853), 292.

54 "그들의 의미는 그 위에" Sir Austen Henry Layard, *Nineveh and Its Remains*, in Two Volumes, volume 1 (London: John Murray, 1849), 70.

55 "아시리아의 언어와" Austen Henry Layard, *Discoveries among the Ruins of Nineveh and Babylon: Being the Result of a Second Expedition* (London: John Murray, 1853), 347.

55 레이어드는 물에 적신 Layard, *Nineveh and Its Remains*, volume 1: 327.

56 다른 출전들에서 알려진 쐐기문자의 발견과 해독에 대한 설명은 다음의 뛰어난 책을 보라. David Damrosch, *The Buried Book: The Loss and Rediscovery of the Great Epic of Gilgamesh* (New York: Henry Holt, 2006).

57 우루크 왕이 한 말들이 Herman Vanstiphout, "Enmerkar and the Lord of Aratta," in *Epics of Sumerian Kings: The Matter of Aratta* (Atlanta: Society of Biblical Literature, 2003), 49–96.

58 『길가메시 서사시』는 기원전 1200년 *The Epic of Gilgamesh*, translated by Benjamin R. Foster (New York: Norton, 2001), reprinted in Puchner, *Norton Anthology of World Literature*, 99–150. 나는 Stephen Mitchell, *Gilgamesh: A New English Version* (New York: Simon and Schuster, 2006)도 참조했다.

58 이야기는 모든 것이 Foster, *Gilgamesh*, tablet I, line 20.

60 빅토리아 시대의 영국인들은 Jeffrey H. Tigay, *The Evolution of the Gilgamesh Epic* (Philadelphia: University of Pennsylvania Press, 1982).

61 "점토 단지처럼" Foster, *Gilgamesh*, tablet XI, line 110.

61 "길가메시, 땅의 원천과" Foster, *Gilgamesh*, tablet 1, line 10. 글쓰기 행위가 어떻게 직접적으로 길가메시의 행위로 돌려지는지 이 대목의 의미는 다소 모호하지만, 모든 해석들에서 주인공 영웅과 글이 쓰인 서판은 밀접하게 연관된다.

62 아슈르바니팔은 니네베의 그의 생애와 관련한 정보는 대체로 Daniel Arnaud, *Assurbanipal, Roi d'Assyrie* (Paris: Fayard, 2007)를 토대로 한다. 1차 사료들은 Benjamin R. Foster, *Before the Muses: An Anthology of Akkadian Literature* (Bethesda, Md.: CDL Press, 1993)에서 찾을 수 있다.

62 거리와 정원들을 거닐며 Jane A. Hill, Philip Jones, and Antonio J. Morales, *Experiencing Power, Generating Authority* (Philadelphia: University of Pennsylvania Press, 2013), 337.

63 어디에서나 글에 노출된 "To Ishtar of Nineveh and Arbela," in Foster, *Before the Muses*, volume 2: 702, 그리고 "Assurbanipal and Nabu," in Foster, *Before the Muses*, volume 2: 712–13.

63 니네베를 손에 넣은 Pierre Villard, "L'éducation d'Assurbanipal," *Ktèma*, volume 22 (1997): 135–49, 141.

64 "선생은 '너의 필기는 좋지 않아!'라고" Samuel Noah Kramer, "Schooldays: A Sumerian Composition Relating to the Education of a Scribe," *Journal of the American Oriental Society*, volume 69, number 4 (Oct.–Dec. 1949): 199–215, 205.

64 "너처럼 나도 어린 시절에" "A Supervisor's Advice to a Young Scribe," in *The Literature of Ancient Sumer*, translated and with an introduction by Jeremy Black, Graham Cunningham, Eleanor Robson, and Gábor Zólyomi (Oxford: Oxford University Press, 2004), 278.

64 "들판의 일꾼의 처지가" 이것은 한 이집트 텍스트에서 나온 것이다. "Reminder of the Scribe's Superior Status," in *The Literature of Ancient Egypt*, edited by William Kelly Simpson (New Haven: Yale University Press, 2003), 438–39, 439.

65 그들 옆에는 점토 단지가 Martin, *History and Power*, 44.

65 그들은 커져가는 제국의 Samuel Noah Kramer, *History Begins at Sumer: Thirty-nine Firsts in Recorded History* (Philadelphia: University of Pennsylvania Press, 1956), 3ff.

66 아슈르바니팔의 누이도 Alasdair Livingstone, "Ashurbanipal: Literate or Not?," *Zeitschrift für Assyriologie*, volume 97: 98–118, 104. DOI1515/ZA.2007.005.

66 아직 십대였던 아슈르바니팔은 Villard, "L'éducation d'Assurbanipal," 139.

66 새 왕세자에게 고급 글쓰기 Eckart Frahm, "Royal Hermeneutics: Observations on the Commentaries from Ashurbanipal's Libraries at Nineveh," *Iraq*, volume 66; Nineveh. Papers of the 49th Rencontre Assyriologique Internationale, part 1 (2004): 45–50. Livingstone, "Ashurbanipal: Literate or Not?" 99.

67 서기들은 그의 아버지에게 Eleanor Robson, "Reading the Libraries of Assyria and Babylonia," in *Ancient Libraries*, edited by Jason König, Katerina Oikonomopoulou, and Greg Woolf (Cambridge: Cambridge University Press, 2013), 38–56.

67 문자는 너무도 강력해서 Frahm, "Royal Hermeneutics," 49.

67 아슈르바니팔에게 서기의 Arnaud, *Assurbanipal*, 68.

68 그의 긴 칭호에는 "Pious Scholar," in Foster, *Before the Muses*, volume 2, 714.

68 아버지와 달리 아슈르바니팔은 Arnaud, *Assurbanipal*, 75.

69 레이어드도 그의 전리품 Sami Said Ahmed, *Southern Mesopotamia in the Time of Ashurbanipal* (The Hague: Mouton, 1968), 74.

69 그는 바빌론에 정보원들을 Ahmed, *Southern Mesopotamia*, 87. 나는 Jeanette C. Fincke, "The Babylonian Texts of Nineveh," in *Archiv für Orientforschung*, volume 50 (2003–2004): 111–48, 122도 참조했다.

70 아슈르바니팔은 도시를 함락하기 Arnaud, *Assurbanipal*, 270.

70 그는 형제의 점토 서판 Grant Frame and A. R. George, "The Royal Libraries of Nineveh: New Evidence for King Ashurbanipal's Tablet Collecting," *Iraq* 67, number 1: 265–84.

70 자신의 필사 능력을 Robson, "Reading the Libraries," 42, note 32.

70 도서관을 위한 공간을 Arnaud, *Assurbanipal*, 259ff.

71 서판들은 신중하게 Fincke, "Babylonian Texts of Nineveh," 129ff.

72 결국 아카드인들은 자신들의 Daniel C. Snell, *Life in the Ancient Near East, 3100–332 b.c.e.* (New Haven: Yale University Press, 1997), 30ff. 나는 다음도 참조했다. Martin, *History and Power*, 11.

72 수메르의 서기들은 이는 문자를 채택한 유목민 정복자들의 더 큰 패턴의 일환이었다. 예를 들면 Robert Tignor et al., *Worlds Together, Worlds Apart: A History of the World*, second edition (New York: Norton, 2008), 99, 105, 252를 보라.

72 "나는 용맹하고" Daniel David Luckenbill, *Ancient Records of Assyria and Babylonia*, volume 2 (Chicago: University of Chicago Press, 1927), 379. 내가 번역했다.

72 문자는 뜻하지 않게 중세의 대학교와 사어에 초점을 맞추는 그곳의 활동에 관해서는 Martin, *History and Power*, 150을 보라.

73 아슈르바니팔 덕분에 David M. Carr, *Writing on the Tablet of the Heart: Origins of Scripture and Literature* (Oxford: Oxford University Press, 2005), 47–56.

73 필적할 자 없는 Arnaud, *Assurbanipal*, 278.

73 "나, 아슈르바니팔" Foster, *Before the Muses*, volume 2: 714.

74 일부 점토 서판들은 부글부글 Damrosch, *Buried Book*, 194 참조.

제3장 에스라와 경전의 탄생

76 『길가메시 서사시』나 호메로스 이 장에 대한 논평을 해준 동료 데이비드 스턴에게 감사한다. 메소포타미아 문학과 『히브리 성서』와의 관계는 David Damrosch, *The Narrative Covenant: Transformations of Genre in the Growth of Biblical Literature* (San Francisco:

Harper and Row, 1987), 88ff를 보라.

76 강제 이주에 따른 힘든 Joseph Blenkinsopp, *Judaism, the First Phase: The Place of Ezra and Nehemiah in the Origins of Judaism* (Grand Rapids, Mich.: William B. Eerdmans Publishing, 2009), 117. 니푸를 중심으로 한 정착은 일찍이 597년부터 시작되었다.

77 만약 그가 쐐기문자를 Haim Gevaryahu, "Ezra the Scribe," in *Dor le Dor: The World Jewish Bible Society*, volume 6, number 2 (Winter 1977–78): 87–93, 90. 에스라는 우마누, 즉 아슈르바니팔에게 조언을 해주는 일종의 서기로 묘사된다.

77 그들은 자신들의 이야기 유배 서기들의 편찬에 관해서는 Martin, *History and Power*, 105ff를 보라.

77 바빌론의 문해 문화에 Frank H. Polak, "Book, Scribe, and Bard: Oral Discourse and Written Text in Recent Biblical Scholarship," *Prooftexts*, volume 31, numbers 1–2 (Winter–Spring 2011): 118–140, 121. 나는 다음도 참조했다. William M. Schniedewind, *How the Bible Became a Book: The Textualization of Ancient Israel* (Cambridge, U.K.: Cambridge University Press, 2004), and David M. Carr, *Writing on the Tablet*.

77 천지창조 이야기, 그들의 Juha Pakkala, *Ezra the Scribe: The Development of Ezra 7-10 and Nehemia 8* (Berlin: Walter de Gruyter, 2004), 256.

78 에스라가 태어날 무렵 「토라」에서 에스라가 가져온 것으로 언급하는 텍스트가 정확히 무엇인지에 관해서는 논쟁이 있다. 단지 「신명기」뿐인가? 이는 정확히 알기 어렵지만, 나는 Lisbeth S. Fried, *Ezra and the Law in History and Tradition* (Columbia, S.C.: University of South Carolina Press, 2014)처럼 에스라가 「모세5경」 전부를 가져왔거나 아니면 적어도 거기에 어떤 서사적 추진력을 불어넣었다고 주장하는 쪽에 동조적이다.

78 비록 유배지의 실향 Carr, *Writing on the Tablet*, 169.

78 유배 서기들은 상이한 일부 학자들은 심지어 에스라와 동료 서기들이 바빌론 유수 때에 비교적 얼마 되지 않는 기존의 문헌 전통을 토대로 실질적으로 「히브리 성서」를 만들었다고 주장한다. Gevaryahu, "Ezra the Scribe" 참조.

78 모세는 그들에게 Martha Himmelfarb, *Between Temple and Torah: Essays on Priests, Scribes, and Visionaries in the Second Temple Period and Beyond* (Tübingen: Mohr Siebeck, 2013). Himmelfarb는 모세가 사후적으로 어떻게 최초의 서기로 등극하는지를 자신의 책 105쪽에서 묘사한다.

79 하느님은 처음에 모세를 Exodus 19–20.

79 모세는 모든 것을 Exodus 24:4.

79 모세에게 말을 받아쓰게 Exodus 24:12, 31:18.

79 그는 노여움에 사로잡혀 Exodus 32:19.

79 하느님은 다시 모세를 Exodus 34:1.

79 이번에는 모세 본인이 이 대목에 대한 대부분의 해석들에서 이때 글을 쓰는 사람은 모세이지만 해석이 모호한 구석은 여전히 남아 있다.

79 그는 40일 동안 하느님 Exodus 34:27–28.

81 기원전 458년에 그는 『흠정영역 성서』 「에스라서」와 「느헤미야서」를 바탕으로 한 설명. 여기서 언급되는 아르타크세르크세스가 아르타크세르크세스 1세라는 가정에 근거하여 연대들을 둘러싼 논쟁이 존재한다.

81 다양한 부족들과 다양한 Ezra 8:15–20.

81 에스라는 유다 사람들이 Ezra 8:22.

81 그 편지에는 이동하는 Ezra 7:11–28. 아람어의 전파에 관해서는 Falk, *Schrift im alten Indien*, 77ff도 참조했다.

81 사실 에스라는 공식 자격으로 Fried, *Ezra and the Law*, 13, 27. 에스라는 수백 명의 가우시카이야, 즉 "왕의 귀들" 가운데 하나로 묘사된다.

82 그는 제국의 전초기지를 Pakkala, *Ezra the Scribe*, 13. 에스라는 기원전 464–54년 이집트 반란 이후 레반트 지역을 확보한 것으로 묘사된다.

82 그러나 요르단 강에서 Donna J. Laird, *Negotiating Power: The Social Contours of Ezra-Nehemiah* (Ann Arbor: UMI, 2013), UMI number 3574064, 338.

82 남아 있는 극소수는 Laird, *Negotiating Power*, 21ff; Pakkala, *Ezra the Scribe*, 253.

82 유배자들은 안식일과 Ralf Rothenbusch, "···abgesondert zur Tora Gottes hin": *Ethnisch-religiöse Identitäten im Esra/Nehemiabuch* (Freiburg: Herder, 2012), 268.

83 도시는 성벽과 웅장한 나는 에스라가 도시 성벽의 재건자 느헤미야를 앞선다는 『성서』의 시간 순서를 따랐다. 이러한 견해는 Pakkala, *Ezra the Scribe*와 Blenkinsopp, *Judaism, the First Phase* 등에 의해서 지지된다. Fried를 비롯한 다른 이들은 느헤미야가 먼저 와서 도시 성벽을 재건했고 에스라는 그 시점에 등장한다고 주장한다. Fried, *Ezra and the Law*. 극적인 관점에서 볼 때, 나는 성서 편찬자들이 두 가지 중요한 사건, 즉 성벽 재건과 『토라』 낭독을 하나로 합치기를 원했다고 주장하고 싶다. 그들은 클라이맥스가 되는 에스라의 『토라』 낭독을 성벽이 완공되기 전 「느헤미야서」에 배치함으로써 이러한 효과를 달성했다.

83 한 가지 위안거리가 나는 에스라와 느헤미야를 동시대인으로 제시한 『성서』의 시간 순서를 따랐다. Nehemiah 2:13.

83 수십 년 전에 한 무리의 Ezra 1:1–6.

84 각양각색의 사람들이 Pakkala는 바빌론 유배에서 돌아온 귀환자들인 골라 집단과 끌려가지 않고 남아 있었던 이른바 "그 땅의 족속들" 간의 긴장을 묘사한다. Pakkala, *Ezra the Scribe*, 265. 나는 Blenkinsopp, *Judaism, the First Phase*, 48ff도 참조했다.

84 마침내 그는 그 땅의 족속들에 대한 Ezra 9.

85 유배지로부터 더 정결하고 Ezra 10.

85 모두가 에스라가 무엇인가 Nehemiah 8.

85 그들은 성전에서 그들의 Nehemiah 8:5–6.

85 최초로 사람들은 텍스트의 Fried, *Ezra and the Law*, 37–38, 43. Pakkala, *Ezra the Scribe*, 279. 다음도 참조하라. Jeffrey H. Tigay, "The Torah Scroll and God's Presence" in *Built by Wisdom, Established by Understanding: Essays on Biblical and Near Eastern Literature in Honor of Adele Berlin*, edited by Maxine L. Grossman (Bethesda: University Press of Maryland, 2013), 323–40, 328ff. Tigay는 두루마리가 어떻게 하느님의 현존을 구현하게 되었는지를 논의한다. Karel van der Toorn은 유대교의 두루마리 숭배와 바빌론 종교들에서 신상 숭배를 비교한다. Karel van der Toorn, "The Iconic Book: Analogies Between the Babylonian Cult of Images and the Veneration of the Torah," in *The Image and the Book: Iconic Cults, Aniconism, and the Rise of Book Religion in Israel and the Ancient Near East*, edited by Karel van der Toorn (Leuven: Peeters, 1997), 229–48를 보라.

86 청중이 애를 먹고 있음을 John J. Collins, "The Transformation of the Torah in Second Temple Judaism," *Journal for the Study of Judaism*, volume 43 (2012): 455–74, 461. 나는 Nehemiah 8:8도 참조했다.

87 에스라의 낭독은 서기들과 Mark F. Whitters, "Baruch as Ezra in 2 Baruch," *Journal of Biblical Literature*, volume 132, number 3 (2013): 569–84, 582.

87 서기가 되기 위하여 Martha Himmelfarb, *A Kingdom of Priests: Ancestry and Merit in Ancient Judaism* (Philadelphia: University of Pennsylvania Press, 2006), 12.

87 예루살렘이 강해질수록 Nehemiah 13.

88 더 이상은 성전에서 Himmelfarb, *Kingdom of Priests*, 171.

89 돌이켜보았을 때, 에스라의 Martin Whittingham, "Ezra as the Corrupter of the Torah? Re-Assessing Ibn Hazm's Role in the Long History of an Idea," *Intellectual History of the Islamicate World*, volume 1 (2013): 253–71, 253.

89 성스러운 텍스트라는 Ezra 4:10.

89 그들은 에스라가 신식 Whittingham, "Ezra as the Corrupter," 260. 나는 다음도 참조했다. Gevaryahu, "Ezra the Scribe," 92.

90 일부 유대인 작가들은 Whittingham, "Ezra as the Corrupter," 261.

90 잘은 모르지만 Whittingham, "Ezra as the Corrupter," 264.

91 에스라와 경전의 탄생을 예루살렘 구시가를 안내해준 Freddie Rokem에게 감사한다.

94 두 번째 가정은 텍스트가 Wolfgang Iser, *The Act of Reading: A Theory of Aesthetic Response* (Baltimore: Johns Hopkins University Press, 1980).

제4장 부처와 공자, 소크라테스, 예수의 가르침

96 나는 결코 선생님들이 총애하는 이 장에 도움을 준 Parimal G. Patil과 Wiebke Denecke 에게 감사드린다. Wiebke Denecke는 중국의 스승 전통을 비롯해 동아시아 문학에 관해 서 많은 것을 가르쳐주었다. 이것에 관해서는 그녀의 뛰어난 책 *The Dynamics of Masters Literature: Early Chinese Thought from Confucius to Han Feizi*, Harvard-Yenching Institute Monograph Series, number 74 (Cambridge, Mass.: Harvard University Press, 2011)를 보라.

97 오늘날 철학과 종교 유파들 이 패턴은 카를 야스퍼스의 축의 시대 관념과 관련이 있 다. 그러나 야스퍼스는 문학의 동학과 글쓰기 기술의 영향에는 주목하지 않는다. Karl Jaspers, *The Origin and Goal of History*, Routledge Revivals (Basingstoke: Routledge, 2011).

97 그래서 나는 글쓰기의 야스퍼스의 축의 시대 관념을 글쓰기와 연관시킨 소수의 학자 중 한 명은 Jan Assmann이다. Jan Assmann, "Cultural Memory and the Myth of the Axial Age," in *The Axial Age and Its Consequences*, edited by Robert N. Bellah and Hans Joas (Cambridge, Mass.: Harvard University Press, 2012), 337–65, 397ff.

98 그의 생몰 연대에는 대부분의 서양 학자들은 부처가 기원전 400년에 80세로 죽었다 고 본다. K. R. Norman, *A Philological Approach to Buddhism* (Lancaster, U.K.: Pali Text Society, 2006), 51. 불교 전통에서는 부처의 생몰연대를 약 80년 정도 이르게 잡는다.

98 그의 각성은 그가 아버지의 다양한 문헌들에 바탕을 둔 설명으로, 주로 *Buddha-Karita: Or Life of the Buddha, by Asvaghosha, Sanskrit text, edited from a Devanagari and Two Nepalese Manuscripts, with variant readings, and English translation by Edward B. Cowell* (New Delhi: Cosmo Publications, 1977)을 토대로 한다. 이 텍스트에 대한 새로운 번역인 *Life of the Buddha*, by Ashvaghosha, translated by Patrick Olivelle, Clay Sanskrit Library (New York: New York University Press, 2008)도 보라. 나는 Peter Harvey, *An Introduction to Buddhism: Teachings, History and Practices*, second edition (Cambridge, U.K.: Cambridge University Press, 2013)도 이용했다.

99 그는 자신이 직접 *Buddha-Karita*, 3:1.

99 왕자와 그의 마차를 *Buddha-Karita*, 3:3ff.

100 그럴 수도 있다고 *Buddha-Karita*, 3:23.

100 사람들은 엄청난 부를 *Buddha-Karita*, 10:34.

100 알렉산드로스는 그가 Plutarch, *Lives*, LXIV, 1.

100 왕자는 정해진 길을 *Buddha-Karita*, 12:89ff.

100 그는 몇 안 되는 남은 *Buddha-Karita*, 12:111.

100 극한 고행은 그의 마음에 *Buddha-Karita*, 12:101.

101 그는 깨달은 자 *Buddhism*, edited by Peter Harvey (London: Continuum, 2001).

101 고행자들과 비(非)고행자들 *The Collection of the Middle Length Sayings* (Majjhima-

Nikaya), volume 1, *The First Fifty Discourses*, translated from the Pali by I. B. Horner (London: Pali Text Society, 1954).

101 부처는 계속해서 그러한 행위들은 많은 경문들에 묘사되며, 일례로 *Diamond of Perfect Wisdom*, translated by the Chung Tai Translation Committee, January 2009, buddhajewel.org/teachings/sutras/diamond-of-perfect-wisdom-sutra/, 2016년 11월 3일 접속한 것을 보라.

102 모두가 그와 토론을 Richard F. Gombrich, *How Buddhism Began: The Conditioned Genesis of the Early Teachings*, second edition (London: Routledge, 1996), 15.

102 이것은 부처가 비판한 Gombrich, *How Buddhism Began*, 16. Richard Gombrich, "Did the Buddha Know Sanskrit? Richard Gombrich's Response to a Point in the BSR Review of His What the Buddha Thought," *Buddhist Studies Review*, volume 30, number 2 (2013): 287–88도 참조. Norman, *Philological Approach*, 34도 참조했다.

103 한자리에 모여 그들은 Shi Zhiru, "Scriptural Authority: A Buddhist Perspective," *Buddhist-Christian Studies*, volume 30 (2010): 85–105, 88.

103 부처의 시대에 인도에는 이것은 뜨거운 논쟁거리이다. Richard Gombrich, "How the Mahayana Began," in *The Buddhist Forum*, volume 1 (1990): 21–30, 27은 문자가 존재하지 않았다고 주장한다. 나는 이하도 참조했다. Falk, *Schrift im alten Indien*, 337. Peter Skilling, "Redaction, Recitation, and Writing: Transmission of the Buddha's Teachings in India in the Early Period" in *Buddhist Manuscript Cultures: Knowledge, Ritual, and Art*, edited by Stephen C. Berkwitz, Juliane Schober, and Claudia Brown (Basingstoke: Routledge, 2009), 53–75, 63은 문자가 존재했지만 행정적인 목적으로만 쓰였다고 본다. 훨씬 더 오래된 이른바 인더스 문자를 둘러싼 수수께끼도 존재하는데, 아직 해독되지 않은 인더스 문자는 언어적인 문자일 수도 있고 아닐 수도 있다. Daniels and Bright, *World's Writing Systems*, 165ff.

103 교리를 통째로 Berkwitz et al., *Buddhist Manuscript Cultures*, volume 3. 고정된 구전 전승을 옹호하는 주장은 Alexander Wynne, "The Oral Transmission of the Early Buddhist Literature," *Journal of the International Association of Buddhist Studies*, volume 27, number 1 (2004): 97–127을 보라. 나는 Norman, *Philological Approach*, 57도 참조했다.

104 그러나 문자가 도입된 Falk, *Schrift im alten Indien*, 243.

105 부처의 추종자들은 많은 두 가지 형태의 구전 전승의 차이, 특히 불교 전승에서 커다란 편차에 관해서는 Wynne, "The Oral Transmission," 123. 브라만의 암송 기술에 대해서는 Gombrich, "How the Mahayana Began," *Journal of Pali and Buddhist Studies* (1988): 29–46, 31ff를 보라.

105 수 세기가 지난 뒤에야 Falk, *Schrift im alten Indien*, 287ff.

105 문자는 불교도들이 부처의 Gombrich, *How Buddhism Began* 참조.

105 오늘날 우리가 알고 있는 Zhiru, "Scriptural Authority," 98.

106 비록 그 나라는 새로운 번역과 주해는 *The Original Analects: Sayings of Confucius and His Successors* by E. Bruce Brooks and A. Taeko Brooks (New York: Columbia University Press, 1998), 3ff를 보라.

106 그는 더 젊은 관리들에게 Brooks and Brooks, *Original Analects*, 11.

106 공자의 제자들은 보통 Brooks and Brooks, *Original Analects*. 나는 Chinese Text Project, ctext.org/Analects(2015년 7월 17일 접속)도 참조했다.

107 "유야, 내가 너에게" Confucius, *Analects*, translated with an introduction by D. C. Lau (London: Penguin, 1979), 2:17.

107 그는 예전 제자들 가운데 *Analects*, 2:9, 5:9, 6:3, 11:7, 11:11.

107 많은 제후들이 찾아왔고 *Analects*, 3:19, 3:23.

107 한번은 한 국경 관리인이 *Analects*, 3:24.

107 그 다음은 어느 심부름꾼 *Analects*, 14:44.

107 그는 만사에서 『논어』의 제10장은 전적으로 공자의 행동과 습관에 할애되며 그의 말은 한마디도 나오지 않는다.

107 그는 언어 구사력과 *Analects*, 16:13. 『논어』에서 『시경』에 대한 긍정적 언급은 1:15, 3:8, 7:18, 8:8, 그리고 17:9에서 찾을 수 있다.

108 하지만 몇몇 제자들이 *Analects*, 13:5.

108 그러나 정치권력이 *Analects*, 13:3.

108 "나는 앎을 타고난" *Analects*, 7:20.

108 "이름이 올바르지 않으면" *Analects*, 13:3.

108 최소 기원전 1200년으로 Daniels and Bright, *World's Writing Systems*, 191ff.

110 『논어(論語)』로 알려지게 *Analects*, book 10.

110 다양한 교사들이 한 말들이 Denecke, *Dynamics of Masters Literature*를 보라.

111 그러므로 자신의 가르침을 Michael Nylan, *The Five "Confucian" Classics* (New Haven: Yale University Press, 2001), 1ff, 36.

111 소크라테스의 가장 강렬한 Plato, *Phaedo*, in *Euthyphro, Apology, Crito, Phaedo, Phaedrus*, translated by Harold North Fowler, Loeb Classical Library 36 (Cambridge, Mass.: Harvard University Press, 1914), 64a을 바탕으로 한 설명.

111 그는 통념을 거스르고 Plato, *Apology*, in *Euthyphro, Apology, Crito*, 18bff.

111 그리고 법정으로 끌려 Plato, *Apology*, in *Euthyphro, Apology, Crito*, 31d.

112 도발자이자, 사회와 Plato, *Crito*, in *Euthyphro, Apology, Crito*, 45bff.

112 얼마 지나지 않아 그는 Plato, *Phaedo*, in *Euthyphro, Apology, Crito*, 61bff.

112 그리고 그가 제자들에게 Plato, *Republic: Books 6–10*, edited and translated by Chris

Emlyn-Jones and William Preddy, Loeb Classical Library 276 (Cambridge, Mass.: Harvard University Press, 2013), VII, 514a.

113 자네들은 죽기 직전에 Plato, *Phaedo*, in *Euthyphro, Apology, Crito*, 85a.

113 제자들은 백조가 그다지 Plato, *Phaedo*, in *Euthyphro, Apology, Crito*, 116c.

113 "자네들은 영혼이 육체에서" Plato, *Phaedo*, in *Euthyphro, Apology, Crito*, 77d–e.

114 먼저 다리가 마비되자 Plato, *Phaedo*, in *Euthyphro, Apology, Crito*, 117e.

114 하지만 지구상에서 가장 문해 논쟁에 관해서는 Harris, *Ancient Literacy*, 8, 13ff, 100를 보라.

115 해외에서 수입해야 하는 Harris, *Ancient Literacy*, 95.

115 더 근래에는 글이 Harris, *Ancient Literacy*, 86.

115 그는 공중목욕탕에 가는 Plato, *Symposium*, in *Lysis, Symposium, Gorgias*, translated by W.R.M. Lamb, Loeb Classical Library 166 (Cambridge, Mass.: Harvard University Press, 1925), 174a.

116 호메로스는 전쟁이나 Plato, *Ion*, in *Statesman, Philebus, Ion*, translated by Harold North Fowler and W.R.M. Lamb, Loeb Classical Library 164 (Cambridge, Mass.: Harvard University Press, 1925), 537b.

116 소크라테스 자신은 유명한 Plato, *Symposium*, in *Lysis, Symposium*, 219e.

116 파이드로스는 아테네의 유명한 Plato, *Phaedrus*, in *Euthyphro, Apology, Crito*, 227a.

116 요즘 글이 아테네에서 Plato, *Phaedrus*, 257e.

117 그러므로 소크라테스가 Plato, *Phaedrus*, 274aff.

117 사람들은 더 이상 무엇인가를 Plato, *Phaedrus*, 275b–c.

117 우리는 글쪼가리에 후속 Plato, *Phaedrus*, 175d–e.

118 그가 우리에게 말해주는 Plato, *Phaedo*, 59b.

118 플라톤은 생각들로 Martin Puchner, *The Drama of Ideas: Platonic Provocations in Theater and Philosophy* (New York: Oxford University Press, 2010).

119 "이 돌들더러 빵이" Matthew 4:1ff.

120 예수가 이 텍스트를 Matthew 4:1–11.

120 또 저마다 그때를 대비하며 Matthew 5–7.

121 하지만 그렇게 기다리는 John 8:6.

121 "내가 율법이나 예언서의" Matthew 5:17.

122 "그가 바로 예언자" Matthew 3:3.

122 "쓰인 말씀이 나에게서" Luke 22:37.

122 "말씀이 육신이" John 1:14.

122 불꽃 모양의 혀들이 Acts of the Apostles 2:1ff.

123 유대인이자 로마 제국의 Acts of the Apostles 9:4–18.

124 로마인과 고린도인 초기 기독교도들에게서 서신의 중요성에 관해서는 Harris, *Ancient Literacy*, 221를 보라.

125 페르가몬 도서관은 페르가몬 도서관은 심지어 알렉산드리아 도서관의 모델이었을 수 도 있다. Thomas Hendrickson, "The Invention of the Greek Library," in *Transactions of the American Philological Association*, volume 144, number 2 (Autumn 2014): 371–413, 387ff.

125 고전기의 어느 출전에 Strabo, *Geography*, volume I, translated by Horace Leonard Jones, Loeb Classical Library 49 (Cambridge, Mass.: Harvard University Press, 1917), VIII, 1, 54–55.

126 이런 식으로 예수를 Carr, *Writing on the Tablet*, 283.

127 이 번역은 다른 이집트 지역으로 Daniels and Bright, *World's Writing Systems*, 487.

127 어쩌면 이러한 충격을 Abraham Wasserstein and David J. Wasserstein, *The Legend of the Septuagint: From Classical Antiquity to Today* (Cambridge, U.K.: Cambridge University Press, 2006).

129 페르가몬 사서들은 Rudolf Pfeiffer, *History of Classical Scholarship: From 1300 to 1850* (New York: Oxford University Press, 1976), 236.

129 로마인들은 이것을 Jonathan M. Bloom, *Paper Before Print: The History and Impact of Paper in the Islamic World* (New Haven: Yale University Press, 2001), 25.

129 원래 양피지 코덱스는 Bloom, *Paper Before Print*, 27.

129 이런 측면에서 양피지 코덱스는 Carr, *Writing on the Tablet*, 279; Bloom, *Paper Before Print*, 25. Harris, *Ancient Literacy*, 296도 참조.

129 이내 유대인과 기독교도들 Martin, *History and Power*, 59ff.

130 바울은 이 새로운 Colin H. Roberts and T. C. Skeat, *The Birth of the Codex* (London: Oxford University Press, 1983), 22.

130 본인은 불교도가 아니었지만 「금강경」의 발견에 대한 훌륭한 설명은 Frances Wood and Mark Barnard, *The Diamond Sutra: The Story of the World's Earliest Dated Printed Book* (London: British Library, 2010)을 보라.

131 이런 동굴들 가운데 Wood and Barnard, *Diamond Sutra*, 32.

131 유물들은 건조한 Joyce Morgan and Conrad Walters, *Journeys on the Silk Road: A Desert Explorer, Buddha's Secret Library, and the Unearthing of the World's Oldest Printed Book* (Guilford, Conn.: Lyons Press, 2012), 134.

131 갠지스 강에 보석을 *The Diamond of Perfect Wisdom Sutra*, translated by the Chung Tai Translation Committee, January 2009, from the Chinese translation by Tripitaka Master Kumarajiva, 11, buddhajewel.org/teachings/sutras/diamond-of-perfect-wisdom-sutra/, 2016 년 11월 13일 접속.

131 "이 경문이 있는 곳마다" *Diamond of Perfect Wisdom*, 12.

132 이전에 중국에서 텍스트는 Sarah Allan, *Buried Ideas: Legends of Abdication and Ideal Government in Early Chinese Bamboo-Slip Manuscripts* (Albany: State University of New York Press, 2015).

132 표면이 매끄럽고 Tsien Tsuen-Hsuin, *Paper and Printing*, in *Science and Civilisation in China*, edited by Joseph Needham, volume 5, *Chemistry and Chemical Technology* (Cambridge, U.K.: Cambridge University Press, 1985). 나는 Dard Hunter, *Papermaking: The History and Technique of an Ancient Craft* (New York: Dover, 1978)도 참조했다.

133 종이는 또 운반이 Morgan and Walters, *Journeys on the Silk Road*, 135.

133 "선통 9년 음력 4월" *Sacred Texts*, British Library Online Gallery, bl.uk/onlinegallery/sacredtexts/diamondsutra.html, 2016년 11월 13일 접속.

135 나중에 목판 인쇄는 Martin, *History and Power*, 393.

135 종이와 인쇄술의 초기 The International Dunhuang Project, idp.bl.uk/, 2016년 11월 8일 접속.

136 황제는 문학 권력을 이 사건에 대한 주요 출처는 100년 뒤에 글을 쓴 위대한 중국의 역사가 사마천이다. Nylan, *Five Confucian Classics*, 29.

137 분서가 일어나고 100년도 Nylan, *Five Confucian Classics*, 33.

137 국자감이 설립되어 가장 Nylan, *Five Confucian Classics*, 32–41.

138 10세기부터 국가는 Simon Eliot and Jonathan Rose, *A Companion to the History of the Book* (Malden, Mass.: Wiley-Blackwell, 2007), 104.

138 기원후 2세기에 경전들을 Liang Cai, "Excavating the Genealogy of Classical Studies in the Western Han Dynasty (206 b.c.e.–8 c.e.)," *Journal of the American Oriental Society* volume 131, number 3 (July–September 2011): 371–94, 383.

138 불교 경문들도 돌에 Katherine R. Tsiang, "Monumentalization of Buddhist Texts in the Northern Qi Dynasty: The Engraving of Sutras in Stone at the Xiangtangshan Caves and Other Sites in the Sixth Century," *Artibus Asiae*, volume 56, number 3/4 (1996): 233–61.

138 그보다는 종이가 가져온 Nylan, *Five Confucian Classics*, 53. 나는 Tsien Tsuen-Hsuin, *Paper and Printing*, 156ff도 참조했다.

138 나는 중국 베이징 국자감에 다른 석재 서재로는 위나라(220–65) 시대에 새겨진 것을 들 수 있다. P. J. Ivanhoe, "The Shifting Contours of the Confucian Tradition," *Philosophy East and West*, volume 54, number 1 (January 2004): 83–94, 89.

제5장 무라사키와 『겐지 이야기』: 세계사 최초의 위대한 소설

139 나는 세계 문학사 이 장에 도움을 준 전 동료 Haruo Shirane에게 감사드린다.

140 "운도 없지" Murasaki Shikibu, *Her Diary and Poetic Memoirs*, a translation and study by Richard Bowring (Princeton, N.J.: Princeton University Press, 1982), 139.

141 천황도 한번은 반쯤은 Murasaki, *Diary*, 137.

141 자신을 보호하기 위해서 Murasaki, *Diary*, 139.

142 여성에 대한 차별로 인해서 Richard Bowring, *Murasaki Shikibu: The Tale of Genji* (Cambridge, U.K.: Cambridge University Press, 1988), 12.

142 익명으로 집필된 후지와라 *Okagami, the Great Mirror: Fujiwara Michinaga (966–1027) and His Times* by Helen Craig McCullough (Princeton: Princeton University Press, 1980)는 번역서이자 연구서이다.

142 궁정은 오늘날의 교토 Ivan Morris, *The World of the Shining Prince: Court Life in Ancient Japan* (New York: Knopf, 1964), 22.

143 가벼운 여섯 장짜리 Kazuko Koizumi, *Traditional Japanese Furniture: A Definitive Guide* (Tokyo: Kodansha International, 1986), 158–60. 나는 Joseph T. Sorensen, *Optical Allusions: Screens, Paintings, and Poetry in Classical Japan* (ca. 800–1200) (Leiden: E. J. Brill, 2012)도 참조했다.

143 궁정 사회의 일원은 Bowring, *Murasaki Shikibu*, 68.

144 궁정에서는 하루 동안 Morris, *World of the Shining Prince*, 178.

144 하지만 겐지의 현 상황에서는 Murasaki Shikibu, *The Tale of Genji*, translated by Dennis Washburn (New York: Norton, 2015), 109.

146 소녀는 잠을 자고 Murasaki, *Tale of Genji*, 122–23.

147 겐지는 이제 자기가 Murasaki, *Tale of Genji*, 125.

147 "지치의 보랏빛 뿌리를" Murasaki, *Tale of Genji*, 125–26.

148 로마가 유사하게 Wiebke Denecke, *Classical World Literatures: Sino-Japanese and Greco-Roman Comparisons* (New York: Oxford University Press, 2014).

149 겐지의 헤이안 궁정에서 Morris, *World of the Shining Prince*, 97.

149 과거제는 일본에는 Morris, *World of the Shining Prince*, 67.

149 그는 신분이 훨씬 더 Murasaki, *Tale of Genji*, 426–27.

150 소설에서 무라사키는 나중에 Murasaki, *Tale of Genji*, 675.

151 새로운 문자 체계의 Morris, *World of the Shining Prince*, 101, 110.

152 "내 몸은 유배를" Murasaki, *Tale of Genji*, 260–61.

154 새 천황이 겐지가 자신의 Murasaki, *Tale of Genji*, 677.

154 그 대신 천황은 겐지의 Murasaki, *Tale of Genji*, 678.

155 『겐지 이야기』로부터 독자들은 Murasaki, *Tale of Genji*, 121.

156 『겐지 이야기』가 애초에 Haruo Shirane, *The Bridge of Dreams: A Poetics of "The Tale of*

Genji" (Stanford: Stanford University Press, 1978), 58.

157 이런 식으로 무라사키 시키부는 Morris, *World of the Shining Prince*, 280.

157 "권당 상자까지 갖춘" Bowring, *Murasaki Shikibu*, 78.

158 그 소설이 궁정 안에서의 『겐지 이야기』의 수용의 역사에 관해서는 Haruo Shirane의 탁월한 저서 *Envisioning The Tale of Genji: Media, Gender, and Cultural Production* (New York: Columbia University Press, 2008)을 보라.

158 얼마 지나지 않아, 유학자들은 Bowring, *Murasaki Shikibu*, 86.

162 무라사키 시키부처럼 이 여성들 Morris, *World of the Shining Prince*, 79.

163 "최근에 나는 나의 옛 편지와" Murasaki, *Diary*, 141.

제6장 『천일야화』와 셰에라자드

165 당신은 『천일야화』를 언제 이 장에 도움을 준 Paulo Horta에게 감사드린다.

165 그 단편의 한 면에는 Nabia Abbott, "A Ninth-Century Fragment of the 'Thousand Nights': New Light on the Early History of the Arabian Nights," *Journal of Near Eastern Studies*, volume 8, number 3 (July 1949): 129–64.

166 아랍 이야기 모음집 『알프 레일라』가 Robert Irwin, *The Arabian Nights: A Companion* (London: Palgrave Macmillan, 2004), 51.

166 일단 그 모음집이 아랍어로 Irwin, *Arabian Nights*, 120ff. 나는 다음도 참조했다. *The "Thousand and One Nights" in Arabic Literature and Society*, edited by Richard G. Hovannisian and Georges Sabagh, with an introduction by Fedwa Malti-Douglas (Cambridge, U.K.: Cambridge University Press, 1997); Eva Sallis, *Sheherazade Through the Looking Glass: The Metamorphosis of the "Thousand and One Nights"* (Richmond, Surrey: Curzon, 1999); Paul McMichael Nurse, *Eastern Dreams: How the "Arabian Nights" Came to the World* (Toronto: Viking, 2010); John Barth, *Chimera* (New York: Random House, 1972); and Marina Warner, *Stranger Magic: Charmed States and the Arabian Nights* (Cambridge, Mass.: Harvard University Press, 2013).

167 "옛날 옛적에 바그다드에" Richard F. Burton, *The Book of the Thousand Nights and a Night: A Plain and Literal Translation of the Arabian Nights Entertainments*, volume 1 (USA: Printed by the Burton Club for Private Subscribers Only, 1885–88), 82–84.

170 알-나딤은 알렉산드로스 대왕이 *The Fihrist of al-Nadim: A Tenth-Century Survey of Muslim Culture*, edited and translated by Bayard Dodge, volume 2 (New York: Columbia University Press, 1970), book 8, 714.

170 그는 또한 그 이야기들을 Dodge, *Fihrist*, 714.

170 알렉산드로스를 『천일야화』의 수집가로 에세이 "The Thousand and One Nights"에서 호

르헤 루이스 보르헤스는 알렉산드로스와 『천일야화』 간의 연관성을 언급하기도 한다. Jorge Luis Borges, *Seven Nights*, translated by Eliot Weinberger (New York: New Directions, 1984), 43ff.

170 결국 알렉산드로스 본인의 Yuriko Yamanaka, "Alexander in the Thousand and One Nights and the Ghazali Connection," in *The Arabian Nights and Orientalism: Perspectives from East and West*, edited by Tetsuo Nishio and Yuriko Yamanaka (London: Tauris, 2006), 93–115.

171 "당신이 부유하기 때문에" *The Book of the Thousand Nights*, Burton, volume 5: 252–54.

171 이 이야기는 인도의 불교 승려가 Irwin, *Arabian Nights*, 63.

171 또다른 이야기인 공중을 Irwin, *Arabian Nights*, 64.

174 이야기를 들려주고자 하는 충동 Jerome Bruner, *Making Stories: Law, Literature, Life* (Cambridge, Mass.: Harvard University Press, 2003), 3ff. 나는 Steven Pinker, *The Language Instinct: How the Mind Creates Language* (New York: Harper, 1995), 6도 참조했다.

175 우리는 A로부터 B로 Donald E. Polkinghorne는 *Narrative Knowing and the Human Sciences* (Albany: State University of New York Press, 1988), 160에서 인간이 "사실상 중단 없는 독백"을 해왔다고 언급한다.

175 어떤 힘들이 이 주인공들을 Joseph Campbell, *The Hero with a Thousand Faces* (Princeton: Princeton University Press, 1949).

176 그런 이야기집은 때때로 Aboubakr Chraïbi, editor, *Arabic Manuscripts of the "Thousand and One Nights": Presentation and Critical Editions of Four Noteworthy Texts; Observations on Some Osmanli Translations* (Paris: espaces&signes, 2016). Chraïbi는 이런 유형의 문학을 "중간 문학(middle literatue)"으로 분류한다(63).

177 또 시간을 버는 것을 스토리텔링 장치로서 액자 틀에 관해서는 Mia Irene Gerhardt, *The Art of Story-Telling: A Literary Study of the "Thousand and One Nights"* (Leiden: E. J. Brill, 1963), 389ff를 보라.

177 또 많은 이야기들이 성군 주인공으로서 하룬에 관해서는 Gerhardt, *Art of Story-Telling*, 466.

179 만약 부처가 셰에라자드와 이 이야기는 『수카 삽타티(*Suka Saptati*)』에 나오며, 이것은 『투티나마(*Tutinama*)』라는 제목으로 산스크리트어에서 페르시아어로 번역되었다. Irwin, *Arabian Nights*, 67ff. 『투티나마』는 다시 터키어로 번역되었고 이 터키어 역본은 『파파가이엔부흐(*Papagaienbuch*)』라는 제목으로 1858년에 나온 최초의 서양 언어 역본인 독일어본의 저본이 되었다. *Tuti-Nameh: Das Papagaienbuch, Eine Sammlung orientalischer Erzählungen, nach der türkischen Bearbeitung zum ersten Mal übersetzt von Georg Rosen* (Leipzig: Brockhaus, 1858).

179 비록 목적은 다르지만 셰에라자드처럼 Gerhardt, *Art of Story-Telling*, 397에 따르면 시간
을 버는 이런 액자 틀은 인도가 기원이며 14세기에 페르시아를 거쳐 전달되었다.

179 가장 섬뜩한 액자 이야기 Richard F. Burton, *Vikram and the Vampire: Classic Hindu Tales
of Adventure, Magic, and Romance* (Rochester, Vt.: Park Street Press, 1993).

184 수백 년간 제지 비법은 Tsien Tsuen-Hsuin, *Paper and Printing*.

184 탈라스 강은 중국과 페르시아를 이야기 자체는 아마도 사실이 아닌 듯하지만 사마르
칸트와 종이의 전략적 중요성을 보여줌과 동시에 이 기술의 확산이 지연된 이유를 설명
하고자 한다. Bloom, *Paper Before Print*, 42ff. 나는 Elizabeth ten Grotenhuis, "Stories of
Silk and Paper," *World Literature Today*, volume 80, number 4 (July–August 2006): 10–12도
참조했다.

185 현명한 재상의 권고에 따라서 Bloom, *Paper Before Print*, 48–51.

185 종이는 글과 지적 활동의 Nicholas A. Basbanes, *On Paper: The Everything of Its Two-
Thousand-Year History* (New York: Vintage, 2013), 48–49.

185 지혜의 전당은 로마 제국의 Bloom, *Paper Before Print*, 117.

186 다른 카리스마적인 교사들처럼 무함마드는 문맹이었다고 흔히 주장되지만 확실하
지 않다. Claude Gilliot, "Creation of a Fixed Text," in *The Cambridge Companion to the
Qur'an*, edited by Jane Dammen McAuliffe (Cambridge, U.K.: Cambridge University Press,
2009), 42.

186 그러나 일부 추종자들은 Fred M. Donner, "The Historical Context," in McAuliffe,
Cambridge Companion to the Qur'an, 31ff. 나는 무함마드를 호메로스에 비교한 페르
낭 브로델도 참고했다. Fernand Braudel, *A History of Civilizations*, translated by Richard
Mayne (London: Penguin, 1993), 48를 보라.

186 원래는 이 글을 종려나무 줄기와 Gilliot, "Creation of a Fixed Text," 44.

186 이 단편적인 글들이 Fred Leemhuis, "From Palm Leaves to the Internet," in McAuliffe,
Cambridge Companion to the Qur'an, 146. 나는 Bloom, *Paper Before Print*, 27도 참조했다.

186 처음에 서기들은 양피지의 Bloom, *Paper Before Print*, 68. 나는 Oliver Leaman, "The
Manuscript and the Qur'an," in *The Qur'an: An Encyclopedia*, edited by Oliver Leaman
(London: Routledge, 2006), 385도 참조했다.

188 우리는 지금도 종이를 Bloom, *Paper Before Print*, 9.

189 알라딘과 알리바바처럼 Paulo Lemos Horta, *Marvellous Thieves: Secret Authors of the
Arabian Nights* (Cambridge, Mass.: Harvard University Press, 2016).

189 『천일야화』의 아랍어 최초 Leemhuis, "From Palm Leaves to the Internet," 151.

190 많은 터키인들이 처음에는 Peer Teuwsen, "Der meistgehasste Türke," *Tages-Anzeiger*,
February 5, 2005, archived at web.archive.org/web/20090116123035/http://sc.tagesanzeiger.

ch/dyn/news/kultur/560264.html, 2016년 8월 10일 접속.

191 어차피 파묵은 유럽 소설의 Orhan Pamuk, *The Naïve and the Sentimental Novelist: The Charles Eliot Norton Lectures*, translated by Nazim Dikbaş (Cambridge, Mass.: Harvard University Press, 2010).

제7장 구텐베르크, 루터와 신(新)출판 공화국

194 독일과 프랑스의 국경 지대에 *The Holy Relics of Aix-la-Chapelle with Copies of Them: To Which Is Added a Short Description of the Town, Its Curiosities and Its Environs* (Aix-la-Chapelle: Printer and Editor M. Urlichs Son, 19–?).

194 그런 다음 각각의 유물들이 *Gutenberg: Aventur und Kunst: Vom Geheimunternehmen zur ersten Medienrevolution*, herausgegeben von der Stadt Mainz anlässlich des 600. Geburtstages von Johannes Gutenberg (Mainz: Hermann Schmidt, 2000), 97.

195 순례자들은 주석으로 만들어진 *Gutenberg: Aventur und Kunst*, 126.

196 거울들은 거리를 뛰어넘어 *Gutenberg: Aventur und Kunst*, 309.

196 따라서 곧 있을 정기시를 Albert Kapr, *Johannes Gutenberg: Persönlichkeit und Leistung* (Munich: Beck, 1987), 80.

196 그는 고향인 마인츠 시에서 Kapr, *Johannes Gutenberg*, 35ff.

196 그러나 그는 금세공인 길드 *Gutenberg: Aventur und Kunst*, 119. 나는 Michael Giesecke, *Der Buchdruck in der frühen Neuzeit: Eine historische Fallstudie über die Durchsetzung neuer Infor-mations-und Kommunikationstechnologien* (Frankfurt am Main: Suhrkamp, 1991)도 참조했다.

196 겐스플라이슈의 경우에 거주지는 Kapr, *Johannes Gutenberg*, 28.

197 그는 새로운 주형 기구를 Kapr, *Johannes Gutenberg*, 80; *Gutenberg: Aventur und Kunst*, 126.

197 처음에는 저명한 도시민의 Andreas Venzke, *Johannes Gutenberg* (Zürich: Benziger, 1993), 78.

197 구텐베르크는 이 불미스러운 사건이 Venzke, *Johannes Gutenberg*, 71.

198 유일한 해법은 비밀 엄수였고 Venzke, *Johannes Gutenberg*, 93.

198 1440년 정기시는 엄청난 인기를 *The Holy Relics of Aix-la-Chapelle*, 6.

198 그것이 무엇이든 간에 Venzke, *Johannes Gutenberg*, 135.

200 이 목판 인쇄기법은 Kapr, *Johannes Gutenberg*, 113.

200 그런 활자들은 때때로 Kapr, *Johannes Gutenberg*, 107.

201 최초이자 어쩌면 가장 결정적인 Venzke, *Johannes Gutenberg*, 113.

201 그는 거의 300개에 달하는 활자와 Stephan Füssel, *Johannes Gutenberg* (Reinbeck bei

Hamburg: Rowohlt, 1999), 35.

202 여기서 구텐베르크가 순례자의 거울을 *Gutenberg: Aventur und Kunst*, 163.

202 그러나 보통의 잉크는 Venzke, *Johannes Gutenberg*, 113.

202 농도가 진해진 잉크는 *Gutenberg: Aventur und Kunst*, 172ff.

202 개별 틀은 종이가 제자리에 *Gutenberg: Aventur und Kunst*, 178.

203 수백 년간 시장을 지배해온 Latin Füssel, *Johannes Gutenberg*, 20.

203 『도나투스』가 워낙 인기가 많아서 Füssel, *Johannes Gutenberg*, 61.

204 그리하여 그는 작고 Stephan Füssel, *Gutenberg und seine Wirkung* (Frankfurt am Main: Insel Verlag, 1999), 26.

204 결과는 대성공이었다 *Gutenberg: Aventur und Kunst*, 444.

204 본인들이 직접 싸울 수 John Edwards, "'España es diferente'? Indulgences and the Spiritual Economy in Late Medieval Spain," in *Promissory Notes on the Treasury of Merits: Indulgences in Late Medieval Europe*, edited by R. N. Swanson (Leiden: E. J. Brill, 2006), 147–68, 147.

204 필요한 것은 이 양피지 Füssel, *Johannes Gutenberg*, 54.

206 마르코 폴로는 아무런 Guy Bechtel, *Gutenberg et l'invention de l'imprimerie: une enquête* (Paris: Fayard, 1992), 87. 마르코 폴로는 그가 본 지폐가 인쇄된 것이었는지는 말하지 않았지만 찍어낸 것이 확실하다. Ronald Latham이 해설하고 번역한 *The Travels of Marco Polo* (London: Penguin, 1958), 147을 보라.

206 그는 음력 달력이라는 Eckehard Simon, *The Türkenkalender (1454), Attributed to Gutenberg and the Strasbourg Lunation Tracts* (Cambridge, Mass.: Medieval Academy of America, 1988).

211 교회마다 하느님의 말씀이 Venzke, *Johannes Gutenberg*, 55.

212 잉글랜드에서 한 인쇄업자는 심지어 구텐베르크와 쿠사의 니콜라스 사이에 개인적으로 관계가 있었을지도 모른다. Albert Kapr, "Gab es Beziehungen zwischen Johannes Gutenberg and Nikolaus von Kues?" in *Gutenberg-Jahrbuch* (1972): 32–40.

213 작성자는 대주교가 읽어볼 Martin Brecht, *Martin Luther: Sein Weg zur Reformation, 1483–1521* (Stuttgart: Calwer Verlag, 1981), 177. 나는 Heiko A. Oberman, *Luther: Mensch zwischen Gott und Teufel* (Berlin: Severin und Siedler, 1981)도 참조했다.

214 면죄부는 이제 수천 장 Füssel, *Johannes Gutenberg*, 54.

214 일부 인쇄업자들은 Swanson, *Promissory Notes*, 225.

214 그런 안내 책자들 가운데 Brecht, *Martin Luther*, 121.

214 그는 마인츠 대주교구를 Brecht, *Martin Luther*, 176.

214 그리고 교황은 대주교구를 Brecht, *Martin Luther*, 177ff.

215 뉘른베르크에서 한 시 참사회원이 Brecht, *Martin Luther*, 199ff.

217 인쇄본이 바닥나서 재쇄를 Brecht, *Martin Luther*, 213.

217 루터가 쓴 텍스트들의 Rudolf Hirsch, *Printing, Selling and Reading, 1450–1550* (Wiesbaden: Harrassowitz, 1974), 67–78.

219 인쇄는 루터가 즐겨 표현한 Elizabeth L. Eisenstein, *The Printing Press as an Agent of Change: Communications and Cultural Transformations in Early Modern Europe*, volumes 1 and 2 (Cambridge, U.K.: Cambridge University Press, 1979), 304.

219 구텐베르크 덕분에 더 많은 Eisenstein, *Printing Press as an Agent*, 46.

222 런던에는 인쇄소가 Brian Moynahan, *God's Bestseller: William Tyndale, Thomas More, and the Writing of the English Bible—A Story of Martyrdom and Betrayal* (New York: St. Martin's Press, 2002), 55.

223 2016년 10월 31일 Christina Anderson, "Pope Francis, in Sweden, Urges Catholic–Lutheran Reconciliation," *New York Times*, October 31, 2016, nytimes.com/2016/11/01/world/europe/pope-francis-in-sweden-urges-catholic-lutheran-reconciliation.html, 2016년 11월 13일 접속.

제8장 『포폴 부』와 마야 문명 : 제2의 독자적인 문학 전통

226 에스파냐인들에게는 어쩌면 이하의 설명은 여러 출전을 토대로 하는데 그중 하나만이 잉카인에게서 나온 것으로, Titu Cusi Yupanqui가 어느 메스티소 서기에게 받아적게 한 것이다. Titu Cusi Yupanqui, *History of How the Spaniards Arrived in Peru, Catherine Julien* (Indianapolis: Hackett, 2006)의 번역과 해설을 보라. 나는 Edmundo Guillén et al., *Versión Inca de la Conquista* (Lima: Carlos Milla Batres, 1974)도 참고했다. 다른 설명들로는 이하를 보라. Francisco de Xeres, *Narrative of the Conquest of Peru*, Clements R. Markham이 번역, 편집하고 주석을 덧붙임 (New York: Burt Franklin, 1872); Pedro Pizarro, *Relation of the Discovery and Conquest of the Kingdoms of Peru*, volume 1, Philip Ainsworth Means이 영어로 번역하고 주석을 덧붙임 (New York: Cortés Society, 1921); 그리고 Augustín de Zárate, *Histoire de la Découverte et de la Conquête du Pérou*, translated from the Spanish by S. de Broë (Paris: Compagnie des Libraires, 1714). 다른 사료들도 이하에서 찾을 수 있다. *Die Eroberung von Peru: Pizarro und andere Conquistadoren, 1526–1712*, edited by Robert and Evamaria Grün (Tübingen: Horst Erdmann Verlag, 1973); Felipe Guaman Poma de Ayala, *The First New Chronicle and Good Government: On the History of the World and the Incas up to 1615*, translated and edited by Roland Hamilton (Austin: University of Texas Press, 2009); 그리고 Pedro de Cieza de León, *The Discovery and Conquest of Peru: Chronicles of the New World Encounter*, edited and translated by Alexandra Parma Cook and Noble David

Cook (Durham, N.C.: Duke University Press, 1998). 나는 Francisco Cervantes de Salazar, *Crónica de la Nueva España*, Biblioteca de Autores Españoles (Madrid: Atlas, 1971)도 이용했다.

227 그의 책은 『성서』 다양한 목격자들에 관해서는, Xeres, *Narrative of the Conquest of Peru*는 그 책을 "성서"(95)와 "경전"이라고 부르고, Pedro de Cieza de León, *Discovery and Conquest of Peru*는 "기도서"라고 부른다. Zárate, *Histoire de la Découverte*는 "기도서"를 언급하지만(volume 2, 173) "신의 말씀"이 담긴 "책"이라고도 한다(177). Titu Cusi Yupanqui, *History of How the Spaniards*는 "책"이라고 언급한다. Pizarro, *Relation of the Discovery*는 "기도서"라고 말한다(182). Guaman Poma de Ayala, *First New Chronicle*은 "기도서"라고 말한다(387).

227 그의 잉카인 상대편처럼 피사로의 동행들 가운데 51명만이 글을 읽고 쓸 줄 알았다. Rafael Varón Gabai, *Francisco Pizarro and His Brothers: The Illusion of Power in Sixteenth-Century Peru*, translated by Javier Flores Espinoza (Norman: University of Oklahoma Press, 1997), 4. 나는 Michael Wood, *Conquistadors* (Berkeley: University of California Press, 2000), 그리고 Stuart Stirling, *Pizarro: Conqueror of the Inca* (Phoenix Mill, Gloucestershire, U.K.: Sutton, 2005)도 참조했다.

228 나중에, 그들이 이 반도의 저자의 새로운 번역과 해설이 있는 Dennis Tedlock, *2000 Years of Mayan Literature* (Berkeley: University of California Press, 2010), 239.

228 "오늘은 수요일이지요?" Friar Diego de Landa, *Yucatan Before and After the Conquest*, *translated with notes by William Gates* (New York: Dover Publications, 1978), 7. 나는 Bernal Díaz del Castillo, *Historia verdadera de la conquista de la Nueva España*, with introduction and notes by Joaquín Ramírez Cabañas, 2 volumes (Mexico: Editorial Porrúa, 1966), 26, 29도 참조했고, Francisco Cervantes de Salazar, *Crónica de la Nueva España II* (Madrid: Atlas Ediciones, 1971), 186도 보았다. Inga Clendinnen, *Ambivalent Conquests: Maya and Spaniard in Yucatan, 1517–1570*, second edition (Cambridge, U.K.: Cambridge University Press, 2003), 17도 참조했다.

229 그는 에스파냐인들에게 Bernal Díaz del Castillo, *The History of the Conquest of New Spain*, edited and with an introduction by Davíd Carrasco (Albuquerque: University of New Mexico Press, 2008), 31, 36.

229 이 두 권의 책이 Anthony R. Pagden이 번역, 편집하고 해설을 쓴 Hernán Cortés, *Letters from Mexico* (New Haven: Yale University Press, 2001), 45.

230 동쪽부터 서쪽까지 대략 J. R. McNeill and William H. McNeill, *The Human Web: A Bird's-Eye View of World History* (New York: Norton, 2003), 41ff.

230 마야인들 (그리고 그보다 15개나 되는 별개의 문자들이 있었을지도 모른다. Martha

J. Macri, "Maya and Other Mesoamerican Scripts," in Daniels and Bright, *World's Writing Systems*, 172.

231 2,000년을 이어온 마야 문학과 커다란 예외는 물론 Dennis Tedlock의 환상적인 책 *2000 Years of Mayan Literature*이다.

231 모든 기호들이 해독된 Macri, "Maya and Other Mesoamerican Scripts," 175.

231 란다는 1524년 에스파냐 중부 Clendinnen, *Ambivalent Conquests*, 66ff. 디에고 데 란다의 초기 전기는 한 세기 뒤에 쓰인, *Diego López de Cogolludo, Los tres siglos de la dominación española en Yucatán, o sea Historia de esta provincia, desde la Conquista hasta la Independencia* (1654), 2 volumes (Mérida: Manuel Aldana Rivas, 1867–68)이다.

232 무엇보다도 코콤은 그에게 De Landa, *Yucatan Before and After the Conquest*, 12ff.

232 마야의 책들은 코콤 일족처럼 De Landa, *Yucatan Before and After the Conquest*, 12, 19.

232 글씨는 소라고동 껍데기 Tedlock, *2000 Years of Mayan Literature*, 146ff.

233 마야 문자 체계의 고난이도는 Tedlock, *2000 Years of Mayan Literature*, 154.

233 마야 책들은 란다가 깨달은 De Landa, *Yucatan Before and After the Conquest*, 13.

233 2012년 12월 21일 이후로 Tedlock, *2000 Years of Mayan Literature*, 130–36.

233 "마야인들이 그들의 축제" De Landa, *Yucatan Before and After the Conquest*, 68.

234 "어떤 책을 펼치고는" De Landa, *Yucatan Before and After the Conquest*, 71.

234 란다에 의한 4,500명의 Clendinnen, *Ambivalent Conquests*, 76.

235 심지어 그의 친구이자 Inga Clendinnen, "Reading the Inquisitorial Record in Yucatán: Fact or Fantasy?" *The Americas*, volume 38, number 3 (January 1982): 327–45.

236 "우리는 많은 책들을" De Landa, *Yucatan Before and After the Conquest*, 82.

238 처음에는 제작 속도가 최초의 인쇄자는 후안 파블로스이며, 그 단편이 남아 있는 최초의 책은 1540년에 파블로스가 인쇄한 책이다. Agustín Millares Carlo and Julián Calvo, *Juan Pablos: Primer impresor que a esta tierra vino* (Mexico: Librería de M. Porrúa, 1953); Antonio Rodríguez-Buckingham, "Monastic Libraries and Early Printing in Sixteenth-Century Spanish America," in *Libraries and Culture*, volume 24, number 1, Libraries at Times of Cultural Change (Winter 1998): 33–56, 34; 그리고 José Ignacio Conde and Díaz Rubín, *Artes de México*, number 131, Libros Mexicanos (1970): 7–18, 7. *Colonial Printing in Mexico: Catalog of an Exhibition Held at the Library of Congress in 1939 Commemorating the Four Hundredth Anniversary of Printing in the New World* (Washington, D.C.: U.S. Government Printing Office, 1993), 3ff도 참조.

238 자신들의 문학을 보존하기 Tedlock, *2000 Years of Mayan Literature*, 299.

239 주요 창조자는 깃털 달린 뱀 나는 Dennis Tedlock이 개역하고 추가한 확장판 *Popol Vuh: The Definitive Edition of the Mayan Book of the Dawn of Life and the Glories of Gods*

and Kings (New York: Simon and Schuster, 1969), 63을 이용했다(번역문은 내가 살짝 수정했다). Delia Goetz와 Sylvanus Griswold Morley가 Adrián Recinos의 번역에서 영어로 번역한 *Popol Vuh: The Sacred Book of the Ancient Quiché Maya* (Los Angeles: Plantin Press, 1954)도 이용했다.

241 "머리를 공처럼" Tedlock, *Popol Vuh*, 128.

241 나중에 나는 축구가 Frank G. Menke, *The Encyclopedia of Sports* (New York: A. S. Barnes, 1939), 147.

241 두 세대에 걸친 공놀이 Tedlock, *Popol Vuh*, 142.

242 "키체의 존재에 관한" Tedlock, *Popol Vuh*, 198.

243 150년도 더 뒤에 한 프랑스인 Tedlock, *2000 Years of Mayan Literature*, 300.

245 1997년 12월 22일 Nick Henck, *Subcommander Marcos: The Man and the Mask* (Durham, N.C.: Duke University Press, 2007), 319. 나는 다음도 참조했다. Marc Lacey, "10 Years Later, Chiapas Massacre Still Haunts Mexico," *New York Times*, December 23, 2007, nytimes.com/2007/12/23/world/americas/23acteal.html, 2016년 11월 12일 접속. *Subcomandante Marcos: Ein Maskierter Mythos*, edited by Anne Huffschmid (Berlin: Elefanten Press, 1995)도 보라.

245 정부는 압도적인 화력에도 Nicholas P. Higgins, *Understanding the Chiapas Rebellion: Modernist Visions and the Invisible Indian* (Austin: University of Texas Press, 2004), 84ff.

245 그가 1970년대 후반에 Henck, *Subcommander Marcos*, 71.

246 그가 이용할 수 있었던 *Shadows of Tender Fury: The Letters and Communiqués of Subcomandante Marcos and the Zapatista Army of National Liberation*, translated by Frank Bardacke, Leslie López, and the Watsonville, California, Human Rights Committee (New York: Monthly Review, 1995), 13.

246 타자로 친 텍스트들을 *Shadows of Tender Fury*, 13.

246 그는 라칸돈 밀림의 돈키호테로 Subcomandante Marcos, *Zapatista Stories* (London: Katabasis, 2001), 23.

246 문학이 자신의 가장 중요한 Deborah Esch, "Of Typewriters and Masking Tape: A Media History of the Zapatistas," *Al Jazeera* (April 19, 2013), aljazeera.com/indepth/opinion/2013/04 /2013415112152991530.html, 2015년 6월 16일 접속.

246 "이것은 아직 아무것도" Subcomandante Insurgente Marcos, *Our Word Is Our Weapon: Selected Writings*, edited by Juana Ponce de León, foreword by José Saramago (New York: Seven Stories, 2002), 407.

248 1994년 사파티스타 반란은 Jeff Conant, *A Poetics of Resistance: The Revolutionary Public Relations of the Zapatista Insurgency* (Oakland, Calif.: AK Press, 2010).

249 그의 활동 중에는 Henck, *Subcommander Marcos*, 77ff; Higgins, *Understanding the Chiapas Rebellion*, 158.

249 그는 마야어와 방언들을 Henck, *Subcommander Marcos*, 94.

제9장 돈키호테와 해적들

250 작가는 그렇게 끔찍한 이 장의 집필에 아낌없는 도움을 준 Barbara Fuchs에게 감사드린다.

252 아주 오랫동안 미겔 데 세르반테스는 William Byron, *Cervantes: A Biography* (New York: Doubleday, 1978), 115.

252 전투를 앞두고 며칠 동안 Byron, *Cervantes: A Biography*, 124ff에 바탕을 둔 설명이다.

254 물론 통금 시간을 Melveena McKendrick, *Cervantes* (Boston: Little, Brown, 1980), 63ff.

254 마침내 여러 해가 지나 Byron, *Cervantes: A Biography*, 246; McKendrick, *Cervantes*, 85.

254 군인으로서 5년 그리고 María Antonia Garcés, *Cervantes in Algiers: A Captive's Tale* (Nashville: Vanderbilt University Press, 2002).

255 그들의 궁극적 목표는 Nabil Matar, "English Accounts of Captivity in North Africa and the Middle East: 1577–1625," *Renaissance Quarterly*, volume 54, number 2 (Summer 2001): 553–72, 556.

255 세르반테스는 셰익스피어의 잉글랜드에 Melveena McKendrick, *Theatre in Spain 1490–1700* (Cambridge, U.K.: Cambridge University Press, 1989), 196ff.

256 알제에 대한 묘사가 Jean Canavaggio, "A propos de deux «comedias» de Cervantès: Quelques remarques sur un manuscrit récemment retrouvé," *Bulletin Hispanique*, volume 68, number 1 (1966): 5–29. 나는 Barbara Fuchs의 탁월한 저서 *Passing for Spain: Cervantes and the Fictions of Identity* (Urbana-Champaign: University of Illinois Press, 2002), 10–11도 참조했다.

258 기사 로맨스에 대한 수요가 Roger Chartier, *The Author's Hand and the Printer's Mind: Transformations of the Written Word in Early Modern Europe* (Malden, Mass.: Polity Press, 2013), 101.

260 반면에 알렉산드로스의 P. A. Motteux가 번역하고 A. J. Close가 해설을 쓴 Miguel de Cervantes, *Don Quixote*, Everyman's Library (New York: Knopf, 1991), part I, 48ff.

262 제지술에는 맑은 물과 Oriol Valls i Subirà, *The History of Paper in Spain: XVII–XIX Centuries*, translated by Sarah Nicholson (Madrid: Empresa Nacional de Celulosas, 1982), 14–15.

262 영리하게도 에스파냐와 Robert I. Burns, "Paper Comes to the West, 800–1400" in *Europäische Technik im Mittelalter, 800 bis 1400: Tradition und Innovation*, fourth edition,

edited by Uta Lindgren (Berlin: Gebr. Mann Verlag, 1996), 413–22, 417.

262 『돈키호테』의 초판을 Chartier, *Author's Hand*, 131.

262 그래도 종이에 대한 Subirà, *History of Paper in Spain*, 15, 82.

262 카스티야와 아라곤에 Chartier, *Author's Hand*, 99.

262 책은 해외에서도 금방 인기를 Chartier, *Author's Hand*, 99; Subirà, *History of Paper in Spain*, 82.

262 영어 번역본은 거의 즉시 에스파냐 문학이 잉글랜드에 끼친 영향에 대한 탁월한 논의의 는 Barbara Fuchs, *The Poetics of Piracy: Emulating Spain in English Literature* (Philadelphia: University of Pennsylvania Press, 2013)를 보라.

263 출간 직후의 초판 가운데 Irving A. Leonard, "Don Quixote and the Book Trade in Lima, 1606," *Hispanic Review*, volume 8, number 4 (October 1940): 285–304.

263 1800년대에 이르자 해적들도 Ronald Hilton, "Four Centuries of Cervantes: The Historical Anatomy of a Best-Selling Masterpiece," *Hispania*, volume 30, number 3 (1947): 310–20, 312.

264 물론 초창기의 서기들도 Chartier, *Author's Hand*, 17.

265 세르반테스는 세르반테스대로 다음도 참조. Frederick A. de Armas, "Cervantes and the Italian Renaissance," in *The Cambridge Companion to Cervantes*, edited by Anthony J. Cascardi (Cambridge, U.K.: Cambridge University Press, 2002), 32–57, 44.

265 그가 알제에 포로로 붙잡혀 Robert S. Stone, "Moorish Quixote: Reframing the Novel," in *Cervantes: Bulletin of the Cervantes Society of America*, volume 33, number 1 (2013): 81–110.

266 분명히 알제에서의 경험은 세르반테스의 에스파냐와 아랍 세계 간의 관계에 대한 탁월한 논의는 Fuchs, *Poetics of Piracy*를 보라.

266 안타깝게도 근대의 저자들을 Adrian Johns, *Piracy: The Intellectual Property Wars from Gutenberg to Gates* (Chicago: University of Chicago Press, 2009), 23.

267 『돈키호테』 제2부에서 Tom Lathrop, "The Significance of Don Quijote's Discovery of a New Edition of Avellaneda," in *Cervantes: Bulletin of the Cervantes Society of America*, volume 29, number 2 (Fall 2009): 131–37.

267 "거기서 그는 누군가는" *The History of the Renowned Don Quixote de la Mancha, in Four Volumes, Written in Spanish by Miguel de Cervantes Saavedra, Translated by Several Hands: And Publish'd by Peter Motteux*, volume 4 (R. Knaplock et al.: Black Bull in Cirnhill, 1719), 268–70.

270 비록 개별적 저작자라는 Armas, "Cervantes and the Italian Renaissance," 58.

제10장 벤저민 프랭클린 : 문필 공화국의 미디어 기업가

272 대륙회의가 수정된 문서에 Chris Coelho, *Timothy Matlack: Scribe of the Declaration of*

Independence (Jefferson, N.C.: McFarland, 2013), 55.

272 몇 주일 뒤에 대륙회의는 Coelho, *Timothy Matlack*, 60.

275 프랑스 궁정에서 마리 앙투아네트는 Walter Isaacson, *Benjamin Franklin: An American Life* (New York: Simon and Schuster, 2004), 348.

277 남녀를 가리지 않고 David D. Hall, "Readers and Writers in Early New England," in *A History of the Book in America*, volume 1, *The Colonial Book in the Atlantic World*, edited by Hugh Amory and David D. Hall (Cambridge, U.K.: Cambridge University Press, 2000), 117–51, 120.

277 서적과 여타 인쇄물에 대한 Carol Sue Humphrey, *The American Revolution and the Press: The Promise of Independence*, foreword by David A. Copeland (Evanston, Ill.: Northwestern University Press, 2013), 23.

277 1790년에 이르자 Amory and Hall, *History of the Book in America*, 380.

277 일단 큰 재산을 모으자 Isaacson, *Benjamin Franklin*, 440.

278 한번은 출판 허가를 받지 않고 James N. Green and Peter Stallybrass, *Benjamin Franklin: Writer and Printer* (Philadelphia: Library Company of Philadelphia, 2006), 70.

278 소설은 북아메리카 식민지 *The Press and the American Revolution*, edited by Bernard Bailyn and John B. Hench (Worcester, Mass: American Antiquarian Society, 1980), 328.

278 번역도 공식적인 Isaacson, *Benjamin Franklin*, 25; Isabel Hofmeyr, *The Portable Bunyan: A Transnational History of "The Pilgrim's Progress"* (Princeton: Princeton University Press, 2004).

278 개인 서재에 『돈키호테』를 George Simpson Eddy, "Dr. Benjamin Franklin's Library," *American Antiquarian Society* (October 1924): 206–26, 224.

278 식민지 최초의 신문은 Humphrey, *American Revolution and the Press*, 23.

279 당대의 신문들은 흔히 Jürgen Habermas, *Strukturwandel der Öffentlichkeit* (Frankfurt am Main: Suhrkamp, 1962).

279 철학자 G. W. F. 헤겔은 *Miscellaneous Writings of G.W.F. Hegel*, translated by Jon Bartley Stewart (Evanston, Ill.: Northwestern University Press, 2002), 247.

279 프랭클린이 태어났을 무렵 Robert G. Parkinson, "Print, the Press, and the American Revolution," in *American History: Oxford Research Encyclopedias*, online publication date August 2015, 5, doi: 10.1093/acrefore/9780199329175.013.9, page 2, 2015년 11월 2일 접속.

279 신문의 급증 현상이 Bailyn and Hench, *Press and the American Revolution*, 334.

279 식민지에는 신문이 더 Parkinson, "Print, the Press, and the American Revolution," 2, 2015년 11월 2일 접속; Richard Buel, Jr., "Freedom of the Press in Revolutionary America: The Evolution of Libertarianism, 1760–1820," in Bailyn and Hench, *Press and the American*

Revolution, 59–97, 69.

280 1776년에 나온 400종의 Parkinson, "Print, the Press, and the American Revolution," 2.

280 페인은 궁극적으로 출판 Robert A. Ferguson, "The Commonalities of Common Sense," *William and Mary Quarterly*, volume 57, number 3 (July 2000): 465–504, 466; Craig Nelson, "Thomas Paine and the Making of Common Sense," *New England Review*, volume 27, number 3 (2006): 228–50, 243.

280 대형인쇄물 형태로 독립선언서를 Bernard Bailyn, *The Ideological Origins of the American Revolution*, enlarged edition (Cambridge, Mass.: Harvard University Press, 1992).

281 나중에 그의 공급 네트워크는 Rutherfoord Goodwin, "The Williamsburg Paper Mill of William Parks the Printer," in *The Papers of the Bibliographical Society of America*, volume 31, number 1 (1937): 21–44, 26.

281 그는 조카에게 일을 Ralph Frasca, *Benjamin Franklin's Printing Network: Disseminating Virtue in Early America* (Columbia: University of Missouri Press, 2006), 76ff.

281 이런 식으로 그는 뉴잉글랜드부터 Frasca, *Benjamin Franklin's Printing Network*, 19.

282 독립선언서가 서명되었다는 Karl J. R. Arndt, "The First Translation and Printing in German of the American Declaration of Independence," *Monatshefte*, volume 77, number 2 (Summer 1985): 138–42, 140.

282 일반적으로 프랭클린은 Joyce E. Chaplin, *The First Scientific American: Benjamin Franklin and the Pursuit of Genius* (New York: Basic Books, 2006), 46.

282 어쩌면 가장 수익이 많이 남는 Frasca, *Benjamin Franklin's Printing Network*, 52.

283 오늘날 우정장관은 대통령 en.wikipedia.org/wiki/United_States_Postmaster_General, 2016년 10월 16일 접속.

284 1773년 우편도로를 조사하기 Trish Loughran, *The Republic in Print: Print Culture in the Age of U.S. Nation Building, 1770–1870* (New York: Columbia University Press, 2007), 6–15.

284 프랭클린은 필라델피아에서 뉴욕까지 Isaacson, *Benjamin Franklin*, 207.

284 또한 피뢰침을 발명하여 과학자로서 프랭클린에 대한 논의는 Chaplin, *First Scientific American*을 보라.

284 이 과학 활동들은 벤저민 프랭클린이 윌리엄 스트라칸에게 보낸 1784년 8월 19일자 편지. *A Benjamin Franklin Reader*, edited and annotated by Walter Isaacson (New York: Simon and Schuster, 2003), 340.

287 알아야 할 것이 너무 Ann M. Blair, *Too Much to Know: Managing Scholarly Information Before the Modern Age* (New Haven: Yale University Press, 2010)는 인쇄 이전과 이후의 정보 관리를 비교한다.

287 여기서 디드로는 이러한 Denis Diderot et al., *Encyclopédie, ou Dictionnaire raisonné*

des sciences, des arts et des métiers, par une société des gens de lettres, volume 5 (Paris: Le Breton, 1755), 635–48A.

288 20년 뒤에는 자신이 창립에 Chaplin, *First Scientific American*, 55.

289 프랭클린과 여타 사람들이 C. William Miller, *Benjamin Franklin's Philadelphia Printing, 1728–1766: A Descriptive Bibliography* (Philadelphia: American Philosophical Society, 1974), xxxviii.

289 인쇄업자들은 항의하고 Humphrey, *American Revolution and the Press*, 49.

290 화가 난 인쇄업자들은 Frasca, *Benjamin Franklin's Printing Network*, 152.

290 하지만 제퍼슨이 독립선언서 Julian P. Boyd, *The Declaration of Independence: The Evolution of the Text*, revised edition, edited by Gerard W. Gawalt (Washington, D.C.: Library of Congress, 1999), 65.

291 놀랍게도 젊은 시절 프랭클린은 Green and Stallybrass, *Benjamin Franklin: Writer and Printer*, 23.

292 그가 리처드의 최상의 Green and Stallybrass, *Benjamin Franklin: Writer and Printer*, 117ff.

293 그 무렵이면 독립선언서는 David Armitage, *The Declaration of Independence: A Global History* (Cambridge, Mass.: Harvard University Press, 2007).

293 "여기 인쇄업자 B. 프랭클린의 육신이" *Beinecke Rare Book and Manuscript Library, Beinecke Digital Collections*, brbl-dl.library.yale.edu/vufind/Record/3437127, 2017년 1월 1일 접속.

제11장 세계 문학 : 시칠리아의 괴테

295 1823년 5월 24일 이 장에 도움을 준 Peter J. Burgard에게 감사드린다. 이하의 전기적 설명은 에커만의 자서전을 토대로 한다. Johann Peter Eckermann, *Gespräche mit Goethe in den letzten Jahren seines Lebens*, volumes 1 and 2 (Leipzig: Brockhaus, 1837), 1–34.

296 괴테가 죽은 지 Ralph Waldo Emerson, *Representative Men: Seven Lectures*, with an introduction by Andrew Delbanco (Cambridge, Mass.: Harvard University Press, 1996).

297 본능적으로 에커만은 *What Is World Literature?* (Princeton: Princeton University Press, 2003)에서 David Damrosch는 이 책의 원제인 에커만의 괴테와의 대화가 어떻게 갈수록 에커만과의 대화가 되어가는지를 묘사하며 괴테를 저자의 자리에 둔다(33).

297 "정말입니까? 틀림없이" Eckermann, *Gespräche mit Goethe*, 322.

297 "이 중국 작가의 작품이" Eckermann, *Gespräche mit Goethe*, 324.

298 "세계 문학의 시대가" "Die Epoche der Welt-Literatur ist an der Zeit und jeder muß jetzt dazu wirken, diese Epoche zu beschleunigen." *Eckermann, Gespräche mit Goethe*, 325.

299 이 소설은 젊은 남녀들이 Karl Otto Conrady, *Goethe: Leben und Werk*, volume 1 (Königstein: Athenaeum, 1985), 224–25.

299 대면 자리에서 그는 소설의 Conrady, *Goethe: Leben und Werk*, volume 2, 333–35.

301 수십 년 뒤에 원고는 Bishop Thomas Percy, *Hau Kiou Choaan or The Pleasing History: A Translation from the Chinese Language* (London: Dodsley in Pall-Mall, 1761). 원고에 대한 정보는 이 판본에 실린 퍼시의 서문을 토대로 한다.

301 이제 더 정확하게 *The Fortunate Union: A Romance, Translated from the Chinese Original, with Notes and Illustrations by John Francis Davis* (London: Parbury, Allen and Co., 1829).

302 괴테는 특히, 섬세한 중국과 괴테의 관계에 대한 상세한 사항들은 *Goethe und China— China und Goethe*, edited by Günther Debon and Adrian Hsia (Frankfurt am Main: Peter Lang, 1985)를 보라.

302 그보다 몇 달 앞서 괴테는 Peter Perring Thoms, *Chinese Courtship. In Verse. To Which Is Added, an Appendix, Treating of the Revenue of China* (London: Parbury, Allen, and Kingsbury; Macao: East India Company Press, 1824).

302 괴테 역시 이 플롯에 빌헬름 그림이 형제에게 쓴 1815년 10월 14일자 편지: "그는 페르시아 것에 푹 빠져서 하피즈 스타일로 시집을 쓰고, Haoh Kioh Tschwen(즐거운 사연)을 읽어주고 설명하며, 피울루스와 페르시아어를 배우고 있어."(이 영역은 나의 것이다). "Letter of Wilhelm Grimm to Jacob Grimm," in *Goethe-Jahrbuch*, edited by Dr. Ludwig Geiger, volume 1 (Frankfurt am Main: Rütten and Loening, 1880), 339. 그 낭독에 대한 더 자세한 설명은 Günther Debon, "Goethe erklärt in Heidelberg einen chinesischen Roman," in Debon and Hsia, *Goethe und China—China und Goethe*, 51–62을 보라.

303 서양 소설들이 문학 경전의 Franco Moretti, "The Novel: History and Theory," *New Left Review* 52 (July–August 2008): 111–24.

304 페르시아로 여행을 할 수 없었던 Johann Wolfgang von Goethe, *West-Östlicher Divan*, in *Gesamtausgabe*, volume 2 (Munich: DTV, 2000), 7–125, 25.

304 "그는 페르시아의 것에" "Letter of Jacob Grimm to Wilhelm Grimm," Paris, November 10, 1815, in Geiger, *Goethe-Jahrbuch*, 339.

304 그의 친구들이 할 수 있는 Rüdiger Safranski, *Goethe: Kunstwerk des Lebens* (Munich: Carl Hanser Verlag, 2013), 551.

305 포르투갈과 에스파냐의 Anant Kakba Priolkar, *The Printing Press in India: Its Beginnings and Early Development* (Bombay: Marathi Samshodhana Mandala, 1958), 6ff. 최초로 인쇄된 남아시아 언어 책은 1578년 타밀에서 인쇄된 것이다. 나는 Dr. J. Mangamma, *Book Printing in India* (Nellore: Bangorey Books, 1975), 17ff도 참고했다.

306 이는 식민지 속령들을 Edward W. Said, *Orientalism* (New York: Pantheon Books, 1978).

306 10여 가지 언어를 읽을 Johann Wolfgang von Goethe, "Preface to German Romance" (Edinburgh, 1827), in Johann Wolfgang Goethe, *Sämtliche Werke*, Münchner Ausgabe, edited by Karl Richter, volume 18.2 (Munich: Carl Hanser Verlag, 1985–98), 85–87.

307 하지만 팔레르모에 도착하자 Johann Wolfgang von Goethe, *Italienische Reise*, in *Autobiographische Schriften III, Hamburger Ausgabe in 14 Bänden*, volume 11 (Munich: Verlag H. C. Beck, 1994), 252.

310 "이 환경 안에 존재하는" Goethe, *Reise*, 299.

311 괴테가 죽고 수십 년이 David A. Traill, *Schliemann of Troy: Treasure and Deceit* (New York: St. Martin's Press, 1996). 슐리만 논쟁에 대한 요약은 Wolfgang Schindler, "An Archaeologist on the Schliemann Controversy," *Illinois Classical Studies*, volume 17, number 1 (Spring 1992): 135–51, 그리고 D. F. Easton, "Heinrich Schliemann: Hero or Fraud?" *Classical World*, volume 91, number 5, *The World of Troy* (May–June, 1998): 335–43을 보라.

313 시칠리아에서 영감을 받은 Goethe, *Reise*, 266, 298.

313 이 에피소드는 그 서사시를 Goethe, Reise, 299–300.

313 아름다운 언덕을 따라 Goethe, *Reise*, 270.

314 "객석의 위쪽 자리에" Goethe, *Reise*, 296–97. 본문의 영어번역은 나의 것이다.

314 이 문단 다음에 그는 Goethe, *Reise*, 297.

315 "틀림없이 그는 내가" Goethe, *Reise*, 233.

316 잘 부서지는 하얀 석회암은 문학에서의 암석과 화산에 대한 논의는, Noah Heringman, *Romantic Rocks, Aesthetic Geology* (Ithaca, N.Y.: Cornell University Press, 2004)를 참조하라.

316 "사방이 물로 둘러싸인" Goethe, *Reise*, 230.

제12장 마르크스, 엥겔스, 레닌, 마오 : 「공산당 선언」의 독자들이여 단결하라!

317 두 젊은이가 루브르 인근의 이 장은 인용된 출전들 외에도 나의 책 *Poetry of the Revolution: Marx, Manifestos, and the Avant-Gardes* (Princeton: Princeton University Press, 2006)를 위한 연구에 바탕을 둔다. 카를 마르크스와 마르크스주의에 대한 뛰어난 지적 전기는 Isaiah Berlin, *Karl Marx: His Life and Environment*, fourth edition (Oxford: Oxford University Press, 1969)을 참고하라.

318 경기 도입부의 기술을 Philip Walsingham Sergeant, *A Century of British Chess* (London: Hutchinson and Co., 1934), 51.

318 둘은 서로 다른 기량을 체스의 역사에 대해서는 David Shenk, *The Immortal Game: A History of Chess, or How 32 Carved Pieces on a Board Illuminated Our Understanding of War, Art, Science, and the Human Brain* (New York: Doubleday, 2006)을 참조하라.

318 새로운 기계 기반 경제에서는 Sven Beckert, *Empire of Cotton: A Global History* (New

York: Knopf, 2014).

318 그 굴뚝 아래로 일하러　W. G. Sebald, *Die Ausgewanderten* (Frankfurt am Main: Fischer, 1992), 283.

321 엥겔스는 런던 모임에 앞서　Friedrich Engels, "Grundsätze des Kommunismus," in *Karl Marx und Friedrich Engels, Gesamtausgabe* (Berlin: Dietz Verlag, 1977), 361–80.

322 "신앙고백에 관해서"　*Birth of the "Communist Manifesto": With Text of the Manifesto, All Prefaces by Marx and Engels, Early Drafts by Engels, and Other Supplementary Material*, edited and annotated with an introduction by Dirk J. Struik (New York: International Publishers, 1971), 60.

322 자신들의 텍스트를 '선언'이라고　Puchner, *Poetry of the Revolution*, 69ff.

323 "기본적으로 우리는" 파리에서 프리드리히 엥겔스가 브뤼셀의 카를 마르크스에게 보낸 1847년 11월 23–24일자 편지, *Der Bund der Kommunisten: Dokumente und Materialien*, volume 1, 1826–49 (Berlin: Dietz Verlag, 1970), 612. 본문의 영어 번역은 나의 것이다.

323 마르크스의 버전에서　Berlin, *Karl Marx*, 124.

323 "부르주아는 세계 시장을"　Martin Puchner가 해설을 쓰고 각주를 단 *Karl Marx and Friedrich Engels, The Communist Manifesto and Other Writings* (New York: Barnes and Noble, 2005), 10–11. 번역은 새뮤얼 무어의 영역을 토대로 했으나 내가 새롭게 손을 보았다.

325 "영어, 프랑스어, 독일어"　Marx and Engels, *Communist Manifesto*, 5.

326 하지만 그들은 즉시 「공산당 선언」을　Puchner, *Poetry of the Revolution*, 59.

326 벤저민 프랭클린이 죽은 뒤로　19세기의 연재 출판에 관해서는 Amanda Claybaugh, *The Novel of Purpose: Literature and Social Reform in the Anglo-American World* (Ithaca, N.Y.: Cornell University Press, 2007)를 보라.

327 곳곳에 흩어져 있던 진정한 「공산당 선언」의 출판에 관한 정보는 *Le Manifeste communiste de Marx et Engels: Histoire et Bibliographie, 1848–1918*, edited by Bert Andréas (Milan: Feltrinelli, 1963)를 보라.

328 "캘리포니아와 오스트레일리아는"　Karl Marx and Friedrich Engels, *Gesamtausgabe*, III, volume 5, Briefe (Berlin: Dietz Verlag, 1977), 186.

328 "그가 죽은 이후로"　Struik, *Birth of the "Communist Manifesto,"* 132.

329 블라디미르는 인내하는　레닌에 대한 지적 전기는 Georg Lukács, *Lenin: A Study on the Unity of His Thought*, translated by Nicholas Jacobs (London: Verso, 1998)를 보라. 더 자세한 전기는 Robert Service, *Lenin: A Biography* (Cambridge, Mass.: Harvard University Press, 2000)를 보라.

331 그들이 마침내 내놓은　Puchner, *Poetry of the Revolution*, 89ff.

333 러시아는 이제 군주가　Sheila Fitzpatrick, *The Russian Revolution*, second edition (New

York: Oxford University Press, 1994), 45.

335 취리히에 있을 때에는 Fitzpatrick, *Russian Revolution*, 85.

335 우파 쪽의 쿠데타 시도가 Marc Ferro, *October 1917: A Social History of the Russian Revolution*, translated by Norman Stone (London: Routledge, 1980), 174ff.

335 벼농사를 짓는 농부였던 Edgar Snow, *Red Star over China*, first revised and enlarged edition (New York: Grove, 1938).

336 마오는 상이한 정치철학들을 Alexander V. Pantsov with Steven I. Levine, *Mao: The Real Story* (New York: Simon and Schuster, 2007), 90ff.

336 마오의 정신적 스승인 Snow, *Red Star*, 155.

337 젊은 호치민은 증기선에서 Jean Lacouture, *Ho Chi Minh: A Political Biography*, translated from the French by Peter Wiles, translation edited by Jane Clark Seitz (New York: Random House, 1968), 18.

337 그가 쓴 텍스트 Nguyen Ai Quoc, *Le Procès de la colonisation française et autres textes de jeunesse, choisis et présentés par Alain Ruscio* (Paris: Les Temps des Cerises, 1925), 116.

337 "그때 하루는" Fidel Castro, "How I Became a Communist: From a Question-and-Answer Period with Students at the University of Concepción, Chile," November 18, 1971, historyofcuba.com/history/castro.htm, 2017년 1월 13일 접속.

338 나치 지배의 절정기에 이 텍스트와 여러 판본들에 대한 최상의 학술적 정보는 새로운 비평판 *Hitler, Mein Kampf: Eine kritische Edition*, edited by Christian Hartmann et al. (Munich: Im Auftrag des Instituts für Zeitgeschichte, 2016)에서 찾을 수 있다.

제13장 아흐마토바와 솔제니친 : 소련에 반하는 글쓰기

340 처음에 러시아의 시인 이 장에 도움을 준 동료 William Mills Todd III에게 감사드린다.

340 파리에서 그녀는 Roberta Reeder, *Anna Akhmatova: Poet and Prophet* (New York: Picador, 1994), 35–36. 나는 György Dalos, *Der Gast aus der Zukunft: Anna Achmatowa und Sir Isaiah Berlin, Eine Liebesgeschichte*, deutsche Bearbeitung von Elsbeth Zylla (Hamburg: Europäische Verlagsanstalt, 1969), 28도 참조했다.

340 러시아의 사포라고 Amanda Haight, *Anna Akhmatova: A Poetic Pilgrimage* (Oxford: Oxford University Press, 1976), 80.

340 아흐마토바는 모딜리아니의 Tomas Venclova and Ellen Hinsey, "Meetings with Anna Akhmatova," *New England Review*, volume 34, num\–ber 3/4 (2014): 171.

342 안나 아흐마토바는 어떤 Dalos, *Gast aus der Zukunft*, 9.

342 1934년에 한 고위 간부가 Reeder, *Anna Akhmatova: Poet and Prophet*, 199–200.

342 야고다는 고문을 받고 일부 수감자들의 이데올로기적 공모에 관해서는 Jochen

Hellbeck, *Revolution on My Mind: Writing a Diary Under Stalin* (New Haven: Yale University Press, 2006)을 보라.

343 "아크메이즘"이라는 표현은 Haight, *Anna Akhmatova: A Poetic Pilgrimage*, 19. Clarence Brown, "Mandelshtam's Acmeist Manifesto," *Russian Review*, volume 24, number 1 (January 1965): 46–51도 보라.

343 구세대 아크메이스트와 Haight, *Anna Akhmatova: A Poetic Pilgrimage*, 71.

343 러시아 혁명의 지적 지도자인 Leon Trotsky, *Literature and Revolution*, edited by William Keach, translated by Rose Strunsky (Chicago: Haymarket Books, 1925), 50.

343 막강한 교육인민위원 Haight, *Anna Akhmatova: A Poetic Pilgrimage*, 71.

343 아흐마토바만이 그가 Dalos, *Gast aus der Zukunft*, 71.

344 그녀 자신도 놀랍게도 Reeder, *Anna Akhmatova: Poet and Prophet*, 202–203.

344 "나는 그들의 이름을" Anna Akhmatova, "Requiem," in *The Complete Poems of Anna Akhmatova*, updated and expanded edition, translated by Judith Hemschemeyer, edited and introduced by Roberta Reeder (Boston: Zephyr Press, 1997), 393.

344 아흐마토바는 조심스럽게 Haight, *Anna Akhmatova: A Poetic Pilgrimage*, 98.

346 "봐, 네가 말한 대로" Haight, *Anna Akhmatova: A Poetic Pilgrimage*, 98.

346 "우리는 '구텐베르크'를" Ann Komaromi, "The Material Existence of Soviet Samizdat," *Slavic Review*, volume 63, number 3 (Autumn 2004): 597–618, 598.

346 그녀는 어린 시절 Anna Akhmatova, *My Half Century: Selected Prose*, translated and edited by Ronald Meyer (Ann Arbor, Mich.: Ardis, 1992), 25.

346 이전에는 궁전이었던 Reeder, *Anna Akhmatova: Poet and Prophet*, 122, 119.

346 1918년과 1924년 사이에 Reeder, *Anna Akhmatova: Poet and Prophet*, 125.

346 1940년대의 집중적인 Venclova and Hinsey, "Meetings with Anna Akhmatova," 178.

348 벌린이 비밀 임무를 띠고 Olga Voronina, *A Window with an Iron Curtain: Cold War Metaphors in Transition, 1945–1968* (Ann Arbor: UMI, 2010)을 토대로 한 정보. 추가적 정보는 *"I eto bylo tak": Anna Akhmatova i Isaiia Berlin* by L. Kopylov, T. Pozdniakova, and N. Popova (St. Petersburg: Anna Akhmatova Museum at the Fountain House, 2009)를 토대로 한다. 모스크바로 가는 길에 벌린은 노엘 애넌이라는 이름으로 영국 정보부와 관련이 있는 한 친구를 만났다. Anne Deighton, "Berlin in Moscow. Isaiah Berlin: Academia, Diplomacy and Britain's Cultural Cold War," Oxford Sciences Po Research Group, Oxpo Working Paper, 5, berlin.wolf.ox.ac.uk/lists/onib/deighton.pdf, 2015년 12월 27일에 접속. 노엘 애넌은 나중에 아흐마토바와의 만남에 관한 벌린의 에세이를 편집했다.

348 외무부에 보낸 공문에서 Akhmatova, *My Half Century*, 53.

350 "그래 수녀" Isaiah Berlin, *Personal Impressions*, edited by Henry Hardy, with an

introduction by Noel Annan (London: Hogarth Press, 1980), 201–202.

350 "생각해봐, 이 얼마나" Sophie Kazimirovna Ostrovskaya, *Memoirs of Anna Akhmatova's Years, 1944–1950*, translated by Jessie Daves (Liverpool: Lincoln Davies, 1988), 52.

351 17년 뒤, 1962년에 아흐마토바는 Michael Scammell, *Solzhenitsyn: A Biography* (New York: Norton, 1984), 447.

352 흐루쇼프는 아흐마토바가 Dalos, *Gast aus der Zukunft*, 158–60.

352 작가 알렉산드르 솔제니친은 Scammell, *Solzhenitsyn: A Biography*, 440.

352 사미즈다트는 스탈린 사후 Ludmilla Alexeyeva, *Soviet Dissent: Contemporary Movements for National, Religious, and Human Rights* (Middletown, Conn.: Wesleyan University Press, 1985), 13.

353 곧 사미즈다트는 시에서 Alexeyeva, *Soviet Dissent*, 15.

353 아파트들이 수색되고 Alexeyeva, *Soviet Dissent*, 379.

353 손녀딸로 하여금 톨스토이의 Komaromi, "Material Existence of Soviet Samizdat," 609.

353 아흐마토바가 솔제니친에게 Alexeyeva, *Soviet Dissent*, 13–15.

354 솔제니친은 그런 작가들 Scammell, *Solzhenitsyn: A Biography*, 440.

354 솔제니친은 기상 신호와 Alexander Solzhenitsyn, *One Day in the Life of Ivan Denisovich*, translated from the Russian by H. T. Willetts, with an introduction by John Bayley (New York: Everyman, 1995).

355 제2차 세계대전 당시 Scammell, *Solzhenitsyn: A Biography*, 142.

355 그가 그곳에서 처음으로 Scammell, *Solzhenitsyn: A Biography*, 319.

355 굴라크에서 복역 중에 Scammell, *Solzhenitsyn: A Biography*, 370.

355 굴라크에 관해서 글을 Scammell, *Solzhenitsyn: A Biography*, 376.

356 잡지 편집자들을 회유해야 Scammell, *Solzhenitsyn: A Biography*, 433, 436.

356 그렇게 노력할 만한 Z. K. Vodopianova and T. M. Goriaeva, eds., *Istoriia sovetskoi politicheskoi tsenzury: Dokumenty i kommentarii* (Moscow: Rosspen, 1997), 587.

357 처음에는 아흐마토바와 Haight, *Anna Akhmatova: A Poetic Pilgrimage*, 181.

357 그러나 넉넉한 기금과 James F. English, *The Economy of Prestige: Prizes, Awards, and the Circulation of Cultural Value* (Cambridge, Mass.: Harvard University Press, 2008).

358 1930년대에 그 시의 수호자 Reeder, *Anna Akhmatova: Poet and Prophet*, 500, 371.

359 1988년 한 행사에서 Dalos, *Gast aus der Zukunft*, 217.

제14장 『순자타 서사시』와 서아프리카의 말재주꾼들

360 『순자타 서사시』는 이 장에 귀중한 도움을 준 David C. Conrad에게 감사드린다.

363 말재주꾼(wordsmith)으로 Barbara G. Hoffman, *Griots at War: Conflict, Conciliation,*

and Caste in Mande (Bloomington: Indiana University Press, 2000), 10.

363 내가 가장 좋아하는 이하의 설명은 David C. Conrad가 너그럽게 제공한 노트와 그와의 전화 통화를 토대로 한다. Conrad C. Conrad가 편집, 번역하고 해설을 쓴 *Sunjata: A New Prose Version* (Indianapolis and Cambridge, Mass.: Hackett, 2016)에 실린 해설도 보라. 다른 언급이 없다면 『순자타 서사시』에 대한 모든 논의는 이 판본을 토대로 한다.

365 흔히 나이지리아에서 온 Robert C. Newton, *The Epic Cassette: Technology, Tradition, and Imagination in Contemporary Bamana Segu*, dissertation, University of Wisconsin-Madison (Ann Arbor: UMI, 1997), 15.

365 보통은 해적판인 David C. Conrad, ed., *Epic Ancestors of the Sunjata Era: Oral Tradition from the Maninka of Guinea* (Madison: University of Wisconsin-Madison, African Studies Program, 1999), 3.

365 카세트가 가져온 Conrad, *Epic Ancestors*, 8.

365 제2차 세계대전 이후에 Robert C. Newton, "Out of Print: The Epic Cassette as Intervention, Reinvention, and Commodity," in *In Search of Sunjata: The Mande Oral Epic as History, Literature, and Performance*, edited by Ralph A. Austen (Bloomington: Indiana University Press, 1999), 313–28, 325. Conrad, *Epic Ancestors*, 2도 보라.

367 이 음성 공연자에게 순자타 이야기들이 이슬람 소재를 어떻게 끼워넣었는지에 대한 설명은 David C. Conrad, "Islam in the Oral Traditions of Mali: Bilali and Surakata," *Journal of African History*, volume 26, number 1 (1985): 33–49를 보라.

367 의미심장하게도 베레테의 Conrad, *Sunjata: A New Prose Version*, 11.

369 이븐 바투타는 하나는 *Corpus of Early Arabic Sources for West African History*, translated by J.F.P. Hopkins, edited and annotated by N. Levtzion and J.F.P. Hopkins (Cambridge, U.K.: Cambridge University Press, 1981), 282.

370 이븐 바투타는 열심히 Levtzion and Hopkins, *Corpus of Early Arabic Sources*, 286, 296.

370 "이슬람보다 한참" Levtzion and Hopkins, *Corpus of Early Arabic Sources*, 293.

371 이븐 바투타는 놀라고 Levtzion and Hopkins, *Corpus of Early Arabic Sources*, 289.

372 왕에 대한 독설에도 Conrad, "Islam in the Oral Traditions," 37.

372 이븐 바투타의 방문 Stephen P. D. Bulman, "Sunjata as Written Literature: The Role of the Literary Mediator in the Dissemination of the Sunjata Epic," in Austen, *In Search of Sunjata*, 231–51, 232를 보라. 나는 Jan Jansen, "An Ethnography of the Epic of Sunjata in Kela," in Austen, *In Search of Sunjata*, 297–311, 308도 참조했다.

372 아랍 학문의 중심이 된 Joshua Hammer, *The Bad-Ass Librarians of Timbuktu and Their Race to Save the World's Most Precious Manuscripts* (New York: Simon and Schuster, 2016), 17.

372 다른 구전 문화들의 Massa Makan Diabaté는 서아프리카 전승시인들의 비밀스러운

기예를 언급한다. Diabaté, *L'aigle et l'épervier, ou La geste de Sunjata* (Paris: Pierre Jean Oswald, 1975), 17을 보라.

374 프랑스의 글과 문화를 David C. Conrad, "Oral Sources on Links Between Great States: Sumanguru, Servile Lineage, the Jariso, and Kaniaga," *History in Africa*, volume 11 (1984): 35–55, 37.

374 어쩌면 그들은 마침내 Bulman, "Sunjata as Written Literature," 235.

374 이 최초의 프랑스 기록들은 Stephen Bulman, "A School for Epic? The 'École William Ponty' and the Evolution of the Sunjata Epic, 1913–c. 1960," in *Epic Adventures: Heroic Narrative in the Oral Performance Traditions of Four Continents*, edited by Jan Jansen and Henk M. J. Maier (Münster: LIT Verlag, 2004), 35–45, 41ff.

374 학교들은 아프리카를 Peggy R. Sabatier, "'Elite' Education in French West Africa: The Era of Limits, 1903–1945," *International Journal of African Historical Studies*, volume 11, number 2 (1978): 247–66, 265.

374 이런 학교들 가운데 Sabatier, "'Elite' Education in French West Africa," 247.

375 그는 또한 순자타를 D. T. Niane, *Sundiata: An Epic of Old Mali*, translated by G. D. Pickett (Harlow, U.K.: Longman, 1965), 23. 프랑스어 원본은 만딩고 이름인 줄루 카라 나이니(Djoulou Kara Naini)를 사용하며 각주에서 이것이 알렉산드로스에게 붙여진 이름인 둘 콰르네인(Dhu'l Quarnein)의 변질이라고 설명한다. Djibril Tamsir Niane, *Soundjata ou L'Épopée Mandingue* (Paris: Présence Africaine, 1960), 50. David C. Conrad는 내게 만데 음유시인들은 알렉산드로스 대왕을 전혀 모른다고 주장한 니아네와의 대화 내용을 알려주었다. 그들은 어쩌면 알렉산드로스 대왕과의 관계를 인식하지 못한 채 그의 아랍식 이름을 썼을지도 모른다.

375 캉테는 프랑스인들이 가져온 만딩고어를 받아쓰기 위한 이전의 유일한 시도는 바이 음절문자를 이용한 것으로, 19세기 초에 대체로 노예 화물 선적을 기록하기 위한 맥락에 서였다. Maurice Delafosse, *Les Vaï: Leur language et leur système d'écriture* (Paris: Masson et Cie, 1899).

376 역풍은 불가피했다 Sabatier, "'Elite' Education in French West Africa," 265.

376 비록 제한적이기는 했지만 Dianne White Oyler, *The History of the N'ko Alphabet and Its Role in Mande Transnational Identity: Words as Weapons* (Cherry Hill, N.J.: Africana Homestead Legacy Publishers, 2005).

제15장 탈식민주의 문학 : 카리브 해의 시인 데릭 월컷

378 신생국가들은 자신들이 이 장에 대한 논평을 해준 Maya Jasanoff에게 감사드린다.

379 월컷은 어느 모로 보나 또다른 저명 작가는 월컷보다 1년 뒤에 태어난 Garth St. Omer

이다. Patricia Ismond, "The St. Lucian Background in Garth St. Omer and Derek Walcott," *Caribbean Quarterly*, volume 28, number 1/2 (March–June 1982): 32–43.

384 그 다음 이곳에 서아프리카의 Derek Walcott, *Omeros* (New York: Farrar, Straus and Giroux, 1990), 150.

384 청동기 시대의 그리스와 Walcott, *Omeros*, 14.

387 월컷은 이곳 대다수의 이 주제에 대한 추가적인 논의는 Douglas Midgett, "Bilingualism and Linguistic Change in St. Lucia," *Anthropological Linguistics*, volume 12, number 5 (May 1970): 158–70을 보라.

389 "서인도제도 어느 윈드워드 섬" Derek Walcott, *The Sea at Dauphin, in Dream on Monkey Mountain and Other Plays* (New York: Farrar, Straus and Giroux, 1971), 45.

390 월컷은 자신의 쌍둥이 형제와 Errol Hill, "The Emergence of a National Drama in the West Indies," *Caribbean Quarterly*, volume 18, number 4 (December 1972): 9–40.

390 카니발에 관해서 이야기할 카니발에 관한 추가적인 논의는 Daniel J. Crowley, "Festivals of the Calendar in St. Lucia," *Caribbean Quarterly*, volume 4, number 2 (December 1955): 99–121를 보라.

390 월컷은 카니발의 중심 Daniel J. Crowley, "Song and Dance in St. Lucia," *Ethnomusicology*, volume 1, number 9 (January 1957): 4–14도 보라.

395 "이 바다는 사람 위한" Walcott, *Sea at Dauphin*, 59.

395 "바다는 정말 재미있어" Walcott, *Sea at Dauphin*, 57.

395 "이 바다는 노인들을" Walcott, *Sea at Dauphin*, 64.

395 오거스틴은 마침내 Sandra Sprayberry, "Sea Changes: Post-Colonialism in Synge and Walcott," *South Carolina Review*, volume 33, number 2 (Spring 2001): 115–20도 참조하라.

402 두 번째 정보는 콜럼버스 C. Jesse, "Rock-Cut Basins on Saint Lucia," *American Antiquity*, volume 18, number 2 (October 1952): 166–68.

제16장 호그와트로부터 인도까지

403 원래 이 책은 모로코산 "Amazon.com Buys J. K. Rowling Tales for $4 Million," *Reuters*, December 14, 2007, reuters.com/article/us-amazon-rowling-idUSN1427375920071214, 2016년 8월 10일 접속.

403 나는 인쇄본에 만족하여 J. K. Rowling, *The Tales of Beedle the Bard, Translated from the Ancient Runes by Hermione Granger, Commentary by Albus Dumbledore, Introduction, Notes, and Illustrations by J. K. Rowling* (New York: Scholastic, 2007).

404 실제 해리 포터 시리즈를 Pottermore.com, 2016년 12월 2일 방문.

405 그러니 마지막 권의 끝부분에서 J. K. Rowling, *Harry Potter and the Deathly Hallows*

(London: Bloomsbury, 2007), 748, 811.

406 안타깝지만 나는 아직 올랜도에 universalorlando.com/Shopping/Islands-of-Adventure/ Ollivanders.aspx, 2016년 11월 3일 접속.

407 연구자들이 보낸 메시지 Cade Metz, "Leonard Kleinrock, the TX-2 and the Seeds of the Internet," Wired, October 1, 2012, internethall offame.org/blog/2012/10/01/leonard-kleinrock-tx-2-and-seeds-internet, 2016년 8월 10일 접속. Walter Isaacson, *The Innovators: How a Group of Hackers, Geniuses, and Geeks Created the Digital Revolution* (New York: Simon and Schuster, 2014), 242ff도 참조하라.

408 이 책을 쓰면서 나는 archive.org/about/, 2016년 11월 13일 접속.

408 인터넷 아카이브의 백업 사본은 archive.org/about/bibalex_p_r.php, 2016년 11월 13일 접속. 다음도 참조하라. bibalex.org/en/project/details?documentid=283&keywords=internet%20archive, 2016년 11월 13일 접속.

409 6명의 사용자들이 그가 Jeffrey Thomas, "Project Gutenberg Digital Library Seeks to Spur Literacy," Bureau of International Information Programs, U.S. Department of State, July 20, 2007. 나는 이 파일을 인터넷 아카이브에서 다운로드 받았다. web.archive.org/web/20080314164013/http://www.america.gov/st/washfile-english/2007/July/20070720151 1311CJsamohT0.6146356.html, 2016년 11월 13일 접속.

410 컴퓨터가 독창적인 콘텐츠의 Lev Manovich, *Software Takes Command* (London: Bloomsbury, 2013), 46.

410 오늘날의 문학을 가늠해보기 자이푸르 문학 축제에 초대해준 Homi Bhabha, Namita Gokhale, William Dalrymple에게 감사드린다.

410 10년 전 영국 작가 Sheela Reddy, "Pen on the Rostrum," *Outlook India*, April 17, 2006, outlookindia.com/magazine/story/pen-on-the-rostrum/230952, 2016년 11월 15일 접속.

412 축제 조직자들은 안전을 William Dalrymple, "Why Salman Rushdie's Voice Was Silenced in Jaipur," *The Guardian*, January 26, 2012, theguardian.com/books/2012/jan/26/salman-rushdie-jaipur-literary-festival, 2016년 8월 10일 접속.

412 이런 형태의 검열에 Hari Kunzru, "Why I Quoted from The Satanic Verses," *The Guardian*, January 22, 2012, theguardian.com/commentisfree/2012/jan/22/i-quoted-satanic-verses-suport-rushdie, 2016년 8월 10일 접속.

역자 후기

2017년 가을 무렵 까치글방에서 번역을 맡기고 싶다고 연락해왔다. 하버드 대학교 문학부 교수가 쓴 문학의 역사에 관한 책이라고 한다. 나는 그동안 줄곧 역사 분야의 책만 번역해왔기 때문에 문학이라는 새로운 분야에 뛰어드는 것이 망설여졌다. 하지만 문학사도 따지고 보면 역사의 일종이니 전혀 생소한 분야는 아니기도 하고, 무엇보다도 우리나라에서 역사서를 애독하는 독자라면 친숙한 이름일 까치글방에서 번역서를 낼 기회라는 생각에 좋아, 한번 해보자라는 심정으로 결국 번역하게 되었다.

『글이 만든 세계』는 "세계사적 텍스트들의 위대한 이야기"라는 부제가 가리키듯이 오늘날 우리가 아는 세계를 창조하는 데에 이야기, 더 정확히는 글로 쓰인 이야기, 즉 문학의 힘을 보여주는 책이다. 입으로 말하여 들려주는 스토리텔링은 글쓰기가 등장하기 전에, 또 이 책의 제14장에서 보여주는 것처럼 글쓰기가 등장한 이후에도 여러 구전문화들에서 존재해왔지만 일단 스토리텔링이 글쓰기와 교차하자 문학이 강력한 세력으로 부상했다. 글은 방대한 시공간을 뛰어넘어 생각을 보존하고 전달하며 지식의 축적을 가능하게 하기 때문이다. 물론 여기에는 문자의 발명과 종이, 책, 인쇄술과 같은 글쓰기 기술들의 발전이 뒷받침되어야 한다. 이러한 기술적 혁신과의 상호작용을 통해서 문학에 의해 형성된 세계, '종교가 책들에 기반을 두고, 국가들이 텍스트에 토대를 두고 수립되는' 세계, 독자들이 일상적으로 과거와 대화를 나누고 미래와 소통하리라 예상하는 세계, 한마디로 글로 된 세계가 창조되었다.

이 글로 된 세계의 형성 과정을 설명하기 위해서 저자는 문학사의 대표 작품들을 연대순으로 줄줄이 나열하는 대신 글쓰기 기술과 결부되어 인류 역사를 형성해온 근본 텍스트들의 탄생 순간을 일종의 스냅숏처럼 묘사하는 방식을 취하고 있다. 근본 텍스트란 '사람들에게 그들이 어디서 왔는지 또 그들이 어떻게 살아가야 하는지를 가르쳐주면서 커다란 권력과 중요성을 쌓아가고 마침내는 여러 문화들 전체의 소스 코드가 된' 텍스트들이다. 여기에는 『성서』와 『금강경』 같은, 근본 텍스트라고 하면 으레 떠올리기 마련인 종교 경전들도 있고, 고대 수메르의 『길가메시 서사시』와 마야의 『포폴 부』 같은 신화적 텍스트도 있고, 헤이안 시대 일본의 궁정 사회라는 '낯선 나라'의 안내서와도 같은 소설 『겐지 이야기』, 꼬리에 꼬리를 무는 이야기의 즐거움 자체를 선사하는 『천일야화』도 있다. 또 선명한 분석력과 여전한 호소력을 자랑하는 정치적 텍스트 「공산당선언」은 물론 탈식민주의 시대의 새로운 민족문학을 정립하기 위한 노력의 하나인 『오메로스』 같은 낯선 작품도 있다.

근본 텍스트들로 이루어진 스냅숏 안에는 근대 소설과 근대적 저작자 지위 둘 다를 창조한 작가로 기려지는 세르반테스나 상실된 땅의 기억을 보존하고자 옛 이야기를 받아적은 마야의 익명의 서기들, 스탈린 시대의 진실을 포착하기 위해서 구텐베르크 이전 상태로 돌아가 기억술에 의존하여 시를 암기하고 마음속에 보존했던 아흐마토바 같은 작가들도 등장한다('고생스럽고 보수가 적은' 작업을 하며 세계 문학을 창조하는 번역 작가들도 물론 얼굴을 내민다). 작가들만이 아니다. 『일리아스』를 몸소 재연하기 위해서 아시아 원정을 감행한 알렉산드로스 대왕과 「공산당 선언」의 실천적 독자들인 혁명가들, 말을 무기로 삼아 반란을 꾀한 마르코스 부사령관과 같은 영웅적 독자들 역시 빠질 수 없다. 저자는 텍스트와 작가, 독자들로 이루어진 이 스냅숏들을 연결하여 4,000년에 걸친 문학의 역사라는 큰 그림을 그려나간다.

큰 그림과 나란히 이 책의 또 한 축을 이루는 것은 문학이 탄생한 현장을 직접 찾아가는 저자의 개인적 모험이다. 이스탄불과 멕시코의 밀림, 카리브 해의 작은 섬나라 세인트루시아와 보스턴 구도심, 인도의 자이푸르와 포터월드를 종횡무진하는 저자의 발걸음은 경쾌하며(버려진 비포장 흙길을 아픈 발로 걸어갈 때도!) 문학에 대한 열정으로 넘쳐난다.

당연한 소리이지만 『글이 만든 세계』의 저자의 여정을 간접적으로 따라가는 독자의 여정은 글을 통해서 이루어진다. 저자의 여정과 거기에 영감을 준 괴테의 시칠리아 여정, 그리고 다시 괴테에게 영감이 된 오디세우스의 지난한 여정까지, 독자가 긴 세월에 걸쳐 겹겹이 쌓인 발자취를 되짚어갈 수 있는 것, 그리고 다시금 독자가 새로운 여정에 나서도록 영감을 불어넣는 것이 바로 이 책이 상찬하는 문학의 힘이리라.

역자 최파일

찾아보기